BFF **Handbuch** Basiswissen

Herausgegeben von Wolfgang Maaßen

4. vollständig überarbeitete
und erweiterte Auflage

BFF Handbuch Basiswissen

für selbständige Fotografen,
für Studenten und Assistenten,
für Repräsentanten und für alle,
die bereits freiberuflich tätig sind
oder sich selbständig
machen wollen

Mit Beiträgen von
Lars Bauernschmitt, Tanja Braune,
Wolfgang Emmerling, Anna Gripp,
Stefan Hartmann, Mark Hassenpflug,
Thomas Kettner, Christa Klubert,
Künstlersozialkasse, Wolfgang Maaßen,
Margarete May, Susanne Nagel,
Simon Puschmann, Christian Schmidt,
Rüdiger Schrader, David Seiler,
Christian Sprotte

Herausgeber *Wolfgang Maaßen*

Autoren
Lars Bauernschmitt **Zusammenarbeit von Fotograf und Bildagentur**
Tanja Braune **Anforderungen einer Werbeagentur an Fotografen**
Wolfgang Emmerling **Steuern und Abgaben (außer Künstlersozialabgabe)**
Stefan Hartmann **Aktuelle Situation auf dem deutschen und internationalen Bildermarkt**
Mark Hassenpflug / Anna Gripp **Postproduction aus der Sicht eines Producers**
Thomas Kettner **Fallbeispiel zur Abwicklung und Abrechnung eines Fotoauftrags**
Christa Klubert **Auftragsakquise durch Repräsentanten**
Künstlersozialkasse **Künstlersozialversicherung**
Wolfgang Maaßen **Existenzgründung, Typische Rechtsprobleme mit Repräsentanten, Tipps zur Gestaltung des Repräsentantenvertrages, Tipps zur Gestaltung des Bildagenturvertrages, Teilnahme an Fotowettbewerben, Grundzüge des Vertragsrechts, Tipps zur Auftragsabwicklung und Vertragsgestaltung, Urheberrecht der Fotografen, Rechte Dritter am Aufnahmegegenstand, Kalkulation von Fotohonoraren, Anerkennung als Freiberufler (Künstler), Künstlersozialabgabe, Sozialversicherung der Scheinselbständigen und arbeitnehmerähnlichen Selbständigen, Spezialversicherung für Fotografen**
Margarete May **Forderungsmanagement**
Susanne Nagel / Anna Gripp **Auftragsakquisition bei Werbeagenturen**
Simon Puschmann / Anna Gripp **Postproduction aus der Sicht eines Fotografen**
Christian Schmidt **Erfahrungen mit Repräsentanten**
Rüdiger Schrader **Auftragsakquisition bei einer Bildredaktion**
David Seiler **Internetnutzung**
Christian Sprotte **Gesetzliche Unfallversicherung**

Gestaltung Regelindis Westphal Grafik-Design, Berlin
Technische Umsetzung Berno Buff
Druck druckhaus köthen GmbH
ISBN 978-3-933989-43-7

Vorwort

Freie Fotografen müssen nicht nur die Fotografie beherrschen, um in ihrem Beruf Erfolg zu haben. Mindestens genauso wichtig sind elementare Kenntnisse der wirtschaftlichen, steuerlichen und rechtlichen Grundlagen der freiberuflichen Existenz.

Das Handbuch gibt einen Überblick über die wichtigsten praktischen Fragen, mit denen speziell die freien Fotografen im Laufe ihrer Berufstätigkeit immer wieder konfrontiert sind. Es vermittelt insbesondere Berufsanfängern die Basisinformationen, über die sie bei ihrem Einstieg in die berufliche Selbständigkeit verfügen sollten, wenn sie Fehlentscheidungen und unnötige Pannen vermeiden wollen. Aber auch für Fotografen, die schon einige Jahre selbständig arbeiten, kann das Handbuch als Nachschlagewerk eine wichtige Hilfe sein, um die oft nur rudimentären berufswirtschaftlichen Kenntnisse zu vertiefen oder einzelne Rechts- oder Steuerfragen zu beantworten, die sich manchmal erst lange nach dem Einstieg in den Beruf stellen.

Das Buch wurde für die vierte Auflage vollständig überarbeitet und nochmals erweitert. Die Neuauflage berücksichtigt nicht nur die Gesetzesänderungen, die es in den vergangenen Jahren in verschiedenen Rechtsbereichen gegeben hat, sondern behandelt auch einige neue Themen. So enthält das Handbuch jetzt ein Kapitel mit rechtlichen Hinweisen zur Internetnutzung und ein Kapitel zu den speziellen Anforderungen bei der Postproduction. Neu aufgenommen wurden Beiträge zur Auftragsakquisition bei Bildredaktionen, zur aktuellen Situation auf dem deutschen und internationalen Bildermarkt, zu den speziellen Problemen beim Fotografieren geschützter Objekte und Motive und zur Künstlersozialabgabepflicht der Fotografen. Außerdem wurden die Themen teilweise neu gegliedert und einzelne Kapitel gestrafft, um den Benutzern des Handbuchs die rasche Orientierung zu erleichtern.

Kritik, Anregungen und Hinweise der Leser sind stets willkommen.

Düsseldorf, im Juni 2010

Wolfgang Maaßen

Inhaltsverzeichnis

14 Steuern und Abgaben

15 Versicherungen

Anhang

Existenzgründung 1

Informationsquellen

Das Informationsangebot für Existenzgründer ist inzwischen so umfassend, dass man leicht den Überblick verlieren kann. Außer zahllosen Ratgeberbüchern, die Hilfe bei der Existenzgründung versprechen, gibt es eine Fülle von Internetadressen, die Informationen für Existenzgründer bereitstellen. Wer in dieser Informationsflut nicht untergehen will, sollte sich auf das Wesentliche konzentrieren und gezielt dort recherchieren, wo am ehesten eine seriöse, kompetente und übersichtliche Beratung zu erwarten ist.

Publikationen

Das Bundesministerium für Wirtschaft und Technologie (BMWi) hält für Existenzgründer verschiedene Publikationen bereit, die in gedruckter Form bestellt oder als PDF-Datei direkt kostenlos aus dem Internet heruntergeladen werden können. Die Broschüre „Starhilfe – Der erfolgreiche Weg in die Selbständigkeit" informiert über den Weg zum eigenen Unternehmen, hilft bei der Erstellung eines Businessplans, gibt Tipps zur Finanzierung der Unternehmensgründung und enthält Ratschläge zu weiteren wichtigen Themenbereichen (z.B. Versicherungen, Buchführung, Marketing).

- http://www.existenzgruender.de > Publikationen > Broschüren

Für Existenzgründer und junge Unternehmer gibt es den Infoletter „GründerZeiten", von dem bereits mehr als 50 Ausgaben erschienen sind. „GründerZeiten" gibt Hinweise, Hilfen und praktische Lösungsvorschläge zu typischen Problemlagen. Für junge Fotografen dürften insbesondere die „Existenzgründungstipps für Künstler und Publizisten" (Ausgabe 51 vom Juli 2007) von Interesse sein. Andere Ausgaben befassen sich mit Themen wie „Gründungskonzept/Businessplan" (Ausgabe 17), „Verhandlungen führen" (Ausgabe 08), „Forderungsmanagement" (Ausgabe 18), „Marketing" (Ausgabe 20), „Betriebliche Versicherungen" (Ausgabe 24), „Steuern" (Ausgabe 34) und „Buchführung" (Ausgabe 38). Alle Ausgaben des Infoletters können als PDF-Datei kostenlos aus dem Internet heruntergeladen werden.

- http://www.existenzgruender.de > Publikationen > GründerZeiten

Die Bundesagentur für Arbeit gibt eine Broschüre „Existenzgründung – Wege in die Selbständigkeit" heraus. Sie enthält nützliche Informationen und Tipps zum Start in die berufliche Selbständigkeit und kann kostenlos von der Webseite der Agentur heruntergeladen werden.

- http://www.arbeitsagentur.de > Bürgerinnen & Bürger > Arbeit und Beruf > Selbständigkeit > Beratung für Existenzgründer

Internet

Das Internet ist für Existenzgründer längst ein unverzichtbares Hilfsmittel, um die Informationen zu erhalten, die ein Fotograf für den Weg in die Selbständigkeit braucht. Die folgenden Linktipps beschränken sich darauf, die interessantesten Informationsportale für Existenzgründer kurz vorzustellen.

Die wichtigste Anlaufstelle im Internet dürfte das Existenzgründungsportal des BMWi sein. Dort gibt es Informationen zu den grundlegenden Schritten in die Selbständigkeit, zahlreiche Checklisten und Publikationen zum Download, eine Mediathek mit TV-Beiträgen rund um das Thema „Existenzgründung" sowie ein Gründermagazin mit aktuellen Meldungen und Hinweisen auf Veranstaltungen und Termine. Dort besteht auch die Möglichkeit, in einem Expertenforum konkrete Fragen zur Existenzgründung zu stellen und sich online beraten zu lassen oder sich aus einem großen Archiv bereits gestellter Fragen und der dazu gelieferten Antworten zu informieren. Ergänzt wird das Informationsangebot durch Hinweise zu den Beratungsangeboten für Existenzgründer, eine Sammlung wichtiger Adressen und eine Gründerwerkstatt mit interaktiven Checklisten, Hilfen zur Erstellung eines Businessplans und einem Online-Training zur Klärung der Finanzierung und zur Vorbereitung auf das Gespräch mit der Bank.
• http://www.existenzgruender.de

Um Existenzgründern die Orientierung im Internet und das Auffinden der für sie relevanten Informationen zu erleichtern, gibt es den „Gründungskatalog". Dabei handelt es sich um ein systematisches Verzeichnis von Links zu den wichtigsten Beratungs- und Förderangeboten. Der Katalog ist in verschiedene Rubriken unterteilt, so dass die Informationen zur Gründungsberatung, zur Gründungsfinanzierung oder zu regionalen Fördermaßnahmen rasch zu finden sind. Ein „Gründungsmarktplatz" erleichtert die Kontaktaufnahme mit wichtigen Institutionen. In der Rubrik „Gründungstools" kann man Checklisten, Formulare, Publikationen und nützliche Software für Existenzgründer abrufen. Alle Informationen und Links werden von dem Betreiber der Webseite inhaltlich geprüft und regelmäßig aktualisiert.
• http://www.gruendungskatalog.de

Das größte Problem, das ein Existenzgründer beim Start in die Selbständigkeit zu bewältigen hat, ist meist die Finanzierung seines Vorhabens. Bei der Klärung der Finanzierungsmöglichkeiten und der Voraussetzungen für den Erhalt von Fördermitteln kann die Förderdatenbank des Bundes wichtige Hilfestellungen leisten. Die Datenbank gibt einen vollständigen und aktuellen Überblick über alle Förderprogramme des Bundes, der einzelnen Bundesländer und der Europäischen Union. Ihre Handhabung ist recht einfach. Man braucht in den vorgegebenen Listen nur das Fördergebiet (Bund, EU, einzelne Bundesländer), den Förderbereich (z.B. „Beratung"), den Förderberechtigten (z.B. „Existenzgründer" oder „Freiberufler") und die Förderart (z.B. „Darlehen" oder „Bürgschaft") auszuwählen. Wenn man nach der Auswahl die

Suche startet, erscheint eine Liste der Förderprogramme, auf die die ausgewählten Förderkriterien zutreffen. Klickt man dann auf die einzelnen Programme in der Liste, erhält man sofort Informationen über die Details des jeweiligen Programms.

• http://www.foerderdatenbank.de

Die KfW Mittelstandsbank bietet unter der Bezeichnung „startothek" eine einzelfallspezifische Beratung von Existenzgründern zu den rechtlichen Aspekten ihres Vorhabens an. Um eine startothek-Beratung zu erhalten, gibt es einmal die Möglichkeit, anhand der Postleitzahl nach einem Berater zu recherchieren und mit ihm Kontakt aufzunehmen, um ihm das Gründungsvorhaben persönlich vorzustellen. Alternativ kann man den Gründungsstarter nutzen und in ein Formular die Basisdaten zu dem Vorhaben eingeben (z.B. Standort, Wirtschaftszweig, Rechtsform, geplanter Umsatz). Anschließend wählt man bis zu drei startothek-Berater aus, die sich die Basisdaten ansehen können. Die Berater setzen sich dann mit dem Gründer in Verbindung. Dem Gründer wird das Beratungsergebnis in Form eines PDF-Ausdrucks übermittelt. Es besteht aus einer Übersicht der vorgenommenen Eingaben, einer To-do-Liste, die sich Punkt für Punkt abarbeiten lässt, und einem Erläuterungsteil mit Detailinformationen.

• http://www.startothek.de

Zusätzlich zu den Unterstützungsmaßnahmen des BMWi und der KfW Mittelstandsbank gibt es noch Informations- und Beratungsangebote der Bundesländer. Die folgende Übersicht listet die Webseiten auf, die Existenzgründer über die zusätzlichen Hilfen in den einzelnen Ländern informieren.

Baden-Württemberg	www.newcome.de
Bayern	www.startup-in-bayern.de
Berlin	www.berlin.de/sen/wirtschaft/foerderung/gruenden
Brandenburg	www.gruendungsnetz.brandenburg.de
Bremen	www.begin24.de
Hamburg	www.hei-hamburg.de
Hessen	www.existenzgruendung-hessen.de
Mecklenburg-Vorpommern	www.gruender-mv.de
Niedersachsen	www.nbank.de/Privatpersonen/Wirtschaft/Gruendung_und_Innovation
Nordrhein-Westfalen	www.go.nrw.de
Rheinland-Pfalz	www.isb.rlp.de/zielgruppen.html?id=1
Saarland	www.sog.saarland.de
Sachsen	www.existenzgruendung-sachsen.de
Sachsen-Anhalt	www.ego-pilotennetzwerk.de
Schleswig-Holstein	www.schleswig-holstein.de/Wirtschaft/DE/Existenzgruendung/Beratung /beratung__node.html
Thüringen	www.gruenderfuchs.de

Online-Programme und Software

Das BMWi bietet verschiedene Onlineprogramme an, die Existenzgründer bei ihren Planungen unterstützen. Dazu gehört unter anderem ein „Businessplaner“, mit dem sich ein Geschäftsplan erstellen lässt, und ein „Finanzierungsplaner“, mit dem man die zu dem Gründungsvorhaben passende Finanzierung zusammenstellen kann.

- http://www.existenzgruender.de/onlineplaner

Eine weitere Hilfestellung bietet das Lernprogramm „Existenzgründungsberater“, das die wichtigsten Etappen auf dem Weg zur beruflichen Selbständigkeit vorstellt.

- http://www.existenzgruender.de/gruendungswerkstatt/online_training/02884/index.php

Das BMWi hat außerdem eine Reihe von Checklisten und Übersichten erarbeitet, die bei der Gründung einer selbständigen Existenz hilfreich sein können. So gibt es Checklisten zur Gründungsvorbereitung und zur Finanzierung des Gründungsvorhabens sowie Übersichten zu Bürgschaften, Förderprogrammen, Steuern, Genehmigungen und Versicherungen.

- http://www.existenzgruender.de/checklisten_und_uebersichten/index.php

Zusätzlich zu den Online-Angeboten bietet das BMWi ein Softwarepaket für Gründer und junge Unternehmer an, das man kostenlos aus dem Internet herunterladen oder sich auf einer CD-ROM zuschicken lassen kann. Zu dem Softwarepaket gehört unter anderem eine interaktive Anwendung zur Erstellung eines Businessplans, ein Assistent zur Rechtsformauswahl mit einer Übersicht zu den Vorzügen der unterschiedlichen Rechtsformen, eine Funktion zur Suche nach geeigneten Förderkrediten der KfW Mittelstandsbank, ein Tool zur Erstellung einer Liquiditäts- sowie Rentabilitätsvorschau, ein digitales Kassenbuch mit einer monatlichen Auflistung aller Bareinlagen und -ausgaben, ein Programm zur Erstellung einer Einnahmen-Überschuss-Rechnung sowie eine Funktion, die den Export der Gründer- und Unternehmensdaten aus dem Softwarepaket in die DV-Systeme von Steuerberatern, Unternehmensberatern und Banken ermöglicht.

- http://www.softwarepaket.de

Förderberatung

Bei der Suche im Internet und beim Lesen von Broschüren und Ratgeberliteratur findet man nicht immer die passenden Antworten zu den Fragen, die sich bei der Existenzgründung insbesondere im Zusammenhang mit der Finanzierung stellen. Eine gezielte individuelle Beratung ist deshalb in vielen Fällen unumgänglich. Sowohl das BMWi als auch die KfW Mittelstandsbank halten dafür spezielle Beratungsangebote bereit.

Das BMWi hat ein Expertenforum eingerichtet, das Fragen von Existenzgründern beantwortet und ihnen den weiteren Gründungsweg weist. Die Kontaktaufnahme mit den Experten erfolgt über die Internetseite www.existenzgruender.de. Klickt man dort auf den Menüpunkt „BMWi-Expertenforum", erscheinen in einem Untermenü verschiedene Themen, zu denen man Fragen stellen kann. Die Themenliste reicht von der Gründungsplanung über die Förderung und Finanzierung bis hin zu rechtlichen und steuerlichen Fragen. Wählt man eines der Themen aus, erscheint eine Seite, auf der die zuständigen Experten abgebildet sind. Dort findet man auch eine Auswahl der Fragen, die zu dem betreffenden Thema bereits gestellt und beantwortet wurden. Falls die Frage, die man selbst stellen möchte, noch nicht behandelt wurde, klickt man auf den Button „Senden Sie uns ihre Frage". Es erscheint dann eine Eingabebox, in die man seine Frage eingeben und an den zuständigen Experten schicken kann. Die Frage wird normalerweise innerhalb von drei Werktagen per E-Mail beantwortet.

Wer sich lieber telefonisch beraten lassen möchte, kann das BMWi anrufen. Dort steht unter der Telefonnummer 0180 561 50 01 ein „Infotelefon zu Mittelstand und Existenzgründung" zur Verfügung, das montags bis donnerstags zwischen 8:00 Uhr und 20:00 Uhr und freitags von 8:00 Uhr bis 12:00 Uhr erreichbar ist.

Auch die KfW Mittelstandsbank bietet eine telefonische Beratung für Existenzgründer und junge Unternehmer an. Beantwortet werden Fragen zu den KfW-Finanzierungshilfen und den Serviceleistungen der Mittelstandsbank. Das KfW-Infocenter ist an den Wochentagen unter der Telefonnummer 0180 124 11 24 erreichbar.

Existenzgründer, die ein persönliches Beratungsgespräch vorziehen, können eines der Beratungszentren der KfW in Bonn, Berlin oder Frankfurt am Main aufsuchen. Dort stehen Finanzierungsexperten zur Verfügung, mit denen man alle Details des Gründungsvorhabens besprechen kann. Darüber hinaus bietet die KfW in über 50 Städten – meist in Kooperation mit den örtlichen Industrie- und Handelskammern – auch Beratungssprechtage an, die in einem regelmäßigen Rhythmus stattfinden. Auf solchen Sprechtagen können sich Existenzgründer und junge Unternehmer zu den Möglichkeiten der Finanzierung ihres Vorhabens mit öffentlichen Mitteln beraten lassen. Weitere Informationen zu diesem Beratungsangebot sind auf der Webseite der KfW zu finden.

- http://www.kfw-mittelstandsbank.de > Beratungsangebot > Finanzierungsberatung > Beratung durch die KfW > KfW-Beratungssprechtage

Um Existenzgründern die Suche nach einem kompetenten Berater zu erleichtern, hat die KfW in Zusammenarbeit mit dem BMWi im Internet eine Beraterbörse eingerichtet. Dort können junge Unternehmer nach einem passenden Berater in ihrer Nähe recherchieren, der mit ihrer Branche und den damit verbundenen Problemstellungen vertraut ist.

- http://www.kfw-beraterboerse.de

Die Beraterbörse bietet einen Zugang zu Fachleuten, die Beratungen zu fast allen Themen anbieten, angefangen von der Unternehmenssteuerung über Controlling, Kalkulation, Marketing und Datenverarbeitung bis hin zu Rechts- und Vertragsfragen. Die Tätigkeit der Berater ist zwar nicht kostenlos. Für Existenzgründer gibt es jedoch eine Reihe von Möglichkeiten, die Beratungsleistungen mit Hilfe staatlicher Unterstützungen zu finanzieren.

Förderprogramme

Beratungsförderung

Wer als Fotograf bei der Gründung einer selbständigen Existenz Erfolg haben will, braucht das entsprechende Know-how. Ein Existenzgründer kann sich aber in der Regel keine Berater leisten, die ihm die notwendigen Informationen und Kenntnisse vermitteln. Deshalb fördern der Bund und die Länder die fachliche Beratung bei Existenzgründungen und allgemeine Beratungen zu allen wirtschaftlichen, finanziellen und organisatorischen Problemen der Unternehmensführung.

Beratung vor der Gründung

Wer bei der Vorbereitung des Gründungsvorhabens die Unterstützung eines Unternehmensberaters oder eines Existenzgründungsberaters in Anspruch nehmen möchte, muss für die Beratung Kosten aufwenden. Eine Reihe von Bundesländern bieten jedoch Zuschüsse zu den Beratungskosten an. Das BMWi-Existenzgründungsportal listet dazu Links mit weiterführenden Informationen auf.

- http://www.existenzgruender.de/beratung_und_adressen/foerderung_exgr/index.php

Beratung nach der Gründung

Beratungen zu wirtschaftlichen, technischen, finanziellen, personellen und organisatorischen Fragen der Unternehmensführung werden auch dann noch gefördert, wenn das Unternehmen bereits gegründet ist und seit mindestens einem Jahr besteht. Die Förderung besteht aus einem Zuschuss zu den Beratungskosten in Höhe von maximal 1.500,00 €. Die Einzelheiten der Förderung sind in einer Richtlinie geregelt. Der Text der Richtlinie und ein Verzeichnis der Leitstellen, bei denen der Förderantrag eingereicht werden kann, kann von der Webseite des Bundesamtes für Wirtschaft und Außenkontrolle (BAFA) abgerufen werden.

- http://www.bafa.de/bafa/de/wirtschaftsfoerderung/unternehmensberatungen/index.html

Weitere Informationen sind im BMWi-Existenzgründungsportal nachzulesen. Dort kann der Förderantrag auch gleich online ausgefüllt werden.

- http://www.existenzgruender.de/beratung_und_adressen/unternehmensberatung/index.php

Gründercoaching Deutschland

Die KfW-Mittelstandsbank bietet ein Gründercoaching an, das vom BMWi unterstützt wird. Existenzgründer und junge Unternehmer, die in der Start- und Festigungsphase Unterstützung benötigen, können sich über einen Zeitraum von zwölf Monaten von einem qualifizierten Unternehmensberater betreuen lassen. Das Coaching wird durch einen Zuschuss aus Mitteln des Europäischen Sozialfonds gefördert.
Das Gründercoaching kann von jungen Unternehmern in Anspruch genommen werden, die ein Unternehmen gegründet oder übernommen haben, sofern die Gründung bzw. Übernahme noch nicht länger als fünf Jahre zurückliegt. Der Zuschuss beträgt in den neuen Bundesländern 75 Prozent, in den alten Bundesländern einschließlich Berlin 50 Prozent des Beratungshonorars. Das Honorar darf nicht über 6.000,00 € liegen und pro Tag dürfen von dem Coach nicht mehr als 800,00 € berechnet werden. Nicht gefördert werden Coachingmaßnahmen vor der Gründung. Von der Förderung ausgeschlossen sind außerdem Rechts-, Versicherungs- und Steuerberatungen, die Ausarbeitung von Verträgen sowie die Beratung zu Buchführungsfragen und zur Erstellung von Jahresabschlüssen.
Ein Merkblatt mit ausführlichen Informationen zu Art und Ablauf des Gründercoachings sowie zur Höhe der gewährten Zuschüsse ist im Internet abrufbar.

- http://www.gruender-coaching-deutschland.de

Das Coaching muss durch einen anerkannten Berater erfolgen. Dazu hat die KfW eine Beraterbörse eingerichtet, in der etwa 18.000 Berater erfasst sind. Wer einen Berater sucht, kann einige Suchkriterien eingeben und sich für seinen geografischen Bereich und seine Branche einen geeigneten Berater ausweisen lassen. Wer bereits mit einem Berater in Kontakt steht, kann durch Eingabe des Namens und der Adresse prüfen, ob dieser zu den von der KfW anerkannten Beratern gehört.

- http://beraterboerse.kfw.de/Beraterboerse/jsp/DlgBeraterboerse.do

Finanzierungshilfen

Den meisten Jungunternehmern fehlt bei der Existenzgründung das notwendige Startkapital. Um dieses Manko auszugleichen, unterstützen Bund und Länder den Schritt in die Selbständigkeit mit Finanzierungshilfen.
Für den Bund bietet die KfW-Mittelstandsbank verschiedene Förderprogramme an, die eine günstige Finanzierung von Existenzgründungen ermöglichen. Die nachfolgende Übersicht beschränkt sich darauf, die KfW-Förderprogramme vorzustellen, da die Finanzierungshilfen des Bundes in der Regel der wichtigste Baustein beim Aufbau einer freiberuflichen Existenz sind. Über die Förderprogramme der einzel-

nen Bundesländer, die eine Ergänzung zu den Finanzierungshilfen des Bundes darstellen, informiert die vom BMWi eingerichtete Förderdatenbank.

- www.foerderdatenbank.de

Für Existenzgründer, die sich als Freiberufler selbständig machen wollen, sind vor allem folgende Förderprogramme von Interesse:

KfW-StartGeld

Das Programm „KfW-StartGeld" ist speziell für Existenzgründer mit geringem Finanzierungsbedarf (bis maximal 50.000,00 €) konzipiert. Mit diesem Darlehen werden bis zu 100 Prozent der am Anfang benötigten Investitionen und Betriebsmittel finanziert, wobei eine Förderung auch dann möglich ist, wenn das Unternehmen zunächst als Nebenerwerb geführt wird. Von dem Gründer wird erwartet, dass er sich durch Einsatz vorhandener eigener Mittel an dem Vorhaben beteiligt.

Die Kreditlaufzeit beträgt bis zu zehn Jahre bei höchstens zwei tilgungsfreien Anlaufjahren. Der Zinssatz, der sich am Kapitalmarktzins orientiert, ist fest für die gesamte Kreditlaufzeit. Form und Umfang der Besicherung des Darlehens werden zwischen der Hausbank und dem Gründer vereinbart. Für den Fall, dass das Darlehen später nicht zurückgezahlt werden kann, gewährt die KfW der Hausbank eine 80-prozentige Haftungsfreistellung.

Ein Merkblatt mit weiteren Erläuterungen zu dem Programm „StartGeld" kann von der KfW-Webseite abgerufen werden.

- http://www.kfw-mittelstandsbank.de > Service > Kreditantrag, Formulare, Merkblätter > Merkblätter > KfW-StartGeld

KfW-Unternehmerkapital (ERP-Kapital für Gründung)

Vielen Existenzgründern mangelt es an Eigenkapital. Der Weg zur Selbständigkeit ist damit oft schon von Anfang an verbaut, denn kaum eine Bank gibt die benötigten Kredite, wenn nicht genügend Eigenmittel vorhanden sind. In dieser Situation hilft die KfW-Mittelstandsbank mit einem Eigenkapitalhilfedarlehen, das speziell für Existenzgründer, Freiberufler und junge Unternehmer in den ersten drei Jahren ihrer beruflichen Selbständigkeit konzipiert ist. Der entscheidende Vorteil dieses Darlehens besteht darin, dass es dem Eigenkapital zugerechnet wird und damit die Eigenkapitalbasis des Unternehmens stärkt. Dadurch wird die weitere Aufnahme von Fremdkapital (Krediten) erleichtert. Da es sich außerdem um ein sogenanntes Nachrangdarlehen handelt, steht die KfW in der Reihe der Gläubiger ganz hinten, d.h. ihre Ansprüche treten im Haftungsfall hinter den Forderungen der anderen Gläubiger zurück. Auch das erleichtert die weitere Aufnahme von Fremdkapital.

Die Eigenkapitalhilfe wird über eine Hausbank beantragt und in Form eines Darlehens mit einer Laufzeit von fünfzehn Jahren gewährt, das in den ersten sieben Jahren tilgungsfrei ist. Außer einer eventuellen Mithaftung des Ehegatten oder Lebenspartners sind keine weiteren Sicherheiten erforderlich. Der Zinssatz orientiert sich am Kapitalmarktzins, wird aber in den ersten zehn Jahren der Laufzeit aus Mitteln des ERP-Sondervermögens begünstigt. Nach sieben tilgungsfreien Jahren erfolgt die Darlehenstilgung in 31 gleich hohen vierteljährlichen Raten und einer gegebenenfalls abweichenden Schlussrate.
Einzelheiten zu dem Eigenkapitalhilfedarlehen sind in einem Merkblatt nachzulesen, das von der Webseite der KfW abgerufen werden kann.

- http://www.kfw-mittelstandsbank.de > Service > Kreditantrag, Formulare, Merkblätter > Merkblätter > Unternehmerkapital ERP-Kapital für Gründung

KfW-Unternehmerkredit

Der Investitionskredit dient der langfristigen Finanzierung von Investitionen, die einer mittel- und langfristigen Mittelbereitstellung bedürfen und einen nachhaltigen wirtschaftlichen Erfolg erwarten lassen. Darüber hinaus ist damit auch eine Finanzierung von Betriebsmitteln möglich. Der Höchstbetrag des Kredits liegt bei zehn Millionen Euro bei einer Auszahlungsquote von 96 Prozent. Der Zinssatz wird unter Berücksichtigung der wirtschaftlichen Verhältnisse des Kreditnehmers (Bonität) und der Werthaltigkeit der für den Kredit gestellten Sicherheiten von der Hausbank festgelegt.
Die Laufzeit für den Investitionskredit, für den vom Kreditnehmer bankübliche Sicherheiten zu stellen sind, beträgt in der Regel zehn Jahre bei höchstens zwei tilgungsfreien Anlaufjahren. Für die Dauer der zehnjährigen Laufzeit ist der Zinssatz festgeschrieben, so dass für den Kreditnehmer eine sichere Kalkulationsgrundlage besteht.
Bei der Finanzierung von Betriebsmitteln beträgt die Laufzeit des KfW-Unternehmerkredits bis zu fünf Jahre bei höchstens einem tilgungsfreien Jahr. Auch hier bleibt der Zinssatz während der gesamten Kreditlaufzeit unverändert.
Auch das Merkblatt zu dem Unternehmerkredit kann von der Webseite der KfW-Mittelstandsbank abgerufen werden

- http://www.kfw-mittelstandsbank.de > Service > Kreditantrag, Formulare, Merkblätter > Merkblätter > KfW-Unternehmerkredit

Checklisten zur Existenzgründung

Gründungskonzept

Die Existenzgründung bedarf sorgfältiger Planung. Deshalb sollte jeder Fotograf, der sich selbständig machen will, zunächst ein Gründungskonzept entwickeln. Eine schriftliche Ausarbeitung des Konzepts ist dringend zu empfehlen, zumal die Fragen, mit denen sich das Gründungskonzept befasst, auch Thema der Beratungsgespräche und der Gespräche mit den Kreditinstituten sein werden. Der folgende Katalog listet die Fragen auf, die das Gründungskonzept beantworten sollte:

Marktchancen

- Welche Leistungen/Produkte kann ich anbieten?
- Zu welchem Preis/Honorar kann ich meine Leistungen/Produkte anbieten?
- Besteht ein Bedarf für mein Leistungs-/Produktangebot?
- Wie groß ist der Markt für ein solches Angebot?
- Wie wird sich die Auftragslage/der Bedarf voraussichtlich entwickeln?
- Welche Kundengruppen will ich ansprechen?

Wettbewerbssituation

- Kenne ich meine Mitbewerber am Markt?
- Kenne ich die Preise/Honorare meiner Mitbewerber?
- Was mache ich besser als meine Konkurrenten?

Standortwahl

- Welchen Anforderungen muss der Standort genügen?
- Kenne ich geeignete Standorte?
- Gibt es genügend Kunden an meinem Standort?
- Wie ist die Verkehrsanbindung meines Standortes?
- Gibt es in der Gemeinde kommunale Einrichtungen (z.B. Gewerbeparks), in die ich mich günstig einmieten kann?

Rentabilitätsvorschau

- Habe ich an alle Kosten gedacht?
- Kann ich mit meinem Unternehmen ausreichende Erträge erzielen?

Finanzierung

- Wie hoch ist der Kapitalbedarf für meine Existenzgründung?
- Wie viel Eigenkapital steht mir zur Verfügung?
- Wie kann ich mir das notwendige Fremdkapital beschaffen?
- Welche öffentlichen Fördermittel kann ich in Anspruch nehmen?

Kostenplan

Jeder Existenzgründer sollte sich eine Übersicht über die laufenden Kosten verschaffen, die monatlich abzudecken sind und die er erst einmal erwirtschaften muss, bevor er in die Gewinnzone kommt. Die folgende Liste enthält die wichtigsten Kostenpositionen, die in einer solchen Übersicht zu berücksichtigen sind:

	Kosten	monatlich	
Bereitstellungskosten	Personal	______ €	
	Miete/Pacht	______ €	
	Strom/Wasser/Heizung	______ €	
	Gerätemieten/Leasing	______ €	
	Waren- und Materiallager	______ €	
	Sonstiges	______ €	
		Zwischensumme 1	______ €
Betriebskosten	Kraftfahrzeugkosten	______ €	
	Wartung/Reinigung	______ €	
	Werbung, Repräsentation	______ €	
	Versicherungen/Beiträge	______ €	
	Geschäftsreisen	______ €	
	Verpackung/Vertrieb	______ €	
	Instandhaltung/Reparatur	______ €	
	Sonstiges	______ €	
		Zwischensumme 2	______ €
Verwaltungskosten	Fortbildung	______ €	
	Bücher/Zeitschriften	______ €	
	Büromaterialien	______ €	
	Telefon/Telefax/Internet	______ €	
	Beratung	______ €	
	Kontoführung	______ €	
	Sonstiges	______ €	
		Zwischensumme 3	______ €
Kapitaldienst	Zinsen (kurz- und langfristig)	______ €	
	Tilgung	______ €	
	Sonstiges	______ €	
		Zwischensumme 4	______ €
Private Ausgaben	Einkommensteuer	______ €	
	Krankenversicherung	______ €	
	Künstlersozialversicherung	______ €	
	Private Miete	______ €	
	Lebensunterhalt	______ €	
	Sonstige private Ausgaben	______ €	
		Zwischensumme 5	______ €
		Gesamtsumme	______ €

Notwendige Unterlagen

Für Gespräche mit Beratern und Kreditinstituten und für Anträge auf öffentliche Finanzierungshilfen benötigen Existenzgründer eine Reihe von Unterlagen, die sie rechtzeitig zusammenstellen sollten. Die folgende Checkliste gibt dazu eine Übersicht:

Lebenslauf Der Lebenslauf sollte tabellarisch abgefasst sein und sich auf den beruflichen Werdegang konzentrieren.

Fachzeugnisse Hierzu gehört insbesondere das Diplom bzw. das Bachelor- und/oder Masterzeugnis, falls eine Hochschulausbildung absolviert wurde.

Einkommens-/Vermögensverhältnisse Die Einkommens- bzw. Vermögensverhältnisse lassen sich z. B. durch Steuerbescheide oder Bescheinigungen des Steuerberaters nachweisen.

Gründungskonzept Dazu wird auf die Checkliste auf Seite 20 verwiesen.

Finanzplan Der Plan sollte den konkreten Bedarf an lang- und kurzfristigen Finanzmitteln für Investitionen und laufende Kosten (Betriebsmittel) belegen.

Finanzierungsstruktur Es sollte eine Übersicht erstellt werden, aus der zu ersehen ist, zu welchen Anteilen die Betriebsmittel durch Eigenkapital, durch Fremdkapital und durch öffentliche Fördermittel finanziert werden.

Erfolgsplan In einer weiteren Übersicht sollten die voraussichtlichen Kosten (dazu Kostenplan auf Seite 21) den erwarteten Umsätzen gegenübergestellt und der mögliche Gewinn ermittelt werden.

Kreditsicherheiten Bankkredite müssen abgesichert werden. Deshalb sollte rechtzeitig eine Liste der Vermögensgegenstände und Bürgschaften zusammengestellt werden, die den Banken als Sicherheit angeboten werden können.

Meldepflichten, Meldeempfehlungen

Anmeldung beim Finanzamt

Wer eine freiberufliche Tätigkeit als Fotograf aufnimmt, hat dies dem Finanzamt mitzuteilen. Zuständig ist das Wohnsitzfinanzamt, das dem Fotografen eine Steuernummer zuteilt. Diese Steuernummer (oder die ebenfalls zugeteilte Umsatzsteuer-Identifikationsnummer) muss auf allen Rechnungen des Fotografen ausgewiesen werden.

Anmeldung bei der Künstlersozialkasse

Fotografen gehören in der Regel zu den Künstlern, die nach dem Künstlersozialversicherungsgesetz (KSVG) in der gesetzlichen Kranken- und Rentenversicherung pflichtversichert sind. Sie müssen deshalb die Aufnahme ihrer freiberuflichen (künstlerischen) Tätigkeit der Künstlersozialkasse melden.

Anmeldung bei der Berufsgenossenschaft

Jeder Unternehmer ist kraft Gesetzes Mitglied einer Berufsgenossenschaft. Diese sind die Träger der gesetzlichen Unfallversicherung. Da es sich bei der gesetzlichen Unfallversicherung um eine Pflichtversicherung handelt, sind selbständige Unternehmer verpflichtet, die Eröffnung ihres Unternehmens der zuständigen Berufsgenossenschaft anzuzeigen. Für die Fotografen und Fotodesigner ist die Berufsgenossenschaft Energie Textil Elektro Medienerzeugnisse (ETEM) der zuständige Unfallversicherungsträger. Innerhalb der BG ETEM wird die Unfallversicherung der Fotografen und Fotodesigner organisatorisch von der Branchenverwaltung Druck und Papierverarbeitung mit Sitz in Wiesbaden betreut.
Eine Meldepflicht besteht auch dann, wenn keine Angestellten beschäftigt werden. Allerdings gibt es für Einmann-Unternehmen bei der Berufsgenossenschaft Druck und Papierverarbeitung die Möglichkeit, die mit der Pflichtversicherung verbundene Beitragslast legal zu umgehen bzw. hinauszuzögern. Wird nämlich ein solches Unternehmen nicht bereits bei der Gründung, sondern erst später angemeldet, kann die Berufsgenossenschaft nach ihrer Satzung für zurückliegende Jahre keine Beiträge mehr berechnen. Der Verzicht auf eine rückwirkende Beitragserhebung ändert zwar nichts an der grundsätzlichen Unfallversicherungspflicht für Unternehmer, die allein arbeiten. Für Existenzgründer eröffnet sich damit jedoch die Möglichkeit, der Beitragslast durch ein Hinausschieben ihrer Anmeldung zunächst zu entgehen. Wer davon Gebrauch macht, sollte allerdings bedenken, dass er dann unversichert bleibt und für Arbeitsunfälle oder Berufskrankheiten von der Berufsgenossenschaft keine Entschädigung erhält.

Abschluss eines Wahrnehmungsvertrages mit der Verwertungsgesellschaft Bild-Kunst

Es besteht zwar keine Verpflichtung, sich bei der VG Bild-Kunst anzumelden, doch ist eine solche Meldung und der Abschluss eines Wahrnehmungsvertrages jedem Fotografen zu empfehlen. Zur Funktion der Verwertungsgesellschaften und zu den Vorteilen, die sich für Fotografen aus der (kostenlosen) Mitgliedschaft in der VG Bild-Kunst ergeben, wird auf die Erläuterungen auf Seite 173 ff. verwiesen.

Keine Meldung an die Gewerbemeldestelle

Wer eine freiberufliche Tätigkeit als Fotograf aufnimmt, sollte sich auf keinen Fall an die Gewerbemeldestelle wenden. Die Gewerbemeldestellen sind – wie schon der Name sagt – nur für die Anmeldung von Gewerbebetrieben zuständig. Ein Fotograf, der freiberuflich arbeitet, übt kein Gewerbe aus. Folglich besteht für ihn auch keine Verpflichtung, die Aufnahme seiner Tätigkeit beim Gewerberegister der Gemeinde anzumelden.

Keine Eintragung in das Handelsregister

Kaufleute sind verpflichtet, ihre Firma und den Ort ihrer Handelsniederlassung zur Eintragung in das Handelsregister anzumelden. Kaufmann ist, wer ein Handelsgewerbe betreibt (§ 1 Abs. 1 HGB). Ein Handelsgewerbe setzt die Ausübung einer gewerblichen Tätigkeit voraus. Da Fotografen nicht zu den Gewerbetreibenden gehören, sondern in der Regel freiberuflich tätig sind, können sie auch keine Kaufleute sein. Deshalb besteht für Fotografen keine Verpflichtung zur Eintragung ihres Unternehmens in das Handelsregister.

Keine Anmeldung bei der Industrie- und Handelskammer

Für Gewerbetreibende besteht eine Pflichtmitgliedschaft bei der Industrie- und Handelskammer (IHK), sofern es sich nicht um einen Handwerksbetrieb handelt, für den die Handwerkskammern zuständig sind. Für diejenigen, die kein Gewerbe betreiben, sondern einen freien Beruf ausüben, besteht eine solche Pflichtmitgliedschaft nicht. Künstlerisch oder publizistisch arbeitende Fotografen sind deshalb als Freiberufler auch nicht verpflichtet, die Aufnahme ihrer Berufstätigkeit bei der IHK zu melden.

Keine Eintragung in die Handwerksrolle oder in das Verzeichnis der zulassungsfreien Handwerke

Die Handwerkskammern sind nur für die handwerklich arbeitenden Fotografen zuständig. Fotografen, die eine freiberufliche Tätigkeit ausüben, brauchen sich weder bei der Handwerkskammer zu melden noch in die Handwerksrolle oder in das Verzeichnis der zulassungsfreien Handwerke eintragen zu lassen. Zu der Frage, ob ein Fotograf als Freiberufler oder Handwerker einzustufen ist, wird auf die Erläuterungen auf Seite 250 f. verwiesen.

Rechtliche Hinweise zur Internetnutzung

2

Nahezu alle Fotografen nutzen heutzutage das Internet, da es auch ihre Auftraggeber, Kunden und Lieferanten und Kunden nutzen, aber auch um Rechtsverletzungen zu verfolgen. Die beiden wesentlichen Dienste des Internet sind der E-Mail-Dienst und das World Wide Web. Meist beginnt die Internetnutzung mit der Nutzung des E-Mail-Dienstes und dem Browsen auf fremden Webseiten. Dann folgt fast zwangsläufig die eigene Webseite, um sich und seine Arbeiten zu präsentieren und damit entweder Kunden und Aufträge zu akquirieren oder um bereits vorhandene Arbeiten und die Nutzungsrechte an diesen Arbeiten über die Webseite zu verkaufen.

Das Internet ist kein rechtfreier Raum. Es gelten hier die gleichen rechtlichen Bestimmungen wie im sonstigen geschäftlichen Verkehr auch – und noch einige neue Regelungen, die in den letzten Jahren speziell für das Internet entwickelt wurden. Diese Regelungen, die den besonderen Gegebenheiten und Gefahren des Internet Rechnung tragen sollen, sind zusätzlich zu den allgemeine Gesetzen zu beachten.

Im Rahmen dieses Beitrags können lediglich erste Hinweise zu einigen ausgewählten Problemen des Internetrechts gegeben werden. Wer sich im Internet präsentieren und am E-Commerce teilnehmen will, sollte sein Vorhaben möglichst von einem Spezialisten anwaltlich überprüfen lassen, um Abmahnungen und anderen unangenehmen Überraschungen vorzubeugen.

Webseite

Domain-Name

Wer sich eine Webseite einrichten will, benötigt neben einem Vertrag mit einem Acess-Provider und einem Web-Hosting-Vertrag zunächst einen Domain-Namen, unter dem seine Webseite erreichbar ist. Bei der Wahl des Domain-Namens kann es zu kennzeichenrechtlichen Problemen kommen, insbesondere können Kollisionen mit fremden Namens-, Firmen- oder Markenrechten vorliegen, die der Verletzte gerade wegen der guten Suchmöglichkeiten im Internet leicht bemerken wird. Wer durch einen Domain-Namen fremde Kennzeichenrechte verletzt, muss mit einer Abmahnung rechnen und – falls die Abmahnung begründet ist – den Domain-Namen löschen lassen sowie Abmahnkosten und Schadensersatz zahlen.
Zunächst gilt es festzustellen, ob der Domain-Name unter der gewünschten Top Level Domain (meist de oder com) noch verfügbar ist. Eine Recherche nach bereits angemeldeten de-Domains ist im Internet unter folgender Adresse möglich:

- http://www.denic.de/domaincheck.html

Nach anderen Domain-Namen kann unter folgenden Adressen recherchiert werden:

- http://www.whois.net
- http://www.betterwhois.com
- http://speednames.com/choose.asp

Ist der gewünschte Domain-Name bereits vergeben, sollte man es eventuell mit einer anderen Top Level Domain (z.B. org, net, info) oder einer Abwandlung des Begriffs vor dem Punkt, des sogenannten Second-Level-Domain-Namens, versuchen. Denkbar ist auch eine Bindestrich-Variante oder die Hinzufügung eines weiteren Bestandteils zu dem gewünschten Namen. Jedoch besteht bei diesen Abwandlung die Gefahr, dass man dadurch die Rechte des Inhabers der bereits registrierten Domain verletzt, weshalb man in solchen Fällen den Rat eines Markenrechtsanwalts einholen sollte.
Außer auf die technische Verfügbarkeit kommt es entscheidend darauf an, dass der Domain-Name keine fremden Kennzeichenrechte verletzt. Nach fremden Firmen kann man eine einfache Recherche in einer Internet-Suchmaschine durchführen. Um vor dem Gang zum Rechtsanwalt herauszufinden, ob der favorisierte Domain-Name bereits als Marke bereits geschützt ist, um so Recherchekosten zu sparen, kann man selbst eine einfache Identitätsrecherche online durchführen. Dazu wird der Begriff, um dessen Übereinstimmung mit einem Markennamen es geht, in die Suchmasken des deutschen und des europäischen Markenamtes sowie bei der WIPO, der Stelle zur Registrierung internationaler Marken, eingegeben.

- https://register.dpma.de/DPMAregister/marke/einsteiger
- http://oami.europa.eu/ows/rw/pages/QPLUS/databases/searchCTM.de.do
- http://www.wipo.int/ipdl/en/search/madrid/search-struct.jsp

Da Markenrechte nicht nur vor identischen Markennutzungen Dritter schützen, sondern auch vor ähnlichen Markennutzungen, sollten gleichklingende Schreibvarianten mit abgefragt werden. Zeigt sich, dass der gewünschte Begriff bereits für die gleiche Dienstleistung registriert ist, sollte ein neuer Begriff gewählt und recherchiert werden. Nur selten wird die Möglichkeit bestehen, mit dem Inhaber einer kollidierenden Marke eine Abgrenzungs- oder Vorrechtsvereinbarungen abzuschließen, um so eine Koexistenz gleicher oder ähnlicher Begriffe in einem ähnlichen Tätigkeitsbereich zu erreichen.
Da die Beurteilung der Rechercheergebnisse markenrechtliches Spezialwissen erfordert, kann die Eigenrecherche nur ein erster Schritt sein, um offensichtliche Fälle auszuschließen. Wer eine konfliktfreie Nutzung des ausgewählten Domain-Namens sicherstellen will, wird meist nicht umhin können, eine kompetente Beratung durch einen Markenrechtsspezialisten in Anspruch zu nehmen.
Ist ein Domain-Name gefunden, der technisch verfügbar ist und kennzeichenrechtlich keine erkennbaren Probleme aufwirft, sollte die Domain möglichst schnell bei der zuständigen Stelle (z.B. DENIC) registriert werden. Sofern es sich bei dem Domain-Namen nicht nur um einen rein beschreibenden Begriff handelt, für den kein Markenschutz beansprucht werden kann, ist ergänzend die Eintragung als Marke zu empfehlen.

Impressum

Anlass zahlreicher Abmahnungen ist seit Jahren das bei vielen Webseiten fehlende oder fehlerhafte Impressum. Ein fehlendes oder auch nur fehlerhaftes und unvollständiges Impressum kann nicht nur von Wettbewerbern oder Verbänden mit einer kostenpflichtigen Abmahnung angegriffen, sondern auch mit einem Bußgeld bis zu 50.000,00 € geahndet werden (§ 16 TMG).
Nach den Vorschriften des Telemediengesetzes (§ 5 TMG) muss der Anbieter einer Webseite grundlegende Informationen über den Verantwortlichen einer Webseite leicht erkennbar, unmittelbar erreichbar und ständig verfügbar halten. Am sichersten erfüllt man diese Anforderungen, wenn in einem Navigationsframe oben links ein Button „Impressum" eingebaut wird. Anzugeben ist im Impressum insbesondere der vollständige Name mit mindestens einem ausgeschriebenen Vornamen und bei Kaufleuten die Firma. Das Impressum muss außerdem eine ladungsfähige Anschrift, also die Hausanschrift sowie die Telekommunikationsdaten (Telefon, Fax, E-Mail) ausweisen. Die Angabe eines Postfachs anstelle des Straßennamens oder die bloße Bereitstellung eines Kontaktformulars ist nicht ausreichend. Bei Kapitalgesellschaften (z.B. GmbH) ist zusätzlich zu der Firma und den Kontaktdaten noch der Geschäftsführer, das zuständige Handelsregister, die Handelsregisternummer und der Sitz der Gesellschaft bekanntzugeben.

Um eine ordnungsgemäße Erstellung des Impressums zu gewährleisten, sollte man die Hilfe eines Impressumassistenten in Anspruch nehmen:

- http://www.net-and-law.de/de/netlaw/webimpressum

Datenschutz

Durch die jüngsten Datenschutzskandale ist der Blick auch auf das Thema Datenschutz im Internet gelenkt worden. Neben den Regelungen des Bundesdatenschutzgesetzes (BDSG), das grundsätzlich die Nutzung personenbezogener Daten verbietet und eine solche Nutzung nur in den gesetzlich normierten Fällen oder mit Zustimmung der betroffenen Person erlaubt, gelten bei Webseiten ergänzend die Vorschriften des Telemediengesetzes (§§ 11 bis 15 a TMG), die zum 1. September 2009 um eine Selbstanzeige- und Kundeninformationspflicht bei Missbrauch von Kundendaten ergänzt wurden.

Nach § 13 TMG ist der Webseitenbetreiber verpflichtet, den Nutzer der Webseite zu Beginn des Nutzungsvorgangs über die Art der Nutzung und die gespeicherten Daten, den Umfang der Nutzung (auch in zeitlicher Hinsicht: Wann werden die Daten wieder gelöscht?) und den Zweck der Erhebung und Verwendung personenbezogener Daten in allgemeinverständlicher Form zu unterrichten. Der Inhalt der Unterrichtung muss für den Nutzer jederzeit abrufbar sein. Dies wird am besten dadurch sichergestellt, dass neben dem Button „Impressum" noch ein weiterer Button „Datenschutz" in den Navigationsframe aufgenommen wird.

Der Nutzer muss seine Einwilligung in die Verarbeitung seiner Daten erteilen, wobei diese Einwilligung gemäß § 13 Abs. 2 TMG auch elektronisch erklärt werden kann, sofern der Webseitenbetreiber folgende vier Punkte sicherstellt:

- Die Einwilligung muss bewusst und eindeutig erteilt werden, z.B. mittels einer Auswahlbox „Ja, ich bin mit der Verarbeitung meiner Daten einverstanden", die vom User aktiv angeklickt werden muss und nicht vorbelegt ist.
- Die Einwilligung muss protokolliert werden, d.h. es muss feststellbar sein, wann und von welcher IP-Adresse aus das „Ja" angeklickt wurde.
- Der Nutzer muss den Inhalt der Einwilligung jederzeit abrufen können, z.B. über den Button „Datenschutz".
- Der Nutzer muss die Einwilligung mit Wirkung für die Zukunft widerrufen können, was voraussetzt, dass er über das Widerrufsrecht informiert und ihm mitgeteilt wird, wie und wem gegenüber er den Widerruf erklären kann.

Falls technisch möglich und zumutbar, muss ein Dienst auf einer Webseite, z.B. ein Newsletterabo, anonym in Anspruch genommen werden können. Dies ist Ausdruck des Grundsatzes der Datensparsamkeit und Datenvermeidung (§ 3 a BDSG): Daten, die nicht erhoben werden, können auch nicht missbraucht werden. So bedarf es z.B. bei einem Newsletterabo nur einer E-Mail-Adresse. Weitere Daten wie Name,

Anrede oder Postadresse dürfen nicht als „Mussfelder" ausgestaltet sein. Wenn man derartige Felder als freiwillige Angaben mit aufnimmt, gilt auch hier wieder der Grundsatz, dass der Nutzer unter Angabe des Verwendungszwecks der Daten um Erlaubnis zu fragen ist.
Die datenschutzrechtliche Pflichten sind dann zu beachten, wenn personenbezogene Daten (jede Art von Information über eine natürliche Person) erhoben und verarbeitet werden, was bei Webangeboten insbesondere dann der Fall ist, wenn Cookies gesetzt oder ein Kontaktformular, ein Newsletterabo, ein User-Account etc. angeboten oder Bestellungen und Aufträge entgegengenommen werden. Ob die Adresse des Rechners, von dem aus jemand auf eine Webseite zugreift (IP-Adresse) ein personenbezogenes Datum ist, ist in der Rechtsprechung umstritten und hängt nach zutreffender Ansicht davon ab, ob die IP-Adresse vom Webseitenbetreiber mit irgendwelchen anderen Daten (z.B. aus einem Kontaktformular) verknüpft und so einer bestimmten Person zugeordnet werden kann. Die Verarbeitung von IP-Adressen spielt z.B. bei Webseiten-Analysetools wie Google-Analytics eine Rolle, die dem Webseitenbetreiber teils sehr detaillierte Informationen über die Nutzer seiner Webseite und deren Verhalten auf der Seite geben.
Kontaktformulare oder Newsletterbestellformulare auf Webseiten bieten die Möglichkeit, personenbezogene Daten, insbesondere E-Mail-Adressen, zu erhalten und zu sammeln und sich die hierzu erforderliche datenschutzrechtliche Einwilligung geben zu lassen. Zugleich bedarf es aus wettbewerbsrechtlichen Gründen der Einwilligung in die werbliche Verwendung der Kontaktdaten. Um diese Einwilligung zu erhalten, empfiehlt sich die Bereitstellung einer vom User anzuklickenden Auswahlbox mit folgendem Text (in den dann statt „Fotograf XY", „XY-Fotografie" etc. die entsprechenden Daten des Webseitenbetreibers einzusetzen wären):
„Ja, ich bin damit einverstanden, dass mein Name und meine E-Mail Adresse von dem Fotografen XY bis zum jederzeit möglichen Widerruf gespeichert und dazu genutzt werden, mich über interessante Angebot im Bereich XY-Fotografie per E-Mail zu informieren. Meine Einwilligung kann ich jederzeit per E-Mail an widerruf@fotograf-xy.de widerrufen."

Nutzungsrechte

Selbstverständlich sollte sein, dass der Webseitenbetreiber nur mit eigenen und nicht mit fremden Arbeiten für sich wirbt und dass er auch alle notwendigen Rechte an dem Content seiner Webseiten hat. Das gilt für sämtliche rechtlich geschützten Elemente, etwa das Webdesign, Schriften, Buttons, Logos von Firmen, für die man tätig war, oder auch die Rechte von abgebildeten Personen. Werden auf einer Referenzseite Firmennamen genannt und gar die Logos der Firmen abgebildet, für die ein Fotograf tätig war, solle hierzu immer die Erlaubnis des Auftraggebers, des Firmeninhabers und/oder des Inhabers der Markenrechte an den Logos eingeholt werden. Vorsicht ist auch bei eigenen urheberrechtlich geschützten Werken (z.B. Fotos) geboten, wenn der Fotograf seinem Kunden das ausschließliche Nutzungsrecht an

den Aufnahmen eingeräumt hat. Denn in diesem Fall bedarf er seinerseits der Zustimmung der Rechtsinhaber, wenn er seine Arbeiten für die Eigenwerbung auf seiner Webseite nutzen will.
Wer mit Fotos, auf denen Personen abgebildet sind (Bildnisse), auf seiner Homepage für seine Arbeit wirbt, bedarf zu dieser werblichen Veröffentlichung im Regelfall der Zustimmung der abgebildeten Personen (§ 22 KUG). Auf die gesetzlichen Ausnahmen für Promifotos (§ 23 Abs. 1 KUG) kann sich nur die Presse, die die Öffentlichkeit informiert, berufen, nicht aber der Fotograf, der mit den Personenbildern für seine Arbeit wirbt.
Eine von Akt- und Erotik-Fotografen zusätzlich zu beachtende Einschränkung bei der Veröffentlichung von Fotos ist der Jugendschutz. Danach ist die Verbreitung von jugendgefährdenden Schriften (dazu werden auch bestimmte Formen der fotografischen Darstellung nackter Körper gezählt) strafbar. Die Veröffentlichung darf nur erfolgen, wenn durch technische Zugangsschutzmaßnahmen die Gefährdung von Jugendlichen ausgeschlossen ist. Eine rechtliche Beratung ist in diesem Bereich in der Regel unabdingbar.
Wer seine Webseite mit anderen Webseiten verlinkt, sollte Folgendes beachten: Grundsätzlich sind solche Links nach der höchstrichterlichen Rechtsprechung ohne Zustimmung des Betreibers der fremden Webseite zulässig, und zwar auch zu Seiten, die unterhalb der angesteuerten Homepage liegen (sog. deep-links). Hierbei sollte man sich auf HTML-Dateien beschränken und nicht ohne Zustimmung die Inhalte fremder Webseiten, etwa eine Bilddatei, per Link (img-link) in seine Seite einbauen, da dies eine Urheberrechtsverletzung darstellen kann. Aus dem gleichen Grund sollte man auch von Frame-Links absehen, bei denen fremde Webseiten so in den Rahmen einer eigenen Webseite eingebaut werden, dass für die meisten User nicht ersichtlich ist, dass es sich im Frame um eine fremde Webseite handelt. Zu empfehlen ist also eine Linkprogrammierung derart, dass sich die verlinkte Seite in einem neuen Browserfenster öffnet und ihre URL zu sehen ist.

Haftung

Ein Fotograf ist als Betreiber einer Webseite für die Inhalte (Texte, Grafiken, Fotos etc.), die er zum Abruf bereithält, rechtlich verantwortlich (§ 7 Abs. 1 TMG). Das gilt auch für Links auf andere Webseiten sowie für Einträge von Besuchern in einem Gästebuch. Wer die Einträge in Gästebüchern nicht vorab kontrollieren und Einträge einzeln freigeben kann, sollte lieber auf ein Gästebuch verzichten, zumal fraglich ist, inwieweit ein solches Tool auf einer Webseite deren (Marketing-)Zweck unterstützt.
Für den Inhalt einer verlinkten Seiten ist man zwar primär nicht verantwortlich. Die konkrete Art, wie man den Link setzt (z.B. mit einen Begleittext, wonach man den Inhalt der verlinkten Seite „super toll" findet), kann aber dazu führen, dass es sich um ein „Zueigenmachen" des fremden Inhalts im Rechtssinne handelt. Pauschal in das Impressum oder die Nutzungsbedingungen der Webseite zu schreiben, dass man für verlinkte Inhalte nicht haftbar sein will, wie dies sehr häufig unter Angabe eines missverstandenen

Urteils anzutreffen ist, entlastet jemanden, der einen Link auf ein rechtswidriges Angebot setzt, grundsätzlich nicht.

Schutz des Content

Für Fotografen ist die Internetpräsenz ein zweischneidiges Schwert. Man möchte zwar seine Werke zeigen, entweder um sie zu verkaufen oder um weitere Aufträge zu erhalten, aber man will auch nicht dem Bilderklau und sonstigen Urheberrechtsverletzungen Tür und Tor öffnen. Soweit ersichtlich lässt sich das Problem technisch nicht sicher lösen. Eine niedrige Auflösung und eine kleine Bildgröße schränken die Verwendungsmöglichkeit bei Abbildungen ein. Andere technische Maßnahmen sind etwa sichtbare oder unsichtbare digitale Wasserzeichen und die Einbindung von Informationen über den Fotografen und die Nutzungsrechte durch Branding, Stamping oder die Verwendung der IPTC-Felder in den Datei-Informationen. Solche technischen Schutzmaßnahmen sind ebenso wie implementierte Informationen über die Rechtewahrnehmung durch das Gesetz (§§ 95 a ff. UrhG) rechtlich abgesichert und dürfen deshalb ohne die Zustimmung des Fotografen nicht bewusst umgangen, entfernt oder verändert werden.
Wer seine Webseite für Suchmaschinen optimiert, kann sich nicht hinterher beschweren, wenn seine Bilder als kleine daumennagelgroße Vorschaubilder (Thumbnails) bei der google-Bildsuche gezeigt und auch vom Suchmaschinenanbieter zwischengespeichert werden. Wer das vermeiden will, sollte die einzelnen Seiten seiner Internetpräsenz mit einem Vermerk im sogenannten Header der Webseite versehen, der dazu führt, dass diese konkrete Seite nicht von der Suchmaschine erfasst wird.

Verwertungsgesellschaft Bild-Kunst

Kleiner geldwerter Tipp: Seit 2004 ist es möglich, die Verwendung eigener Fotos und Werke der bildenden Kunst auf fremden, aber auch auf eigenen Webseiten bei der VG Bild-Kunst anzumelden und so an der Ausschüttung der Abgaben auf CD-Brenner und CD-Rohlinge zu partizipieren. Weitere Erläuterungen zu der VG-Mitgliedschaft und dem Meldeverfahren sind auf Seite 173 ff. nachzulesen.

E-Commerce

Verkauf von Leistungen über das Netz

Wer Verträge über den Download von Bilddateien über seine Webseite abschließt, Fotoaufträge per E-Mail annimmt oder z.B. seine alte Atelierausrüstung im Internet verkauft, muss in den Fällen, in denen er die Geschäfte mit Verbrauchern abschließt („B2C"), außer den allgemeinen vertragsrechtlichen Bestimmungen auch die besonderen Regelungen über den Fernabsatz beachten (§§ 321 c ff. BGB). Hierzu gehören umfangreiche vor- und nachvertragliche Informationspflichten und ein vierzehntägiges Widerrufsrecht. Die Details hierzu sind in Art. 246 §§ 1 und 2 des Einführungsgesetzes zum BGB geregelt. Im Wesentlichen muss der Anbieter vorvertraglich über seine Identität einschließlich ladungsfähiger Anschrift, die wesentlichen Merkmale seiner Ware oder Dienstleistung, den Preis und alle Kosten sowie über das Thema Rückgaberecht informieren. Nachvertraglich müssen dem Kunden die gleichen Informationen nochmals in Textform (§ 126 b BGB) mitgeteilt und auch die Vertragsbedingungen nebst AGB und Informationen zum Kundendienst mitgeschickt werden. Mit dieser Neuregelung wurde die entsprechende Regelung in der Informationspflichtenverordnung, die im Übrigen bestehen bleibt, aufgehoben und das darin enthaltene Muster zur Widerrufsbelehrung aufgrund der zahlreichen Prozesse zu diesem Themenkreis auf Gesetzesniveau hochgestuft. Es ist dringend zu empfehlen, das neue gesetzliche Muster zur Widerrufsbelehrung zu verwenden. Das Muster ist textbausteinartig aufgebaut, was es für den praktischen Einsatz durch juristische Laien weniger gut geeignet macht.

Im elektronischen Geschäftsverkehr zwischen Unternehmen („B2B") gelten ebenfalls ergänzende Regelungen. So sollen bestimmte Informationen, etwa über die technischen Schritte des Vertragsschlusses, nach Art. 246 § 1 Abs. 1 EGBGB rechtzeitig vor Vertragsschluss zur Verfügung gestellt werden. Außerdem sollen Eingabekorrekturmöglichkeiten vor Abschicken der Bestellung vorhanden sein, der Eingang der Bestellung umgehend bestätigt und die Vertragsbestimmungen einschließlich der AGB in einer downloadbaren, speicherbaren und ausdruckbaren Form – hier hat sich das pdf-Format eingebürgert – bereitgehalten werden. Kommt der Vertrag allerdings ausschließlich durch individuelle E-Mail-Kommunikation und nicht über ein Bestellformular auf einer Webseite zustande oder ist zwischen den Parteien etwas anderes vereinbart, müssen lediglich die Vertragsbestimmungen und die AGB zur Verfügung gestellt werden.

Zur Zahlungsabwicklung sollte man sich kompetent beraten lassen, da mangels Unterschrift auf Einzugsermächtigungen und Kreditkartenbelegen die Kosten und Risiken der Rückabwicklung zu Lasten des Verkäufers gehen.

Verwendung von Allgemeinen Geschäftsbedingungen (AGB)

Allgemeine Geschäftsbedingungen – hierzu zählen auch Nutzungs- und Lizenzbedingungen – werden nur dann Bestandteil eines Vertrages, wenn der Urheber als Verwender der AGB seinen Auftraggeber oder Lizenznehmer ausdrücklich vor Vertragsschluss auf deren Geltung hinweist und dem Vertragspartner die Möglichkeit verschafft, in zumutbarer Weise vom Inhalt der AGB Kenntnis zu nehmen. Erfolgt der Vertragsabschluss per Internet, kann auf die Geltung der AGB durch ein Anklickfeld „Ja, ich habe die AGB zur Kenntnis genommen und bin mit ihnen einverstanden" hingewiesen werden. In diesem Fall sollte man vor dem Button „Ja, ich will die Bestellung abschicken" zusätzlich einen Link auf die html- und pdf-Version der AGB platzieren. Die gesetzlich vorgeschriebene „zumutbare Möglichkeit der Kenntnisnahme" erfordert zum einen eine ausreichende Schriftgröße (mindestens 8 Punkt) und zum anderen ein gutes Kontrastverhältnis (am besten schwarz/weiss) sowie eine gute optische Lesbarkeit und eine klare inhaltliche Strukturierung des AGB-Textes (z.B. durch Zwischenüberschriften, ausreichende Abstände, Hervorhebungen durch eine „fette" Typographie). Außerdem sollten die AGB gut verständlich und nicht zu lang sein.

E-Mail

Einer der beliebtesten Internet-Dienste ist die E-Mail-Funktion.

Eingangskontrolle

Wer seine E-Mail-Adresse geschäftlich nutzt und bekanntgibt, sei es in Werbeanzeigen, auf Visitenkarten oder auf seiner Webseite, hat sie dem geschäftlichen Verkehr gewidmet und muss somit im Prinzip an jedem Geschäftstag mit dem Eingang geschäftlicher E-Mails rechnen. Sobald E-Mails mit rechtsgeschäftlichen Erklärungen (z.B. Aufträge, Vertragsänderungen, Kündigungen etc.) oder der Widerruf in die Nutzung von personenbezogenen Daten in einem Mail-Account eingehen, gelten sie im Rechtssinne als zugegangen. Dies hat zur Folge, dass man für eine arbeitstägliche Eingangkontrolle sorgen sollte, um keine Rechtsnachteile zu erleiden. Ein Abwesenheitsagent, der eine automatische Antwortmail generiert – etwa mit dem Inhalt, man sei von dann bis dann auf einer Geschäftsreise – verhindert den Zugang nicht und gibt etwaigen Einbrechern wertvolle Terminhinweise.

Geschäftsbriefangaben

Schon aus kommunikationstechnischen Gründen ist es bei E-Mails sinnvoll, ähnlich wie auf einem Briefbogen seine Postadresse sowie Telefon- und Fax-Nummer anzugeben. Bei einer geschäftlichen Tätigkeit in der Rechtsform einer OHG, GmbH, AG etc. besteht sogar die gesetzliche Pflicht, bei geschäftlicher Korrespondenz – auch in E-Mail-Form – die sogenannten Handelsbriefangaben (Firma, Geschäftsführer, Postadresse, Handelsregisternummer, Firmensitz) anzugeben.
Sofern ein Fotograf einer handels- oder steuerrechtlichen Aufbewahrungspflicht seiner Korrespondenz unterliegt, fallen auch E-Mails darunter.

Disclaimer

Sogenannte E-Mail-Disclaimer, die auch als „Angstklauseln“ bezeichnet werden, sind weder rechtlich vorgeschrieben noch sinnvoll, auch wenn sie im Gegensatz zu den Geschäftsbriefangaben weit verbreitet sind. Es handelt sich dabei meist um (teilweise zweisprachige) Texte am Ende einer Mail, in denen es heißt, dass der Inhalt der E-Mail keine rechtliche Wirkung entfaltet, höchst vertraulich ist, vom nicht berechtigten Empfänger – wer immer das sein mag – nicht gelesen werden darf, umgehend zu löschen ist und weder gespeichert noch weitergeleitet werden darf. Derartige Texte entfalten keinerlei rechtliche Wirkung und sind am Ende einer Mail sinnlos, wenn der Empfänger den vorstehenden Inhalt bereits zur Kenntnis genommen hat. Wer Mail vertraulichen Inhalts verschicken will, muss diese verschlüsseln. Die fehlende Verschlüsselung kann nicht durch Disclaimer-Texte ersetzt werden. Wer seinen Mails keine rechtsgeschäftliche Bedeutung zukommen lassen will, soll keine Mails mit rechtsgeschäftlichen Erklärungen verschicken.

Rechtsverbindlichkeit von Erklärungen

Teilweise besteht die irrige Annahme, per E-Mail abgegebene Erklärungen seien rechtlich nicht verbindlich. Sofern jedoch kein gesetzliches Schriftformerfordernis besteht, wie in den meisten Fällen, die für Fotografen relevant sind, können rechtsgeschäftliche Erklärungen auch durch einfache mündliche oder schriftliche Mitteilungen (z.B. E-Mails) abgegeben werden. Sofern ein Schriftformerfordernis vertraglich vereinbart wurde, wird sogar dieses durch die E-Mail-Kommunikation erfüllt, wenn nicht ausdrücklich im Vertrag auf einem unterschriebenen Papierdokument bestanden wird.
Elektronischer Signaturen, wie sie das Signaturgesetz regelt, sind für die Verbindlichkeit von Willenserklärungen per E-Mail nicht erforderlich. Sie sind aber bei Beweisproblemen hilfreich und lassen sich gut mit Verschlüsselungstools kombinieren, die für die Vertraulichkeit der E-Mail-Kommunikation sorgen.

Rechnungsstellung – Digitale Signatur

Wer seinen Kunden eine Rechnung per E-Mail schicken will, wird dabei auf das Problem stoßen, dass die Kunden die Vorsteuer aus der Rechnung nicht geltend machen können, sofern keine qualifizierte elektronische Signatur nach dem Signaturgesetz zum Einsatz kommt (§ 14 Abs. 3 UStG). Aufgrund der Kosten für derartige Signatursysteme auf Sender- und Empfängerseite dürfte sich das – zumindest derzeit – nur für die wenigsten Fotografen lohnen. Eine Alternative bieten internetbasierte Lösungen, bei denen ein Dienstleister im Auftrag die Erstellung von Rechnungsdateien mit gesetzeskonformer Signatur vornimmt. Ein solcher Dienstleister ist z.B. unter folgender Webadresse zu finden:

- http://www.vr-rechnungsservice.de

Spam und Newsletter

Da die Versendung von E-Mails nahezu kostenlos ist und man damit auch gut angehängte Dateien verschicken oder noch besser auf seine Homepage verlinken kann, sind solche Mails theoretisch ein gutes Medium, um sich selbst und seine Arbeit bei Unternehmen, Werbeagenturen oder anderen potentiellen Kunden vorzustellen. Davon ist jedoch dringend abzuraten, da unverlangt zugeschickte Werbemails als unzumutbar belästigende Werbung (§ 7 Abs. 2 Nr. 3 UWG) angesehen werden und teure Abmahnungen zur Folge haben können. Der Gesetzgeber unterscheidet nicht zwischen privaten oder geschäftlichen

E-Mail-Adressen, so dass E-Mail-Werbung auch gegenüber Firmenkunden unzulässig ist. Werbemails sind nur im Rahmen einer bestehenden Geschäftsbeziehung (der letzte Kontakt sollte nicht länger als ein Jahr zurück liegen) oder dann zulässig, wenn eine ausdrückliche Einwilligung des Adressaten vorliegt. Der Begriff „Werbung" wird sehr weit verstanden. Darunter fällt jede geschäftliche Kommunikation, die letztendlich eine geschäftliche Transaktion fördern soll, also z.B. dem Abschluss von Verträgen über Werkleistungen dient.

Der Empfänger kann seine Einwilligung in den Empfang von Werbemails auch dadurch erklären, dass er sich auf der Webseite des Fotografen in dessen Newsletter-Verteilerliste mit seiner E-Mail-Adresse einträgt. Hier besteht jedoch ein Beweisproblem: Hat sich tatsächlich der Inhaber der E-Mail-Adresse in die Liste eingetragen oder hat sich jemand eine Scherz erlaubt? Um missbräuchliche Eintragungen und daraus folgend dann unerwünschte Newsletter-Zusendungen (die von manchen Gerichten auch als unverlangte und damit rechtswidrige Werbung angesehen werden) möglichst zu vermeiden, wird im Rahmen eines doppelten Log-in (Doppel Opt-In) zunächst eine Bestätigungsmail an die angegebene Mailadresse verschickt. Diese Mail enthält einen Link, den der Inhaber der Mailadresse anklicken muss, wenn er tatsächlich den Newsletter abonnieren will.

Bei Newslettern ist zu beachten, dass sie vergleichbar einer Online-Zeitung nicht der Individualkommunikation, sondern der Kommunikation mit der Öffentlichkeit dienen und somit als Mediendienst anzusehen sind. Deshalb muss ein Newsletter ein Impressum nach dem Mediendienste-Staatsvertrag enthalten, in dem die vollständige Firmierung samt Postanschrift und die für den Inhalt verantwortliche Person anzugeben sind.

Datenschutz

Zum Schutz von E-Mail-Adressen und dem Kommunikationsinhalt von E-Mails kann im Wesentlichen auf die Ausführungen zum Datenschutz auf Webseiten verwiesen werden (dazu oben Seite 29 f.).

Wer E-Mail-Adressen erheben, speichern, nutzen oder übertragen will, bedarf dazu der Einwilligung des Betroffenen oder einer gesetzlichen Erlaubnis. Wer eine E-Mail zugeschickt bekommt, darf die darin enthaltenen Angaben daher nur zu dem in der E-Mail angegebenen oder daraus ersichtlichen Zweck verwenden, also primär die E-Mail beantworten. Zählt die E-Mail zur Geschäftskorrespondenz, ergibt sich die Speicherberechtigung für die Dauer von sechs Jahren aus den handels- und steuerrechtlichen Aufbewahrungspflichten. Erfolgt die E-Mail-Zusendung im Rahmen eines Vertragsverhältnisses, ergibt sich die Speicherberechtigung aus § 28 Abs. 1 BDSG für die Dauer des Vertragsverhältnisses und für die Dauer der regelmäßigen dreijährigen Verjährungsfrist nach Beendigung des Vertrages. Erfolgt die E-Mail-Zusendung außerhalb eines Vertragsverhältnisses mit dem Absender, z.B. bei einem Kommentar oder einer Anfrage, die zu keinem Geschäft führt, liegt keine Einwilligung zur längerfristigen Speicherung vor und besteht keine Speicherungsberechtigung auf vertraglicher oder gesetzlicher Grundlage, so dass der-

artige E-Mails nach einer kurzen Speicherfrist von wenigen Tagen gelöscht werden müssen (§ 35 Abs. 2 Satz 2 Nr. 1 BDSG).
Selbstverständlich dürfen ohne Einwilligung der Betroffenen auch keine Sammlungen von E-Mail-Adressen weitergegeben oder verkauft werden

Chancen nutzen durch rechtssicheren Internetauftritt

Ingesamt bieten E-Mail und insbesondere die eigene Webseite interessante neue Möglichkeiten des Marketings, der Akquise und des Vertriebs, die nahezu unerlässlich sind, die aber auch einer rechtlichen Begleitung bedürfen, damit die Chancen und nicht die Nachteile überwiegen.
Weiterführende Informationen finden sich in dem BITKOM-Leitfaden „Email und Internet im Unternehmen", in dem Leitfaden „Online-Recht" der Fachhochschule Ostfalia und in dem von Prof. Hoeren verfassten Skript „Internetrecht":

- http://www.bitkom.org/files/documents/BITKOM_Leitfaden_Email_u._Internet_im_Unternehmen_Version_1_3(1).pdf
- http://www.ostfalia.de/export/sites/default/de/r/download/090925_Leitf_Law_Group.pdf
- http://www.uni-muenster.de/Jura.itm/hoeren/materialien/Skript/Skript_Maerz2009.pdf

Zusammenarbeit mit Werbeagenturen und Bildredaktionen

3

Auftragsakquisition bei Werbeagenturen – Interview mit einer Art Buyerin

Susanne Nagel, Head of Art-Buying in der Werbeagentur Jung von Matt in Hamburg, ist seit gut 18 Jahren im Art-Buying. Das Interview führte Anna Gripp von der Zeitschrift PHOTONEWS.

Was macht ein Art Buyer in einer Werbeagentur?
Susanne Nagel: Ich verstehe meinen Job als Vermittlerin. Zwischen Kreation, Fotograf und Kunden(beratung). In einer Agentur arbeitet man parallel an verschiedenen Jobs für verschiedene Kunden mit verschiedenen Kreativen und Beratern. On the job heißt das ganz grob: Fotografen vorschlagen, diese gemeinsam mit dem Art- und Creative-Director besprechen, Kostenverhandlungen führen, Nutzungsrechte verhandeln, Produktionen vorbereiten, Shootings begleiten. Zur Tagesarbeit gehört aber auch die permanente Recherche. Neue Fotografen, Looks, Trends aufspüren und bewerten.
Wie wird man Art Buyer?
Art Buying ist ein „Learning by doing job". Es gibt keine offizielle Ausbildung dafür. Ich z.B. habe eine kaufmännische Ausbildung und eine Fotoassistenz hinter mir. Diese beiden Bereiche boten mir eine ideale Basis. Ein gutes Auge und das Gefühl für Fotografie sind Grundvoraussetzungen, um überhaupt anzufangen. Und dann sollte man noch organisatorisches Talent, gutes Verhandlungsgeschick mit einer Prise Diplomatie und starke Nerven mitbringen. Und last but not least: Leidenschaft für Kreation. Eigentlich muss man als Art Buyer drei Rollen füllen: kreativ/innovativ sein, Händler und auch ein wenig Buchhalter sein.
Gibt es für Sie nach 18 Jahren Art-Buying noch Herausforderungen?
Bei der Flut von Bildern, die ich täglich sehe, den Blick für das Außergewöhnliche und das Neue zu behalten, ist schon anspruchsvoll. Und es ist auch herausfordernd, immer neugierig und offen zu bleiben, aber sich gleichzeitig nicht in Innovationen und Trends zu verlieren. Schließlich betreiben wir in einer Werbeagentur keine freie Kunst, sondern sind knallhart für den Erfolg unserer Kunden mitverantwortlich. Innerhalb der Agentur ist es nicht immer einfach, mit den Kreativen klarzukommen. Ab und zu fühle ich mich wie im Sandwich zwischen Kreation und Kundeninteressen. Dabei immer für alle Seiten Konsens zu finden und keine faulen Kompromisse zu schließen, kostet oft Nerven, zahlt sich in der Regel aber aus. Spätestens dann, wenn ich Arbeiten von unser Agentur in einer Zeitschrift oder Zeitung sehe und ich auf meinen Beitrag zum Gelingen auch etwas stolz bin.
Sie sehen täglich zahlreiche Fotoarbeiten. Wie kann man Sie als junger, neuer Fotograf im Markt überhaupt noch erreichen?
Grundvoraussetzung ist ein interessant zusammengestelltes, handwerklich einwandfreies Portfolio. Bitte nicht falsch verstehen: Es geht dabei nicht um die teure, aufwändig verarbeitete Mappe, sondern um den Inhalt.

Bekommt bei Ihnen jeder Fotograf die Chance auf einen Termin?
Grundsätzlich ja. Wir haben bei Jung von Matt ein System entwickelt. Nicht aus Sturheit, sondern um für beide Seiten das Optimum aus diesen Terminen rauszuholen: Wir ziehen das persönliche Gespräch der Einsendung von Mappen vor. Wir vereinbaren nur einen Termin pro Tag. Das hat den Nachteil, dass Fotografen oder Illustratoren oder Repräsentanten fast drei Monate warten müssen. Doch der Vorteil ist, dass wir bei diesem Termin uns zu 100 Prozent konzentrieren können. Für das gesamte Art-Buying Team ist dieser Termin sozusagen Pflicht. Wir halten uns die Zeit von 11 Uhr bis 11:30 Uhr frei. Wir sind zu sechst im Team, das klappt nicht immer, aber zu 80 Prozent sind wir vollzählig. Manchmal dauert ein Termin dann nur fünf Minuten, manchmal 45 Minuten. Für uns geht es bei Terminen nicht nur um das Anschauen der Mappen, sondern auch darum, ein Gefühl für den Menschen hinter den Arbeiten zu kriegen.
Wie bereitet sich ein Fotograf auf einen Termin am besten vor?
Wie erwähnt: Das Portfolio ist sehr wichtig. Fotografen sollten hier Mut beweisen. Mut, Sachen ins Portfolio zu tun, die wirklich ihren Stil darstellen. Also ruhig freie Arbeiten, zu denen sie wirklich stehen. Bilder, in denen das Herz steckt. Und wir freuen uns immer, wenn der Fotograf ein wenig über uns (die Agentur) Bescheid weiß (z.B. Etats, Größe, bekannte Kampagnen). Der Wille zum Dialog ist wichtig. D.h. Fotografen, die zu uns kommen, müssen nicht die besten Selbstdarsteller, sondern sollten vor allem offen sein. Grundsätzlich sollte der Fotograf die Chance sehen, uns auch als Berater in eigener Sache zu nutzen. Bei 250 Terminen im Jahr kommt ganz schön viel Erfahrung zusammen. D.h. wir empfinden es als positiv, wenn ein Fotograf offen nach unserer Meinung fragt. Wir wollen die Fotografen kennenlernen. Also sollte auch die Bereitschaft da sein, ein wenig über sich zu erzählen.
Wofür sollte ein junger Fotograf am meisten investieren?
Wenn ein Fotograf Interesse hat, sich zu entwickeln, und nicht in erster Linie auf das schnelle Geld aus ist, muss er darauf achten, welche Arbeiten ihm wirklich etwas für die eigene Entwicklung seiner Mappe bringen. Dazu gehört auch mal, einen Job auf Basis der Selbstkosten zu machen. Ich rate auch immer zu freien Arbeiten.
Wie hält sich ein Fotograf nach einem erfolgreichen Termin in Ihrem Gedächtnis?
Mit gezielter Hartnäckigkeit. D.h. dranbleiben und ständig kleine Impulse setzen – aber nicht jeden Tag eine E-Mail mit Bild, sondern gezielte, überraschende „Nadelstiche".
Wie steht es mit Aussendungen?
Hier gibt es kein Patentrezept. Generell bauen wir unser haptisches Archiv eher ab – bald wird bei uns das gesamte Archiv digitalisiert sein. Trotzdem freuen wir uns über kreative, zielgerichtete Aussendungen. Steve Steigman, berühmt für sein „Blown Away"-Foto in der Maxell Werbekampagne der 80er Jahre, machte eine der spektakulärsten Aussendungen, die mir bekannt ist: Er verschickte Brieftauben an die Agenturen, mit denen er zusammenarbeiten wollte. Die Brieftauben flogen zu ihm zurück und der Absender erhielt Steigmans Portfolio. Das war eine spektakuläre Idee mit sehr hohen Rücklaufquoten. Na ja, so aufwändig muss es ja nicht sein. Aber kreativ darf es schon sein.

Und das Internet?

Internet ist essentiell für jeden Fotografen. Der Internetauftritt muss einfach und funktional sein. D.h. wir wollen schnell Bilder sehen und einen guten Überblick kriegen. Also: keine Musik, keine aufwändigen Flash Intros, keine grafischen Spielereien. Es geht ja um Fotos.

Wie stehen die Chancen auf einen Job für Fotografen, die noch keine Veröffentlichungen in der Mappe haben?

Bei uns – sehr gut. Wir sind offen und selbstbewusst genug, immer wieder mit neuen Fotografen zusammenzuarbeiten. Klar werden wir einen unerfahrenen Fotografen nicht gleich beim größten BMW-Job testen. Aber es gibt genügend Beispiele aus der Vergangenheit, wo unser Mut auch belohnt wurde.

Werbung oder Redaktion? Welcher Weg ist für Fotografen vielversprechender?

Der Weg über die Redaktion gibt Erfahrung und hilft, in die Werbung zu kommen. Das ist kein Patentrezept, aber diese Regel bestätigt sich immer wieder.

Empfehlen Sie einem jungen Fotografen, sich von einer Repräsentanz vertreten zu lassen?

Hierbei kommt es in erster Linie auf den Repräsentanten an. Wenn man als junger Fotograf das Glück hat, einen Repräsentanten zu finden, der das Talent fördert, dem Fotografen genügend Zeit und Raum gibt, sich zu entwickeln, und wirklich gute Kontakte hat, dann ist die Kombination prima. Wenn der Repräsentant lediglich sein Portfolio erweitern will und selbst zu wenig Kontakte hat, dann ist es eher schwierig. Vor der Entscheidung für einen Repräsentanten sollte der Fotograf für sich klar formulieren, was er will und sich vorstellt. Danach empfehle ich die Recherche. D.h. sich neben der Internetrecherche auch mit Kollegen austauschen und in der Branche umhören. Dann den Repräsentanten treffen und genau zuhören. Man sollte dabei nicht nur auf große Namen und Marken achten, sondern wirklich das Gefühl haben, dass der Repräsentant menschlich zu einem passt.

Wie kommt ein Fotograf auf einen vernünftigen Tagessatz?

Hier rate ich: nicht unbedingt am Markt orientieren. Die Preise, die mal so in die Runde geworfen werden, stimmen teilweise einfach nicht. Mein Grundsatz ist: ehrlich zu sich sein. Was will ich und was kann ich? Beim Wollen stellt sich die Frage: Geht es mir in erster Linie um schnelles Geld oder um interessante, langfristige Arbeiten für Kunden? Beim Können ist eine gesunde Selbsteinschätzung wichtig. Es gilt nämlich: Was das Honorar darstellt, muss der Kunde auch kriegen. Genau hier überschätzen sich viele Fotografen. Es kommt hierbei auch immer wieder vor, dass sie von ihren Repräsentanten falsch beraten werden.

Welche Rolle spielen die technischen Veränderungen der letzten Jahre?

Die Digitalfotografie ist in den letzten Jahren zwar weit fortgeschritten, schränkt aber technisch in vielen Bereichen immer noch ein, wie ich finde. Es sind letztendlich mehr die Kunden, die in der Digitalfotografie oft ernorme Einsparpotenziale vermuten. Klar drückt das auf die Kosten. Oft werden aber Dinge wie das Datenhandling oder der nötige Rent von Equipment bei dieser Rechnung einfach vergessen. Wichtig ist auch die Entwicklung in der Postproduction. Fotografen müssen ein Grundwissen aus diesem Bereich mitbringen. Nicht um eigene Unzulänglichkeiten zu retten, sondern um zu wissen, was überhaupt möglich ist und wie das funktioniert. Die Zeiten, da man einfach ein Dia abgibt, sind endgültig vorbei. Da sind nur noch ein paar echte Altmeister die Ausnahme, bei denen das so akzeptiert wird.

Tangieren die ständigen Budgetdiskussionen auch Ihre Arbeit im Art-Buying?

Ja klar. Wir bei Jung von Matt waren aber auch in den guten Jahren immer schon sehr kostenbewusst und können deshalb mit kleineren Budgets gut umgehen. Die richtig „fetten" Shootings mit Tageshonoraren von 10.000,00 € und mehr sind wirklich selten geworden.

Wie schätzen Sie den Wettbewerb für junge Fotografen ein?

Oft stellen wir fest, dass Fotografen nur ihre unmittelbare Umgebung (Hochschule, Stadt ...) als Wettbewerb sehen. Ein Fotograf sollte sich nicht ausschließlich am deutschen Markt orientieren. Heute ist es kein Problem für uns, mit einem Fotografen z.B. aus Asien zusammenzuarbeiten. Die Welt ist wirklich ein globales Dorf geworden. Dies gilt nicht nur für junge Fotografen, sondern auch für die Etablierten.

Ein Schlusswort von Ihrer Seite: eine Eigenschaft, die ein junger Fotograf mitbringen muss, um erfolgreich zu sein?

Neugierig, ehrgeizig und offen, um den eigenen fotografischen Stil zu finden.

Anforderungen einer Werbeagentur an Fotografen – Handout einer Art-Buyerin

Tanja Braune wurde Anfang der 1990er Jahre als Werbekauffrau bei Springer & Jacoby in Hamburg ausgebildet und ist heute hier in der Position des Head of Art-Buying für Kunden wie Bucherer, bwin, eBay, IFAW, manroland, OSRAM und Siemens tätig.
Durch Kontakte zu verschiedenen Hochschulen besuchen häufig Studentengruppen das Art-Buying bei Springer & Jacoby. Für sie hat Tanja Braune nachfolgendes Handout formuliert, das einen guten Überblick über den Ablauf einer Fotoproduktion und die Anforderungen von Seiten der Agentur bietet.

Ablauf eines Fotojobs bei Springer & Jacoby

• Der Art-Direktor (AD) präsentiert dem Art-Buying die Anzeigen- bzw. Bildidee mündlich oder anhand eines Layouts.
• Meist gibt der Art-Direktor seinen gewünschten Fotostil anhand von Beispielen vor. Alternativ denkt sich das Art-Buying einen geeigneten Fotostil für den jeweiligen Job aus.
• Das Art-Buying bestellt Fotomappen und präsentiert sie dem Art-Direktor. Gemeinsam mit dem Creativ-Direktor werden zwei bis drei Fotografen in die engere Wahl genommen.
• Das Art-Buying schickt das vom Art-Direktor vorbereitete Fotobriefing plus Layouts an die ausgesuchten Fotografen und organisiert einen mündlichen Briefingtermin für AD und Fotograf.
• Die Fotografen kalkulieren den Job anhand des Fotobriefings mit allen Nebenkosten. Kunde und Agentur entscheiden sich gemeinsam für den endgültigen Fotografen anhand von Kosten und Mappe.
• Nach Kostenfreigabe durch den Kunden beauftragt das Art-Buying den Fotografen schriftlich. Danach beginnt die Produktionsvorbereitung.
• Der Fotograf organisiert Casting und Locationsuche nach den Wünschen der Agentur. Er bucht seine freien Mitarbeiter wie Assistent, Locationscout, Producer, Stylistin und Haare/Make up. In dieser Phase bildet das Art-Buying die Schnittstelle zwischen Agentur und Fotograf, damit keine Informationen verlorengehen. Das bedeutet: Terminabsprachen für z.B. Casting- und Locationabstimmungen sollten über das Art-Buying laufen. Bei Problemen wie z.B. Mehrkosten sollte ebenfalls zuerst das Art-Buying informiert werden.
• In einem PPM (PreProductionMeeting) präsentieren Agentur und Fotograf die Casting-, Styling- und Locationvorschläge dem Kunden. Nach Freigabe durch den Kunden startet die Fotoproduktion. Hierbei ist der AD anwesend.
• Nach Produktionsende schickt der Fotograf seine Rechnung mit allen Belegen an das Art-Buying. Das heißt: Er bezahlt vorab alle Beteiligten und berechnet diese Kosten später an uns weiter. Darum kann bei großen Produktionen nach einer a conto-Zahlung gefragt werden.

Anforderungen an einen Fotostil

So wie wir täglich alles geben, um unsere Kunden mit unseren Ideen zu überraschen, möchten wir auch neue Sachen sehen, die uns dann noch mal einen Schritt weiterbringen können. Das kann sich auf Farbigkeit, Material/Entwicklung, Bildausschnitte, Art des Styling, Make up, Bildkompositionen, Perspektiven, Thema, Location, Licht, Bildbearbeitung etc. beziehen. Wir können niemandem sagen, wie er idealerweise fotografieren soll, um Jobs zu bekommen. Jeder muss für sich selbst wissen, was er wirklich machen will. Und dann gilt die alte Regel: zur richtigen Zeit am richtigen Ort sein.

Anforderungen an eine Fotomappe

Hier gibt es ganz unterschiedliche Vorlieben. Die einen bevorzugen Mappen zum Blättern, die anderen möchten lieber große Reprodias sehen. Die einen verlangen Auftragsarbeiten, die anderen interessieren sich für die freien Jobs. Uns geht es darum, Bilder zu sehen! Egal wie sie aufbereitet sind. Wichtig ist, dass es die Bilder sind, mit denen sich der Fotograf am besten erklärt und dargestellt fühlt, die ihm gefallen und hinter denen er steht. Aber: Natürlich gucken wir uns lieber Originalprints an, weil die Qualität von Farbkopien oder Belegen einfach viel schlechter ist als das Original. Und: Wir interessieren uns eher für die freien Arbeiten als für irgendwelche Jobs.

Anforderungen an einen Fotografen

Uns ist wichtig, dass die Chemie stimmt. Es hilft niemandem, wenn der beste Fotograf charakterlich nicht zum AD passt. Darum ist es wichtig, dass AD und Fotograf vorher miteinander sprechen und sich kennenlernen. Es müssen also sowohl Fotostil und Fotoqualität als auch die Person zu dem jeweiligen Projekt bzw. zu dem Art-Direktor passen. Wenn dann zusätzlich noch folgende Punkte beachtet werden, erleichtert es die Zusammenarbeit sehr:

Professionalität Kosten können schnell und gut eingeschätzt und kalkuliert werden. Der Fotograf weiß, mit welchem Stylisten, Producer, Assistenten, Dummybauer etc. er am besten die Jobs realisiert. Termine werden zuverlässig eingehalten. Bei Fragen und Problemen seitens der Agentur werden schnelle Lösungen angeboten.

Vertrauen Der Fotograf sieht sich als unser Teampartner. Er behält ihm Anvertrautes für sich und plaudert keine Jobinformationen bei seinen Freunden und Kollegen aus.

Flexibilität Der Fotograf ist bereit, nicht nur eingleisig die Pflicht zu erarbeiten, sondern auch eine Kür bzw. Varianten anzubieten. Bei Briefing- oder Terminänderungen geht nicht gleich die gute Laune verloren.

Ordnung Der Fotograf hat übersichtliche Geschäftspapiere wie KVA-Formular, Fax, Rechnungsformular. Rechnungen werden übersichtlich mit allen Belegen sowie den richtigen Mehrwertsteuersätzen abgegeben.

Auftragsakquisition bei einer Bildredaktion

Rüdiger Schrader war 7 Jahre lang Fotochef des „stern" und ist seit 1995 Leiter der Bildredaktion des Magazins FOCUS. In dieser Funktion hat er häufig mit Fotografen zu tun, die sich zum ersten Mal in einer Redaktion vorstellen. Er weiß deshalb, worauf es bei solchen Vorstellungsgesprächen ankommt.

Ratschläge und Erfahrungen zu Papier zu bringen, anhand derer Fotografinnen oder Fotografen zuverlässig Fehler oder Stolpersteine im Vorstellungsgespräch vermeiden können? Ihnen eine Art Gebrauchsanweisung an die Hand zu geben, damit sie erste Schritte ins Berufsleben unbelastet tun können? Ein Konzept, das zum ersehnten erfolgreichen Einstieg führt?

Das Problem ist: Es gibt für das erste Vorstellungsgespräch bei einer Bildredaktion keinen spezifizierten Maßnahmekatalog mit automatischer Auftragsgarantie. Dazu ist die Angelegenheit zu komplex, zu differenziert. Und die handelnden Menschen sind zu individuell für Generalisierungen. Also will ich damit auch gar nicht erst anfangen.

Aber es gibt Elemente und Merkmale, die mir persönlich wichtig sind, um einem jungen Bewerber gegenüber aufgeschlossen zu sein. Die Fotografen, denen ich große Auftaktjobs bei „meinen" jeweiligen Magazinen anvertraute, haben diese Dinge gemeinsam: wache, klare Augen, gute Laune, ein optimistisches Wesen, durch Können und Wissen erworbene Gelassenheit und eine spürbare Passion für das, was sie sein wollen – fotografierende Augenmenschen.

Sind das „gerechte" Kriterien ? Ich meine, ja. Damit soll nicht gesagt sein, höfliches Auftreten, geordnete Garderobe, gewisse rhetorische Fähigkeiten und handwerkliches Können seien in unserer Branche locker zu vernachlässigen oder genau dadurch zu ersetzen. Diese Elemente setzen wir an dieser Stelle als selbstverständlich voraus, wobei diese Prämissen für so viele Bewerber mitnichten eine Selbstverständlichkeit sind.

Ein erfahrener Bildredakteur, also alle meine Kolleginnen und Kollegen in dieser Branche, spürt sofort, wer ihnen gegenübertritt. Ist es jemand, der von Leidenschaft durchdrungen ist? Ist es jemand, der mit Zweifeln über sich und sein Können beladen ist? Ist es jemand, der sich wirklich für Branche und Beruf interessiert? Ist es jemand, der die Fotografie als Notlösung betreibt? Ist es jemand, der neugierig gespannt ist oder schon alles weiß? Ist es jemand, der mir neue Wege zeigt? Ist es jemand, der mich überrascht? Ist es ein Mediator meiner professionellen Bedürfnisse, also der Fotograf, der mir gefehlt hat? Ist es jemand, der journalistisch denkt? Ist es ein „echter" Newcomer?

Lassen Sie sich von diesen und folgenden Worten jetzt nicht zu sehr schrecken. Der Teufel trägt zwar bekanntlich Prada in unserem Genre, tobt sich aber meistens in anderen Abteilungen als in der Bildredaktion aus. Bildredakteure werden Sie lächelnd empfangen. Und dann können Sie positiv auf sich aufmerksam machen. Sie sollten aber beherzigen und realisieren: Niemand hat auf Sie gewartet. Der Redakteur nicht, Ihre Konkurrenten nicht. Und am allerwenigsten diejenigen, die Sie fotografieren wollen: Men-

schen, denen Ihr Beruf oft genug fremd, brotlos und unanständig erscheint. Dieses Schmuddel-Image wird der Fotobranche gerne angeheftet und perpetuiert, weil es so praktisch ist und von eigenen Schwächen ablenkt.
Wenn beispielsweise in Spielfilmen eine Pressemeute dargestellt wird, sehen Sie immer sich balgende Fotografen. Kameraleute und Radioreporter, die mit dem Mikrofon fuchteln, oder schreibende Journalisten, die herumbrüllen, können Sie dort nicht entdecken. Die dadurch befeuerten Vorurteile gegenüber Fotografen werden Ihnen entgegen branden, wo immer Sie Ihrem Beruf nachgehen wollen. Diese Antipathie müssen Sie einkalkulieren und zunächst aushalten und dann durch Persönlichkeit, Witz, Charme und Aura ins Gegenteil verkehren. Sollten Sie sich in dieser Hinsicht während Ihrer Ausbildung noch kein breites Kreuz angeeignet haben, dann wird es mit dem Tag Ihres Anrufes in einer Redaktion höchste Zeit.
Warum also sollte ein Bildredakteur an Ihnen als Fotograf interessiert sein? Weil Sie an sich glauben, ein tapferes, aufgeregt schlagendes Herz und Sehnsucht nach Erfolg haben. Weil Sie nun beherzt die Chance ergreifen, eine Begegnung zu kreieren, an die alle Beteiligten noch lange und gerne denken. Sie wollen und müssen Eindruck machen, am besten schon beim ersten Eindruck: Studien, Forschungen und Untersuchungen haben ergeben, dass bei einem ersten Kontakt die ersten Hundertstelsekunden schon grundlegend Schicksal spielen für eine gelungene, fruchtbare Kommunikation und über Sympathie und Wohlwollen entscheiden. Aus diesem ersten Moment wächst die Basis für alles Weitere.
Eine Hundertstelsekunde ist für einen Fotografen eine locker zu handhabende Zeitspanne, solange er durch den Sucher seiner Kamera schaut. Diese Hundertstelsekunde kann Ihr Leben ändern, wenn Sie aufmerksam und bewusst mit diesem Moment bei einer ersten Begegnung mit Menschen umgehen. Und genau dies bewältigen viele nicht souverän, wenn sie sich als Fotograf bei mir vorstellen und ich ihnen erstmals die Hand schüttele.
Wenn Sie nun also in einer Bildredaktion oder bei einem Fotochef anrufen, um einen Termin zu vereinbaren, machen Sie sich klar: Am anderen Ende der Leitung herrscht meistens Stress, nicht immer positiver Stress. Lassen sie sich nicht beeindrucken von inadäquater Tonlage, genervtem Sprachstil oder gehetzter Gesprächsführung – kurzum, dem Gegenteil dessen, was oben als angenehme Grundvoraussetzungen für Sie genannt wurde. Dies ist noch nicht der Termin, bei dem Sie punkten können.
Aber Sie können verlieren in einem solchen Telefonat: Fragen nach Besuchsterminen, die mit dem Redaktionsschluss kollidieren (Ende der Woche bei FOCUS, Anfang der Woche beim stern, BUNTE). Fragen nach der Redaktionsadresse oder die Frage, ob man die Mappe mitbringen soll, produzieren nicht unbedingt den Eindruck, man habe sich mit dem Gesprächspartner schon mal beschäftigt. So etwas wirkt eher belästigend und unprofessionell. Die Adresse steht im Impressum. Ein Fotograf, der sich vorstellen möchte, zeigt selbstverständlich sein Portfolio. Produktionszeiten von Magazinen ergeben sich aus dem Erscheinungstermin.
Achten Sie auf eine fröhliche, freundliche, klare, gewinnende Stimme am Telefon. Sollten Sie diese nicht haben, trainieren sie Ihre Stimme. Sie werden später noch bei vielen Menschen am Telefon die Bereit-

schaft wecken müssen, sich von Ihnen fotografieren zu lassen. Und Sie müssen einen verlässlichen Termin vereinbaren, bei dem Ihnen auch noch Zeit für Fotos gewährt werden soll. Rufen Sie dafür diese Menschen oder Kollegen wie mich nicht aus der U-Bahn oder „von unterwegs" an. Sie signalisieren damit nachrangige Beiläufigkeit ihres Anliegens, nicht professionelle Lässigkeit.
Und schicken Sie als erste Kontaktaufnahme keine Mail, das ist zu unpersönlich. Sie können gerne nach unserem Telefonat per Mail den verabredeten Termin bestätigen. Anders ist es dagegen, wenn Sie sich auf einem Job befinden und Rückmeldung geben wollen. Hier ist der Anruf oder die Mail „von unterwegs" sogar selbstverständlich. Aber dann haben Sie das Prozedere, über das ich gerade schreibe, ja längst und erfolgreich absolviert.
Wenn Sie nun den Besuch einer Redaktion vorbereiten, planen Sie ausreichend Zeit ein. Vorher wie nachher. Präsentationen abbrechen zu müssen, weil andernfalls Flugzeug, Bahn oder Mitfahrgelegenheiten verpasst werden, ärgert jeden der Beteiligten. Besuche reichlich verspätet zu beginnen, weil der vorhergehende Termin sich in die Länge zog, nimmt dem anstehenden Termin die Relevanz. Und reduziert Ihre Konzentration.
Wenn Sie unsicher sind bei Ihrem ersten Besuch, verstecken Sie sich nicht hinter aufgesetzter Fröhlichkeit oder unantastbarer Coolness, sondern lassen Sie dieses Gefühl zu, ohne sich zu ängstigen. Dieses Gefühl haben wir auch alle einmal gehabt und uns langsam vorwärts gefürchtet. Versuchen Sie nicht, jemand anders zu sein als der, der Sie sind. Das wird man Ihnen anmerken und als Kasperei auslegen. Denjenigen, der Sie sein wollen, haben Sie hoffentlich während Ihrer Ausbildung gepflegt und entwickelt.
Trainieren Sie frühzeitig Ihren Blick und Ihr Gefühl für fremde Gesprächspartner, so können Sie sich besser auf das Gespräch konzentrieren. Schauen Sie mir freundlich in die Augen, wenn Sie mit mir reden. Das tue ich auch. Nicht nur Ihre Fotografie muss Vertrauen wecken für anstehende Aufgaben. Auch Ihr Habitus.
Sie werden zu fotografierende Menschen „knacken" müssen. Das können Sie nur, wenn Sie „echt", aber auch diplomatisch und konzentriert sind. Sonst überzeugen Sie nicht. Trainieren Sie dieses Auftreten, es wird Ihnen die anfängliche Sicherheit verleihen, die Sie für weitere Schritte brauchen. Einen schüchternen Menschen scheucht schon die Vorzimmerdame aus dem Büro des Vorstandsvorsitzenden, wenn der Pförtner Sie überhaupt bis dahin vorgelassen hat. Aber es ist auch fraglich, ob man diesem Menschen einen solchen Fotoauftrag oder -termin gäbe. Einem Menschen mit großer Klappe hingegen begegnet jeder mit Misstrauen.
Reden Sie nicht zuviel. Allerdings erzielen Sie als großer Schweiger auch keine Pluspunkte. Googeln Sie Ihre Gesprächspartner. Die dort gewonnenen Infos helfen Ihnen beim „Small-Talk", für den wir alle keine Zeit haben, ihn aber dennoch gerne führen. Außerdem erfährt der Redakteur so mehr über Sie.
Sie können sich auf Ihr Portfolio verlassen, wenn es erstklassig ist und Ihr Können widerspiegelt. Das tut es dann, wenn Sie bei der Zusammenstellung Hilfe, Rat und Kritik angenommen haben. Dieses Verfahren schärft den objektiven Blick für subjektive Bilder. Je kritischer Sie sich aus Gründen der Qualitätspfle-

ge mit Ihren Bildern auseinandersetzen, desto löblicher werden es die Profis tun, denen Sie Ihre Arbeiten zeigen wollen.

Halten Sie sich vorher vor Augen, was Sie zeigen und wie Sie es zeigen möchten. Ob Sie analog oder digital präsentieren, sei dahingestellt. Beides hat seinen Charme. Digitale Fotografie ist allerdings Standard.

Stellen Sie sich mit einer digitalen Präsentation vor, dann nur auf höchstem technischen Niveau: Bildredakteure sind Computerfüchse und haben für technische Probleme oder holprige Präsentationen nur ein Lächeln übrig. Sie erzielen Eindruck mit überraschenden Visual-Effects, intelligenten Kompositionen oder ästhetischer Aufbereitung. Aber nur, wenn es keine zeitraubenden Animationen und keine enervierenden Spielereien sind. Atemlose Sequenzen helfen allerdings auch nicht weiter. Musik- und Vokaleinspielungen schaden nicht, lenken aber ab von konzentrierter Betrachtung. Nehmen Sie ein Verlängerungskabel für deutsche Steckdosen mit. Und lassen Sie eine CD mit Ihren Bildern da.

Ein analoges Portfolio hingegen ist jeder noch so einfallsreich gestalteten Computeranimation in zweierlei Hinsicht überlegen: der Redakteur kann sein eigenes Blicktempo bestimmen. Und er rückt Ihnen nicht zu nahe bei der Begutachtung Ihrer Bilder. Oder umgekehrt.

Ihr Portfolio sollte Ihre Vorlieben deutlich durchscheinen lassen, aber auch Ihre Bandbreite reflektieren. Hundert Hochformate bei hundert Fotos haben ihren Charme, limitieren allerdings Ihren Einsatzbereich. Eine strukturierte Aufbereitung Ihrer Bilder schmeichelt der Intelligenz jedes Betrachters: Er versteht Ihre Bilder schneller, was ihm wiederum höhere kognitive Fähigkeiten suggeriert. Aus diesem Grunde kaufen Menschen auch Magazine und Zeitschriften, die ein Titelblatt haben.

Beherzigen Sie auch hier, was oben bereits gesagt wurde: Seien Sie nicht geschwätzig mit Ihren Bildern. Wenn ein Bild mehr sagt als tausend Worte, dann sagen wenige Bilder alles. Ist Ihre Handschrift erkennbar, wird sie auch der Redakteur erkennen und nutzen wollen. Ist eine Entwicklung in Ihrer Fotografie erkennbar, wird sie der Redakteur ebenfalls erkennen und Ihrer Reaktions- und Anpassungsfähigkeit bei Terminen Vertrauen schenken. Dabei hilft die intelligente Reduktion Ihrer Fotos, nicht stures Beharren auf eigenem Stil. Mich persönlich überzeugt eine Arbeit mit einer Kamera und einer Linse (kein Zoom) eher als selbstverliebtes Geplänkel mit unzähligen Brennweiten, Kameras und Blitzen. Der reine Porträtist darf nicht unbedingt mit einer Reportage rechnen, der klassische Reportagefotograf sollte auch ausgefallene Porträts vorweisen können. Wer mit der Kamera hinschauen kann, „seinen" Blick sucht und wiederzugeben versteht, dessen Augen werden gesucht sein. Und die Augen eines Bildredakteurs finden Sie.

Kann man das alles lernen? Das Fotografische in allen seinen Erscheinungen sollte Ihnen nach der Ausbildung handwerklich wie kreativ zumindest nicht fremd sein. Sie haben in jener Zeit an Ihren Defiziten gearbeitet und Ihre Stärken gestreichelt. Berufsmusiker beherrschen ihr Instrument perfekt. Und üben doch täglich Stunden damit. Diese handwerkliche Disziplin hat Ihnen als Vorbild gedient. Sie haben Ihre „optischen" Kenntnisse durch Studium und Lektüre der „großen" Fotografen erweitert. Sie haben deren Biographien studiert und Sie benutzen nun deren Erfahrungen und Erkenntnisse als Fundus, aus dem Sie Ihre Bilder schöpfen. Sie haben Filme und ihre Bildsprachen inhaliert. Das hat Ihr Sehen gefeilt, Ihr visuelles Gedächtnis geschult und leistet so am Ende wertvolle Dienste als Steinbruch Ihres fotografischen Repertoires. Das ist nicht nur legitim sondern absolut notwendig.

Sie erwarten ja zum Beispiel auch von mir, ein kompetenter Gesprächspartner für Sie und ein Verfechter Ihrer Belange zu sein. Und Sie wünschen sich eine professionelle, verlässliche Beurteilung, keine undestillierte Instinktreaktion aus dem Augenblick heraus. Sie wollen und erwarten von mir einen achtsamen, bewussten und freundlichen Umgang mit Ihrer Fotografie. Also muss auch ich meine Urteilsrundlagen schaffen und mich weiter bilden, ohne allerdings die Zeit eines Fotografiestudiums gehabt zu haben. Dieses haben Sie hoffentlich für die eben beschriebene Wissensarbeit genutzt und nicht nur an den Lippen Ihres Professors gehangen. Wenn nicht, werden das konkurrierende Fotografen und auftraggebende Kollegen merken, was Ihrem Fortkommen nicht immer dienlich sein könnte.

Seien Sie neugierig, fragen Sie sich täglich, was Sie anders oder besser machen können. Die Antwort darauf ist letztlich gleichgültig. Allein die Frage zu stellen, reguliert Ihren Hang zur Anmaßung und stärkt Ihr Selbstbewusstsein und Ihr Selbstvertrauen. Machen Sie in regelmäßigen Abständen für sich alleine einen immer wiederkehrenden Fotospaziergang. Sie kontrollieren dadurch Ihre eigene Entwicklung. Henri Cartier-Bresson hat in seinen Erinnerung ein ähnliches Verfahren beschrieben und für sich festgestellt, wie viele Fotos er nicht mehr machen könnte, würde oder wollte. Und welche er nun machen kann. Und welche er immer noch machen kann oder will.

Die angesprochenen humanen Faktoren erwerben Sie durch selbstkritisches Coaching. Dazu ist jeder Zeitpunkt richtig in Ihrem Leben. Und jeder Mensch, der Ihnen wichtig ist und dem Sie sich anvertrauen. Sie werden mit schreibenden Redakteuren verschiedenster Coleur in teilweise extremen Situation zusammenarbeiten. Um professionell arbeiten und besser als andere fotografieren zu können, müssen Sie letztlich wissen, wer und was Sie sind.

Ob Ihnen nun nach allem Geschriebenen der Königsweg in den Fotojournalismus offen steht, lässt sich schwer einschätzen. Aber den ersten Schritt in eine Redaktion dürfen Sie voller Vertrauen tun. Und nach Ihrem Besuch wird man Ihnen immer noch ein Lächeln schenken.

Zusammenarbeit bei der Postproduction 4

In der Presse- und Katalogfotografie hat sich die Digitalfotografie schnell durchgesetzt, mittlerweile ist sie auch in der Werbefotografie zum Standard geworden. Parallel dazu hat das Thema digitale Bildbearbeitung, die Postproduction, an Bedeutung gewonnen. Hard- und Software sind für alle erschwinglicher geworden. Fotografien werden elektronisch optimiert, zuweilen aus verschiedenen Aufnahmen zusammengesetzt, neue Bildwelten, auch durch den Einsatz von Computer Generated Imaging (CGI), können entstehen. Für Fotografen stellt sich je nach Aufgabenbereich und Fähigkeiten die Frage, ob sie diese Postproduction selber übernehmen, sich einen Digitalassistenten oder Digitaloperator ins Studio holen oder mit einem spezialisierten Dienstleister zusammenarbeiten. Aber auch immer mehr Werbeagenturen haben heute eigene Abteilungen oder Tochterfirmen für die Postproduction.

Postproduction aus der Sicht eines Bildbearbeiters

Mark Hassenpflug, geb. 1968, hat bei Creative Colour in Hamburg eine kaufmännische Ausbildung absolviert, also bei jenem Labor, das einst F. C. Gundlach als Dienstleistungsunternehmen für Fotografen gründete. Hier lernte er die Welt der Fotografie kennen und den schrittweisen Übergang von der analogen zur digitalen Bildtechnik. Als Creative Color Ende 1999 schließen musste, gründete Mark Hassenpflug zusammen mit seinem Partner Martin Lampe die Firma alphadog in Hamburg. Fokus von alphadog ist die digitale Bildbearbeitung, hier seit ein paar Jahren auch im Bereich 3D. Das Interview führte Anna Gripp von der Zeitschrift PHOTONEWS.

Seit wann gibt es in der Fotografie eigentlich die Postproduction, so wie wir sie heute kennen?
Mark Hassenpflug: Schwer zu beantworten, das ist ein fließender Prozess. Eine Bearbeitung von Bildern hat immer schon stattgefunden, nur nicht in dem Umfang und mit den Möglichkeiten von heute. Zudem hatte der Fotograf in der Vergangenheit damit meist nichts zu tun. Der gab nach dem Auftrag seine Prints, Dias oder Negative in der Agentur ab. Und die Produktion innerhalb einer Agentur hat dann die Bildbearbeitung beauftragt.
Heute werden wir mehr über das Art-Buying oder den Fotografen gebucht. Fotografen fragen schon bei der Kalkulation von Aufträgen die Postproduction mit an. Das ist eine Entwicklung, die seit etwa zehn Jahren zu beobachten ist und die mehr und mehr Akzeptanz findet. Denn wenn der Fotograf die Postproduction mit anbietet, dann ist es in der Regel so, dass er diese auch supervisioniert, also hier mitsitzt und die Entstehung überwacht. Der Fotograf hat damit länger Kontrolle über den Produktions- und Kreationsprozess seines Bildes. Vielen Agenturen ist das recht, auch wenn sie dann die Supervision noch extra bezahlen. Aber wer kann einen bildnerischen Moment besser zu Ende denken als der Fotograf, der ausgelöst hat?
Diese Entwicklung ist aber nicht denkbar ohne die vielen Möglichkeiten der digitalen Bildbearbeitung.
Das stimmt. Heute ist ganz viel möglich. Aber das ist auch ein bisschen der Teufelskreis. Nicht alles, was geht, ist notwendig oder gut.
Wird heute jede Werbefotografie digital bearbeitet? Zu welchem Anteil sind die Bildlösungen Ergebnisse der Postproduction?
Man kann wohl davon ausgehen, dass bei 98 Prozent der werblich gedruckten Fotografien etwas elektronisch manipuliert wurde. Und häufig entsteht die Bildaussage zu 40 bis 60 Prozent erst in der Postproduction, weil Einzelteile und Details fotografiert worden sind, die später montiert und durch einen Look harmonisch verbunden werden. Die Bildlösungen sind dann das Ergebnis einer Teamleistung.
Daher ist es ein großer Vorteil, wenn der Fotograf schon zu Beginn eines Auftrages, nachdem er das Layout oder Briefing von der Agentur erhalten hat, bei der Postproduction anfragt. Dann wägt man zusammen die Möglichkeiten ab, überlegt einen Lösungsansatz. Das ist zielorientiertes Arbeiten.

Bei den von Ihnen beschriebenen Auftragssituationen ist immer noch der Fotograf derjenige, der maßgeblich über das Bild bestimmt, einmal abgesehen von möglichen Änderungswünschen des Kunden. Erleben Sie denn auch Situationen, in denen der Fotograf eine klar untergeordnete Rolle spielt, weil mit Bildteilen aus unterschiedlichen Quellen gearbeitet wird?

Hier muss unterschieden werden zwischen 2D- und 3D-Produktionen. Bei 3D, also Computer Generated Imaging (CGI), ist der Fotograf auf der einen Seite sehr eingebunden in den Prozess, man sucht die richtige Perspektive mit ihm und beleuchtet die Szene zusammen. Die Aufgabe eines Fotografen ist es, ein Bild mit Licht zu beschreiben. Nichts anderes stellen wir hier synthetisch am Rechner dar. Auf der anderen Seite sind wir bei 3D nicht mehr zu 100 Prozent auf Material angewiesen, das der Fotograf uns liefert, sondern erschaffen auch selbst Bildteile.

Es gibt aber auch Aufgaben in der 2D-Postproduction, wo beispielsweise eine Person fotografiert wurde und dann wird ein Stock-Bild dahintergesetzt. Das macht man natürlich nicht mit einem Fotografen zusammen. Das will auch keiner.

Die meisten Arbeiten, die wir hier machen, entstehen in enger Zusammenarbeit mit Fotografen. Ich persönlich schätze es sehr, wenn Fotografen dabei sind, weil sie einen fotografischen Aspekt einbringen, den Techniker so nicht haben. Aber es gibt natürlich auch andere Postproduktionen, wie für Kataloge, wo das vielleicht anders ist.

Wie sehen Sie die weitere Entwicklung von CGI?

Wir arbeiten seit vier bis fünf Jahren im Bereich 3D. Anfangs gab es einen Riesen-Hype. Alle wollten CGI-Lösungen, ohne genau zu wissen, was die drei Buchstaben bedeuten. Da haben wir manchmal nachgefragt, warum etwas nicht mehr fotografiert, sondern gerendert werden soll. Und da hieß es als Begründung: weil wir es können. Das hat sich glücklicherweise geändert und die Möglichkeiten werden zielorientiert zur Visualisierung von Packshots, Fahrzeugen oder Locations genutzt.

Manche Fotografen empfinden CGI als Bedrohung, weil dies virtuelle Fotografie ist und sie ihre Rolle dabei nicht sehen. Aber CGI ist auch kein Allheilmittel, sondern einfach nur ein neues Werkzeug. Wohl dem, der sich damit auseinandersetzt und dann doch seine Rolle, z.B. als Regisseur, findet. Ähnlich war es mit der Digitalfotografie, die empfanden viele zu Beginn auch als Bedrohung. Und heute sagen sie meist: toll, dass es das gibt.

Die Autoindustrie und die Autofotografen haben sich sehr früh mit den Möglichkeiten von CGI befasst und die Vorteile erkannt. Das hängt maßgeblich mit der Zeitspanne zwischen Design und Fertigung eines neuen Modells zusammen. Der Visualisierungsprozess kann, basierend auf Konstruktionsdaten, deutlich vor der Vorserienfertigung, also vor der tatsächlichen Verfügbarkeit der Fahrzeuge, beginnen. Auch die Geheimhaltung von „Erlkönigen" am Set ist deutlich einfacher geworden, weil das Auto sich nicht an der Location befindet!

Wie beschrieben ist hier der Fotograf sehr wesentlich beim kreativen Prozess. Das ist auch von der Autoindustrie erkannt worden und es gilt als selbstverständlich, dass der Fotograf den 3D/2D-Prozess begleitet.

Im Still Life sieht das anders aus. Hier wird häufig nach einer Kosten-Nutzen-Abwägung der Fotograf nicht mehr mit eingebunden. Sind Körper und Materialität nicht kompliziert, traut man uns das schon alleine zu. Wird es komplizierter, können wir uns aber auch vorstellen, von uns aus einen Fotografen dazu zu buchen, der mit uns am Rechner die Szene beleuchtet.

Viele Werbefotografien sehen heute sehr glatt und künstlich aus.

Das ist ein Vorwurf, der häufig gegenüber unserer Branche geäußert wurde. Aber wir sind hier Dienstleister. Die Werbung neigt enorm dazu und auch die Agenturen, die mitunter pro-aktiv für ihren Kunden denken, dass alles steril und synthetisiert dargestellt wird.

Wir beobachten aber gerade einen gegenläufigen Trend in der 3D-Welt. Hier, wo alles synthetisch und 100 Prozent perfekt ist, darf man plötzlich kleine Irrlichter, Reflektionen und Fehler einbauen, die man früher immer wegretuschiert hat. Jahrelang haben wir genau in die andere Richtung gearbeitet. Ich finde es aber auch interessanter, wenn etwas Ecken und Kanten hat.

Kommt es vor, dass nach Abschluss der Postproduction Bilder schließlich doch noch von Seiten des Kunden verworfen werden?

Sicher, das kann passieren, selbst wenn zuvor Fotograf, Kreativer aus der Agentur und der Operator von uns wie eine Triangel zusammen gearbeitet haben. Dennoch kann der Kunde schlussendlich die Idee verwerfen. Das ist aber nicht die Regel.

Wie sollten Daten beschaffen sein, die ein Fotograf in der Postproduction abliefert?

Wir werden häufig gefragt, ob wir gerne entwickelte oder unentwickelte Daten haben möchten. „Sowohl als auch" kann ich da sagen. Generell bevorzugen wir RAW-Daten, weil wir dann noch mehr Möglichkeiten haben. Was in der Entwicklung versäumt wurde, lässt sich in der Postproduction schwer nachträglich erzielen. Aber es ist hilfreich, wenn uns ein Fotograf auch eine tif-Datei mitliefert, um zu zeigen, wohin die Richtung gehen soll.

Früher, zu Analogzeiten, war das Filmmaterial ein Kostenfaktor und damit begrenzt. Heute gibt es Festplatten, die kosten nicht so viel und können wieder benutzt werden. Die Folge ist mitunter, dass uns für ein Motiv aberwitzig viele Aufnahmen geliefert werden. Offensichtlich wird nicht mehr so präzise gearbeitet wie früher, da hält man einfach noch mal drauf, Prinzip Schrotflinte. Das kann dann in der Postproduction sehr zeitintensiv werden. Weniger Daten und konkrete Informationen, welche Bildteile wo am besten sind, helfen da weiter.

Was sollten Fotografen in der Zusammenarbeit mit der Postproduction noch beachten?

Ganz wichtig finde ich, dass Fotografen frühzeitig Kontakt mit der Postproduction aufnehmen und nicht erst, wenn sie am Set stehen und womöglich merken, dass etwas nicht so funktioniert. Besser ist es, sich im Vorwege Gedanken zu machen, vor allem wenn man nicht so viel von dem Metier versteht. Auch rate ich davon ab, ausgehend von eigenen Photoshop-Erfahrungen den Zeitaufwand der beauftragten Postproduction selbst zu kalkulieren. Und ich empfehle, dass ein Fotograf bei einer Anfrage, bei der es zunächst nur um ein Foto geht, gelegentlich die Postproduction dennoch pro-aktiv mit anbietet, also eine Gesamtdienstleistung. Das schafft und signalisiert Produktionssicherheit und zeigt dem Auftraggeber, dass man sich mit der Aufgabe auseinandergesetzt hat.

Fotografen müssen in einem ständig komplexer werdenden Prozess ihre Rolle immer wieder neu definieren. Sie müssen von einem Einzelakteur zu einem Teamplayer werden, vernetzt mit einer Postproduction zusammenarbeiten. Nehmen wir beispielsweise ein Bild, bei dem zwei Personen im Vordergrund dynamisch agieren und im Hintergrund passiert auch noch etwas. Das würde heute keiner mehr in der Werbung mit einer Aufnahme realisieren. Der Fotograf wird da zu einem Regisseur, der vielleicht nicht alle Einzeldisziplinen beherrschen, aber in der Lage sein muss, diese miteinander zu verbinden.

Postproduction aus der Sicht eines Fotografen

Simon Puschmann, geb. 1968, machte sich nach einer Ausbildung am Berliner Lette-Verein und Tätigkeit als Fotoassistent 1991 in Hamburg als Fotograf selbständig. Von 2006 bis 2009 lebte er mit seiner Familie in den USA und arbeitete von dort für internationale Kunden. Seit 1994 ist er Mitglied im BFF. Zu seinen Kunden zählen unter anderem Audi, Citroen, BMW, Mercedes Benz, Doc Martens, FC St. Pauli, Leica, Lufthansa, die Hamburger Filmförderung und Volkswagen. Das Interview führte Anna Gripp von der Zeitschrift PHOTONEWS.

Seit wann ist Postproduction für Sie ein Thema?
Simon Puschmann: Mein erster Job mit Postproduction war für Miele, ein Geschirrspüler. Da hat die Post 2000 Mark gekostet. Das fand ich damals, es muss etwa 1997 gewesen sein, unvorstellbar viel. Selbstständig bin ich seit 1991, habe also rund sechs Jahre ohne Postproduction verbracht, was wohl auch nicht geschadet hat. Ich bin immer noch der Meinung, was man ohne Post erreichen kann, soll man unbedingt auch versuchen, ohne Post zu erreichen.
Wie wird die Postproduction bei Ihren Auftragsarbeiten umgesetzt? Von Ihnen selber? Durch einen Digitaloperator? Einen externen Dienstleister? Oder übernimmt das die Agentur, die Sie beauftragt?
Ich selber kann nichts bis wenig am Rechner. Aber ich kann gut beurteilen, was gut zusammen passt und was man mit welchem Material erzielen kann. Aber das dann selber zusammen montieren? Das kann ich nicht und will es auch nicht können. Da ich bei der „normalen Autofotografie" aber auch mehr wie ein Regisseur arbeite und nicht zwingend permanent selber auf den Auslöser drücke, habe ich rein technisch oder auch ethisch absolut kein Problem damit, „nur" zu dirigieren, zu supervisen.
In den meisten Fällen gebe ich die finale Post in die Hände Dritter, einer externen Bildbearbeitungsfirma, die ich ausgesucht habe. Ich habe zwar immer einen Digital-Assistenten am Set oder im Studio, aber ich möchte nicht auch noch die Bildbearbeitung an mich ziehen. Das sollen die Fachleute machen.
Bei vielen Autokatalog-Produktionen macht die Bildbearbeitung der Kunde, also der Autohersteller, bzw. lässt diese machen. Manchmal völlig ohne mich, manchmal mit Teil-Supervision. Das ist vom Hersteller und dessen Sparzwang abhängig. Leider scheint häufig der Preis wichtiger zu sein als die Qualität. Aber ich bin ein Erfüllungsgehilfe auf dem Weg zum guten Bild. Ich werde bezahlt dafür, mir so viel Mühe wie irgend möglich zu geben, und das mache ich auch. Ich werde aber nicht bezahlt, um Don Quixote-mäßig gegen den Einkauf von Weltkonzernen vorzugehen. Das bringt nichts.
In manchen Fällen vertrauen Agentur und Kunde einem vollends und ich darf von A bis Z an der Bildbearbeitung teilnehmen. In den meisten Fällen entstehen hier die besseren Bilder. Manche Agenturen machen die Post inhouse und manchmal kann ich als Fotograf hier teilnehmen. Auch das ist eine ganz gute Lösung.

Wie viel Zeit beansprucht die Postproduction im Vergleich zur Fotografie, beispielsweise bei der Autofotografie?

Ich kalkuliere immer 1 Motiv „Beauty" = 1 Tag Supervision (Anmerkung: In der Autofotografie ist „Beauty" ein Synonym für ein komplettes Autobild, das aber häufig aus mehreren Detailaufnahmen montiert wird). Allerdings kalkuliere ich bei sehr großen Jobs nicht 20 Motive = 20 Tage. Dann versuche ich lieber, die High-End-Post mit an den Set zu nehmen. Dann kann man nach 20 Tagen Produktion schon zehn oder mehr Bilder fertig haben. Ich bin lieber irgendwo in der Welt am Set und fotografiere als in einem Postproduction Office zu arbeiten. Office bleibt Office und ich bin lieber draußen. Aber im Schnitt dauert ein normal fotografiertes Automotiv zwei Tage in der Post. Ein in CGI produziertes Motiv gerne auch noch länger.

Gelingt es auch bei CGI als Fotograf die Position des visuellen Regisseurs zu behaupten?

Im Grunde gerade da. Denn bei CGI kann man die Grenzen quasi selber definieren und tricksen ohne Ende. Die Operator beherrschen ihr Programm und das ist schon schwer genug. Aber sie sind halt keine Fotografen und denken häufig nicht fotografisch. Ich arbeite im Grunde immer noch wie vor zehn Jahren. Erst mal gucken, probieren, spielen, ein Polaroid machen, den Zufall akzeptieren, aber nicht erwarten. Nur die Tools sind nicht mehr die gleichen. Ich im Grunde schon, nur älter. Ich muss die Ideen haben am Set oder bei CGI. Mein Operator oder Assistent ist mein Tool, um meine Ideen umzusetzen. Wie schon gesagt: Ich muss nicht wissen, wie ich etwas erreichen will. Nur was ich erreichen will – und das muss ich artikulieren können.

Was würden Sie einem jungen Fragen raten, der erste Aufträge realisiert und hier mit dem Thema Postproduction konfrontiert ist?

1. Keine Wunder erwarten. Aus Scheiße kann man kein Gold mehr machen, höchstens Butter.
2. So fotografieren, als müsse das Bild ohne Post in den Druck gehen.
3. Keine Angst haben. Alles ausprobieren. Alles zeigen lassen. Fragen stellen. Ideen einbringen. Offen sein und nie den Schlauen zu mimen.

Zusammenarbeit mit Repräsentanten 5

Auftragsakquise durch Repräsentanten

Christa Klubert ist Repräsentantin. Ihre Agentur Christa Klubert International Photographers gründete sie vor mehr als 20 Jahren. Sie legt großen Wert auf die Vielfalt der von ihr vertretenen Künstler und auf die Förderung junger Talente im In- und Ausland.

Aufgaben und Vorteile einer Repräsentanz

Ein Repräsentant kümmert sich um alle Belange des Fotografen, die nichts mit der eigentlichen Arbeit eines Fotografen, dem Fotografieren, zu tun haben. Als Schnittstelle zwischen Kunden und Kreativen verfügt ein Repräsentant über profunde Marktkenntnisse und ist in der Lage, Image und Talent des Fotografen zu fördern.

Für den Fotografen ergeben sich aus dieser Arbeitsteilung eine Reihe nicht unerheblicher Vorteile. Zunächst einmal kann er sich voll und ganz auf seine kreative Arbeit konzentrieren. Während der Repräsentant mit dem Kunden über finanzielle Belange verhandelt, kümmert sich der Fotograf ausschließlich um die Umsetzung des Foto-Briefings. Mit dem Repräsentanten spart sich der Fotograf einen teuren Studiomanager und verfügt über einen professionellen Ansprechpartner, der in der Lage ist, Verhandlungen zu führen.

Im Zentrum der Zusammenarbeit zwischen Repräsentanz und Fotograf steht die Teamarbeit. Deshalb sollte man sich Zeit lassen bei der Entscheidung, mit wem man zusammenarbeiten möchte. Ob Fotograf und Repräsentant wirklich zusammenpassen und ein erfolgreiches Team bilden können, lässt sich meist erst feststellen, nachdem sich beide Seiten besser kennen gelernt haben.

Zu den Aufgaben eines Repräsentanten gehört auch, dass er sowohl Berater des Fotografen als auch Berater der Kunden ist. Dadurch kann er die von ihm vertretenen Fotografen optimal ins Gespräch bringen. Kontakte zu wichtigen Auftraggebern aus Agenturen und Verlagen muss der Fotograf nicht selbst herstellen, sondern überlässt dies genau wie die Verhandlung der Honorare und Verträge seinem Repräsentanten. Die Fotografen profitieren von einem bereits vorhandenen Kunden-Netzwerk, ohne selbst auf diesem Gebiet aktiv zu werden.

Letztlich erfüllt der Repräsentant auch die Aufgabe eines persönlichen Vertreters, wenn es einmal auf Grund unterschiedlicher Vorstellungen zwischen Kunde und Fotograf zu Unstimmigkeiten kommen sollte. Der Repräsentant achtet auf die Einhaltung eines gewissen Stils und ist bereit, notfalls auch den Kopf für den Fotografen hinzuhalten.

Die passende Repräsentanz für jeden Fotografen

Einen guten Überblick über Repräsentanzen bietet das Internet. Weitere hilfreiche Informationen können Art-Buyer geben, da sie viele Repräsentanten aus der Zusammenarbeit kennen.
In erster Line sollte ein Fotograf darauf achten, welche anderen Fotografen der Repräsentant vertritt. Die Kundenstruktur sollte dabei stets zum eigenen Repertoire passen. Es empfiehlt sich, eine Repräsentanz mit guter Mischung aus arrivierten und jungen Fotografen unterschiedlicher Stilrichtungen zu wählen. Dadurch haben junge Fotografen eine bessere Chance, innerhalb einer Gruppe zu bestehen.
Die erste Kontaktaufnahme sollte per E-Mail und mit aussagekräftigen Arbeitsbeispielen sowie einem Link zur eigenen Webseite erfolgen. Neben der künstlerischen Arbeit sollte eine Kontaktaufnahme immer auch detaillierte Informationen zur Person und zum Werdegang des Fotografen enthalten.
Die Suche nach der richtigen Repräsentanz gestaltet sich mitunter schwieriger als angenommen. Auf keinen Fall sollte man sich entmutigen lassen, wenn es nicht gleich bei der ersten Kontaktaufnahme zu einer Zusammenarbeit kommt. Repräsentanten erhalten in der Regel täglich Anfragen von Fotografen.
Bei erfolgreicher Kontaktaufnahme ist der nächste Schritt ein Termin für ein persönliches Gespräch. Nichts ist für eine erfolgreiche Zusammenarbeit wichtiger als das Verfolgen gemeinsamer Ziele. Die „Chemie" zwischen Fotograf und Repräsentant sollte deshalb von Beginn an stimmen.
Wenn der richtige Repräsentant gefunden ist, wird ein Vertrag abgeschlossen, der die Zusammenarbeit besiegelt. In der Regel hat der Repräsentant einen eigenen Vertragsentwurf oder es wird der Mustervertrag des BFF oder des Interessenverbandes der Repräsentanten für Fotografen und Illustratoren (RFI) als Grundlage genommen.

Beratung und Akquise

Die Zusammenarbeit zwischen Fotograf und Repräsentanz beginnt in der Regel mit der Zusammenstellung der Mappe, einem wichtigen Akquise-Instrument. In diesem Prozess arbeitet die Repräsentanz die Schwerpunkte für die Präsentation der Arbeiten aus. Parallel werden Arbeiten für die Webseite des Repräsentanten zusammengestellt. Per E- Mail werden die Kunden über den Neuzugang informiert.
Die Webfrequenz ist bei erfolgreichen Repräsentanzen sowohl im In- als auch im Ausland sehr hoch. Dadurch ist die Webpräsenz zu einem enorm wichtigen Tool der Kundenakquise avanciert. Voraussetzung dafür ist natürlich der Bekanntheitsgrad des Repräsentanten. Darüber hinaus spielen Veröffentlichungen in wichtigen internationalen Magazinen, Mitgliedschaften in Interessenverbänden wie RFI oder AOP (Association of Photographers, London) eine große Rolle.
Weil es kaum noch reicht, Mappen zu zeigen und Visitenkarten zu verteilen und darauf zu hoffen, dass das Geschäft dann läuft, übernimmt der Repräsentant auch die Konzeption, Realisierung und Verbreitung von Mailings. Mailings sind bei der Arbeit der Repräsentanz von entscheidender Bedeutung: Zum einen

kommt bei einer Gruppe guter Fotografen immer ein besonders interessantes Mailing zustande, zum anderen kostet ein solches Gruppen-Mailing umgerechnet auf den einzelnen Fotografen deutlich weniger als eine individuelle Aussendung.

Fazit

Der wesentliche Vorteil einer Repräsentanz besteht darin, dass sich der Fotograf auf die für ihn wesentlichen Aspekte seiner Arbeit konzentrieren kann und sich nicht um Akquise und Administration kümmern muss. Das ist elementar, denn gute Akquise ist nur dann möglich, wenn gute Fotos vorhanden sind. Für den Fotografen bedeutet das: Mit einem Repräsentanten wird er keinesfalls weniger, dafür aber deutlich effektiver arbeiten.

Erfahrungen mit Repräsentanten – Bericht eines Fotografen

Christian Schmidt ist seit 1999 als freischaffender Fotograf tätig. Neben internationalen Kampagnen für Auftraggeber wie Audi, American Express, Siemens, Credit Suisse oder der Deutschen Telekom ist er auch im Kunstbereich tätig. Seine Arbeiten wurden vielfach im In- und Ausland ausgezeichnet.

Als ich angefangen habe, professionell zu fotografieren, hat mich gleich zu Beginn – eigentlich direkt nach der ersten Eigenwerbung – eine Agentin kontaktiert. Für mich war das ein ziemlicher Glücksgriff.
Obwohl ich damals noch recht unerfahren war, was die Abwicklung von größeren Projekten betraf, ging es schon nach ein paar Wochen los. Gerade am Anfang war diese Zusammenarbeit für mich sehr wichtig, weil ich in vielen Bereichen noch nicht wusste, wo es lang ging. Bei den ersten Job-Kalkulationen oder bei der Bewältigung kniffliger Situationen kann ein erfahrener Agent sehr hilfreich sein und einem ein ganzes Stück mehr Sicherheit geben.
Es ist eine grundsätzliche Frage, ob man lieber alles selbst machen will oder ob man sich vorstellen kann, einzelne Dinge abzugeben. Fotografen sind Einzelkämpfer, die durch die Zusammenarbeit mit einem Repräsentanten die Möglichkeit haben, die Verantwortung auf mehrere Schultern zu verteilen. Bei größeren Jobs, bei denen oft schon Wochen, bevor es losgeht, eine Telefonkonferenz die andere ablöst, kann dir ein Agent den Rücken freihalten. Das ist vor allem dann von unschätzbarem Vorteil, wenn man (noch) keinen Studiomanager hat, der einem permanent Arbeit abnimmt und der beispielsweise die Kalkulationen und Rechnungen für einen Job schreibt, während man für einen anderen Job irgendwo auf der Welt unterwegs ist.
Das Verhältnis zwischen Agent und Fotograf ist reine Vertrauenssache. Man hat fast täglich Kontakt, so dass die Zusammenarbeit nur funktionieren kann, wenn man menschlich gut miteinander auskommt. Der Agent schreibt Rechnungen und Kostenvoranschläge in deinem Namen und vertritt dich als Fotograf nach außen hin. Er ist sozusagen ein Teil deiner eigenen Firma. Wenn bei dieser Teamarbeit beide die gleichen Ziele verfolgen, kann diese Partnerschaft sehr erfolgreich sein.
Man sollte sich genügend Zeit nehmen bei der Auswahl des Agenten. Für mich war es wichtig, dass ich nicht von jemandem vertreten werde, für den bereits fünf Fotografen aus meinem Bereich arbeiten.
Für Fotografen, die noch am Anfang Ihrer Karriere stehen, ist es ein großer Vorteil, dass ein Agent nur dann Geld kostet, wenn wirklich ein Job abgewickelt wird. Normalerweise entstehen außer den Kosten für die Eigenwerbung (die wir ja auch dann aufwenden müssten, wenn wir keinen Repräsentanten hätten) keine weiteren dauerhaften finanziellen Verpflichtungen. Trotzdem sollte man nicht vergessen, dass ein Agent natürlich eine Menge Geld mit dir verdienen will. In Deutschland sind es üblicherweise 25 Prozent deines Honorars. Dafür solltest Du unbedingt das Gefühl haben, dass die Zusammenarbeit produktiv ist und dich deinen Vorstellungen näher bringt.

Grundsätzlich kommt es darauf an, in welchem Bereich man tätig ist. Für einen Still Lifer beispielsweise, der hauptsächlich an einem Ort arbeitet, ist ein Agent vielleicht sogar überflüssig. Ganz anders sieht es dagegen bei den Fotografen aus, die für überregionale oder internationale Kunden arbeiten und im Grunde nur durch einen Agenten erreichen können, dass sie auch in anderen Regionen präsent sind. Ich selbst wollte nach ein paar Jahren international arbeiten und habe ausländische Agenten kontaktiert. Im Ausland ist der Agent noch sinnvoller, da dort zusätzliche Erschwernisse wie beispielsweise andere Brancheneigenheiten, andere Zeitzonen, die Sprache etc. hinzukommen.

Ein erfahrener Agent hat Kontakte zu einer Reihe von Werbeagenturen und potentiellen Auftraggebern, außerdem zu Zulieferern wie Modellagenturen, Produktionsfirmen, Scouts etc. So entstehen zusätzliche Chancen, an die Jobs zu kommen, die man sich zum Ziel gesetzt hat, und Projekte von Anfang an professioneller abzuwickeln.

Trotzdem war und ist es mir immer wichtig, selbst aktiv zu sein, selbst Agenturtermine zu vereinbaren, um meine Mappe zu zeigen. Ich glaube nicht, dass es Sinn macht, diesen Part komplett an den Agenten abzugeben. Die Verantwortung liegt am Ende immer bei Dir – ein Agent ist „nur" eine weitere zusätzliche Möglichkeit, an schöne Jobs zu kommen. Man sollte sich immer im Klaren darüber sein, dass es hauptsächlich darauf ankommt, dass die eigene Arbeit gut ist. Denn auch ein Agent, der über die besten Kontakte und Erfahrungen verfügt, wird immer nur so gut sein, wie deine Arbeit es ist.

Für mich ist die Zusammenarbeit mit meinen Agenten sehr hilfreich und sinnvoll. Ich habe dadurch die Möglichkeit, einen Teil meiner Arbeit abzugeben und mich auf das eigentlich Wichtige, das Fotografieren, zu konzentrieren.

Typische Rechtsprobleme mit Repräsentanten

Der folgende Beitrag befasst sich mit zwei typischen Rechtsproblemen, die sich im Zusammenhang mit dem Abschluss und der Beendigung von Repräsentantenverträgen ergeben können. Fotografen, die an einer Zusammenarbeit mit einem Agenten interessiert sind, sollten diese Probleme kennen und durch entsprechende vertragliche Vorkehrungen dafür sorgen, dass die hier angesprochenen Fragen rechtzeitig geklärt werden und nicht später zu unangenehmen Auseinandersetzungen führen.

Rechtlicher Status der Repräsentanten: Handelsvertreter oder Makler?

Sind Repräsentanten rechtlich als Handelsvertreter oder als Makler einzustufen? Diese Frage ist nicht nur für Juristen interessant, sondern auch für die Fotografen von erheblicher Bedeutung. Von ihrer Beantwortung hängt es ab, ob ein Fotograf nach Beendigung des Repräsentantenvertrages zusätzlich zu den üblichen Provisionen für die Auftragsvermittlung noch eine Ausgleichszahlung leisten muss, die unter Umständen die Höhe einer Jahresprovision erreichen kann. Es geht also um viel Geld.

Der Ausgleichsanspruch für Handelsvertreter

Selbständige Fotografen, insbesondere Werbefotografen, nehmen gerne die Dienste von Repräsentanten in Anspruch, weil sie sich davon eine Verbesserung ihrer Auftragslage erhoffen. Die Nachfrage ist so groß, dass die Zahl der Repräsentanten in den vergangenen Jahren stark angestiegen ist. Unmittelbare Folge dieser Entwicklung ist eine Zunahme der Rechtsstreitigkeiten zwischen Fotografen und Repräsentanten, wobei diese Streitigkeiten meist erst dann entstehen, wenn der Fotograf den Repräsentantenvertrag kündigt. Die Beendigung der Zusammenarbeit führt in vielen Fällen dazu, dass die Repräsentanten einen finanziellen Ausgleich für den Verlust weiterer Verdienstmöglichkeiten fordern. Der Ausgleichsanspruch wird in der Regel damit begründet, dass Repräsentanten rechtlich als Handelsvertreter einzustufen seien und dass jedem Handelsvertreter laut Gesetz (§ 89 b HGB) nach Beendigung des Vertragsverhältnisses eine angemessene Ausgleichszahlung zustehe.
Ein Handelsvertreter ist in der Tat berechtigt, bei Beendigung des Vertrages von dem Unternehmer, für den er tätig war, einen finanziellen Ausgleich zu verlangen. Dieser Ausgleich ist als Gegenleistung dafür gedacht, dass der Handelsvertreter einen Kundenstamm geschaffen hat, den der von ihm vertretene Unternehmer nach Vertragsbeendigung weiter nutzen kann. Die Höhe des Ausgleichsanspruchs hängt im Wesentlichen davon ab, welche Vorteile der Unternehmer nach Beendigung der Handelsvertretung noch aus der Geschäftsverbindung mit Kunden ziehen kann, die von dem Handelsvertreter geworben wurden. Der Ausgleichsanspruch beträgt maximal eine Jahresprovision und ist gesetzlich garantiert, d.h.

er kann im Voraus nicht ausgeschlossen werden. Der Ausgleichsanspruch entfällt nur in Ausnahmefällen, beispielsweise dann, wenn der Handelsvertreter das Vertragsverhältnis ohne begründeten Anlass selbst kündigt oder wenn ein schuldhaftes Verhalten des Handelsvertreters den Unternehmer dazu veranlasst, die Handelsvertretung aus wichtigem Grund zu beenden.
Folglich haben auch die Repräsentanten von Fotografen bei Beendigung des Repräsentantenvertrages gemäß § 89 b HGB einen Ausgleichsanspruch, der die Höhe einer Jahresprovision erreichen kann, sofern sie rechtlich als Handelsvertreter einzustufen sind. Genau hier liegt das Problem, denn die Frage, ob die Repräsentanten zu den Handelsvertretern gehören, ist strittig.

Kein „Nachschlag" für Repräsentanten

Um in dieser Frage endlich Klarheit zu erhalten und die Geltendmachung unberechtigter Zahlungsansprüche zu unterbinden, hat der BFF vor einigen Jahren ein Rechtsgutachten zum Status der Repräsentanten erstellen lassen. Das Ergebnis der gutachterlichen Prüfung war eindeutig: Den Repräsentanten steht ein Ausgleichsanspruch, wie er im Gesetz für die Handelsvertreter vorgesehen ist, nicht zu.
Das BFF-Gutachten hat entscheidend dazu beigetragen, dass ein Fotograf ein Klageverfahren gegen eine Repräsentantin gewinnen konnte, die nach Beendigung der langjährigen Zusammenarbeit eine Ausgleichszahlung von mehr als 150.000,00 € von ihm gefordert hatte. Die Repräsentantin begründete ihre Forderung in dem Verfahren damit, dass sie Handelsvertreterin sei und ihr deshalb nach der Kündigung des Repräsentantenvertrages durch den Fotografen ein Ausgleichsanspruch zustehe. Der Fotograf war nicht bereit, diese Zahlung zu leisten. Es kam deshalb zu einem Prozess, in dem die Forderung der Repräsentantin sowohl in der ersten Instanz vom Landgericht Hamburg als auch in dem Berufungsverfahren vom Oberlandesgericht Hamburg zurückgewiesen wurde.
Das Urteil des Hanseatischen Oberlandesgerichts (GRUR 2006, 788) nennt gleich mehrere Gründe, die gegen eine Einstufung der Repräsentanten als Handelsvertreter sprechen. So ist nach Auffassung des Gerichts schon fraglich, ob die von den Repräsentanten vertretenen Künstler überhaupt zu den Unternehmern gehören, für die § 89 b HGB eine Ausgleichspflicht vorsieht. Zwar wird teilweise die Auffassung vertreten, dass der handelsrechtliche Unternehmerbegriff auch ausübende Künstler (also z.B. Fotografen) erfasst. Das hält aber das OLG Hamburg für problematisch, weil das Recht der Handelsvertreter nach dem historischen Verständnis auf Warenproduzenten und nicht auf die „Produzenten" individueller künstlerischer Arbeiten zugeschnitten sei. Letztlich bleibt diese Frage in dem Urteil allerdings offen, weil die rechtliche Zuordnung der Repräsentanten zu den Handelsvertretern an einer anderen zwingenden Voraussetzung scheitert. Für Handelsvertreter besteht nämlich die Verpflichtung, die Interessen der von ihnen vertretenen Unternehmer wahrzunehmen. Eine Repräsentantin, die regelmäßig mehrere miteinander konkurrierende Fotografen vertritt, kann sich dagegen nicht nur um die Belange eines einzelnen Fotografen kümmern. Sie muss dafür sorgen, dass auch die anderen Künstler, die sie repräsentiert,

an neue Jobs kommen. Deshalb schuldet sie keine interessenwahrende Auftragsvermittlung, sondern lediglich eine neutrale Vermittlungstätigkeit. Das unterscheidet sie deutlich von einem Handelsvertreter. Es kommt hinzu, dass Repräsentanten nicht den Weisungen der von ihnen vertretenen Fotografen unterliegen. Im Gegensatz zu den Handelsvertretern sind sie weisungsunabhängig und deshalb eher mit den Maklern vergleichbar. Ein Makler kann aber keinen Ausgleichsanspruch geltend machen.
Nach diesen Gerichtsentscheidungen dürfte das „Handelsvertreter-Argument", mit dem die Ausgleichsforderungen früher begründet wurden, vom Tisch sein. Das heißt aber noch lange nicht, dass die Repräsentanten jetzt auf die Geltendmachung von Ausgleichsansprüchen verzichten werden. Zwar scheidet § 89 b HGB nach den Hamburger Entscheidungen als Rechtsgrundlage für solche Ansprüche aus, doch wird mancher Repräsentant versucht sein, die Verpflichtung zur Ausgleichszahlung in den Verträgen mit den Fotografen verbindlich festzuschreiben. Ob solche Vertragsklauseln allerdings geeignet sind, den gesetzlich nicht begründbaren Anspruch auf einen „Nachschlag" zu sichern, ist zu bezweifeln. Denn solche Klauseln führen zu einer unangemessenen Benachteiligung der Fotografen, so dass sie nach den gesetzlichen Bestimmungen, die bei der Verwendung vorformulierter Vertragsbedingungen zu beachten sind, unwirksam sein dürften (§ 307 Abs. 2 Nr. 1 BGB). Zu diesem Ergebnis kommt jedenfalls ein weiteres Rechtsgutachten, das der BFF zusammen mit der oben bereits erwähnten Expertise zum rechtlichen Status der Repräsentanten hat erstellen lassen.
Den Fotografen ist daher zu empfehlen, sich nach der Kündigung eines Repräsentantenvertrages gegen jegliche Ausgleichsforderung ihrer Repräsentantin – egal ob sie auf § 89 b HGB oder auf eine vertragliche Ausgleichsklausel gestützt wird – zur Wehr zu setzen und solche Forderungen nicht einfach anzuerkennen.

Die Repräsentanten und das Rechtsdienstleistungsgesetz

Repräsentanten vermitteln nicht nur Aufträge, sondern führen für die Fotografen auch Vertragsverhandlungen, vertreten sie bei Vertragsabschlüssen und erledigen sogar das Forderungsinkasso. Das mag für alle Beteiligten sehr praktisch sein. Aber ist es auch juristisch einwandfrei? Ist nicht das, was die Repräsentanten tun, eine unerlaubte und damit unzulässige Rechtsdienstleistung?

Dienstleistungen der Repräsentanten

Repräsentanten beschränken sich nur selten auf die Vermittlung von Aufträgen. Meist wird von ihnen erwartet, dass sie auch die Vertragsgespräche mit den Auftraggebern führen und die „bürokratische" Abwicklung eines Jobs von der Auftragserteilung bis hin zur Abrechnung und zur Überwachung der Zahlungseingänge übernehmen. Das entlastet zwar einerseits die Fotografen, die sich ganz auf das Fotografieren konzentrieren können. Andererseits führt diese Einbindung der Repräsentanten aber dazu, dass sie sich mit den Vertragsangelegenheiten der Fotografen befassen und dabei häufig über durchaus schwierige Rechtsfragen entscheiden müssen. So ist z.B. bei jedem Vertragsabschluss zu klären, wie die urheberrechtlichen Nutzungsrechten zu regeln sind, damit der Kunde nicht mehr erhält als ihm nach den Vertragsabsprachen zusteht. Repräsentanten müssen auch prüfen, ob nicht die Anfertigung der Aufnahmen für den Fotografen zu haftungsrechtlichen Problemen führt, weil er geschützte Objekte fotografieren soll, oder ob das von dem Fotomodell unterschriebene Release auch wirklich die Nutzungen ermöglicht, die der Fotograf seinem Kunden erlaubt. Wenn dann außerdem noch zu entscheiden ist, ob die Leistungen des Fotografen mit 7 Prozent oder 19 Prozent Mehrwertsteuer abzurechnen sind und ob Zahlungen an Stylisten oder andere Mitwirkende der Künstlersozialabgabe unterliegen, dann ist eine vernünftige Vertretung der Fotografen ohne ausreichende Rechtskenntnisse eigentlich kaum noch denkbar.

Beschränkung durch das Rechtsdienstleistungsgesetz

Rechtsdienstleistungen sind nach den Rechtsdienstleistungsgesetz (RDG) nur in dem gesetzlich erlaubten Umfang zulässig. Als „Rechtsdienstleistung" gilt nach der gesetzlichen Definition jede Tätigkeit in einer konkreten fremden Angelegenheit, wenn sie eine rechtliche Prüfung des Einzelfalls erfordert. Eine solche Rechtsprüfung ist aber nahezu bei jedem Vertrag erforderlich, den ein Repräsentant für einen Fotografen aushandelt, zumal die Fotografen in der Regel darauf vertrauen werden, dass der Repräsentant die einzelnen Vertragsbestimmungen sorgfältig unter die Lupe nimmt, auf die rechtlichen Risiken des Vertragsabschlusses rechtzeitig hinweist und sich nicht auf juristische Abenteuer einlässt. Deshalb fallen sowohl die Vertragsverhandlungen, die der Repräsentant mit den Auftraggebern und den Mitwirkenden an einer Fotoproduktion führt, als auch die Vertragserklärungen, die er als Vertreter des Fotografen abgibt, unter den Begriff der Rechtsdienstleistung und damit in den Anwendungsbereich des RDG.

Zu den Dienstleistungen, die den Beschränkungen des RDG unterliegen, gehört auch die Einziehung fremder Forderungen, sofern die Forderungseinziehung als eigenständiges Geschäft betrieben wird. Deshalb dürfen beispielsweise Inkassounternehmen nur tätig werden, wenn sie ihre persönliche Eignung und Zuverlässigkeit, eine besondere Sachkunde sowie den Abschluss einer Berufshaftpflichtversicherung nachweisen und sich amtlich registrieren lassen (§§ 10 ff. RDG). Für die Repräsentanten gelten dieselben Restriktionen, wenn sie die Einziehung der Forderungen der von ihnen betreuten Fotografen zu einem Geschäft machen und sich dafür bezahlen lassen. Beschränkt sich die Tätigkeit der Repräsentanten dagegen auf das Anmahnen unbezahlter Rechnungen, ohne dass dafür eine gesonderte Vergütung berechnet wird, dann dürfte es dabei sich im Regelfall um eine Dienstleistung handeln, für die keine Erlaubnispflicht nach dem RDG besteht.

Das ändert allerdings nichts an der Tatsache, dass ein erheblicher Teil der Dienstleistungen, die von den Repräsentanten erbracht werden, als „Rechtsdienstleistungen" im Sinne des RDG einzustufen sind. Rechtsdienstleistungen erlaubt das Gesetz ohne den Nachweis einer besonderen Sachkunde und ohne eine amtliche Registrierung aber nur dann, wenn sie im Zusammenhang mit einer anderen Tätigkeit erbracht werden und als Nebenleistung zum Berufs- oder Tätigkeitsbild gehören. Folglich ist bei den Repräsentanten zu prüfen, ob die Vermittlung von Fotojobs die eigentliche Haupttätigkeit darstellt und das Aushandeln der Verträge sowie die Vertretung der Fotografen bei den Vertragsabschlüssen demgegenüber nur als eine Nebentätigkeit einzustufen ist, die man als festen Bestandteil des Berufs- oder Tätigkeitsbildes betrachten muss. Die Prüfung zeigt, dass die rechtliche Betreuung der Fotografen heute zwar allgemein üblich ist und zum Leistungsspektrum fast aller Repräsentanten gehört. Gleichzeitig ist aber auch erkennbar, dass die Vertretung der Fotografen bei den Vertragsverhandlungen und Vertragsabschlüssen innerhalb dieses Leistungsspektrums nicht nur eine untergeordnete Bedeutung, sondern ein erhebliches Gewicht hat. Wenn sich die Repräsentanten darauf beschränken würden, wie ein Makler die Gelegenheit zu Vertragsabschlüssen nachzuweisen, wären die Fotografen mit Sicherheit nicht bereit, für diese reine Nachweistätigkeit eine Provision von 25 bis 35 Prozent des Auftragshonorars zu zahlen. Provisionen in dieser Höhe werden nur deshalb akzeptiert, weil die Fotografen von den Repräsentanten auch beim Aushandeln der Verträge und bei den Vertragsabschlüssen entlastet und unterstützt werden. Die rechtliche Betreuung der Fotografen hat somit innerhalb der Gesamtleistung der Repräsentanten eine Bedeutung, die eine Einstufung als bloße Nebenleistung ausschließt.

Das Ergebnis mag überraschen, ist aber nach der Gesetzeslage doch recht eindeutig: Repräsentanten ist es nach dem RDG nicht gestattet, für die von ihnen betreuten Fotografen Vertragsverhandlungen zu führen und Verträge abzuschließen, weil es sich dabei um unerlaubte Rechtsdienstleistungen handelt. Das ist nicht nur für die Repräsentanten, sondern auch für die Fotografen eine äußerst unbefriedigende Situation.

Denkbare Lösungsstrategien

Müssen die Repräsentanten jetzt also ihre Tätigkeit einstellen und ihre Büros schließen? Oder genügt es, einfach einzelne Klauseln in den Repräsentantenverträgen zu streichen, um eine Kollision mit dem RDG auszuschließen?

Das Streichen von Vertragsklauseln, die den Repräsentanten zur Erbringung von Rechtsdienstleistungen verpflichten, führt nicht zur Lösung des Problems – zumindest dann nicht, wenn die unerlaubte Rechtsbesorgung in der Praxis unverändert fortgeführt wird. Für den Verstoß gegen das RDG ist nämlich nicht maßgebend, ob der Vertragstext ausdrücklich das Aushandeln oder den Abschluss von Fotoverträgen durch den Repräsentanten vorsieht. Entscheidend ist vielmehr, welche Dienstleistungen konkret erbracht werden. Wenn daher ein Repräsentant in der täglichen Praxis mit dem Aushandeln und dem Abschluss

von Fotoverträgen befasst ist, dann nützt es nichts, dass diese Rechtsdienstleistungen in dem schriftlichen Repräsentantenvertrag unerwähnt bleiben. Eine solche Tätigkeit unterliegt dann trotzdem den Beschränkungen des RDG.
Der einfachste Weg zur Vermeidung einer Kollision mit dem Gesetz ist der, dass die Repräsentanten ihre Aktivitäten auf das „Kerngeschäft" beschränken und sich ausschließlich um die Akquisition von Aufträgen kümmern. Die Ausarbeitung der Vertragsangebote, das Aushandeln der Verträge, der Vertragsabschluss und das Inkasso der Fotohonorare wäre dann Sache der Fotografen, die sich – falls sie damit nicht selbst zurecht kommen – der Hilfe eines Anwalts bedienen müssten. Diese Lösung dürfte allerdings bei den Repräsentanten kaum Begeisterung auslösen, denn für eine derart reduzierte Tätigkeit können sie sicherlich nicht mehr die bislang üblichen Vergütungen verlangen, d.h. sie müssten ihre Provisionssätze deutlich reduzieren. Aber auch die Fotografen werden keinen Gefallen daran finden, dass sie sich selbst um die Vertragsabschlüsse und das Forderungsinkasso kümmern sollen, denn so etwas kostet Zeit und blockiert die kreative Arbeit.
In dieser Situation könnte vielleicht das „Tandem-Modell" eine vernünftige Lösung sein. Es funktioniert so, dass der Repräsentant zu den Vertragsverhandlungen und den sonstigen rechtsbesorgenden Tätigkeiten stets einen Rechtsanwalt hinzuzieht, der dann entweder selbst die Verträge formuliert oder aber die von dem Repräsentanten formulierten Angebote rechtlich überprüft. Der BGH (GRUR 2009, 1077) hat diesem Modell jedoch eine klare Absage erteilt, weil der Dienstleister auch bei Hinzuziehung eines Anwalts gegenüber seinem Vertragspartner stets selbst für die ordnungsgemäße Rechtsbesorgung verantwortlich bleibt. Genau das widerspricht aber dem Sinn und Zweck des RDG, das nur solchen Personen die Erbringung von Rechtsdienstleistungen gestatten will, die selbst die erforderliche persönliche und sachliche Zuverlässigkeit besitzen und im Falle einer fehlerhaften Beratung gegen die dann fällig werdenden Schadensersatzansprüche durch eine entsprechende Berufshaftpflichtversicherung ausreichend abgesichert sind. Gegen das „Tandem-Modell" spricht nach Auffassung des BGH außerdem, dass ein Rechtsanwalt, der von dem Repräsentanten hinzugezogen wird, nach seinen vertraglichen Verpflichtungen in erster Linie die Interessen des Repräsentanten und nicht die des Fotografen wahrzunehmen hat, womit die Gefahr einer Interessenkollision entsteht, die die Unabhängigkeit und Eigenverantwortlichkeit des hinzugezogenen Rechtsberaters gefährden kann.
Damit scheint die einzig denkbare Lösung darin zu bestehen, dass die Repräsentanten zur Vermeidung von Verstößen gegen das Rechtsdienstleistungsgesetz weder Vertragsverhandlungen führen noch die Klärung von rechtlichen Fragen im Zusammenhang mit dem Abschluss von Verträgen übernehmen. Wer sich damit nicht anfreunden kann, sollte bedenken, dass es angesichts der geschilderten gesetzlichen Situation keine Alternative gibt. Die Fortsetzung der bisherigen Praxis – also der fortgesetzte Verstoß gegen das Rechtsdienstleistungsgesetz – dürfte jedenfalls kein geeigneter Ausweg sein, zumal ein solcher Verstoß die Nichtigkeit des kompletten Repräsentantenvertrages zur Folge haben kann (§ 134 BGB).

Tipps zur Gestaltung des Repräsentantenvertrages

Statusfrage

Stellen Sie in dem Vertrag klar, dass die Repräsentantin für Sie nicht als Handelsvertreterin, sondern als Maklerin tätig wird und dass demzufolge bei Beendigung des Vertrages keine Ausgleichszahlung zu leisten ist.

Beschränkung des Alleinauftrags

Wenn die Repräsentantin wünscht, dass nur sie mit der Vermittlung von Verträgen beauftragt wird, sollten Sie versuchen, den damit geforderten Alleinauftrag auf einen bestimmten geographischen Bereich (z.B. Deutschland) und die dort ansässigen Kunden zu beschränken. Halten Sie sich die Option offen, andere Repräsentanten mit der Betreuung von Kunden außerhalb dieses Bereichs (z.B. in Frankreich, Großbritannien) zu beauftragen.

Konkurrenzausschluss

Verpflichten Sie die Repräsentantin, während der Laufzeit des Repräsentantenvertrages keine anderen Fotografen zu vertreten, die aufgrund ihrer Stilrichtung, ihrer Arbeitsweise, ihres Kundenkreises oder aus anderen Gründen als Ihre unmittelbaren Konkurrenten zu betrachten sind.

Leistungspflichten

Beschreiben Sie in dem Vertrag die Leistungen, die von der Repräsentantin zu erbringen sind, so umfassend und so präzise wie möglich. Zu den Leistungspflichten der Repräsentantin sollte insbesondere gehören:

- die Beratung und Unterstützung bei der Zusammenstellung des Portfolios
- die Vorbereitung und Durchführung von Maßnahmen, die für Ihre Eigenwerbung erforderlich sind
- die kontinuierliche Präsentation Ihrer Person und Ihrer Arbeiten bei Werbeagenturen, Redaktionen und sonstigen potentiellen Kunden sowie die Kontaktpflege mit Art Buyern, Bildredakteuren und anderen geeigneten Personen

Ausschluss von Rechtsdienstleistungen

Vermeiden Sie mögliche Kollisionen mit dem Rechtsdienstleistungsgesetz. Stellen Sie klar, dass das Aushandeln und der Abschluss von Verträgen nicht zu den Aufgaben der Repräsentantin gehören.

Informationspflichten

Stellen Sie sicher, dass die Repräsentantin über ihre Aktivitäten regelmäßig Bericht erstattet und Sie durch Übersendung von Kopien der wesentlichen Korrespondenz auf dem Laufenden hält.

Vollmacht

Weisen Sie die Repräsentantin darauf hin, dass sie Verträge in Ihrem Namen nur abschließen und Verpflichtungen zu Ihren Lasten nur eingehen darf, wenn und soweit ein Handeln in Ihrem Namen ohne Verstoß gegen das Rechtsdienstleistungsgesetz möglich ist und Sie ihr für das konkrete Rechtsgeschäft eine Vollmacht erteilen. Erteilen Sie eine Vollmacht erst, wenn die Repräsentantin Sie über alle Details der Verträge und Verpflichtungen ausreichend informiert hat.

Freie Entscheidungsmöglichkeit

Behalten Sie sich die freie Entscheidung darüber vor, ob Sie die von der Repräsentantin vermittelten Verträge abschließen wollen oder nicht. Stellen Sie klar, dass die Repräsentantin weder eine Provision noch Schadensersatz beanspruchen kann, wenn Sie ein Vertragsangebot ablehnen.

Provisionssätze

Lassen Sie sich nicht auf überzogene Provisionen ein. Da die üblichen Provisionssätze für Repräsentanten zwischen 15 Prozent und 25 Prozent der eingehenden Honorarzahlungen liegen, sollten Sie Provisionsverpflichtungen ablehnen, die den Satz von 25 Prozent übersteigen.

Berechnungsgrundlage für Provisionen

Sorgen Sie dafür, dass die Berechnungsgrundlage für die Provisionszahlungen in dem Repräsentantenvertrag genau definiert wird. Weisen Sie darauf hin, dass

• die Provision auf der Basis der Nettohonorare (= Bruttohonorare abzüglich Mehrwertsteuer) zu ermitteln ist;
• nur die tatsächlich gezahlten Honorare provisionspflichtig sind und für ausbleibende oder nicht beizutreibende Honorare keine Provision geschuldet wird;
• bei der Provisionsberechnung nur Honorarzahlungen zu berücksichtigen sind, nicht dagegen Zahlungen, mit denen lediglich die Kosten erstattet werden, die Ihnen im Zusammenhang mit der Vertragsabwicklung entstehen.

Altkundenregelung

Schließen Sie mindestens für die Dauer eines Jahres eine Provision für Verträge mit Altkunden aus, mit denen schon vor Abschluss des Repräsentantenvertrages geschäftliche Beziehungen bestanden haben. Erstellen Sie dazu eine Liste der Altkunden und lassen Sie diese Liste von der Repräsentantin abzeichnen.

Aufträge nach Vertragsende

Legen Sie in dem Vertrag fest, dass Aufträge, die erst nach Beendigung des Repräsentantenvertrages zustande kommen, nur dann provisionspflichtig sind, wenn die Auftragserteilung nachweislich auf eine vor Vertragsbeendigung erbrachte Vermittlungstätigkeit der Repräsentantin zurückzuführen ist.

Erstattung von Provisionen

Verpflichten Sie die Repräsentantin, eine Provision an Sie zu erstatten, falls Sie das für die Provision maßgebende Honorar aus Gründen, die nicht von Ihnen zu vertreten sind, an den Kunden zurückzahlen müssen.

Aufwendungsersatz

Mit der Provisionszahlung sollte die gesamte Tätigkeit der Repräsentantin einschließlich der Aufwendungen für Telefon, Telefax, Porto, Reisen etc. vollständig abgegolten sein. Stellen Sie klar, dass die Repräsentantin eine gesonderte Erstattung von Aufwendungen nur verlangen kann, wenn es sich um außergewöhnliche Aufwendungen handelt, denen Sie vorher zugestimmt haben.

Vertragskündigung

Achten Sie darauf, dass der Repräsentantenvertrag keine Regelung enthält, die eine Vertragskündigung gemäß § 627 BGB ausschließt. § 627 BGB ermöglicht bei Verträgen über Dienste, die auf Grund besonderen Vertrauens übertragen zu werden pflegen, eine jederzeitige fristlose Kündigung. Diese Regelung dürfte prinzipiell auch auf Repräsentantenverträge anwendbar sein, kann aber vertraglich ausgeschlossen werden. Einen solchen Ausschluss sollten Sie nicht akzeptieren.

Zusammenarbeit mit Bildagenturen 6

Aktuelle Situation auf dem deutschen und internationalen Bildermarkt

Dr. Stefan Hartmann ist Chefredakteur der Fachzeitschrift PICTORIAL – Art Buyer's Digest.

Entwicklungstendenzen

Mit Bildern wird durchaus viel Geld verdient. Was Wunder, man begegnet ihnen ja auch auf Schritt und Tritt. Ob man will oder nicht. Wir reden hier nicht von Fotokunst, wir sprechen über kommerziell publizierte Fotografie, nicht nur in den Medien, sondern auch auf Plakaten, Produktverpackungen, in der Werbung. Diese Bilder werden in großem Stil produziert und – ähnlich wie Musik-, Buch- oder Filmrechte – in Form von Lizenzen weitergereicht. So begegnet uns vielleicht auf einer Schweizer Bonbon-Packung ein Foto, das in Seattle, USA, produziert wurde. Gemanagt werden diese Lizenzen – kurz: das Recht, ein fremdes Bild zu nutzen – von Bildagenturen. Die gibt es in jedem Land hundertfach, in Deutschland werden es rund 350 sein.

Doch von den 350 Bildagenturen dürften vielleicht gerade mal 150 am Markt wirklich bemerkbar sein. Die offensivste Stellung auf dem deutschen Markt allerdings haben derzeit zwei US-Agenturmultis, Weltmarktführer Getty Images und die globale Nummer zwei, Corbis. Ihr Bildangebot mit Millionen von Motiven, ihre aggressiven Marketingaktivitäten – teilweise auch ihre Preise – üben einen enormen Druck auf die alteingesessenen deutschen Agenturen aus.

Denn seit nahezu zwei Jahrzehnten sehen sich kleine und mittelständische europäische Agenturen mit US-amerikanischem Big Business konfrontiert. Und dort wird in bislang unvorstellbaren Größenordnungen gepokert. Ein kleines Beispiel: Jupiterimages. Das amerikanische Börsenunternehmen kaufte innerhalb nur eines Jahres rund ein Dutzend internationale Agenturen und Royalty free-Distributoren in den USA und Europa auf. Darunter auch die Münchner Agentur IFA Bilderteam. Um einen Blick für die Dimensionen des Business zu bekommen, einzuschätzen, um welche Summen es geht: Creatas für $ 38 Millionen, PictureArts für $ 63 Millionen, Goodshoot für $ 10 Millionen. Alleine diese drei Agenturen kosteten Summa summarum $ 111 Millionen. Bei den letzten Akquisitionen in Frankreich und England verschwieg man dann die Kaufpreise. Aber Jupiter hielt nicht durch, konnte seine Agenturen – die einzeln durchaus erfolgreich am Markt platziert waren – im Verbund nicht zum Erfolg führen. Jupiter wurde einige Jahre später selbst verkauft: an Getty Images. Als Preis wurden $ 96 Millionen in bar genannt. Der Käufer, ohnehin die weltweite Nummer 1, hat, gemessen an den Einkaufspreisen der Unternehmen, ein echtes Schnäppchen gemacht. Unterm Strich bedeutet das: 17 Agenturen – ein Großteil aus Europa – wurden verramscht. Und sie verschwinden damit als Mitbewerber vom Markt: Kunden verlieren Anlaufstellen, Fotografen verlieren Vertriebspartner.

Europäer als natürliche Verlierer?

Im Moment stellt sich die Globalisierung des Bildmarktes leider als reine Einbahnstraße dar. Die Verlierer sind die Europäer. Nur, wie kommt das? Was sind die Gründe, weshalb seit mehr als zwei Jahrzehnten die Kaufbewegungen auf dem internationalen Agenturmarkt fast ausschließlich von den USA in Richtung Europa laufen – und niemals umgekehrt? Sicherlich, manchmal kaufen auch deutsche oder englische Agenturen andere deutsche oder britische Agenturen auf. Aber die wirklich schwergewichtigen Akquisitionen finden auf der Dollar-Ebene statt.

Über das „Warum" mag man spekulieren: ein von Grund auf aggressiveres Management, kreativere Köpfe, ein unternehmerfreundlicheres Urheberrecht, die deutlich leichtere Erreichbarkeit von Risikokapital. Oder einfach alles zusammen.

Aber wo kamen all die US-Dollars für die Übernahmen her? Sie wurden nicht in der Bildbranche selbst erwirtschaftet, nicht durch organisches Wachstum erworben, sondern kamen von außen. Von Investmentbanken. Doch hier schließt sich die Frage an: Wie sollen alleine die Zinsen für dieses Venture Capital ohne krassen Verdrängungswettbewerb refinanziert werden?

Bei sinkenden Preisen pro Foto – das ist nun einmal die aktuelle Realität – funktioniert das nur, wenn jedes Stockbild häufiger genutzt, wenn das Motiv auf mehreren nationalen Märkten parallel verkauft wird. Dazu muss der Bildanbieter auf möglichst vielen internationalen Märkten präsent sein. Via Online-Business oder durch die Akquisition von Konkurrenten, die auf ihren Heimatmärkten über gut eingeführte Vertriebsstrukturen verfügen. Paradox formuliert: Um ein Bild erfolgreich zu verkaufen, sollte man zuerst eine erfolgreiche Bildagentur aufkaufen. Und deren etablierte Kundenbeziehungen nutzen.

Reichtum und Prekariat

Was bedeutet das Große Fressen für die Fotografen? Es kann das Glück auf Erden oder der finanzielle Untergang sein. Die Extreme verschärfen sich. Denn im Zuge der Akquisitionen werden die Produktionen der Agenturen zusammengefasst und verlagert. Zumeist in den englischen Sprachraum, nach London oder gleich in die USA.

Wer da mit dabei ist, verdient sehr gut. Im Gegenzug sind aber auch für viele freie Fotografen kühlere Zeiten angebrochen. Denn erstens müssen sie das Risiko und die Investitionen der Produktion meist auf die eigene Kappe nehmen, auf der anderen Seite ist durch die Internationalisierung der Bilderbranche die Konkurrenz auf nahezu jedem Marktsegment sehr hart geworden. Es gibt da kaum noch trauliche Nischen. Der People-Fotograf aus Neustadt steht in direkter Online-Konkurrenz zu seinem Kollegen in New York.

Vielleicht wirkt es überpointiert, aber es findet fast so etwas wie eine „schleichende Proletarisierung" statt. Es gibt einerseits Fotografen, die profitieren von diesem globalen System hervorragend. Das sind sehr konzentriert und gezielt arbeitende Leute, denen es gelingt, innerlich zu akzeptieren, dass das Pro-

duzieren für internationale Agenturkonzerne immer mehr zur strategischen Aufgabe wird. Dass man präzise das produziert, was diese international operierenden Agenturnetzwerke wollen, brauchen und abnehmen.
Im Gegenzug wird es für das Gros der Fotografen immer schwerer, mit ihrer Arbeit so viel zu verdienen, dass sie sorgenfrei die nächste Kohlenrechnung bezahlen können. Die aktuelle Entwicklung bewirkt eines: Der „Mittelbau" bröckelt ab.
Deutlich extremer noch als im Stockbereich trifft es die Pressefotografen. In den letzten Jahren wurden viele in die Selbständigkeit „getreten", aus festen Arbeitsverhältnissen entlassen und von den Verlagen nur noch als freie Zulieferer engagiert. Bei sinkenden Preisen pro Bild oder Produktionstag.
Welche Stockagenturen produzieren denn in Deutschland noch in nennenswertem Maße? Wenn, dann sind es eher die Kleinen. Namen wie plainpicture oder Westend61, die mit relativ wenig Kapital und Manpower, dafür aber mit viel Engagement originelle Neuproduktionen wagen. Aber vermarktet wird das Material dann auch über die internationalen Big Player-Plattformen. Und der Kreislauf schließt sich.
Viele europäische Länder finden sich mittlerweile schlicht zu Absatzmärkten degradiert. Man produziert hier kaum mehr selbst, verkauft nur noch Bilder in die nationalen Abnehmermärkte hinein. Managertitel offenbaren manches. Vor einigen Jahren noch hatte Getty Images in Deutschland einen echten MD. Einen Managing Director, der in allen Belangen für den deutschen Raum verantwortlich zeichnete. Mittlerweile hat man nur noch einen Vice President of Sales German Language Region. Einen Verkaufsleiter.

Wenn wir den Markt kennen würden

Der internationale Bildmarkt ist leider ein Zweig, der von seinen Kennzahlen her kaum transparent ist. Aktuelle Zahlen gibt es nicht, die letzte Erhebung stammt von 2005: Danach war der deutsche Binnenmarkt rund 200 Millionen Euro schwer, geschätzt ohne Auftragsfotografie und jene Käufe, die deutsche Bildnutzer im Ausland tätigten.
Der aktuelle Weltmarkt wird – bei allen Unwägbarkeiten – optimistisch auf 2,2 Milliarden Euro geschätzt. Deutschland dürfte (nach USA/Kanada und Japan, gemeinsam mit dem vergleichbaren Markt Großbritannien) der wohl dritt- oder viertgrößte nationale Abnehmer für Bilder sein. Heute, 2010, kann man ihn – unter allen Vorbehalten – vielleicht auf 215 Millionen Euro taxieren.
In den Zahlen von 2005 sind die aktuellen Entwicklungen noch nicht enthalten: Weder berücksichtigen sie den enorm virulenten Bereich des Micro- und Midstock, noch die neuen Geschäftsmodelle der Subskription, des Bilder-Abonnements. Denn solche Gesamtzahlen – gleich wie wackelig sie sein mögen – sagen ja nichts über die Verteilung der Margen innerhalb der Segmente des Bildmarktes aus. Und hier verschieben sich die Gewichte stärker und stärker zu Ungunsten des klassischen rechtegeschützten Lizenzgeschäfts.

Schauen wir zurück: Der erste Aufbruch kam mit einem alternativen Lizenzmodell, den Royalty free-Bildern. Der Preis eines Bildes wurde zum Festpreis. Nicht mehr die traditionellen Regeln nach Veröffentlichungsgröße, nach Auflage des Mediums, der konkreten Nutzung des Motivs, bestimmen den Endpreis, sondern schlicht eine einfache technische Größe: die digitale Auflösung des Bildes. Der Käufer erwirbt ein – nahezu – unbegrenztes Nutzungsrecht für das Bild, darf es nach Belieben mehrfach und in verschiedenen Medien verwenden. Diese Entwicklung setzte Anfang der 90er Jahre ein, alles Weitere waren dann quasi nachfolgende Modifikationen und Ausgestaltungen des Royalty free-Modells.

Microstock und Abonnement-Modelle

Auf der Basis von RF wurden weitere Geschäftsmodelle entwickelt: Microstock und Abonnements. Und auf diesen beiden Feldern herrscht im Augenblick der heftigste Kampf um den Bildmarkt. Ein Kampf, den man vor allem über den Preis zu entscheiden sucht.

Die erste Entwicklung, Microstock, tauchte im neuen Jahrtausend auf. Agenturen, die auf Fotocommunities aufsatteln, die User-generated Content anbieten, zum größten Teil von technisch hinreichend gut ausgerüsteten, fotobegeisterten Amateuren produziert. Das Back-Office, die Verwaltung dieser Agenturen, läuft weitgehend ohne Personal, automatisch. Bildauswahl und Verschlagwortung erledigen die Fotografen selbst oder werden von der Community übernommen. Das Resultat sind absolute Tiefpreise: Bilder in der Webauflösung etwa ab 1,00 €. Die größte Auflösung ist dann für rund 20,00 € zur erwerben.

Das „Micro" im Namen dieses Agentursegments bezieht sich auf die Preise, nicht auf die Anzahl der Bilder. Denn enorme Bildmengen kommen da zusammen, manche Agenturen wachsen pro Monat um 100.000 Bilder. Dreamstime gibt einen Bestand von 7,8 Millionen an, Fotolia hält 7,5 Millionen Fotos, iStockphoto 6,35 Millionen Motive. Auch der größte deutsche Anbieter, Panthermedia, verfügt über ein Portfolio von immerhin über 1 Million Bilder (Stand: Februar 2010). Und wer macht diese Fotos? Die ursprünglich rumänische Agentur Dreamstime gibt an, rund 86.000 Fotografen zu vertreten, Fotolia (gegründet in Russland) spricht gar von „200.000 Kontributoren".

Diese Communities sind, gemessen an den traditionellen Bildagenturen, enorme Zusammanballungen von Bildmaterial und Fotografen. Ob dies eine „Entwertung" oder gar eine „Demokratisierung" der Fotografie ist, sei dahin gestellt. Microstock ist eine neue Realität, die nicht wieder verschwinden wird, ein Faktum, dem sich die Berufsfotografen künftig stellen müssen. Wieweit oder mit welchem Material man als Fotograf bei solchen Anbietern als Bildlieferant einsteigen will, ist natürlich eine individuelle Entscheidung. Denn mittlerweile tummeln sich dort nicht nur Amateure, auch die Produktionen von Profifotografen sind auf den Plattformen zu finden.

Der jüngste Coup, der über den Atlantik herüberschwappte, sind Subskriptionsmodelle, Bilderabonnements. Auch wenn die Motive nur selten 1 A-Ware sind und auch nicht immer die Super-High-Resolution-Auflösung haben, sie sind dafür sensationell günstig. Das Modell: Der Kunde zahlt nicht pro Bild, sondern

er abonniert das Recht, innerhalb des Abo-Zeitraumes eine bestimmte Anzahl von Bildern aus dem Fundus der Agentur frei herunterladen zu dürfen.
Die weltweit führende Agentur für Abomodelle ist die US-Agentur Shutterstock. In Deutschland hatten – bereits vor den Amerikanern – zwar Irisblende und der MEV Verlag solche Abomodelle entwickelt, richtig heftig geht es aber jetzt erst zur Sache. Denn Getty startete Anfang 2010 mit Thinkstock einen Angriff auf den Marktführer. Angeboten werden Abos von 750 Bildern im Monat für 199,00 €. Zücken wir den Taschenrechner: Das macht pro Bild gerade mal 0,235 €.
Um welche Bilder handelt es sich? Material, das teilweise Microstock ist, aber eben auch RF-Motive, die man aufgrund der Agenturaufkäufe der Vergangenheit eben „hat", die man über diese Schiene einer Zweit- oder Drittverwertung zuführt: Hier begegnen uns die Agenturnamen Jupiterimages, Thinkstock, iStockphoto etc. zum zweiten Mal.
Zu Beginn wurden diese Abomodelle von professionellen Bildkäufern eher belächelt, Abos hatten keine Zugkraft. Doch das ändert sich gerade, auch mit der steigenden Bildqualität dieser Angebote. Es macht keinen Sinn, es leugnen zu wollen: Auch professionelle Art-Buyer mögen – neben den Preisen – diese einfachen Abrechnungsmodelle, steuern diese Plattformen an. Vor allem Grafikbüros und freie Bildredakteure, die projektweise engagiert werden und die keinerlei Spielraum im Budget haben, sehen sie als Alternative.

Eine Chance für Spezialisten

Aber es gibt auch die gegensätzliche Alternative: Denn gerade diese globalisierten Märkte mit ihren internationalen Vertriebsmöglichkeiten bieten erweiterte Chancen, die die alten Märkte mit ihrer nationalen Enge nicht hatten: seine Arbeiten etwa als Spezialist für bestimmte Fotografie (Stichwort: Autorenfotografie) oder ein sehr spezielles Sujet weltweit lancieren zu können. Dort, wo die alten nationalen Märkte zu eng waren, ergeben sich für engagierte Spezialisten neue Optionen.
Allerdings sind die Anforderungen an Fotografen – nun nicht als handwerkliche oder künstlerische Produzenten von Bildern gedacht, sondern als Unternehmer, die sich vermarkten und positionieren müssen – enorm gestiegen. Denn die Agenturpartner, mit denen man als Stockfotograf zusammenarbeitet, stehen selbst unter massivem Druck. Hier wird gespart, oftmals am vermeintlich einfachsten Punkt: beim Personal. Das bedeutet teilweise auch, dass an der Fotografenbetreuung gespart wird oder dass bestimmte Leistungen wie das Editing oder die Verschlagwortung gerne dem Fotografen selbst überlassen bleibt.
Auf der anderen Seite braucht man gerade jetzt freies Kapital, um die Herausforderung des digitalen Bildvertriebs zu meistern. Die Opinion Leader – jene handvoll Firmen, die sich mittlerweise knapp die Hälfte des Weltmarktes im Stockbereich teilen können – setzen hier durchaus beeindruckende technische Standards, denen der Rest der Bilderbranche, seien es Fotografen, seien es Agenturen, einfach nachlaufen

muss. Wer seine Motive nicht online mit ausgefeilten Suchfunktionen anbieten und in erstklassiger technischer Bildqualität – verschlagwortet in den wichtigsten Sprachen – weltweit digital ausliefern kann, wird in einer globalisierten Zukunft immer weniger Optionen haben.
Aber in diesem Umbruch liegen auch die Chancen für die Fotografen: Die Agenturen brauchen Bilder, die sich „drehen". Und intelligente Fotografen, die Bildtrends erahnen, die vorausschauend produzieren, die solche Bilder fotografieren können. Denn hungrig ist der Bildermarkt allemal.

Zusammenarbeit von Fotograf und Bildagentur

Lars Bauernschmitt ist seit 2008 Professor für Fotografie an der Fachhochschule Hannover. Seit 2001 ist er Mitglied im Vorstand des Bundesverbandes der Pressebild-Agenturen und Bildarchive (BVPA), ab 2003 als Vorstandsvorsitzender. Daneben ist er Director of Photography der Agentur imagetrust. Von 1993 bis 2008 war er Geschäftsführer der Fotoagentur VISUM.

Ausgangssituation

Die Vertretung eines Fotografen durch eine Bildagentur und der damit verbundene Vertrieb seines Bildmaterials sollte von beiden Seiten langfristig angelegt werden. Kurzfristige Kooperationen machen wenig Sinn und kosten beide Seiten nur Zeit und Geld. Die Entscheidung eines Fotografen zur Zusammenarbeit mit einer Fotoagentur muss deshalb gründlich überlegt geschehen. Sie sollte das Ergebnis einiger grundlegender Überlegungen zur eigenen Positionierung als Fotograf und der Vermarktung seiner Fotos sein. Bevor Fotografen sich zu einer Kooperation entschließen, sollten sie ihre eigene Position auf dem Bildermarkt bestimmen und gegebenenfalls eigene Ziele, die von der aktuellen Position abweichen, definieren. Diese Standortbestimmung entscheidet später wesentlich über die Kriterien zur Beurteilung der als Partner in Betracht gezogenen Bildagenturen.
Zur Zeit findet in den Medien (und damit auch auf dem Bildermarkt) ein Strukturwandel statt, der in seinen Auswirkungen nur vergleichbar ist mit den gesamtgesellschaftlichen Veränderungen, die die Erfindung des Buchdrucks in der Mitte des 15. Jahrhunderts nach sich zog. Bedingt durch die Erfindung der digitalen Fotografie und die Verbreitung des Internet gibt es weltweit in vielen Themenbereichen ein Überangebot an Fotos. Diese Situation wird verstärkt durch eine Vielzahl von Fotografen die weiterhin neu auf den Markt drängen. Es gibt zu viele Fotografen. Dieser Situation müssen sich Fotografen von Beginn ihrer professionellen Tätigkeit an stellen. Es reicht heute deshalb nicht mehr, die eigene Dienstleistung anzubieten, indem man sich pauschal als Fotoreporter oder Werbefotograf anbietet. Wer heute mit der Fotografie seinen Lebensunterhalt bestreiten möchte, muss sich und seine Arbeit genau definieren und sich als Marke positionieren. Wer als Fotograf tätig werden will, muss zunächst klären, für welche Themen und Inhalte er steht, und er muss eine erkennbare Bildsprache entwickeln. Daneben muss er entscheiden, welche Märkte er bedienen will und auf welchen Wegen und zu welchen Honoraren bzw. Honorarmodellen sein Bildmaterial vertrieben werden soll.
Um erfolgreich als Fotograf am Markt zu agieren, muss ein Fotograf sich mit diesem Markt vertraut machen. Denn auch wenn er sich entschließt, die Vermarktung seiner Fotos einer Agentur zu überlassen, um sich ausschließlich dem Fotografieren zu widmen, muss er erst mal verstehen, wie dieser Markt funktioniert, um überhaupt den geeigneten Partner zu finden.

Die Teilnehmer des Bildermarktes

Auf den ersten Blick ist die Situation ganz einfach. Fotografen fotografieren und Zeitungen, Zeitschriften oder Werbeagenturen nutzen diese Fotos. Bei genauerem Hinsehen erweist sich der Bildermarkt jedoch als Kosmos, in dem auf dem Weg des Bildes vom Lieferanten zum Nutzer eine große Zahl weiterer Marktteilnehmer ganz unterschiedlichen Aktivitäten nachgehen. Zwischen dem Fotografen und dem Bildnutzer haben sich ganz unterschiedliche Dienstleister etabliert, die zum besseren Verständnis kurz vorgestellt werden sollen.

Fotoagenturen

Fotoagenturen agieren auf dem Bildermarkt als Makler, bei ihnen treffen sich Angebot und Nachfrage. Fotoagenturen besitzen nicht nur mehr oder weniger große Datenbanken zur Recherche, hier stehen darüber hinaus auch ständig Mitarbeiterinnen und Mitarbeiter zur Beratung von Art-Buyern und Bildredakteuren sowie zur Bearbeitung von Kundenanfragen zur Verfügung. Bildagenturen bieten den Bildeinkäufern einen Service, der weit über das Verschicken eines Fotos auf Anfrage hinausgeht. Dazu gehört z.B. die Beschaffung von Nebenschüssen, die sofortige Sperrung einzelner Motive und Serien im Fall von Exklusivverkäufen, die Beschaffung von höheren Bildauflösungen, die Recherche nach Bildmaterial in den Archiven von Partneragenturen – alles in allem also die persönliche Betreuung von Bildeinkäufern.

Netzwerke und Plattformen

Mit der Entwicklung der Bilddatenbanken und ihrer Verbreitung in den Fotoagenturen Mitte der 90er Jahre entstand in Deutschland ein erstes Netzwerk professioneller Bildanbieter. Bereits vor der Verbreitung des Internet hatten Bildeinkäufer also die Möglichkeit, mittels einer Suchanfrage gleichzeitig in den Beständen unterschiedlicher Fotografen und Bildagenturen zu recherchieren. Was vor 15 Jahren nur in geschlossenen Netzwerken lief, ist inzwischen im Internet selbstverständlich. Zahlreiche Plattformen bündeln hier die Bildangebote und bieten dem Suchenden mehr oder weniger komfortable Recherchetools. Kaum ein Bildredakteur oder Art-Buyer recherchiert heute noch, ohne sich der unterschiedlichen Netzwerke oder Plattformen zu bedienen, die das Angebot einer Vielzahl von Bildagenturen und Fotografen bündeln. Statt mühsam einen Bildbestand nach dem anderen zu durchsuchen, finden sich hier mit einem Mausklick die Angebote einer großen Zahl von Bildanbietern. Fotografen können diese Technik selbst nutzen oder sich von Agenturen vertreten lassen, die Fotos auf entsprechenden Wegen anbieten.

Imagebroker

Mit der wachsenden Zahl der Bildanbieter und Vertriebswege wurde der Bildermarkt immer unübersichtlicher. Aus diesem Grund entwickelte sich die Gruppe der Imagebroker, die auf Wunsch der Fotografen deren Fotos auf Plattformen, in Netzwerken und an Agenturen streuen. Imagebroker agieren entsprechend der unterschiedlichen Anforderungen, Profile und Wünsche von Fotografen und Bildagenturen nur als Vermittler und nicht – wie die Bildagenturen – als Verkäufer.

Der Handel mit den Nutzungsrechten

Betriebswirtschaftlich betrachtet sind Fotos nichts anderes als eine Ware und der Bildermarkt unterliegt denselben Gesetzen wie andere Märkte. Ziel einer professionellen Vermarktung von Fotos ist die Erzielung von Gewinn durch hohe Erlöse bei gleichzeitig geringen Kosten.

Jeder Anbieter muss für sich und sein Produkt den optimalen Weg finden. Mit vielen Fotos, die zu einem geringen Preis verkauft werden, lässt sich unter Umständen derselbe Gesamterlös erzielen wie mit wenigen Bildern, die man zu einem hohen Preis verkauft. Aus diesem Grund sagt die Höhe des Nutzungshonorars für eine einzelne Bildnutzung wenig aus über die im Ergebnis aus allen Verkäufen eines Bildes erzielten Nutzungshonorare. Unter Umständen ist es für einen Bildanbieter unter dem Strich lukrativer, seine Fotos über Microstock-Agenturen sehr oft zu einem sehr niedrigen Honorar zu vermarkten, als Fotos sehr selten klassisch lizenziert zu höheren Honoraren zu vermarkten. Welcher Preis für ein Foto zu erzielen ist, regeln wie überall Angebot und Nachfrage.

Die Veröffentlichung eines Fotos setzt die Zustimmung des Urhebers voraus. Ihm allein steht die Entscheidung darüber zu, wer das von ihm erstellte Foto wo und zu welchem Preis veröffentlichen darf. Den Preis legen der Urheber bzw. die Vertreter seiner Rechte fest. Abhängig von Art und Umfang der Nutzung bewegt sich das Honorar je nach Lizenzierungsform zwischen wenigen Cent und einigen tausend Euro. Beim Erwerb von Nutzungsrechten erhält der Kunde das Bild (soweit im digitalen Zeitalter überhaupt nötig) als Dia oder Print nur leihweise zum Zwecke der Reproduktion zur Verfügung gestellt. Nach Abschluss der Produktion bzw. nach der Veröffentlichung muss diese analoge Vorlage zurückgegeben werden. Bilddaten müssen nach einer vereinbarten Frist vom Verwender gelöscht werden.

Die Honorierung von Nutzungsrechten für Fotos erfolgte bis Mitte der 90er Jahre des letzten Jahrhunderts branchenweit durchweg nach den gleichen Regeln. Grundlage der Kalkulation waren bei bereits vorhandenem Bildmaterial nicht die Kosten der Produktion des einzelnen Bildes, sondern die mit dem Foto geplanten Nutzungen. Allgemein üblich war dabei eine Berechnung des Honorars anhand der folgenden Faktoren: Art der Nutzung, Auflage der Publikationen, Abbildungsgröße, Anzahl der Nutzungen. Auch wenn besonders aufwendig produzierte Fotos oder Bilder sehr renommierter Fotografen nicht nach diesem Raster berechnet wurden und deutlich teurer waren, so hatte sich für die Masse der Fotos diese Form der Kalkulation durchgesetzt. Zur Preisberechnung waren dabei je nach Art der Nutzung unterschiedliche Kalkulationstabellen nötig. Doch obwohl diese Art der Preisberechnung seit Jahrzehnten etabliert ist, erschließt sie sich nur schwer. Nicht nur Branchenneulingen ist kaum vermittelbar, weshalb ein und dasselbe Foto im einen Fall 75,00 € im anderen Fall 7.500,00 € kostet.

Jahrzehntelang war der Bildermarkt ein Markt der Fachleute. Der Handel mit Nutzungsrechten war ein reines B2B-Geschäft. Amateuren war der Zugang weitgehend verschlossen. Wollten sie ihre Arbeiten auf diesem Markt anbieten, mussten sie sich der Hilfe von Fachleuten bedienen oder selber Fachmann werden. Mit dem Aufkommen der Digitalisierung änderte sich diese Situation grundlegend. Es waren

Branchenfremde, die Mitte der 90er Jahre des letzten Jahrhunderts neue, einfachere Lizenzierungs- und Honorierungsmodelle etablierten.

Solange Fotos auf Film erstellt wurden, gab es ein Original. Ein Filmstück, das vor dem Motiv belichtet wurde diente als Ausgangsmaterial für die entsprechenden Vervielfältigungen. Handelte es sich um Negative, war es möglich, Abzüge zu erstellen. Handelte es sich beim Aufnahmematerial um Dia-Filme, konnten Duplikate erstellt werden. In jedem Fall aber konnten Vervielfältigungen nur mit einem erheblichen Zeit- und Kostenaufwand und nur in begrenzter Anzahl erstellt werden. Mit dem Beginn der Digitalisierung von Fotos änderte sich dies. Jetzt genügt ein Mausklick, um beliebig viele technisch identische Kopien zu erstellen. Das Brennen einer CD, die eine Vielzahl von Fotos enthalten kann, kostet nur noch wenige Cent. Diese Möglichkeit der Verbreitung von Fotos nutzten zunächst Unternehmen der Software-Industrie, um sich am Geschäft mit den Bildern zu beteiligen und Fotos zu verbreiten. Dabei etablierten sie gleichzeitig ein für die Bilderbranche neues Honorierungsmodell und offerierten Fotos zur beliebigen Verwendung ohne die bisher üblichen Beschränkungen zu Festpreisen, die auf den ersten Blick deutlich unter den bisher üblichen Honoraren lagen. Heute bestehen die unterschiedlichen Modelle der Honorierung nebeneinander:

Rights Managed (RM)

Möchte ein Kunde ein Foto exklusiv für einen bestimmten Zeitraum, eine Branche oder ein Produkt nutzen, ohne dass z.B. ein Mitbewerber dasselbe Motiv einsetzt, muss ein Foto für eine gewisse Zeit für andere Nutzer gesperrt werden können. Dafür zahlt der Kunde ein deutlich höheres Nutzungshonorar, um dem Bildanbieter die entgangenen Erlöse aus weiteren Nutzungen zu ersetzen.

Voraussetzung für eine exklusive Nutzung durch einen Kunden ist die Möglichkeit des Bildanbieters, die Nutzungen einzelner Fotos auch rückwirkend nachzuvollziehen. Diese Möglichkeit besteht nur bei sogenannten Rights-Managed-Fotos (oder kurz RM-Fotos). Bei so angebotenen Fotos werden die jeweiligen Nutzungen einzeln zwischen Anbieter und Verwender abgerechnet. Die Berechnung der Lizenzgebühr erfolgt entsprechend der konkreten Verwendung. Die Honorierung erfolgt in der Regel nach Rechnungstellung durch den Lieferanten.

Royalty Free (RF)

Ein anderes Lizenzierungsmodell findet Anwendung bei den sogenannten Royalty-Free-Fotos (oder kurz RF-Fotos), die von einem Kunden nach Zahlung einer Lizenzgebühr mehrfach genutzt werden dürfen. Gleichzeitig können diese Fotos aber auch parallel von mehreren Kunden genutzt werden. Unter Umständen werden sie sogar von mehreren Anbietern im selben Land vertrieben, ohne dass es eine Möglichkeit der Sperrung gibt. Irreführend ist dabei jedoch die Bezeichnung „Royalty Free". Denn diese Fotos sind ganz und gar nicht frei von Royalties, der englischen Übersetzung für Tantieme. Statt aber jede Nutzung einzeln abzurechnen, zahlt ein Verwender nur noch einmal für das Foto. Der Kunde kann ein Foto, nachdem er es erworben hat, nahezu unbegrenzt für eigene Projekte und Produkte einsetzen, ohne weitere Zahlungen leisten zu müssen. Wurden Mitte der 90er Jahre beim Aufkommen dieser Art der Bild-

vermarktung auf den Foto-CDs anfangs sehr oft qualitativ minderwertige Amateurfotos angeboten, ist das Niveau der Fotos in kurzer Zeit deutlich angestiegen. Schnell haben sich auch etablierte Bildanbieter diese Form des Angebots und der Abrechnung zu Eigen gemacht.
Da die Höhe des Honorars für die Verwendung des jeweiligen Fotos unabhängig von Einzelfallfaktoren ist, erfolgt die Zahlung des Honorars in der Regel bereits bei Lieferung des Bildes.

Micropayment (SMRP)

Als Spielart der Royalty-Free-Fotos, die je nach Anbieter zwischen 10,00 € und 250,00 € kosten, werden seit einigen Jahren Fotos zu Preisen um 1,00 € angeboten. Wegen der deutlich niedrigeren Honorare – in der Regel handelt es sich um Beträge zwischen 5,00 € und 1,00 € je Foto – spricht man hier von SMRP- oder Microstock-Fotos. Da inzwischen auf der einen Seite die Preise für RF-Material sinken und auf der anderen Seite einzelne Microstock-Anbieter versuchen, ihre Preise anzuheben, sind die Grenzen zwischen diesen Bereichen fließend.
Da die Honorare einzelner Bildnutzungen im SMRP-Bereich auf Grund ihrer geringen Höhe kaum wirtschaftlich sinnvoll zu bearbeiten sind, erfolgt hier die Zahlung durch eine Form der Vorauskasse. Bevor ein Kunde ein Foto von der Datenbank des Anbieters herunterladen kann, muss er einen bestimmten Betrag im Voraus zahlen. Dieser Betrag liegt deutlich über den Kosten für den Erwerb von Nutzungsrechten an einem einzelnen Foto. So zahlt beispielsweise zahlt ein Kunde bei der Bildagentur Fotolia (http://de.fotolia.com/Info/Credits) zunächst einen Betrag von mindestens 7,50 € per Kreditkarte oder PayPal für 10 Credits, bevor er für diese Kunstwährung Fotos, deren Honorare bei 0,75 € beginnen, herunterladen kann.
Den Fotografen, die ihr Bildmaterial professionell vermarkten wollen, stehen also unterschiedliche Vertriebswege und Honorierungsmodelle zur Verfügung. Sie haben grundsätzlich die Möglichkeit, den Vertrieb ihres Bildmaterials ohne Beteiligung weiterer Partner selbst zu organisieren. Fotografieren und die Organisation des Vertriebs sind jedoch zwei vollkommen unterschiedliche Bereiche. Ob jemand sich beiden Bereichen widmet oder sich auf das Fotografieren beschränkt, ist eine ganz persönliche Entscheidung. Wie bei allen anderen Überlegungen zur eigenen Fotografie gibt es auch hier kein „richtig" oder „falsch". Entscheidend ist der Respekt vor jeder dieser Tätigkeiten und das Wissen, dass – egal ob es um die Aufnahme oder den Vertrieb geht – beides nur erfolgreich sein wird, wenn absolut professionell gearbeitet wird. Als Ergebnis der hier dargestellten Möglichkeiten des Bildvertriebs kann die Entscheidung für die Zusammenarbeit mit einer Bildagentur stehen.

Zusammenarbeit langfristig planen

Eine Zusammenarbeit zwischen Agentur und Fotograf macht nur Sinn, wenn sie auf einen längeren Zeitraum angelegt ist. Denn es kann bis zu einem Jahr dauern, bevor es zu den ersten Verkäufen kommt, und man muss schon mit zwei bis drei Jahren rechnen, bis es zu regelmäßigen und gleichmäßig hohen Erlö-

sen kommt. Um dahin zu kommen, müssen von beiden Seiten einige Schritte getan werden: Der Fotograf muss sein Bildmaterial archivgerecht aufbereiten und die Agentur muss das Bildmaterial anschließend in die Bestände einpflegen und bewerben.
Zunächst bedeutet die Zusammenarbeit zwischen Agentur und Fotograf also vor allem eine Investition. Die Kosten dieser Investition müssen in der Zukunft wieder eingespielt werden. Aus diesem Grund sollte eine Zusammenarbeit von beiden Seiten gut überlegt werden („haste is waste"). Wie die Zusammenarbeit zwischen Agentur und Fotograf im Detail aussieht, hängt immer von den jeweils Beteiligten ab und kann deshalb stark variieren.

Kontaktaufnahme

Die Initiative zu einer Kontaktaufnahme mit dem Ziel einer Zusammenarbeit kann sowohl vom Fotografen als auch von der Agentur ausgehen. Es ist genauso üblich, dass Fotografen eine Agentur mit dem Ziel ansprechen, dort Bildmaterial anzubieten, wie die Ansprache eines Fotografen durch eine Agentur, die festgestellt hat, dass dieser Fotograf Bildmaterial besitzt, das zum eigenen Angebot passt und durch die Agentur zu vermarkten ist.

Imagefragen

Jeder, der eine gewisse Zeit auf dem Bildermarkt tätig ist, hat früher oder später ein bestimmtes Bild von bestimmten Agenturen oder Fotografen. Das jeweilige Image entspricht dabei nicht immer der Realität. Für eine erfolgreiche Zusammenarbeit ist es deshalb wichtig, im Vorfeld einer Zusammenarbeit zu klären, ob hier eventuell Missverständnisse vorliegen, denn das Profil der Agentur muss zu der Arbeit des Fotografen passen und umgekehrt. Agenturen, die die Vertretung von Bildmaterial eines Fotografen in Erwägung ziehen, sollten genau prüfen, ob diese Fotos von potenziellen Kunden überhaupt bei ihnen gesucht werden. Der Name einer Agentur kann noch so gut und die Bilder des Fotografen können noch so hochwertig sein: Wenn der Kunde zwischen den beiden keinen Zusammenhang sieht, werden die Bilder ungesehen und damit ungenutzt bleiben. Vor einer Kontaktaufnahme sollten beide Seiten deshalb versuchen, sich über die andere Seite möglichst genau zu informieren. Möglichkeiten hierzu sind:
- Webseiten der Fotografen bzw. Agenturen
- Veröffentlichungen, z.B. Bücher, Zeitungs- oder Zeitschriftenartikel sowie Online-Medien
- Jahrbücher, z.B. das vom BVPA herausgegebene Handbuch „Der Bildermarkt" oder das Jahrbuch des BFF Bund Freischaffender Foto-Designer

Wenn diese erste Recherche positiv ausgefallen ist, kann eine persönliche Kontaktaufnahme erfolgen. Nun geht es für beide Seiten darum, die Ergebnisse der Recherche zu vertiefen und folgende Fragen zu klären:

- Welche Themen bearbeitet der Fotograf?
- Welche Schwerpunkte der Arbeit gibt es bei einer Agentur oder einem Fotografen?
- Welche Technik und Aufnahmematerialien benutzt der Fotograf?
- Kann eine Agentur bestimmte Aufnahmematerialien verwalten und vermarkten?
- Wie groß ist der Bildbestand des Fotografen?
- Wie alt ist das Bildmaterial?

Die Beantwortung dieser Fragen macht bereits im Vorfeld klar, ob eine Zusammenarbeit erfolgversprechend sein kann und ein persönliches Treffen Sinn macht. Für den Fotografen ist es wichtig, den aktuellen Archivbestand der Agentur bei den von ihm zu liefernden Themen zu betrachten: Hat die Agentur zu bestimmten Themen keine Fotos, muss er fragen, ob das Thema dort überhaupt gesucht wird. Hat sie sehr viel, ist zu überlegen, ob sein Material hier konkurrenzfähig ist und in diesem Umfeld überhaupt eine Chance hat, angeboten zu werden, und – wenn ja – zu welchen Lizenzierungsmodellen. Ein Telefonat zur Klärung der oben formulierten Fragen dauert in der Regel etwa zehn Minuten. Diese Zeit sollte investiert werden, um ein unnötiges persönliches Treffen zu vermeiden, das mindestens eine Stunde dauern und den Fotografen, der extra anreisen müsste, je nach Wohnort unter Umständen einen ganzen Tag kosten würde und mit zusätzlichen Kosten für die An- und Abreise verbunden wäre.

Wenn von Agentur und Fotograf eine Zusammenarbeit erwogen wird, sollte ein persönliches Kennenlernen stattfinden. Für die Fotografen sind ihre Fotos in der Regel nicht irgendeine Handelsware, sondern sehr persönliche Produkte. Auch wenn mit diesen Werken gehandelt wird, sollte die Agentur die häufig recht starke persönliche Bindung des Fotografen an seine Bilder berücksichtigen. Die Vermarktung von Fotos basiert zu einem großen Teil auf Vertrauen. Agenturen müssen sich darauf verlassen können, dass ein Fotograf, der Fotos anbietet, auch über die Bildrechte verfügen kann. Der Fotograf muss darauf vertrauen können, dass die Agentur vertragsgemäß abrechnet.

Bei einem Treffen sollten folgende Fragen geklärt werden:

- Passen die angebotenen Themen fotografisch zur Agentur?
- Entspricht die Qualität der angebotenen Fotos den Standards der Agentur?
- Kann der Fotograf eventuell von der Agentur verlangte Mindestmengen an Bildern liefern?
- Welche Erwartungen haben Fotograf und Agentur? Hat der Fotograf eine andere Agentur verlassen, welche Erwartungen wurden enttäuscht? Kann die neue Agentur diese Erwartungen erfüllen?

Der Nutzungsvertrag

Wenn diese Fragen positiv beantwortet wurden, sollten die vertraglichen Details der Zusammenarbeit geklärt werden.

Ein Fotograf sollt im Vorfeld eines Treffens bereits den Fotografenvertrag der Agentur kennen, um im persönlichen Gespräch über Details sprechen zu können. Der Fotografenvertrag regelt alle Einzelheiten einer

Zusammenarbeit. Er sollte ausführlich besprochen und danach möglichst nicht mehr benötigt werden. Vor einer Zusammenarbeit müssen die Regeln festgelegt werden, nach denen die Zusammenarbeit abläuft. Verträge werden gemacht für den Zeitpunkt, zu dem Probleme auftreten. Ein Vertrag darf keine Seite benachteiligen. Die Verträge zur Zusammenarbeit stellt in der Regel die Agentur. Informationen und Beratung zum Umgang mit diesen Verträgen geben auf Wunsch auch Branchenverbände wie der BVPA, der BFF oder FreeLens, der Verband der Fotojournalistinnen und Fotojournalisten.

Der zwischen der Agentur und dem Fotografen abzuschließende Vertrag regelt normalerweise folgende Punkte:

- Wie hoch ist der Honoraranteil der erzielten Erlöse von Agentur bzw. Fotograf?
- Stehen die Fotos exklusiv zur Verfügung?
- Gibt es Rechte Dritter, die einen Vertrieb beeinträchtigen können?
- Welche Haftung übernimmt die Agentur für archiviertes Material?
- Wer trägt das Risiko beim Versand von Bildmaterial zwischen Fotograf und Agentur?

Ohne einen wirksam abgeschlossenen Nutzungsvertrag sollte eine Agentur kein Bildmaterial annehmen und ein Fotograf einer Agentur kein Bildmaterial überlassen. Wenn eine Agentur das Bildmaterial trotzdem ohne einen solchen Vertrag übernimmt, sind zumindest folgende Regeln zu beachten:

- genaueste Dokumentation der Bildeinlieferungen bzw. einzelner Teillieferungen in Bezug auf Art der Fotos (Farbe oder s/w, Dia/Print/Datensatz), Anzahl der Bilder und Art des Versandweges (Kurier, Einschreiben)
- keine Entrahmung bzw. Um-Passepartourierung oder Anbringung eines Agenturlabels
- keine Veränderung der Metadaten
- keine Archivierung von Bildmaterial in der Datenbank der Agentur
- kein Versand der bereitgestellten analogen Fotos als Auswahlsendung an Kunden
- keine Möglichkeit des Downloads von Fotos aus den Datenbanken der Agentur
- Das gesamte vom Fotografen zur Auswahl eingereichte Bildmaterial ist vom allgemeinen Geschäftsgang separat zu halten.

Wenn eine Agentur ohne wirksamen Vertrag Bildmaterial bei einem Fotografen anfordert, entsteht ein leiheähnliches Vertragsverhältnis. Dabei besteht bezüglich der Rückgabe der (analogen) Fotos eine Bringschuld seitens des Bestellers (Agentur). Die Agentur ist also bei Nichtzustandekommen des Vertrags verpflichtet, das (analoge) Bildmaterial vollständig und unversehrt zurückzugeben. Bei einem möglichen Verlust oder im Falle von (auch temporär) nicht wieder auffindbaren Fotos/Dias entsteht in der vorvertraglichen Situation die volle Schadensersatzpflicht. Eine Agentur sollte also sehr genau prüfen, ob sie ohne Vorliegen eines wirksam zustande gekommenen Fotografenvertrages überhaupt Bildmaterial – egal in welcher Form – von einem Fotografen entgegennimmt.

Die Zusammenarbeit

Wenn zwischen Agentur und Fotograf ein Vertrag geschlossen wurde, beginnt die Zusammenarbeit. Dabei sollte die Agentur den Fotografen sehr genau über ihre Anforderungen an die Aufbereitung seines Bildmaterials informieren:

- Welche Themen werden benötigt?
- Welche Menge?
- Wo sind Informationen zu den Fotos anzubringen?

Nichts ist ärgerlicher (für beide Seiten) als ein Fotograf, der Bildmaterial in Kisten oder auf Festplatten in die Agentur trägt, das diese – aus welchen Gründen auch immer – nicht in ihr Archiv einarbeiten kann. Aus diesem Grund kann es sinnvoll sein, wenn der Fotograf vor der Bildlieferung eine genaue Aufstellung der Fotos anfertigt, die er der Agentur anbieten kann. Diese Liste sollte folgende Informationen enthalten:

- Thema (evtl. etwas ausführen)
- Aufnahmedatum (mindestens das Jahr)
- Anzahl der Fotos
- Aufnahmematerial bzw. Aufnahmeformat und Dateigröße

Anhand dieser Liste sollte dann eine Reihenfolge der Themen und ein ungefährer Umfang der Lieferung festgelegt werden. Die Agentur kann so sicherstellen, dass Bildmaterial nicht unnötig lange unbearbeitet liegen bleibt, während der Fotograf auf seine erste Abrechnung wartet.
Wenn das am Beginn der Zusammenarbeit vorhandene Bildmaterial in das Archiv eingearbeitet ist, stellt sich die Frage nach der zukünftigen Kommunikation zwischen Agentur und Fotograf. Für eine erfolgreiche Zusammenarbeit brauchen beide Seiten laufend Informationen über die Arbeit des anderen. Was sucht die Agentur? Welche Fotos oder Themen sind gerade gefragt? Welche Themen sind in Zukunft absehbar? Woran arbeitet ein Fotograf? Liegen gesuchte Fotos bereits vor? All diese Fragen sollten regelmäßig und ohne allzu großen Aufwand geklärt werden. Möglichkeiten, die Beziehungen zu pflegen, bieten beispielsweise Newsletter zur allgemeinen Entwicklung der Agentur und des Bildermarktes oder „Wanted"-Listen zu Themen, die aktuell oder in Zukunft gefragt sind.

Nutzungsvergütung

Sobald Fotos gegen Honorar publiziert wurden und dieses Honorar bei der Agentur eingegangen ist, werden die Abrechnungen erstellt. Der Zeitraum, den diese Abrechnungen betreffen (monatlich/zweimonatlich/quartalsweise), sollte ebenso wie die Auszahlungsmodalitäten in dem Nutzungsvertrag geregelt sein. Die Abrechnungen sollten genaue Informationen darüber enthalten, wo ein Bild zu welchen Konditionen veröffentlicht wurde. Jede Abrechnung muss so aufgebaut sein, dass sie dem Fotografen eine Kontrolle der Richtigkeit des Vorgangs ermöglicht.

Bildbeschriftung

Obwohl gemeinhin behauptet wird, dass ein Bild mehr sage als tausend Worte, sind doch einige Worte, die der Fotograf zum Bildinhalt abliefert, unverzichtbar. Es gibt die sogenannten sieben journalistischen „W":
Wer? – Was? – Wann? – Wo? – Wie? – Warum? – Welche Quelle?
Sie bilden die Mindestinformationen, die der Kunde einer Agentur benötigt, wenn er ein Bild nutzen möchte. Dies gilt übrigens nicht nur für Veröffentlichungen in Zeitungen und Zeitschriften, sondern auch für Online-Medien und die Werbung. Fotos ohne Beschriftung gehören nicht in ein Bildarchiv. Wichtige Informationen müssen dem Kunden schnell zugänglich sein. Sie müssen so mit dem Foto verbunden sein, dass sie nicht davon getrennt werden können. Bei Prints gehören sie auf die Bildrückseite oder (wenn möglich) auf die Vorderseite – nicht in das Bild! Dias lassen sich mit Hilfe eines Computers unter Verwendung von Etiketten mit Informationen versehen. Handschriftliche Aufzeichnungen zeigen zwar eine persönliche Note, sind zur Bildbeschriftung aber völlig ungeeignet. Bei digitalen Bildern gibt es die IPTC Norm. Sie regelt, welche Informationen wo am Bild angebracht werden. Kopierte Listen mit Informationen zu Fotos, die nur mit einer Nummer versehen sind, machen ein vernünftiges Arbeiten mit den Bildern unmöglich. Kunden haben keine Zeit, hinter Informationen herzutelefonieren. Nur professionell aufbereitete Fotos haben eine Chance zur Veröffentlichung.

Keywording für digitale Bilder

Im digitalen Zeitalter kommt der dem Bild beigefügten Bildinformation eine besondere Bedeutung zu. Physische Bilder (Dias oder Abzüge) konnten gefunden werden, solange ein Mitarbeiter der Agentur wusste, wo das betreffende Bild abgelegt wurde. Digitale Bilder ohne eine vollständige, dem Bild im IPTC Header beigefügte Bildinformation sind Datenmüll und kommerziell nicht nutzbar. Hier hat sich der Tätigkeitsbereich der Bildagenturen in den letzten Jahren deutlich erweitert. Konnten physische Bilder mit den betreffenden Informationen versehen werden, wenn eine entsprechende Anfrage nach dem Foto vorlag, muss ein Bild heute vollständig mit Informationen versehen sein, bevor es überhaupt angeboten werden kann. Dabei geht es um weit mehr als die formal und inhaltlich richtige Beschriftung. Bildeinkäufer recherchieren heute in der Regel zunächst ohne Unterstützung durch die Bildanbieter in deren Datenbanken. Die Bildsuche erfolgt durch die Eingabe von Suchbegriffen oder Keywords in die dafür vorgesehenen Felder der Suchmasken. Ob ein Foto gefunden wird, hängt davon ab, dass Bildanbieter und Bildeinkäufer den Bildinhalt identisch bezeichnen.
Dass eine falsche Rechtschreibung für Fotos so zum k.o. wird, versteht sich von selbst. Der merkwürdig spitz zulaufende Stahlfachwerkturm in der französischen Hauptstadt wurde nicht in der Eifel gebaut, sondern ist nach seinem Erbauer Alexandre Gustave Eiffel benannt – ein „f" mehr oder weniger entscheidet

hier, ob das Bild gefunden wird oder unsichtbar bleibt. Neben der Rechtschreibung spielt auch die Verwendung von Synonymen eine entscheidende Rolle. Das beste Foto eines „Teenagers" bleibt ungesehen, wenn der Bildeinkäufer einen „Jugendlichen" sucht. Jeder Bildanbieter sollte sich immer wieder die Menge der weltweit angebotenen Bilder vor Augen führen. Kein Kunde benutzt unterschiedliche Suchbegriffe, wenn das erste von ihm verwendete Keyword zu einer ausreichenden Zahl von Treffern führte. Bildanbieter, die bei der Verschlagwortung nicht sorgfältig arbeiten, dürfen sich über eine geringe Zahl von Veröffentlichungen nicht wundern.
Fakten zu den Fotos können nur vom Fotografen geliefert werden. Ob und in welchem Umfang die Keywords von Agentur oder Fotograf vergeben werden, muss im Einzelfall zwischen den Partnern abgesprochen werden. Übernimmt die Agentur die Verschlagwortung nicht selbst, muss sie die von den Fotografen vorgenommene Verschlagwortung ständig überprüfen und unter Umständen auch den Sprachgewohnheiten ihrer Kunden anpassen. Das Pflegen von Synonymlisten ist da nur ein kleiner Teil der Arbeit. Die sich wandelnde Bedeutung von Dingen, Gesten oder Zeichen muss sich in der Verschlagwortung wiederfinden. Genauso wichtig ist die Überlegung, wofür der Inhalt eines Fotos stehen kann. Ein Eigenheim ist nicht nur ein Gebäude, sondern kann auch der Alterssicherung dienen. Der Austausch über Fragen zu Bildinhalten, der früher bei der Bildbestellung im persönlichen Gespräch geführt wurde, findet heute kaum noch statt – Bildanbieter müssen das bei der Verschlagwortung beachten.

Technische Qualität

So wie es in der Vergangenheit unterschiedliche Aufnahmeformate gab und Agenturen unter Umständen nur mit Kleinbildmaterial oder nur mit Großbilddias arbeiteten, gibt es heute Bildgrößen, die in Pixeln gemessen werden. Wie in der Vergangenheit richtet sich die Bildgröße – heute Datenmenge – nach den angestrebten Nutzungen oder – anders gesagt – die Nutzungsmöglichkeiten werden limitiert durch die Dateigröße. Agentur und Fotografen sollten sich regelmäßig über die jeweiligen technischen Erwartungen und Möglichkeiten verständigen und auf die sich ändernden Kundenwünsche reagieren. Wichtige Fragen hierbei sind:

- Welche Bildgröße erwartet der Kunde von seinen Lieferanten?
- In welcher Qualitätsstufe müssen die Fotos vorliegen?
- Welche Bildbearbeitung darf vorgenommen werden?

Bildqualität

Entsprechend der unterschiedlichen Aufgaben eines Bildarchivs und der dort vertretenen Themen ergeben sich verschiedene Kriterien für die Bildbeurteilung. Neben inhaltlichen Überlegungen gibt es grundsätzliche technische Kriterien, Fotos in das Archiv zu übernehmen. Die inhaltlichen Fragen sollten bereits geklärt sein, wenn es um die technische Beurteilung der Fotos geht. Weltweit steigt das Angebot an

Fotos. Im Kampf um die Gunst der Kunden hat also nur noch Qualität eine Chance. Fotos, die den Standard einer Agentur nicht erreichen, haben in einem Archiv nichts verloren. Gleichzeitig muss jede Agentur überlegen, ob sie sich mit ihrem Angebot gegenüber der Konkurrenz behaupten kann. Archivierung ist kein Selbstzweck. Fotos die von einer Fotoagentur archiviert werden, müssen eine Chance haben, publiziert zu werden. Jeder mit dem Editing Beschäftigte sollte sich bei der Bildauswahl immer wieder folgende Fragen stellen:

- Weshalb werden Fotos in ein Bildarchiv übernommen?
- Sollen die Fotos für die Nachwelt gesichert oder möglichst oft gegen Honorar veröffentlicht werden?
- Wer sind die Kunden der Bildagentur?
- Wo werden welche Fotos publiziert?
- Hat ein Foto, das der Agentur vom Fotografen angeboten wird, überhaupt eine Chance veröffentlicht zu werden?
- Ist es historisch bedeutsam?
- Welche Honorare spielen bestimmte Fotos in der Regel ein?
- Welcher finanzielle Aufwand darf also zur Beschaffung, Archivierung und Bereitstellung getrieben werden?

Zur Beurteilung von Fotos gibt es eine Reihe von Kriterien, wobei diese Kriterien stets auf ihre Anwendbarkeit im Einzelfall hin überprüft werden müssen:

- Fotos müssen dem technischen Standard ihrer Zeit entsprechen.
- Die vom Fotografen gewählte Bildsprache muss zum dargestellten Thema passen.
- Fotos müssen richtig ausgearbeitet sein (gilt für Print, Dia und Datensatz).
- Der Bildaufbau muss stimmen und zur Bildaussage passen.
- Schärfe ist ein Gestaltungsmittel, das bewusst eingesetzt sein sollte.

Zu jeder Regel gibt es mindestens eine Ausnahme. Regelverstöße können zu überzeugenden Bildlösungen führen, wenn sie bewusst begangen wurden. Technische Unfähigkeit führt zu unverkäuflichen Arbeiten.

Fazit

Eine erfolgreiche Zusammenarbeit zwischen Agentur und Fotograf ist nicht schwer zu erreichen, wenn sich beide Seiten an marktübliche Bräuche halten und sich als Profis auf ihrem Gebiet akzeptieren.

Tipps zur Gestaltung des Bildagenturvertrages

Eigentumsrechte

Stellen Sie bei der Überlassung von analogem Bildmaterial in dem Vertrag klar, dass die Agentur an den Bildern lediglich die Nutzungsrechte, nicht aber das Eigentum erwirbt.

Vermeidung exklusiver Bindungen

Vermeiden Sie eine exklusive Bindung an eine Agentur. Lassen Sie sich nicht dazu verpflichten, der Agentur sämtliche Bilder, die von Ihnen produziert werden, zur Verwertung anzubieten.

Bildauswahl

Sorgen Sie durch eine entsprechende Vertragsklausel dafür, dass die Agentur analoges Bildmaterial, das ihr zur Verwertung angeboten wird, innerhalb einer bestimmten Frist prüft und dass sie nach Ablauf dieser Frist alle Bilder, an denen sie nicht interessiert ist, wieder zurückgibt.

Erfassung des Bildbestandes

Stellen Sie sicher, dass die Bilder, die Sie der Agentur zur Verwertung überlassen, in einer von der Agentur abzuzeichnenden Liste präzise erfasst werden und dass bei jeder Änderung des Bildbestandes eine Aktualisierung der Liste erfolgt.

Nutzungsrechte

Beschränken Sie die Verwertungsmöglichkeiten so, dass die Agentur ihren Kunden im Regelfall nur einfache Nutzungsrechte einräumen kann. Machen Sie die Überlassung exklusiver Nutzungsrechte davon abhängig, dass Sie in jedem Einzelfall vorher gefragt werden. Behalten Sie sich das Recht vor, für die Zustimmung zu einer Exklusivnutzung eine höhere als die sonst übliche Ertragsbeteiligung zu verlangen.

Kundenpflichten

Sorgen Sie dafür, dass die Agentur ihre Kunden verpflichtet,

• von überlassenem analogen Bildmaterial keine Duplikate herzustellen oder herstellen zu lassen, die für die vereinbarte Nutzung nicht unbedingt erforderlich sind;
• die Bilder grundsätzlich nur in der Originalfassung zu verwenden und eventuell notwendige Bearbeitungen oder Umgestaltungen vorher von Ihnen genehmigen zu lassen;
• Sie bei jeder Bildveröffentlichung als Urheber zu benennen.

Verhältnis zur Verwertungsgesellschaft Bild-Kunst

Falls Sie Mitglied der VG Bild-Kunst sind, sollten Sie die Rechte, die Sie der Verwertungsgesellschaft zur Wahrnehmung überlassen haben, ausdrücklich von einer Verwertung durch die Bildagentur ausschließen.

Schutz vor Missbrauch der Bilddaten

Verpflichten Sie die Agentur, bei einer Bereitstellung oder Weitergabe Ihrer Bilder in digitaler Form geeignete Vorkehrungen gegen eine missbräuchliche Nutzung der Bilddaten zu treffen.

Schutzrechte Dritter

Treffen Sie besondere Schutzvorkehrungen bei Bildern, auf denen Personen abgebildet oder Objekte zu sehen sind, an denen fremde Urheberrechte oder sonstige Schutzrechte eines Dritten bestehen. Falls wegen der Rechte der abgebildeten Personen oder wegen sonstiger Schutzrechte Dritter eine Nutzung der Bilder nur in beschränktem Umfang möglich oder für bestimmte Bereiche und Zwecke sogar vollständig ausgeschlossen ist, sollten Sie die Bilder entsprechend kennzeichnen und die Agentur dazu verpflichten, Nutzungsrechte nur nach Maßgabe dieser Kennzeichnung weiterzugeben.

Beteiligung an Erträgen

Die Agentur sollte Sie an den Erträgen aus der Verwertung Ihrer Bilder mit mindestens 50 Prozent beteiligen. Achten Sie darauf, dass Sie an den Erträgen einer ausländischen Partneragentur ebenfalls mit mindestens 50 Prozent beteiligt werden, sofern die deutsche Agentur, mit der Sie den Vertrag abschließen, direkt oder indirekt an der Partneragentur oder die Partneragentur an der deutschen Agentur beteiligt ist. Falls solche Beteiligungen nicht bestehen, sollten Sie sich mindestens 30 Prozent der Erträge der Partneragentur sichern.

Definition der Erträge

Stellen Sie in dem Vertrag klar, dass zu den Erträgen, an denen Sie zu beteiligen sind, nicht nur die von der Agentur und den Partneragenturen vereinnahmten Lizenzvergütungen, sondern auch die Blockierungsgebühren und eventuelle Schadensersatzzahlungen gehören, die wegen einer Urheberrechtsverletzung oder wegen des Verlusts oder der Beschädigung eines Bildes geleistet werden.

Abrechnungsfristen und Prüfungsrecht

Legen Sie konkrete Fristen für die Abrechnungen der an Sie zu zahlenden Ertragsanteile fest und sichern Sie sich das Recht, die Abrechnungen der Agentur von einem Steuerberater oder Buchsachverständigen durch Einsichtnahme in die Bücher und Abrechnungsunterlagen überprüfen zu lassen.

Vertragskündigung

Achten Sie darauf, dass Sie den Agenturvertrag mit einer angemessenen Frist kündigen können. Eine Kündigung sollte jährlich möglich sein und die Kündigungsfrist nicht mehr als sechs Monate betragen.

Teilnahme an Fotowettbewerben 7

Verfahrensregeln und Rechte der Teilnehmer

Ein Fotowettbewerb, bei dem die besten Arbeiten mit einem Preis ausgezeichnet werden, ist rechtlich nichts anderes als ein Preisausschreiben.
Für Preisausschreiben gelten folgende Regeln:

Gebot der Fristbestimmung

In der Wettbewerbsausschreibung muss eine Frist für die Einreichung der Fotos bekannt gegeben werden. Ein Wettbewerb, der das Gebot der Fristbestimmung nicht beachtet, ist ungültig (§ 661 Abs. 1 BGB). Zweck dieser Regelung ist es, den Veranstalter des Wettbewerbs unter Entscheidungszwang zu setzen. Die Verpflichtung zur Fristsetzung soll verhindern, dass die Preisentscheidung in der Hoffnung auf Vorlage noch besserer Arbeiten hinausgezögert wird.

Recht auf Teilnahme

Jeder Bewerber, der die Teilnahmebedingungen eines Fotowettbewerbs erfüllt, kann von dem Veranstalter die Zulassung zu dem Wettbewerb verlangen. Nur in Ausnahmefällen (z.B. bei Unzumutbarkeit) kann ein Bewerber von der Teilnahme ausgeschlossen werden.

Recht auf Durchführung des Wettbewerbs

Jeder Bewerber hat einen Anspruch darauf, dass der Wettbewerb tatsächlich durchgeführt und über die Preiszuteilung entschieden wird. Dieser Anspruch kann gegebenenfalls auch gerichtlich durchgesetzt werden.
Sind dritte Personen als Preisrichter (Juroren) benannt, können allerdings die Bewerber zunächst nur verlangen, dass der Veranstalter die Juroren dazu anhält, das Amt anzunehmen und die Entscheidung zu treffen. Erst wenn diese Bemühungen fehlschlagen, ist der Veranstalter verpflichtet, selbst zu entscheiden. Sind keine Juroren vorgesehen, muss der Veranstalter von vornherein selbst entscheiden.

Entscheidungsverfahren

Die Maßstäbe für die Entscheidung des Preisgerichts (der Jury) ergeben sich aus der Wettbewerbsausschreibung. Die Jury hat zu prüfen, ob die Bewerber und die von ihnen eingereichten Arbeiten die in der Ausschreibung genannten Voraussetzungen erfüllen und wie die einzelnen Arbeiten zu bewerten und zu gewichten sind. Es steht der Jury auch frei, im Einvernehmen mit den Bewerbern und unter Beachtung des Grundsatzes der Gleichbehandlung allen Wettbewerbsteilnehmern Gelegenheit zur Ergänzung ihrer Bewerbungen zu geben.

Bei gleichwertigen Bewerbungen ist der Preis – falls nicht in der Ausschreibung eine andere Regelung vorgesehen ist – zu gleichen Teilen unter den in Frage kommenden Bewerbern zu verteilen. Ist eine Teilung des Preises nicht möglich (z.B. bei Sachpreisen) oder soll nach der Wettbewerbsausschreibung nur einer den Preis erhalten, so entscheidet das Los.

Sind mehrere Juroren bestellt, entscheidet bei Meinungsverschiedenheiten die (absolute) Mehrheit der Stimmen, sofern nicht die Ausschreibung ein anderes Verfahren vorsieht.

Verbindlichkeit der Entscheidung

Die Entscheidung der Jury ist bindend und unwiderruflich. Sie ist allerdings anfechtbar, wenn sich die Preisrichter über entscheidungserhebliche Umstände geirrt haben oder durch eine arglistige Täuschung zu ihrer Entscheidung veranlasst wurden.

Die Preisentscheidung ist nicht nur für den Veranstalter, sondern auch für die Teilnehmer des Wettbewerbs verbindlich. Eine gerichtliche Überprüfung der Entscheidung ist ausgeschlossen. Von diesem Grundsatz gibt es nur zwei Ausnahmen:

Grobe Verfahrensfehler

Bei groben Verfahrensfehlern, die Auswirkungen auf das Ergebnis haben, ist die Preisentscheidung unwirksam. Ein solcher Fehler liegt z.B. vor, wenn die Jury die Entscheidung ohne Kenntnis der Bewerbungen trifft oder einen Teilnehmer wegen vermeintlicher Fristenüberschreitung zu Unrecht vom Wettbewerb ausschließt. In solchen Fällen kann der Benachteiligte die Unwirksamkeit der Preisentscheidung gerichtlich feststellen lassen. Die Jurierung ist dann zu wiederholen.

Unüberwindbare Entscheidungswidersprüche

Unwirksam ist eine Preisentscheidung auch dann, wenn sie nicht zu behebende Widersprüche enthält. So kann eine Entscheidung gerichtlich angefochten werden, wenn die Jury einen unteilbaren Preis zweimal vergibt oder der Inhalt der Preisentscheidung so undeutlich bleibt, dass über die Preisträger und deren Rangfolge keine Klarheit besteht.

Recht auf Vollzug der Preisentscheidung

Die Gewinner des Wettbewerbs haben einen Anspruch darauf, dass die Entscheidung der Jury auch vollzogen wird. Sie können also verlangen, dass ihnen der Veranstalter den von der Jury zuerkannten Preis zukommen lässt. Dieser Anspruch kann notfalls auch bei Gericht eingeklagt werden.

Eigentum und Nutzungsrechte

Wenn der Veranstalter eines Fotowettbewerbs an den eingereichten Arbeiten ein Eigentums- oder Nutzungsrecht erwerben will, muss er bereits in der Ausschreibung deutlich machen, dass und in welchem Umfang diese Rechte auf ihn übergehen sollen. Fehlen solche Hinweise, ist im Zweifel davon auszugehen, dass das Eigentum und die urheberrechtlichen Nutzungsrechte bei den Bewerbern verbleiben, soweit nicht die Durchführung des Wettbewerbs eine Rechtsübertragung zwingend erfordert.

Ist in der Wettbewerbsausschreibung eine Übertragung des Eigentums und/oder der Erwerb von Nutzungsrechten vorgesehen, so kann diese Regelung unter Umständen sittenwidrig und damit gemäß § 138 BGB unwirksam sein, wenn sie sich auf alle eingereichten und nicht nur auf die mit einem Preis ausgezeichneten und angekauften Fotos bezieht.

Checkliste zur Überprüfung von Wettbewerbsausschreibungen

Wer an einem Fotowettbewerb teilnehmen möchte, sollte anhand der folgenden Checkliste prüfen, ob die Teilnahmebedingungen die berechtigten Interessen der Bewerber angemessen berücksichtigen:

Veranstalter

- Ist der Veranstalter des Wettbewerbs identifizierbar?
- Sind insbesondere der Name, die Rechtsform und die Anschrift des Veranstalters in der Ausschreibung eindeutig ausgewiesen?

Zweck und Thema des Wettbewerbs

- Ist das Ziel des Wettbewerbs und der Nutzen für den Veranstalter erkennbar?
- Besteht Klarheit über das Thema des Wettbewerbs und werden die inhaltlichen und gestalterischen Anforderungen an die Wettbewerbsarbeiten in der Ausschreibung deutlich genug definiert?

Inhaltliche und formale Anforderungen

- Ist hinreichend deutlich, ob es sich bei den inhaltlichen und gestalterischen Vorgaben, die in der Ausschreibung formuliert werden, um zwingende Anforderungen oder nur um unverbindliche Anregungen für die Auswahl der einzureichenden Arbeiten handelt?
- Sind die formalen Anforderungen an die Arbeiten (Format, Anzahl etc.) klar genug definiert?

Teilnehmerkreis

- Ist in der Ausschreibung eindeutig festgelegt, wer zur Teilnahme berechtigt ist?
- Ist sichergestellt, dass an dem Wettbewerb nur qualifizierte Fotografen teilnehmen können, oder handelt es sich um einen Amateurwettbewerb, zu dem jedermann zugelassen ist und der deshalb keinen echten Leistungsvergleich ermöglicht?

Jury und Jurierung

- Werden die Namen und die Qualifikation der Juroren in der Ausschreibung bekannt gegeben?
- Besteht die Jury mindestens zur Hälfte aus anerkannten und erfahrenen Experten, die zu einer fachgerechten Beurteilung der eingereichten Arbeiten in der Lage sind?
- Ist gewährleistet, dass die Arbeiten anonymisiert und der Jury anonym zur Beurteilung vorgelegt werden?

Fristen und Termine

- Ist in der Ausschreibung der Einsendeschluss festgelegt?
- Wird in der Ausschreibung ein Termin für die Jurierung genannt?
- Ist aus dem Text der Ausschreibung zu ersehen, dass und wann die eingereichten Arbeiten wieder zurückgeschickt werden?

Preise

- Ist die Anzahl der Preise und die Höhe der Preissummen aus der Ausschreibung ersichtlich?
- Soll mit der Preissumme zugleich der Erwerb von Rechten abgegolten sein oder ist dafür eine gesonderte Zahlung vorgesehen?
- Sind die Preissummen angemessen? Sind sie insbesondere für den Fall angemessen, dass mit dem Preis zugleich der Erwerb von Rechten abgegolten sein soll?

Eigentum und Nutzungsrechte

- Ist vorgesehen, dass die eingereichten Arbeiten in das Eigentum des Veranstalters übergehen? Gibt es für die Übertragung des Eigentums einen zwingenden Grund?
- Sollen die eingereichten Arbeiten nur in einer Ausstellung gezeigt oder auch für weitere Zwecke genutzt werden?
- Beansprucht der Veranstalter auch Nutzungsrechte, die für die Durchführung des Wettbewerbs nicht zwingend erforderlich sind? Ist für diese zusätzlichen Nutzungen ein gesondertes Honorar vorgesehen?

Haftung

- Wer soll das Risiko für den Verlust oder die Beschädigung der Arbeiten tragen?
- Sollen die Bewerber auch das Haftungsrisiko für die Rücksendung der Arbeiten übernehmen?
- Ist gewährleistet, dass die Arbeiten während der Jurierung und während einer anschließenden Ausstellung versichert sind?

Abschluss und Abwicklung von Verträgen 8

Grundzüge des Vertragsrechts

Formen der Berufsausübung

Fotografen als Arbeitnehmer (Angestellte)

Ein Fotograf kann als Arbeitnehmer (Angestellter) für ein Unternehmen tätig sein. Diese Vertragsbeziehung ist ein Dienstvertrag. Es gelten die besonderen Schutzvorschriften des Arbeitsrechts.

Arbeitnehmerähnliche Fotografen

Wer nicht als Arbeitnehmer, sondern als freier Mitarbeiter fotografische Leistungen erbringt, kann trotz der formal bestehenden Selbständigkeit von seinen Auftraggebern wirtschaftlich abhängig sein. Eine wirtschaftliche Abhängigkeit besteht dann, wenn ein Fotograf überwiegend für ein Unternehmen tätig ist oder mindestens ein Drittel seines gesamten Jahreseinkommens von nur einem Unternehmen bezieht (§ 12 a Abs. 3 TVG). Solche Fotografen gelten als arbeitnehmerähnliche Personen, weil sie auf die Einkünfte aus ihrer selbständigen Berufstätigkeit zur Sicherung ihrer wirtschaftlichen Existenz angewiesen und deshalb wie ein Arbeitnehmer sozial schutzbedürftig sind.
Die Einstufung als arbeitnehmerähnliche Person führt nicht zu einer Gleichstellung mit den Arbeitnehmern. So sind die Schutzvorschriften des Arbeitsrechts auf arbeitnehmerähnliche Fotografen grundsätzlich nicht anwendbar. Allerdings sind für ihre Rechtsstreitigkeiten die Arbeitsgerichte zuständig (§ 5 ArbGG). Außerdem erlangen sie denselben gesetzlichen Urlaubsanspruch wie ein Arbeitnehmer (§ 2 BUrlG).

Selbständige Berufsausübung

Bei den meisten selbständigen Fotografen besteht nicht die wirtschaftliche Abhängigkeit, wie sie für arbeitnehmerähnliche Personen charakteristisch ist. Sie müssen sich daher als Selbständige weitgehend ungeschützt auf dem freien Markt behaupten. Bei den Verträgen, die ein „freier" Fotograf abschließt, handelt es sich in der Regel um Werkverträge, für die das Werkvertragsrecht des BGB gilt.
Die nachfolgenden Ausführungen beschränken sich darauf, die Grundlagen des Vertragsrechts der selbständigen Fotografen darzustellen.

Vertragsfreiheit

Die Vertragsfreiheit ist ein wesentliches Prinzip unserer Rechtsordnung. Vertragsfreiheit bedeutet zunächst, dass jeder frei entscheiden kann, ob und mit wem er einen Vertrag abschließt. Der Grundsatz der Vertragsfreiheit gewährleistet darüber hinaus die Freiheit der inhaltlichen Ausgestaltung eines Vertrages. Soweit daher nicht zwingende gesetzliche Vorschriften entgegenstehen, können die Vertragsparteien vereinbaren, was immer sie wollen.
Eine schrankenlose Vertragsfreiheit kann es allerdings auch in der freien Marktwirtschaft nicht geben. Das wäre nur dann zu vertreten, wenn die Vertragsparteien wirtschaftlich im Wesentlichen gleich stark sind und deshalb das Verhältnis von Leistung und Gegenleistung in angemessener Weise selbst festlegen können. Die Realität sieht anders aus. Oft ist der eine Vertragspartner dem anderen wirtschaftlich und/oder in juristischen Dingen unterlegen. So mancher Vertragsabschluss erweist sich als einseitiges Vertragsdiktat des Stärkeren. Die Vertragsfreiheit der Schwächeren bliebe dabei auf der Strecke, wenn man nicht durch wirksame Schutzmaßnahmen verhindern würde, dass die Stärkeren ihre Interessen stets auf Kosten des schwächeren Vertragspartners durchsetzen. Ohne solche Schutzmaßnahmen wäre die Vertragsautonomie nichts weiter als die „Freiheit eines freien Fuchses in einem freien Hühnerstall" (Roger Garaudy).
Geschützt werden die schwächeren Vertragspartner einmal dadurch, dass bestimmte gesetzliche Regelungen als zwingendes Recht ausgestaltet sind, d.h. durch vertragliche Vereinbarungen nicht außer Kraft gesetzt werden können. Eine solche zwingende Vorschrift ist z.B. der § 32 a UrhG, der eine angemessene Beteiligung des Urhebers an der erfolgreichen Verwertung seines Werkes sicherstellen soll. Auf die Ansprüche, die dem Urheber nach dieser Regelung zustehen, kann im Voraus nicht verzichtet werden.
Eine weitere Schranke der Vertragsfreiheit ergibt sich aus dem Verbot von Rechtsgeschäften, die gegen die „guten Sitten" verstoßen (§ 138 BGB). Sittenwidrig sind beispielsweise Verträge, durch die der eine Vertragspartner den anderen in seiner wirtschaftlichen Handlungs- und Entscheidungsfreiheit übermäßig einschränkt („Knebelungsverträge").
Gerade bei Verträgen über Werke des Urheberrechts erweisen sich jedoch diese und andere Schutzvorkehrungen des Gesetzgebers vielfach als wirkungslos oder unzureichend. Zahlreiche Schutzbestimmungen des Urheberrechtsgesetzes sind dispositiv. Das bedeutet, dass sie durch Verträge außer Kraft gesetzt werden können. Die Verwerter (z.B. Werbeagenturen, Zeitschriftenverlage), die in der Regel die wirtschaftlich stärkeren Vertragspartner sind, nutzen diese Möglichkeit aus, um sich von den Urhebern ein Maximum an Rechten gegen Zahlung eines möglichst bescheidenen Honorars einräumen zu lassen. Angesichts dieser Praxis erweist sich die Vertragsfreiheit für die meisten Fotografen eher als ein Nachteil, weil sie der wirtschaftlichen Übermacht der Verwerter relativ schutzlos ausgeliefert sind.

Vertragsabschluss

Voraussetzungen und Form

Wenn ein Fotograf einen Auftrag für eine Bildproduktion erhält, wird – rechtlich betrachtet – ein Vertrag abgeschlossen. Der Vertrag verpflichtet den Fotografen zur Herstellung der bei ihm angeforderten Bilder. Der Auftraggeber wird verpflichtet, für diese Leistung eine Vergütung zu zahlen.

Ein Vertrag kommt dadurch zustande, dass jemand ein Angebot unterbreitet und dieses Angebot angenommen wird. Angebot und Annahme sind nicht an bestimmte Formen gebunden. Mündliche Verträge sind genauso verbindlich wie schriftliche Vereinbarungen. Allerdings haben schriftliche Vertragsabschlüsse den großen Vorteil, dass sie im Streitfall leichter nachweisbar sind als mündliche Absprachen, an die man sich später vielleicht nicht mehr genau erinnert und für die es oft keine Zeugen gibt.

Das Angebot zu einem Vertragsabschluss ist zu unterscheiden von der bloßen Aufforderung, ein Vertragsangebot zu unterbreiten. Wenn beispielsweise eine Werbeagentur einen Fotografen bittet, die Kosten für eine Fotoproduktion zu berechnen, so liegt darin noch kein Angebot, einen Vertrag abzuschließen. Es handelt sich lediglich um eine Aufforderung an den Fotografen, ein konkret berechnetes Leistungsangebot vorzulegen. Die Werbeagentur kann nach Vorlage der Kostenkalkulation frei entscheiden, ob sie dieses Angebot annehmen will oder nicht. Wird das Angebot abgelehnt, kann der Fotograf nicht einmal für die Ausarbeitung der Kalkulation ein Honorar verlangen, denn Kostenvoranschläge sind im Zweifel nicht zu vergüten.

Wird dagegen der Fotograf aufgefordert, Bildideen für eine Anzeigenkampagne zu entwickeln und dazu einige Probefotos vorzulegen, sieht die Situation anders aus. Da die Entwicklung von Bildideen und deren fotografische Umsetzung normalerweise die kreative Hauptleistung eines Fotografen darstellt, kann niemand erwarten, dass solche Entwicklungsarbeiten vor Abschluss eines Vertrages kostenlos erbracht werden. Die Aufforderung an den Fotografen, Bildideen und Probefotos zu präsentieren, ist daher im Regelfall bereits als Vertragsangebot zu werten. Kommt der Fotograf dieser Aufforderung nach, so liegt darin die Annahme des Angebots. Es wird also ein Vertrag abgeschlossen mit der Folge, dass der Fotograf selbst dann eine Vergütung verlangen kann, wenn seine Bildideen und Probefotos der Werbeagentur nicht gefallen.

Bedeutung von Bestätigungsschreiben

Fotografen schließen nur selten schriftliche Verträge mit ihren Auftraggebern ab. Oft bleibt es bei mündlichen Vereinbarungen, über deren Inhalt es später leicht zu Meinungsverschiedenheiten kommen kann. Wer solche Auseinandersetzungen vermeiden will, sollte mündlich getroffene Vereinbarungen stets schriftlich bestätigen. In dem Bestätigungsschreiben ist der wesentliche Inhalt der beiderseitigen Vertragspflichten noch einmal festzuhalten. Ein Auftraggeber, der ein solches Bestätigungsschreiben erhält

und ihm nicht sofort widerspricht, muss dessen Inhalt gegen sich gelten lassen. Er kann also später nicht behaupten, es sei etwas anderes vereinbart worden als das, was in dem Bestätigungsschreiben steht. Sein Schweigen nach Empfang des Bestätigungsschreibens wird als Zustimmung gewertet.
Diese besondere Wirkung des Bestätigungsschreibens wurde ursprünglich nur bei Verträgen zwischen Kaufleuten anerkannt. Inzwischen geht man jedoch davon aus, dass für Personen, die ähnlich wie Kaufleute am geschäftlichen Verkehr teilnehmen, nichts anderes gelten kann. Wenn daher ein Fotograf mit einer Werbeagentur einen mündlichen Vertrag abschließt, diesen Vertrag anschließend gegenüber der Agentur schriftlich bestätigt und die Agentur dazu schweigt, wird das Schweigen in der Regel als Zustimmung zu dem Inhalt des Bestätigungsschreibens zu werten sein.

Allgemeine Geschäftsbedingungen (AGB)

Mündliche Vereinbarungen mit dem Auftraggeber beschränken sich meist auf das notwendige Minimum. Oft wird nur der Umfang der Leistungen grob festgelegt und nicht einmal über die Höhe der Vergütung gesprochen. Angesichts dieser Vertragspraxis kann ein Fotograf seine Rechte nur dann wahren, wenn er vorformulierte Vertragsbedingungen verwendet, auf die er bei Abschluss eines Vertrages einfach Bezug nimmt.
Solche Allgemeinen Geschäftsbedingungen (AGB) haben den Vorteil, dass sie die Punkte, die für den Fotografen bei der Abwicklung eines Auftrags besonders wichtig sind, für eine Vielzahl von Verträgen regeln. Die einzelnen Klauseln brauchen nicht bei jedem Vertragsabschluss neu verhandelt zu werden. Es genügt, dass der Fotograf auf seine AGB bei der Auftragserteilung hinweist und sie so in den Vertrag einbezieht. Der Hinweis auf die AGB kann mündlich erfolgen, doch wird ein solcher mündlicher Hinweis später nur schwer nachweisbar sein. Besser ist es, den Auftraggeber während der Vertragsgespräche auf die AGB hinzuweisen und ihm anschließend ein Bestätigungsschreiben zu übersenden, in dem nochmals festgehalten wird, dass die AGB des Fotografen gelten. Die Geschäftsbedingungen sollten entweder dem Bestätigungsschreiben beigefügt oder – noch besser – auf der Rückseite des Bestätigungsschreibens abgedruckt werden. Dabei ist zu beachten, dass auf der Vorderseite in deutlicher Form auf die umseitig abgedruckten AGB hingewiesen werden muss.

Vertragsgegenstand

Produktionsverträge

Werkleistung

Bei den Verträgen, die ein Fotograf mit seinem Auftraggeber abschließt, handelt es sich in der Regel um Produktionsverträge. Produktionsverträge zielen darauf ab, dass der Fotograf bestimmte Bilder, die es noch nicht gibt, für den Auftraggeber herstellt. Rechtlich sind solche Verträge als Werkverträge einzustufen. Der Werkvertrag verpflichtet den Fotografen, das vom Auftraggeber bestellte Werk (die bestellten Aufnahmen) herzustellen.

Wie die von dem Fotografen aufzunehmenden Bilder aussehen sollen, wird durch das sogenannte Briefing festgelegt. Dabei handelt es sich um die schriftlichen oder mündlichen Vorgaben des Auftraggebers für die Gestaltung der Fotografien. Die Vorgaben sind oft so weit gefasst, dass der schöpferischen Phantasie des Fotografen ein breiter Spielraum verbleibt. Diese Gestaltungsfreiheit kann jeder so nutzen, wie er es nach seinem künstlerischen Ermessen für richtig hält. Allerdings müssen sich die Aufnahmen stets im Rahmen dessen halten, was der Auftraggeber vorgegeben hat. Eigenmächtige Abweichungen von den Briefingvorgaben berechtigen den Auftraggeber, die Abnahme der Bilder abzulehnen und die Bezahlung zu verweigern.

Nutzungsrechte

Sämtliche Bilder, die ein Fotograf auftragsgemäß produziert, sind urheberrechtlich geschützt oder den urheberrechtlich geschützten Lichtbildwerken zumindest gleichgestellt. Die Bilder darf nur der verwerten, der von dem Urheber (Fotografen) ein Nutzungsrecht erwirbt. Mit der Herstellung der Fotos ist es also meist nicht getan. Hinzukommen muss noch die Übertragung der urheberrechtlichen Nutzungsrechte, ohne die der Auftraggeber mit den Bildern überhaupt nichts anfangen könnte.

Die Koppelung von Bildproduktion und Nutzungsrechtsübertragung ist eine typische Erscheinung bei fast allen Verträgen zwischen Fotografen und ihren Auftraggebern. Dabei sind zwei Varianten denkbar. Einmal kann bereits bei der Auftragserteilung festgelegt werden, dass und in welchem Umfang der Auftraggeber die Nutzungsrechte an den bestellten Bildern erwerben soll. Es besteht aber auch die Möglichkeit, dass der Auftrag zunächst auf die Bildproduktion beschränkt wird und der Auftraggeber erst danach entscheidet, ob er die fertigen Bilder auch nutzen und welche Nutzungsrechte er im einzelnen erwerben will. Bei der ersten Variante muss der Auftraggeber die Gesamtvergütung für die Herstellung und Nutzung auch dann zahlen, wenn ihm die Bilder nach der Fertigstellung nicht gefallen und eine Nutzung deshalb nicht stattfindet. Die zweite Variante bietet den Vorteil, dass der Auftraggeber zumindest das Nutzungshonorar einsparen kann, wenn die Bildproduktion nicht seinen Vorstellungen entspricht und er deshalb auf eine Nutzungsrechtsübertragung verzichtet.

Nebenleistungen

Zur vollständigen Abwicklung eines Produktionsauftrags gehören außer der Anfertigung der Fotografien und der Übertragung von Nutzungsrechten oftmals weitere Leistungen. So muss der Fotograf vielfach auch die Fotomodelle und Stylisten buchen, Requisiten beschaffen oder sonstige Nebenleistungen im Zusammenhang mit den Produktionsarbeiten erbringen. Derartige Nebenleistungen sind unter Umständen mit erheblichen Haftungsrisiken verbunden. Engagiert z.B. der Fotograf ein Modell, das verspätet zum Aufnahmetermin erscheint oder schlecht arbeitet, so trägt er dafür gegenüber seinem Auftraggeber die Verantwortung.

Lizenzverträge

Das Urheberrecht als solches ist prinzipiell nicht übertragbar. Ein Fotograf kann daher weder die Urheberpersönlichkeitsrechte noch die Verwertungsrechte an den von ihm geschaffenen Bildern ganz oder teilweise anderen Personen überlassen. Das Gesetz erlaubt es jedoch, dass der Urheber an den Verwertungsrechten (die grundsätzlich bei ihm verbleiben) Lizenzen vergibt. Die Lizenz ist ein vom Urheberrecht abgeleitetes Nutzungsrecht. Die Einräumung von Nutzungsrechten durch Abschluss von Lizenzverträgen ist das wichtigste Instrument zur wirtschaftlichen Verwertung von Urheberrechten.

Der Lizenzvertrag ist ein selbständiges Rechtsgeschäft, dem ein Produktionsvertrag vorgeschaltet sein kann, aber keinesfalls vorgeschaltet sein muss. Lizenzverträge können auch über Fotos abgeschlossen werden, die der Fotograf „frei", d.h. ohne Auftrag produziert hat oder die zwar als Auftragsarbeit entstanden sind, an denen aber der Auftraggeber keine Nutzungsrechte oder nur einen Teil der Nutzungsrechte erworben hat. Reine Lizenzverträge ohne vorgeschalteten Produktionsvertrag werden insbesondere zwischen Fotografen und Bildagenturen sowie zwischen den Bildagenturen und ihren Kunden geschlossen.

Vergütungsfragen

Werklohn

Der Werklohn für eine Bildproduktion kann frei vereinbart werden. Es gibt keine Regelung, die verbindlich festlegt, welche Berechnungsmaßstäbe anzuwenden sind und wie hoch die Vergütung insgesamt bemessen sein darf.

Fehlende Vergütungsvereinbarung

Ein Auftraggeber muss eine Bildproduktion auch dann bezahlen, wenn über die Vergütung bei Vertragsabschluss nicht gesprochen wurde. Niemand kann von einem Fotografen erwarten, dass er kostenlos arbeitet. Bei der Beauftragung eines Fotografen gilt daher eine Vergütung in der Regel als stillschweigend vereinbart.

Wird die Höhe der Vergütung bei Abschluss des Produktionsvertrages nicht festgelegt, hat der Fotograf Anspruch auf die übliche Vergütung. Welche Vergütung jeweils üblich ist, ermitteln die Gerichte in Streitfällen durch Einholung eines Sachverständigengutachtens.

Vereinbarte Vergütung

Auch wenn ein Fotograf trotz fehlender Vergütungsvereinbarung prinzipiell Anspruch auf Bezahlung seiner Leistungen hat, sollte die Vergütungsfrage bei einem Vertragsabschluss nicht einfach übergangen werden. Viele Fotografen befürchten, dass sie einen Auftrag nicht erhalten, wenn sie bei den Vertragsverhandlungen auf die Vergütung zu sprechen kommen. Oft übernehmen sie dann einen Auftrag in der Hoffnung, dass man sich hinterher über die Bezahlung schon einigen wird. Diese Haltung ist kurzsichtig, denn das Problem wird damit nur auf einen späteren Zeitpunkt verlagert.

Über die Vergütung sollte man sich einigen, bevor die Werkleistung erbracht ist und der Fotograf in eine ungünstige Verhandlungsposition gerät. Eine einvernehmliche Festlegung der Vergütung bei Vertragsabschluss ist allemal zeitsparender und kostengünstiger als ein nachträglich zu führender Zivilprozess, in dem sich der Fotograf die Vergütung für seine Leistungen erst mühsam und mit hohem Kostenrisiko erkämpfen muss.

Bei jeder Vergütungsvereinbarung ist allerdings darauf zu achten, dass die Leistungen, die der Fotograf zu erbringen hat, vorher genau fixiert werden. Solange der Auftraggeber den Leistungsumfang nur grob skizziert und der Fotograf den erforderlichen Zeitaufwand nicht abschätzen kann, sollte er sich nicht auf eine konkrete Vergütung festlegen. Er läuft sonst Gefahr, eine Vielzahl nicht vorhergesehener Arbeiten für ein unangemessen niedriges Honorar ausführen zu müssen.

Ist bei einem Produktionsvertrag eine genaue Festlegung des Leistungsumfangs bei Vertragsabschluss nicht möglich, sollte man eine Bezahlung nach Zeitaufwand vereinbaren und vorab die Höhe des Tagessatzes festlegen. Die spätere Nutzung der Bilder ist entweder bereits bei der Festlegung des Tageshonorars zu berücksichtigen oder aber durch die Vereinbarung eines gesonderten Nutzungshonorars abzugelten.

Bedeutung von Kostenvoranschlägen

Vor Abschluss eines Vertrages wird ein Fotograf häufig aufgefordert, einen Kostenvoranschlag einzureichen. Der Kostenanschlag (KVA) soll dem Auftraggeber darüber Aufschluss geben, was er im Falle einer Auftragserteilung voraussichtlich zu zahlen hat. Kommt es später zum Vertragsschluss, geschieht das meist auf der Grundlage des Kostenvoranschlags.

Normalerweise hat ein Kostenvoranschlag lediglich die Bedeutung einer unverbindlichen Berechnung der voraussichtlichen Kosten. Übernimmt allerdings ein Fotograf die Gewähr für die Richtigkeit seiner Kostenkalkulation, kann er später auch nur die von ihm veranschlagte Vergütung verlangen.

Unterbleibt eine solche Garantieerklärung, darf der Fotograf den Kostenvoranschlag bei der Abrechnung seiner Leistungen überschreiten. Allerdings muss er seinen Auftraggeber unverzüglich informieren, sobald eine wesentliche Überschreitung der ursprünglichen Kalkulation abzusehen ist. Der Auftraggeber hat in einem solchen Fall das Recht, den Vertrag sofort zu kündigen. Bei einer Kündigung braucht er nur die Arbeiten zu bezahlen, die bereits ausgeführt wurden.

Anzuzeigen ist dem Auftraggeber nur eine wesentliche Überschreitung des Kostenvoranschlags. Als wesentlich betrachtet man im allgemeinen eine Überschreitung um 15 bis 20 Prozent.

Vergütung bei Stornierung eines Auftrags

Bei einem Produktionsvertrag hat der Auftraggeber bis zur Beendigung der Fotoproduktion jederzeit das Recht, den Vertrag ohne Angabe von Gründen zu kündigen. Dem Fotografen entsteht dadurch kein Schaden, denn er behält grundsätzlich den Anspruch auf die volle Vergütung (anders bei einer Kündigung wegen wesentlicher Überschreitung des Kostenvoranschlags). Storniert also eine Werbeagentur den Auftrag, bevor der Fotograf mit den Aufnahmen begonnen hat, oder bittet sie den Fotografen, die bereits begonnene Arbeit noch vor der Fertigstellung abzubrechen, so kann der Fotograf die bei Vertragsschluss vereinbarte Vergütung verlangen. Dazu gibt es allerdings zwei Einschränkungen:

Zum einen ist auf die Vergütung anzurechnen, was der Fotograf infolge der vorzeitigen Aufhebung des Vertrages an Kosten einspart. Sollte also die vereinbarte Vergütung auch Reisekosten oder Kosten für Filmmaterial abdecken, so müssen diese Kosten von der Vergütung abgezogen werden, weil sie wegen der Auftragsstornierung nicht angefallen sind.

Zum anderen muss sich der Fotograf auch das anrechnen lassen, was er durch Ersatzaufträge erwirbt. Wer also nach der Vertragskündigung einen anderen Auftrag übernehmen kann, den er sonst aus Zeitgründen hätte ablehnen müssen, kann allenfalls die Differenz zwischen der Vergütung für den gekündigten Auftrag und dem Verdienst aus dem Ersatzauftrag fordern. Diese Rechtsfolge lässt sich auch nicht dadurch vermeiden, dass man den Ersatzauftrag einfach ausschlägt, denn anzurechnen ist auch der Verdienst, den zu erwerben jemand böswillig unterlässt.

In der Praxis wird es allerdings kaum passieren, dass sich ein Fotograf einen Ersatzverdienst anrechnen lassen muss. Da ein Freiberufler nicht an feste Arbeitszeiten gebunden ist, kann er prinzipiell jeden Auftrag ausführen, der ihm angeboten wird. Es dürfte deshalb nur selten die Situation eintreten, dass sich ein Fotograf zwischen zwei Aufträgen entscheiden muss. Dementsprechend wird die Arbeit, die er nach der Kündigung eines Auftrags für einen anderen Kunden ausführt, nur in Ausnahmefällen ein Geschäft sein, das er ohne die Auftragskündigung nicht hätte erledigen können.

Nutzungsentgelt (Lizenzhonorar)

Auch die Vergütung für die Einräumung und Übertragung von Nutzungsrechten kann prinzipiell frei vereinbart werden. Da allerdings für sämtliche Bilder, die ein Fotograf aufnimmt, ein urheberrechtlicher Schutz besteht, sind folgende Sonderregeln zu beachten:

Fehlende Vergütungsvereinbarung

Die Überlassung urheberrechtlicher Nutzungsrechte ist auch dann zu vergüten, wenn dazu bei Abschluss des Lizenzvertrages keine Vereinbarungen getroffen werden. Wird allerdings bei Abschluss eines Produktionsvertrages auch die Übertragung von Nutzungsrechten vereinbart, ist das Lizenzhonorar häufig in der Vergütung enthalten, die der Fotograf für die Fotoproduktion erhält.

Wenn das Lizenzhonorar nicht bereits Teil des Honorars ist, das der Auftraggeber für die Anfertigung der Aufnahmen zu zahlen hat, und wenn es auch sonst zur Höhe des Lizenzhonorars keine konkreten Vereinbarungen gibt, kann der Fotograf für die Überlassung der Nutzungsrechte die Zahlung einer angemessenen Vergütung verlangen (§ 32 Abs. 1 Satz 2 UrhG).

Angemessenheit der vereinbarten Vergütung

Wenn für die Einräumung der urheberrechtlichen Nutzungsrechte eine Vergütung vereinbart wurde, diese Vergütung aber von Anfang an nicht angemessen ist, hat der Fotograf einen einklagbaren Anspruch darauf, dass der Vertrag geändert und ihm die angemessene Vergütung gewährt wird (§ 32 Abs. 1 Satz 3 UrhG).

Was angemessen ist, regelt § 32 Abs. 2 UrhG. Danach gilt eine Vergütung als angemessen, „wenn sie im Zeitpunkt des Vertragsschlusses dem entspricht, was im Geschäftsverkehr nach Art und Umfang der eingeräumten Nutzungsmöglichkeit, insbesondere nach Dauer und Zeitpunkt der Nutzung, unter Berücksichtigung aller Umstände üblicher- und redlicherweise zu leisten ist". Abzustellen ist also auf die branchenübliche Vergütung, wobei allerdings nur die redliche Branchenpraxis zu berücksichtigen ist. Soweit eine Branchenübung nicht festgestellt werden kann oder diese Übung nicht der Redlichkeit entspricht, ist die angemessene Vergütung – notfalls durch ein Gerichtsurteil – nach billigem Ermessen festzusetzen. Für die Bestimmung der angemessenen Vergütung ist der Zeitpunkt des Vertragsabschlusses maßgebend. Deshalb müssen Entwicklungen nach Abschluss des Vertrages unberücksichtigt bleiben. Ändert sich also später die Branchenübung, so kann sich das weder zugunsten noch zulasten des Urhebers auswirken.

Es gibt zwei wichtige Einschränkungen, die bei der Anwendung des § 32 UrhG zu beachten sind. So gilt eine Vergütung, die nach einer gemeinsamen, d.h. von Vereinigungen der Urheber mit einer Verwertervereinigung oder einzelnen Verwertern aufgestellten Vergütungsregel ermittelt wurde, stets als angemessen (§ 32 Abs. 2 Satz 1 UrhG). Außerdem entfällt der Anspruch auf eine Korrektur der Vergütungsabsprache auch dann, wenn die Vergütung für die Werknutzung tarifvertraglich bestimmt ist (§ 32 Abs. 4 UrhG).

Für die Vertragspartner der Fotografen hat die Vergütungsregelung des § 32 UrhG einschneidende Konsequenzen. Diese Regelung gewährleistet, dass die Überlassung urheberrechtlicher Nutzungsrechte stets angemessen honoriert wird. Es nützt daher nichts, wenn man einen Fotografen dazu überredet oder ihn zwingt, sämtliche Nutzungsrechte gegen ein geringes Entgelt zu übertragen. Eine solche Vereinbarung ist nicht viel wert, weil der Fotograf unter Berufung auf § 32 UrhG jederzeit eine Änderung des Vertrages und die Zahlung einer angemessenen Vergütung verlangen kann. Der Rechtsanspruch auf eine angemessene Vergütung lässt sich weder vertraglich ausschließen noch durch irgendwelche Tricks umgehen (§ 32 Abs. 3 Satz 1 UrhG).

Bestsellerparagraf (§ 32 a UrhG)

Ist die vereinbarte Vergütung bereits bei Abschluss des Vertrages nicht angemessen, kann der Fotograf – wie soeben erläutert – eine Korrektur des Vertrages gemäß § 32 UrhG verlangen. Kommt es dagegen erst später zu einem Missverhältnis zwischen der vereinbarten Vergütung und den Erträgen oder Vorteilen aus der Nutzung des Werkes, ist § 32 a UrhG anzuwenden. Dieser sogenannte Bestseller- oder Fairnessparagraf sieht vor, dass der Urheber in den Fällen, in denen ein auffälliges Missverhältnis zwischen Leistung und Gegenleistung entsteht, eine Anpassung des Vertrages an die geänderten Verhältnisse und

eine angemessene Beteiligung an dem wirtschaftlichen Erfolg der Werknutzung verlangen kann. Dabei spielt es keine Rolle, ob die Höhe der erzielten Erträge oder Vorteile für die Vertragspartner vorhersehbar war oder nicht.
Der Gesetzgeber geht davon aus, dass ein „auffälliges Missverhältnis" im Sinne des § 32 a UrhG immer dann vorliegt, wenn die vereinbarte Vergütung um mindestens 100 Prozent von der angemessenen Beteiligung abweicht. Das steht zwar so nicht im Gesetz, ergibt sich aber aus der Gesetzesbegründung (BT-Drucksache 14/8058, Seite 45). Nach der Gesetzesbegründung ist es sogar denkbar, dass im Einzelfall auch schon geringere Abweichungen ein auffälliges Missverhältnis begründen können.
Bei dem im Rahmen des § 32 a UrhG anzustellenden Vergleich von Leistung und Gegenleistung sind nicht nur die erzielten Erträge, sondern auch die sonstigen Vorteile zu berücksichtigen, die sich für den Verwerter aus der Werknutzung ergeben. Folglich können auch Verwertungshandlungen, die nicht unmittelbar zu Erträgen führen (z.B. Nutzung einer Fotografie für eine Werbekampagne), einen Anspruch auf eine Vertragsanpassung begründen, sofern die geldwerten Vorteile einer solchen Nutzung in einem auffälligen Missverhältnis zu der dafür gezahlten Vergütung stehen.
Auf die Ansprüche, die sich für den Urheber aus dem Bestsellerparagrafen ergeben, kann nicht im Voraus verzichtet werden. Die Verwerter haben deshalb keine Möglichkeit, die Beteiligung des Urhebers an dem späteren Erfolg seines Werkes bei Abschluss des Werk- oder Lizenzvertrages durch irgendwelche Vertragsklauseln auszuschließen (§ 32 a Abs. 3 Satz 1 UrhG).

Mängelhaftung des Fotografen

Pflicht zur mangelfreien Herstellung des Werkes

Ein Fotograf hat seinem Auftraggeber das geschuldete Werk frei von Sach- und Rechtsmängeln zu verschaffen. Ist das Werk mangelhaft, kann der Auftraggeber die im Gesetz vorgesehenen Gewährleistungsrechte geltend machen.
Die Regeln des Gewährleistungsrechts kommen allerdings regelmäßig erst nach Abnahme der Werkleistung zur Anwendung. Sind schon vor der Abnahme wesentliche Mängel erkennbar, kann der Auftraggeber die Abnahme verweigern und die Herstellung eines neuen einwandfreien Werkes verlangen. Der Fotograf hat in diesem Fall nicht die Möglichkeit, seinen Kunden auf die Gewährleistungsrechte zu verweisen.

Sach- und Rechtsmängel

Sachmängel Fotografien sind frei von Sachmängeln, wenn sie die vereinbarte Beschaffenheit haben. Wurde zur Beschaffenheit nichts vereinbart, ist darauf abzustellen, ob sich die Fotos für die nach dem Vertrag vorausgesetzte Nutzung eignen. Setzt der Vertrag keine bestimmte Nutzung voraus, muss geprüft werden, ob die Bilder für die gewöhnliche Verwendung taugen und eine Beschaffenheit aufweisen, die bei Werken der gleichen Art üblich ist und die der Auftraggeber nach der Art des Werkes erwarten kann.

Für die Feststellung eines Sachmangels kommt es danach entscheidend darauf an, ob die von dem Fotografen erbrachte Werkleistung diejenige Beschaffenheit aufweist, auf die sich die Parteien bei der Auftragserteilung geeinigt haben oder die notwendig ist, um die bestellten Aufnahmen in der vertraglich vorausgesetzten (bzw. gewöhnlichen) Art und Weise verwenden zu können. Die Frage, ob eine Fotoproduktion diesen Anforderungen genügt, ist einfach zu beantworten, wenn beispielsweise sämtliche Bilder falsch belichtet sind. Eine solche Arbeit ist eindeutig mangelhaft. Schwieriger wird es dagegen, wenn der Fotograf eine ungewöhnliche Belichtung bewusst wählt, um damit einen bestimmten künstlerischen Effekt zu erzielen, und wenn diese Art der Belichtung dem Auftraggeber nicht gefällt.

Hier zeigt sich, dass das Werk eines Fotografen immer auch das Produkt eines künstlerischen Prozesses ist, der sich bei der Auftragserteilung nur selten bis ins Detail festlegen lässt. Ein Künstler genießt auch im Rahmen eines Werkvertrages eine Gestaltungsfreiheit, die seiner künstlerischen Eigenart entspricht und die es ihm erlaubt, ein Werk nach seinen individuellen schöpferischen Vorstellungen zu gestalten. Die bestellten Fotografien müssen daher zwar die Beschaffenheit aufweisen, die bei der Auftragserteilung vereinbart oder vertraglich vorausgesetzt wurde oder die für die gewöhnliche Verwendung solcher Arbeiten notwendig ist. Es ist aber nicht zwingend erforderlich, dass sie dem Auftraggeber auch gefallen und seinem Geschmack entsprechen.

Wer einen Fotografen beauftragt, geht damit immer das Risiko ein, dass der seine künstlerische Gestaltungsfreiheit in einer Art und Weise nutzt, die den eigenen Vorstellungen zuwider läuft. Dieses Risiko lässt sich nur dadurch vermeiden, dass sich der Auftraggeber vor Vertragsabschluss mit der künstlerischen Eigenart des Fotografen vertraut macht. Wenn er dazu nicht bereit ist, muss er auch in Kauf nehmen, dass ihm die fertige Arbeit möglicherweise nicht gefällt.

Rechtsmängel Anders als bei den Sachmängeln geht es bei den Rechtsmängeln nicht um die optische oder funktionelle Beschaffenheit der Fotografien, sondern um die Frage, ob der Auftraggeber die Bilder auch ungehindert nutzen kann. Fotos sind frei von Rechtsmängeln, wenn Dritte in Bezug auf diese Arbeiten keine oder nur die in dem Werkvertrag übernommenen Rechte gegen den Auftraggeber geltend machen können. Besteht für Dritte die Möglichkeit, die vereinbarte bzw. vertraglich vorausgesetzte oder gewöhnliche Nutzung der Fotos unter Berufung auf Urheberrechte, Eigentumsrechte oder das Recht am eigenen Bild zu unterbinden, zu behindern oder einzuschränken, dann ist die Leistung des Fotografen mangelhaft.

Gewährleistungsrechte

Wenn sich bei der Ablieferung einer Fotoproduktion oder nach deren Abnahme herausstellt, dass einzelne oder sämtliche Fotos mit Sach- oder Rechtsmängeln behaftet sind, bestehen folgende Gewährleistungsansprüche:

Nacherfüllung

Zunächst kann der Auftraggeber eine Nacherfüllung verlangen. Der Fotograf hat in diesem Fall nach seiner eigenen Wahl entweder den Mangel zu beseitigen oder neue Aufnahmen anzufertigen. Er darf die Nacherfüllung nur dann verweigern, wenn die Mängelbeseitigung oder Neuherstellung nicht möglich ist oder einen unverhältnismäßigen Aufwand erfordern würde. Entscheidet sich der Fotograf, den Nacherfüllungsanspruch seines Kunden durch Anfertigung neuer Aufnahmen zu erfüllen, kann er von dem Kunden die Rückgabe der beanstandeten Fotos verlangen. Die mit der Nacherfüllung verbundenen Aufwendungen, insbesondere die Transport-, Wege-, Arbeits- und Materialkosten, hat der Fotograf zu tragen.

Selbstvornahme

Wenn der Fotograf wegen eines Sach- oder Rechtsmangels vergeblich zur Nacherfüllung aufgefordert wurde, ist der Auftraggeber berechtigt, den Mangel selbst zu beseitigen (bzw. von einem anderen Fotografen beseitigen zu lassen) und Ersatz der dafür erforderlichen Aufwendungen zu verlangen. Das Recht zur Selbstvornahme besteht allerdings im Regelfall erst und nur dann, wenn der Auftraggeber dem Fotografen eine bestimmte angemessene Frist zur Nacherfüllung gesetzt hat und die Nacherfüllung nicht bis zum Ablauf der gesetzten Frist erfolgt. Ein Auftraggeber, der diesen wichtigen Punkt außer Acht lässt, schadet sich selbst.

Es kommt immer wieder vor, dass ein Kunde, dem eine mangelhafte Arbeit präsentiert wird, aus Verärgerung den geschäftlichen Kontakt zu dem Fotografen sofort abbricht und die Mängel direkt von einem anderen beseitigen lässt. Dieses übereilte Handeln kommt ihn in doppelter Hinsicht teuer zu stehen. Zum einen muss er die Kosten der Mängelbeseitigung in solchen Fällen selbst tragen. Zum anderen hat er dem Fotografen trotz der festgestellten Mängel die volle Vergütung zu zahlen, weil er ihm keine Gelegenheit gegeben hat, die Sache selbst in Ordnung zu bringen.

Die regelmäßig notwendige Bestimmung einer Frist zur Nacherfüllung ist ausnahmsweise entbehrlich, wenn einer der folgenden Fälle vorliegt:

- Die Nacherfüllung wird von dem Fotografen ernsthaft und endgültig verweigert.
- Für die Ablieferung der bestellten Aufnahmen wurde ein bestimmter Termin festgelegt. Dieser Termin war nach dem Willen der Vertragsparteien derart wesentlich, dass das gesamte Geschäft mit der exakten Einhaltung des Abgabetermins „stehen und fallen" sollte („Fixgeschäft"). Da bis zu dem festgelegten Termin keine mangelfreie Arbeit geliefert wurde, ist das Interesse des Auftraggebers an einer Vertragserfüllung entfallen.

• Es liegen besondere Umstände vor, die bei der Abwägung der beiderseitigen Interessen eine sofortige Selbstvornahme durch den Auftraggeber rechtfertigen. Ein solcher Umstand kann sich z.B. daraus ergeben, dass die Mängelbehebung besonders eilbedürftig und der Fotograf nicht erreichbar oder aus sonstigen Gründen an einer raschen Nacherfüllung gehindert ist.
• Eine von dem Fotografen durchgeführte Nacherfüllung ist fehlgeschlagen.
• Eine Nacherfüllung ist dem Auftraggeber nicht zuzumuten, was insbesondere dann der Fall sein kann, wenn das Vertrauensverhältnis zu dem Fotografen erschüttert und eine ordnungsgemäße Mängelbeseitigung aus Sicht des Auftraggebers nicht mehr zu erwarten ist.
Weitere Voraussetzung für die Selbstvornahme ist außer der regelmäßig notwendigen Fristsetzung, dass der Fotograf zur Nacherfüllung verpflichtet ist, diese Maßnahme also nicht wegen Unmöglichkeit oder eines unverhältnismäßigen Aufwandes verweigern darf. Ist auch diese Bedingung erfüllt, kann der Auftraggeber den Mangel (in der Regel allerdings erst nach Ablauf der Frist zur Nacherfüllung) selbst beseitigen. Er hat dann außerdem die Möglichkeit, von dem Fotografen für die zur Beseitigung des Mangels erforderlichen Aufwendungen einen Vorschuss zu verlangen.

Rücktritt

Der Auftraggeber kann bei Ablieferung mangelhafter Fotos zurücktreten und sich dadurch von dem Werkvertrag lösen, wenn folgende Voraussetzungen erfüllt sind:
• Eine von dem Auftraggeber gesetzte angemessene Frist zur Nacherfüllung ist erfolglos abgelaufen. Eine Aufforderung zur Nacherfüllung kann allerdings aus den Gründen, die bereits in dem Abschnitt „Selbstvornahme" aufgelistet wurden, ausnahmsweise entbehrlich sein.
• Es darf keiner der gesetzlichen Ausschlussgründe für einen Rücktritt vorliegen. Ausgeschlossen ist der Rücktritt, wenn der beanstandete Mangel den Wert oder die Tauglichkeit der Fotos nur unerheblich mindert, wenn der Auftraggeber für den Umstand, der zur Mangelhaftigkeit geführt hat, allein oder überwiegend verantwortlich ist oder wenn sich der Auftraggeber zu dem Zeitpunkt, als dieser Umstand eingetreten ist, bereits in Annahmeverzug befunden hat.
• Der Rücktritt muss gegenüber dem Fotografen ausdrücklich erklärt werden.

Minderung

Sind die abgelieferten Bilder mangelhaft, kann der Auftraggeber, statt zurückzutreten, auch die Vergütung des Fotografen mindern. Die Minderung ist im Prinzip unter den gleichen Voraussetzungen möglich wie der Rücktritt, erfordert also im Regelfall eine vorherige Fristsetzung zur Nacherfüllung. Anders als beim Rücktritt ist eine Minderung allerdings auch dann zulässig, wenn der beanstandete Mangel den Wert oder die Tauglichkeit der Fotos nur unerheblich beeinträchtigt. Die Minderung erfolgt durch eine entsprechende Erklärung gegenüber dem Fotografen.
Wenn der Auftraggeber die Minderung erklärt, ist die vereinbarte Vergütung in dem Verhältnis herabzusetzen, in welchem der Wert der Fotografien in mangelfreiem Zustand zu dem wirklichen Wert gestanden haben würde. Die Minderung ist, soweit erforderlich, durch Schätzung zu ermitteln. Hat der Auftrag-

geber bereits mehr als die geminderte Vergütung gezahlt, ist der Mehrbetrag von dem Fotografen zu erstatten.

Schadensersatz

Wenn die von dem Fotografen abgelieferte Arbeit mit einem Sach- oder Rechtsmangel behaftet ist, kann der Auftraggeber statt der Leistung auch Schadensersatz verlangen. Dazu müssen folgende Voraussetzungen erfüllt sein:

• Der beanstandete Mangel ist von dem Fotografen zu vertreten.

• Der Auftraggeber hat dem Fotografen erfolglos eine angemessene Frist zur Nacherfüllung gesetzt (sofern nicht eine solche Nachfrist aus den Gründen, die bereits in dem Abschnitt „Selbstvornahme" aufgelistet wurden, ausnahmsweise entbehrlich ist).

• Durch die mangelhafte Werkleistung ist ein Schaden entstanden. Der Schaden ergibt sich aus der Differenz zwischen dem Wert dessen, was der Auftraggeber tatsächlich erhält, und dem Wert der Leistung, die nach dem Vertrag geschuldet war.

Sind die genannten Voraussetzungen für die Geltendmachung eines Schadensersatzanspruchs erfüllt, hat der Auftraggeber die Wahl, ob er die gesamte Fotoproduktion wegen des Mangels zurückweist oder aber das mangelhafte Werk behält und nur den mangelbedingten Minderwert als Schadensersatz fordert. Gibt er die mangelhaften Bilder komplett zurück, kann er von dem Fotografen verlangen, finanziell so gestellt zu werden, wie er bei Lieferung eines mangelfreien Werkes gestanden hätte. Dieser sogenannte „große" Schadensersatz setzt allerdings voraus, dass der beanstandete Mangel den Wert oder die Tauglichkeit der Fotografien erheblich mindert. Ist die Beeinträchtigung dagegen unerheblich, hat der Auftraggeber lediglich Anspruch auf Ersatz des mangelbedingten Minderwertes (sogenannter „kleiner" Schadensersatz).

Ersatz vergeblicher Aufwendungen

Anstelle des Schadensersatzes (und unter denselben Voraussetzungen wie beim Schadensersatz) kann der Auftraggeber den Ersatz der Aufwendungen verlangen, die er im Vertrauen auf eine einwandfreie Fotoproduktion gemacht hat und billigerweise machen durfte. Das gilt allerdings nicht, wenn der Zweck der Aufwendungen auch bei Lieferung mangelfreier Fotos nicht erreicht worden wäre.

Vorbehaltlose Abnahme der Werkleistung

Wenn der Auftraggeber bei der Abnahme sichtbare Mängel feststellt oder wenn er weiß, dass versteckte Mängel vorhanden sind, muss er sich seine Rechte wegen dieser Mängel ausdrücklich vorbehalten. Geschieht das nicht, verliert er den Anspruch auf Nacherfüllung. Außerdem entfallen bei einer vorbehaltlosen Abnahme der Werkleistung das Recht zur Selbstvornahme, das Rücktrittsrecht und das Recht zur Minderung. Erhalten bleiben dem Auftraggeber in einem solchen Fall lediglich der Schadensersatzanspruch und der Anspruch auf Ersatz vergeblicher Aufwendungen. Beide Ansprüche setzen allerdings voraus, dass der Fotograf den beanstandeten Mangel zu vertreten hat.

Auf diese besondere Wirkung der Abnahme sollte sich ein Fotograf vor allem dann besinnen, wenn dem Auftraggeber erst mehrere Tage oder Wochen nach Ablieferung der Bilder einfällt, die Fotoproduktion als mangelhaft zu beanstanden. Gerade bei fotografischen Arbeiten sind echte Mängel in der Regel sofort sichtbar. Sie müssten deshalb auch bei der Abnahme ohne weiteres bemerkt werden. Wenn der Auftraggeber trotzdem nichts sagt und erst später Mängelrügen vorbringt, kann man ihm entgegenhalten, dass er die Arbeit vorbehaltlos abgenommen und damit jeden Anspruch auf Mängelbeseitigung oder auf Herabsetzung der Vergütung verloren hat.

Ausschluss und Einschränkung der Mängelhaftung

Prinzipiell hat ein Fotograf die Möglichkeit, die im Gesetz vorgesehene Mängelhaftung auszuschließen oder die Gewährleistungsrechte des Auftraggebers einzuschränken. Für einen solchen Haftungsausschluss und die Haftungsbegrenzung, die jeweils vertraglich vereinbart werden müssen, gibt es allerdings gewisse Grenzen.

So kann sich ein Fotograf auf einen vereinbarten Haftungsausschluss dann nicht berufen, wenn er den Sach- oder Rechtsmangel arglistig verschwiegen oder eine Garantie für die Beschaffenheit des Werkes übernommen hat (§ 639 BGB). In Werkverträgen, die ein Fotograf mit Privatpersonen (Verbrauchern) abschließt, sind Formularklauseln unzulässig, durch die die Gewährleistungsrechte des Vertragspartners generell ausgeschlossen oder in bestimmter Weise beschränkt werden (§ 309 Nr. 8 b BGB). Unwirksam sind formularmäßige Haftungsausschlüsse oder -beschränkungen außerdem dann, wenn dadurch Pflichten außer Kraft gesetzt werden, deren Erfüllung die ordnungsgemäße Durchführung des Vertrages erst ermöglicht und auf deren Erfüllung der andere Teil vertrauen darf. Auch einem Auftraggeber, der als Unternehmer am geschäftlichen Verkehr teilnimmt und deshalb weniger schutzbedürftig ist als ein Verbraucher, muss der Fotograf deshalb mindestens einen Nacherfüllungsanspruch und ein Rücktrittsrecht oder einen Schadensersatzanspruch für den Fall einer verzögerten, unterlassenen, unmöglichen oder misslungenen Nacherfüllung zugestehen.

Verjährung der Gewährleistungsrechte

Bei Verträgen über Fotoproduktionen, bei denen es in der Regel nicht so sehr um die Herstellung einer Sache, sondern vorrangig um die schöpferische Gestaltung von Lichtbildwerken geht, verjähren die Gewährleistungsrechte des Auftraggebers in drei Jahren (§ 634 a Abs. 1 Nr. 3 BGB). Die Verjährungsfrist beginnt mit dem Schluss des Jahres, in dem der Anspruch entstanden ist und der Auftraggeber von den Umständen, aus denen sich sein Gewährleistungsanspruch ergibt, Kenntnis erlangt oder ohne grobe Fahrlässigkeit erlangen müsste. Werden also beispielsweise im März des Jahres 2010 mangelhafte Fotos produziert, beginnt die dreijährige Verjährungsfrist für die Gewährleistungsrechte des Auftraggebers nor-

malerweise mit Ablauf des 31. Dezember 2010. Entdeckt der Auftraggeber den Mangel aber erst im Februar 2011 und war eine frühere Entdeckung für ihn nicht möglich, dann beginnt die Verjährungsfrist erst ein Jahr später, also mit Ablauf des 31. Dezember 2011.
Da der Lauf der Verjährungsfrist an das Kennen bzw. Kennenmüssen der Umstände anknüpft, aus denen sich die Mängelhaftung des Fotografen ergibt, könnte sich der Verjährungsbeginn theoretisch ins Unendliche verschieben. Um das zu verhindern, sieht das Gesetz vor, dass die Gewährleistungsrechte ohne Rücksicht auf die Kenntnis oder das Kennenmüssen der haftungsbegründenden Umstände spätestens zehn Jahre nach Entstehung dieser Rechte verjähren.
Die im Gesetz vorgesehenen Verjährungsfristen können durch vertragliche Vereinbarungen verkürzt oder verlängert werden. Ein Fotograf hat also durchaus die Möglichkeit, mit seinem Auftraggeber eine Verkürzung der Gewährleistungsfristen zu vereinbaren. Solche Vereinbarungen empfehlen sich vor allem dann, wenn ein weitgehender Ausschluss der Mängelhaftung rechtlich nicht möglich oder bei dem Kunden nicht durchzusetzen ist. Wird allerdings die Verkürzung der Verjährungsfristen in Allgemeinen Geschäftsbedingungen (AGB) geregelt, sollte die Frist nicht auf weniger als ein Jahr abgekürzt werden, denn das kann zur Unwirksamkeit der Kürzungsklausel führen.

Auftragsabwicklung mit Drittbeteiligung

Subunternehmer des Fotografen

Es wurde bereits darauf hingewiesen, dass die Abwicklung eines Produktionsauftrags häufig die Einschaltung weiterer Personen oder Firmen erfordert. Dabei bleibt es in der Regel dem Fotografen überlassen, ob er Dritte bei der Auftragsabwicklung hinzuzieht und wen er zu diesem Zweck auswählt. Der Fotograf beauftragt Fotomodelle, Stylisten und andere Beteiligte meist im eigenen Namen und auf eigene Rechnung, d.h. die betreffenden Personen und Firmen werden nicht als Beauftragte des Kunden, sondern als Subunternehmer des Fotografen tätig.
Die Einschaltung von Subunternehmern ist mit einigen Nachteilen verbunden. So hat ein Fotograf für mangelhafte Leistungen seiner Subunternehmer in gleicher Weise einzustehen wie für selbstverschuldete Mängel. Umgekehrt haftet er dem Subunternehmer für die Bezahlung der geleisteten Arbeit auch dann, wenn der Kunde, an den der Werklohn des Subunternehmers weiterbelastet werden soll, plötzlich zahlungsunfähig wird und Insolvenz anmeldet. Ein Fotograf, der auf solche Zahlungsausfälle nicht vorbereitet ist und den Subunternehmer am Ende aus eigener Tasche bezahlen muss, kann so leicht selbst in die Insolvenz getrieben werden.

Mitarbeit für Rechnung des Auftraggebers

Jedem Fotografen ist zu empfehlen, bei der oft notwendigen Einschaltung dritter Personen nach Möglichkeit keine Unteraufträge im eigenen Namen und für eigene Rechnung zu erteilen. Das Fotomodell, der Stylist und die anderen Drittbeteiligten sollten entweder direkt vom Kunden beauftragt werden oder der Fotograf sollte sich bevollmächtigen lassen, die entsprechenden Verträge im Namen des Kunden und auf dessen Rechnung abzuschließen. In beiden Fällen kommt die Vertragsbeziehung unmittelbar zwischen dem Kunden und dem an der Auftragsabwicklung beteiligten Dritten zustande. Die Folge ist, dass der Fotograf weder für die mangelhafte Arbeit des Dritten haftet noch für dessen Bezahlung aufzukommen braucht, falls der Kunde einmal zahlungsunfähig werden sollte.

Damit diese Rechtsfolgen eintreten können, müssen entsprechende Vorkehrungen getroffen werden. Da der Auftraggeber in der Regel nicht bereit ist, selbst mit Fotomodellen, Stylisten etc. zu verhandeln, sollte sich der Fotograf die Vollmacht geben lassen, diese Verhandlungen und die Vertragsabschlüsse im Namen des Kunden abzuwickeln. Das kann ausdrücklich unter Zeugen, in einem schriftlichen Vertrag oder durch die Einbeziehung von Allgemeinen Geschäftsbedingungen geschehen, die eine solche Bevollmächtigung vorsehen.

Mit der Einholung einer Vollmacht allein ist es aber nicht getan. Bei der Beauftragung eines Dritten muss der Fotograf auch ausdrücklich klarstellen, dass er den Auftrag nicht im eigenen Namen, sondern im Namen des Kunden als dessen Bevollmächtigter und für dessen Rechnung erteilt. Das sollte möglichst schriftlich geschehen, damit später ein sicherer Nachweis geführt werden kann.

Tipps zur Auftragsabwicklung und Vertragsgestaltung

Auftragsabwicklung

Präsentation von Gestaltungsideen

Präsentieren Sie keine eigenen Bildideen und Bildkonzeptionen, bevor nicht ein Auftrag zur Realisierung der Idee oder Konzeption erteilt oder zumindest ein Vertrag abgeschlossen ist, durch den Sie sich gegen eine unerlaubte Verwertung der Bildidee/Bildkonzeption absichern.

Kostenvoranschlag

Eine Kostenschätzung sollten Sie ausdrücklich als „Kostenvoranschlag" ausweisen. Es muss klar ersichtlich sein, dass es sich um eine unverbindliche Schätzung der voraussichtlichen Kosten der Fotoproduktion handelt. Vermeiden Sie die Übernahme einer Gewähr für die Richtigkeit des Kostenvoranschlags.

Leistungsumfang

Lassen Sie sich weder in einem Kostenvoranschlag noch bei der Auftragserteilung auf die Festlegung eines bestimmten Honorars ein, wenn der Umfang der Leistungen, die Sie für das Honorar erbringen sollen, noch nicht klar fixiert ist. In solchen Fällen sollten Sie lediglich Ihren Tagessatz nennen und im übrigen darauf hinweisen, dass Sie nach Zeitaufwand abrechnen werden.

Bestätigungsschreiben

Bestätigen Sie mündlich oder telefonisch erteilte Aufträge stets schriftlich. Ihr Bestätigungsschreiben sollte enthalten:

- eine Bezugnahme auf das Gespräch oder Telefonat, in dem der Auftrag erteilt wurde
- die Erklärung, dass die Auftragserteilung „hiermit noch einmal bestätigt" wird;
- eine kurze Wiedergabe aller wesentlichen Punkte der Vereinbarung (Art der Aufnahmen, Verwendungszweck, Aufnahmetermin/-zeitraum, Location, Honorar, sonstige Vereinbarungen);
- den ausdrücklichen Hinweis, dass der Auftrag auf der Basis der von Ihnen verwendeten Allgemeinen Geschäftsbedingungen (AGB) ausgeführt wird;
- die Wiedergabe der AGB auf der Rückseite des Bestätigungsschreibens oder auf einem gesonderten Blatt, das dem Bestätigungsschreiben beigefügt wird.

Eigene AGB

Besorgen Sie sich einen AGB-Text, der alle wesentlichen Punkte der Rechtsbeziehung zwischen Fotograf und Auftraggeber in Ihrem Sinne regelt. So sind beispielsweise in dem „BFF Handbuch Verträge" (ISBN 978-3-933989-32-1) die Allgemeinen Geschäftsbedingungen für Fotografen zu finden.

AGB des Kunden

Versuchen Sie, die von Ihnen verwendeten AGB in alle Verträge mit Ihren Auftraggebern einzubeziehen. Widersprechen Sie einer Einbeziehung der AGB des Auftraggebers in den Vertrag, wenn diese AGB wesentliche Punkte (z.B. Nutzungsrechte, Risikoverteilung) einseitig zu Ihren Lasten regeln.

Abwehr fremder AGB

Wenn Sie mit den AGB des Auftraggebers nicht einverstanden sind, Ihnen aber nicht offen und ausdrücklich widersprechen möchten, empfiehlt sich folgendes Vorgehen:
Reagieren Sie auf ein Bestätigungsschreiben des Auftraggebers, mit dem dieser seine AGB ins Spiel zu bringen versucht, mit einem eigenen Bestätigungsschreiben. Verweisen Sie in Ihrem Schreiben auf die Geltung Ihrer AGB. Auf diese Weise lassen sich die AGB des Auftraggebers in vielen Fällen außer Kraft setzen, soweit sie Ihren AGB widersprechen. Anstelle der einander widersprechenden AGB-Regelungen gelten dann die gesetzlichen Vorschriften, die für Sie in der Regel günstiger sein werden als die vom Auftraggeber formulierten AGB-Klauseln.

Nutzungsrechte

Räumen Sie dem Auftraggeber an Ihren Fotos möglichst nur die Nutzungsrechte ein, die er zur Erfüllung des Vertragszwecks unbedingt benötigt. Werden also z.B. Aufnahmen für eine Werbeanzeige bei Ihnen bestellt, dann sollten Sie dem Auftraggeber die Nutzungsrechte auch nur für diese Anzeige überlassen.

Vertragszweck

Definieren Sie in Ihrer Auftragsbestätigung den Zweck, für den der Auftraggeber die Fotos benötigt, so präzise wie möglich (z.B. „... für Werbeprospekt Herbst/Winter 2010/2011"). Bedenken Sie, dass der vertraglich festgelegte Zweck in den Fällen, in denen zu den Nutzungsrechten sonst nichts weiter vereinbart wird, zugleich den Umfang der eingeräumten Nutzungsrechte bestimmt.

Komplettes Buyout

Wenn die AGB des Auftraggebers eine umfassende Einräumung aller urheberrechtlichen Nutzungsrechte vorsehen, obwohl der konkrete Vertragszweck nur die Einräumung beschränkter Rechte erfordert, sollten Sie die umfassende Rechtseinräumung verweigern. Sie können das Verfahren anwenden, das oben unter dem Stichwort „Abwehr fremder AGB" beschrieben wird.

Reaktion auf Kundenschreiben

Prüfen Sie jedes Schreiben, mit dem Ihr Auftraggeber eine Auftragserteilung, eine Auftragsänderung oder eine Auftragserweiterung bestätigt. Falls das Bestätigungsschreiben die getroffenen Absprachen nicht korrekt wiedergibt oder Punkte enthält, die so nicht vereinbart wurden, sollten Sie ihm unverzüglich und vor allem schriftlich widersprechen. Ihr Schweigen auf ein unzutreffendes oder unvollständiges Bestätigungsschreiben des Auftraggebers kann unter Umständen als Zustimmung zu dem Inhalt des Schreibens gewertet werden.

Auftragserweiterung und Auftragsänderung

Dokumentieren Sie Ihrerseits jede Auftragserweiterung oder Auftragsänderung (z.B. Änderung der Briefingvorgaben) durch Übersendung eines Bestätigungsschreibens an den Auftraggeber. Halten Sie in dem Schreiben den wesentlichen Inhalt der besprochenen Erweiterung oder Änderung fest.

Kostenüberschreitung

Wenn Sie einen Kostenvoranschlag erstellt haben und bei der Auftragsabwicklung feststellen, dass die veranschlagten Kosten wesentlich (also um 15 Prozent oder mehr) überschritten werden, sollten

Sie Ihren Auftraggeber unverzüglich und schriftlich auf die zu erwartende Kostenüberschreitung hinweisen.

Abnahmebestätigung Achten Sie darauf, dass die Übergabe der Fotoarbeiten nach Möglichkeit in einem vom Auftraggeber abzuzeichnenden Dokument (z.B. Lieferschein) festgehalten wird. Das Dokument sollte enthalten:
- eine Auflistung der Bilder, die an den Auftraggeber übergeben werden;
- die ausdrückliche Bestätigung, dass der Auftraggeber die Bilder vollständig und ohne sichtbare Mängel oder Beschädigungen erhalten hat;
- einen Hinweis, dass die spätere Geltendmachung von Gewährleistungsansprüchen wegen sichtbarer Mängel oder von Einwänden, die sich auf die Vollständigkeit oder den Zustand der Bilder zum Zeitpunkt der Lieferung beziehen, ausgeschlossen ist.

Subunternehmer Erfordert die Auftragsabwicklung die Einschaltung weiterer Personen oder Unternehmen (z.B. Fotomodell, Stylist, Mietstudio), sollten Sie die Verträge mit den Subunternehmern möglichst nicht im eigenen Namen, sondern im Namen und für Rechnung Ihres Auftraggebers abschließen. Wichtig ist dabei, dass Sie vorher von dem Auftraggeber eine entsprechende Vollmacht einholen (was mittels AGB geschehen kann) und außerdem bei der Erteilung der Aufträge an die Subunternehmer ausdrücklich (und möglichst schriftlich) klarstellen, in wessen Namen und für wessen Rechnung die Aufträge erteilt werden.

Mängelrügen Wird Ihre Leistung vom Auftraggeber als mangelhaft beanstandet und ein neues Shooting gefordert, obwohl die abgelieferten Fotos den Briefingvorgaben entsprechen und auch technisch einwandfrei sind, sollten Sie das geforderte kostenlose Shooting verweigern und klarstellen, dass ein weiteres Shooting extra zu bezahlen ist.

Auftragsstornierung Wird ein Auftrag storniert, bevor Sie mit den Aufnahmearbeiten begonnen oder die Arbeiten beendet haben, sollten Sie – falls nicht der Vertrag eine andere Regelung vorsieht – das volle Honorar fordern. Sie müssen sich im Regelfall lediglich die Kosten abziehen lassen, die Sie durch die vorzeitige Aufhebung des Vertrages eingespart haben.

Rechnungstext In Ihrer Rechnung sollten Sie ebenso wie in der Auftragsbestätigung klarstellen, welche Nutzungsrechte durch das abgerechnete Honorar abgedeckt sind. Es empfiehlt sich außerdem, in der Rechnung ein konkretes Zahlungsziel zu nennen (z.B. „zahlbar bis 1. Juni 2010").

Termine und Fristen Wenn Sie ein Nutzungsrecht zeitlich begrenzen oder dem Auftraggeber eine Zahlungsfrist setzen wollen, müssen Sie die Fristen und Termine präzise bestimmen. Mit einer Frist, deren Anfang oder Ende unklar bleibt (z.B. „Nutzungsdauer ein Jahr", „Zahlung binnen zwei Wochen"), können die Juristen nichts anfangen. Stellen Sie deshalb klar, wann genau eine Frist beginnt (z.B. „Nutzung ein Jahr ab erstem Erscheinungsdatum") bzw. wann sie endet (z.B. „Zahlungseingang bis 1. Juni 2010").

Rückforderung der Originale

Da Sie bei analogen Fotografien in der Regel Eigentümer der Foto-Originale bleiben und dem Auftraggeber lediglich Nutzungsrechte an Ihren Aufnahmen einräumen, sollten Sie die Originale wieder zurückfordern, sobald die Nutzungsrechte des Auftraggebers erloschen sind oder die Originale für die Ausübung der Nutzungsrechte nicht mehr benötigt werden.

Gestaltung von Produktionsverträgen

Präzise Leistungsbeschreibung

Sorgen Sie für einen ausreichende Präzisierung der Leistungen, die Sie zu erbringen haben. Akzeptieren Sie keinen Vertrag, der Art und Umfang der geforderten Leistung offen lässt und nicht klar beschreibt, was Sie für das vereinbarte Honorar konkret abliefern müssen.

Angemessene Termine und Fristen

Lassen Sie sich nicht auf Termine und Lieferfristen ein, die von vornherein zu kurz bemessen oder wegen möglicher Störungen und Verzögerungen nicht einzuhalten sind. Halten Sie sich die Option offen, vorgegebene Termine und Fristen im Bedarfsfall angemessen zu verschieben bzw. zu verlängern.

Beschränkung der Mängelhaftung

Beschränken Sie Ihre Haftung für Sach- und Rechtsmängel auf das rechtlich zulässige Minimum. Soweit ein Ausschluss der Mängelhaftung nicht möglich ist, sollten Sie die Gewährleistungsfrist auf ein Jahr verkürzen.

Beschränkung der Nutzungsrechte

Beschränken Sie den Umfang der Nutzungsrechte, die Sie Ihrem Vertragspartner einräumen, auf das notwendige Minimum. Wehren Sie sich gegen Vertragsklauseln, die eine umfassende Einräumung von Nutzungsrechten ohne jede inhaltliche, zeitliche oder räumliche Beschränkung vorsehen. Wenn Ihr Vertragspartner auf einer umfassenden Rechtseinräumung besteht, sollten Sie sich zumindest das Recht vorbehalten, die Bilder im Rahmen Ihrer Eigenwerbung zu verwenden.

Rechtsübertragung, Werkbearbeitung

Widersprechen Sie einer Vertragsklausel, die Ihrem Vertragspartner die Möglichkeit verschafft, die eingeräumten Nutzungsrechte ohne Ihre Zustimmung auf Dritte zu übertragen oder die Bilder ohne Rücksprache mit Ihnen beliebig zu bearbeiten oder zu verändern.

Eigentumsvorbehalt

Stellen Sie klar, dass Ihr Vertragspartner an analogen Fotos nur Nutzungsrechte in dem vereinbarten Umfang, nicht aber das Eigentum erwirbt.

Urheberbenennung

Bestehen Sie auf Ihrem Recht, bei jeder Bildveröffentlichung als Urheber benannt zu werden.

Klare Honorarvereinbarung

Sorgen Sie für eine klare Honorarvereinbarung, die erkennbar werden lässt, welche konkreten Leistungen durch das vereinbarte Honorar abgedeckt sind. Weisen Sie darauf hin, dass Leistungen, die den vertraglich festgelegten Umfang überschreiten, gesondert zu vergüten und Kosten, die Sie im Rahmen der Vertragsabwicklung aufwenden müssen, zusätzlich zu erstatten sind.

Nutzungsrechte gegen Zahlung

Knüpfen Sie die Einräumung der urheberrechtlichen Nutzungsrechte an die Bedingung, dass Ihr Vertragspartner das vereinbarte Honorar vollständig bezahlt und sämtliche Nebenkosten erstattet.

Vorbehalt der Bildauswahl

Behalten Sie sich das Recht vor, die Bilder auszuwählen, die Sie Ihrem Vertragspartner bei Abschluss der Produktion zur Abnahme vorlegen. Stellen Sie klar, dass Sie Nutzungsrechte nur an den Bildern einräumen, die Sie Ihrem Vertragspartner zur Abnahme vorlegen und die von ihm als vertragsgemäß abgenommen werden.

Verträge mit Subunternehmern

Lassen Sie sich bevollmächtigen, eventuell notwendige Verträge mit Subunternehmen im Namen und für Rechnung Ihres Vertragspartners abzuschließen. Für den Fall, dass Sie solche Verträge im eigenen Namen abschließen, sollten Sie Ihren Vertragspartner vorsorglich dazu verpflichten, Sie intern von allen Verbindlichkeiten freizustellen, die sich aus den Subunternehmer-Verträgen für Sie ergeben.

Rechte an Objekten und Vorlagen

Weisen Sie Ihren Vertragspartner darauf hin, dass er alle Objekte und Vorlagen, die Sie für die Aufnahmearbeiten benötigen, rechtzeitig zur Verfügung stellen muss. Verpflichten Sie ihn, nur solche Objekte und Vorlagen bereitzustellen, zu deren Verwendung er berechtigt ist und die frei sind von Rechten Dritter. Lassen Sie sich von allen Ersatzansprüchen freistellen, die sich aus einer eventuellen Verletzung dieser Verpflichtung ergeben können.

Allgemeine Haftungsbeschränkung

Beschränken Sie Ihre Haftung für eigenes Verschulden und für das schuldhafte Verhalten Ihrer Erfüllungsgehilfen (z.B. Studiomanagerin, Assistent) auf diejenigen Schäden, die vorsätzlich oder grob fahrlässig herbeigeführt werden. Stellen Sie zugleich klar, dass diese Haftungsbeschränkung nicht für Schäden gilt, die aus einer Verletzung von Leben, Körper oder Gesundheit resultieren.

Fallbeispiel zur Abwicklung und Abrechnung eines Fotoauftrags

An einem praktischen Beispiel soll die korrekte Abwicklung eines Fotoauftrags demonstriert werden. Es handelt sich um einen Vertrag zwischen einer Fotografin und einer Werbeagentur. Das Beispiel dokumentiert alle Schritte vom Kostenvoranschlag bis zur Abrechnung. Namen und Anschriften der Vertragsparteien sind fiktiv. Das Fallbeispiel wurde von Thomas Kettner entwickelt, der seit 1984 als freier Fotograf für Kunden wie Wella, Schwarzkopf, Otto und namhafte Designer arbeitet. Für seine Mode- und Beautyaufnahmen hat er bereits zahlreiche internationale Auszeichnungen erhalten.

Das Briefing
(Muster auf Seite 130)

Es geht um die Anfrage einer Werbeagentur, die für die Werbekampagne eines Kosmetikherstellers ein Fotomotiv produzieren lassen möchte. Das Motiv soll für doppelseitige Anzeigen, Plakate und weitere Werbezwecke verwendet werden. Aufgabe der Fotografin ist es, auf der Basis eines schriftlichen Briefings, das sie von der Werbeagentur erhalten hat, einen Kostenvoranschlag zu erstellen. Das Briefing beschreibt die Leistungen, die von der Fotografin im Falle einer Auftragserteilung zu erbringen sind. Wenn diese Leistungsbeschreibung unklar bleibt oder unvollständig erscheint, muss zunächst für eine Klärung und Vervollständigung des Briefings gesorgt werden, bevor man mit der Erstellung des Kostenvoranschlags beginnt.

Der Kostenvoranschlag
(Muster auf Seite 131 f.)

Ein detaillierter und gründlich recherchierter Kostenvoranschlag (der rechtlich als Vertragsangebot einzustufen ist) bietet eine gute Voraussetzung für eine problemfreie finanzielle Abwicklung eines umfangreichen Fotojobs. Der Fotograf ist gezwungen, sich bis ins Detail mit den Aufgaben auseinanderzusetzen. Er ist so in der Lage, alle bei der Durchführung des Auftrags anfallenden Kosten zu bedenken und aufzulisten. Je klarer und übersichtlicher ein Kostenvoranschlag formuliert ist, desto leichter wird es dem Auftraggeber fallen, die tatsächlichen Kosten nachzuvollziehen und auch zu akzeptieren.
Ein Kostenvoranschlag sollte die Vorgaben des Briefings vollständig erfassen und nicht nur die Kosten auflisten, sondern auch Angaben zur inhaltlichen und zeitlichen Abwicklung enthalten. Außerdem sollte der Kostenvoranschlag klar ausweisen, welche Nutzungsrechte der Kunde für das veranschlagte Honorar erhält bzw. welcher Verwendungszweck für die aufzunehmenden Motive vorgesehen ist.
Auch wenn bei der späteren Rechnungslegung eine Überschreitung des Kostenvoranschlags um ca. 15 Prozent noch im Toleranzbereich liegt, sollte man auf jeden Fall vermeiden, erst später Kosten zu benennen, die im Vorfeld hätten berücksichtigt werden können. Zeigt sich trotz genauer Kostenerfassung während einer Produktion, dass die Kosten um mehr als 10 Prozent nach oben abweichen werden, ist es in jedem Fall ratsam, sich mit dem Auftraggeber abzusprechen und ihn um eine entsprechende Freigabe zu bitten. Eine solche Freigabe ist in der Produktionsphase bei entsprechender Begründung grundsätzlich problemloser zu erreichen als im Nachhinein.

Das Honorar und die Neben- bzw. Fremdkosten sollten im Kostenvoranschlag deutlich voneinander getrennt aufgeführt werden. Sie werden bei Kunden, die vorsteuerabzugsberechtigt sind, als Nettobeträge ausgewiesen. Auf die gesondert zu berechnende Mehrwertsteuer muss aber verwiesen werden. Außerdem empfiehlt sich der Hinweis, dass zu den veranschlagten Nettokosten eventuell noch die Künstlersozialabgabe hinzukommt.
Werden bei der Abwicklung einer Fotoproduktion die Leistungen anderer selbständiger Künstler (z.B. Visagisten, Stylisten) in Anspruch genommen, ist für die an diese Künstler gezahlten Entgelte eine Künstlersozialabgabe zu entrichten. Die auf die künstlerischen Entgelte entfallende Abgabe hat der Auftraggeber und somit der Fotograf zu zahlen, falls er die betreffenden freien Mitarbeiter nicht im Namen des Kunden, sondern im eigenen Namen beauftragt. Diese Zusatzkosten kann und sollte der Fotograf an seinen Kunden weiterbelasten. Damit eine solche Weiterbelastung problemlos möglich ist, muss die Künstlersozialabgabe bereits im Kostenvoranschlag berücksichtigt werden. Das kann beispielsweise durch die allgemeine Ankündigung geschehen, dass zu dem im Kostenvoranschlag ausgewiesenen Netto-Endbetrag noch die Künstlersozialabgabe „in der jeweiligen gesetzlichen Höhe" hinzukommt.
In dem Kostenvoranschlag ist zu unterscheiden zwischen den Positionen, die fest umrissen sind (z.B. Tageshonorar, Nutzungshonorar, Assistentenhonorar etc.) und den Positionen, die als „Circakosten" angegeben werden (z.B. Materialkosten, Entwicklungskosten, Transport- und Fahrtkosten, Gebühren für Genehmigungen, Spesen etc.). Die Position „Sonstiges" soll die Kosten abdecken, die selbst bei genauester Planung nicht im Voraus zu berechnen sind oder die während der Produktion unvorhergesehen anfallen können.
Die Berechnung von Provisionen ist bei Fotografen nicht üblich. So werden z.B. die Kosten für freie Mitarbeiter (z.B. Assistenten) oder für die von dem Fotografen eingeschalteten Subunternehmer (z.B. Visagisten, Stylisten etc.) ohne jeden Aufschlag kalkuliert und dem Auftraggeber weiter berechnet.
Bei einer Fotoproduktion mit herkömmlichem Filmmaterial werden auf die Kosten für das Material üblicherweise ca. 20 Prozent für das sogenannte Handling aufgeschlagen. Dieser Aufschlag soll die Kosten für das notwendige Austesten der Emulsion, das Lagern und Kühlen abdecken. Der Aufschlag berücksichtigt außerdem die Vorinvestitionen, die der Fotograf durch den Einkauf einer größeren Menge gleichen Filmmaterials vornimmt, um über einen bestimmten Zeitraum auf das Material mit der getesteten Emulsion zurückgreifen zu können.
Bei einer digitalen Produktion entfallen natürlich die Kosten für Filmmaterial, Polaroids, Clipentwicklungen, Folgeentwicklungen und Kontaktbögen. Stattdessen sollte man in dem Kostenvoranschlag eine Datenbereitstellungspauschale ausweisen. Ein Fotograf, der seinen Kunden stets den aktuellen Stand der digitalen Technik bieten will, muss laufend in neue Hardware und in die eigene Fortbildung investieren. Es empfiehlt sich, die dadurch anfallenden Kosten in Form einer Datenbereitstellungspauschale an die Kunden weiterzubelasten. Die Datenbereitstellungspauschale sollte nicht unter 250,00 € und nicht mehr als 500,00 € pro Shooting-Tag betragen. Verbrauchsmaterialien wie CD, DVD, Ausdrucke und Proofs sind mit dieser Pauschale nicht abgegolten. Sie müssen gesondert berechnet werden.

Es empfiehlt sich, die eigenen Geschäftsbedingungen entweder auf der Rückseite des Kostenvoranschlags abzudrucken oder sie gesondert beizufügen und außerdem in dem Text des Kostenvoranschlags ausdrücklich auf die Geltung der umseitig abgedruckten bzw. beigefügten Geschäftsbedingungen hinzuweisen.

Die Auftragserteilung

Bei Fotojobs ist es durchaus üblich, dass die Auftragserteilung mündlich erfolgt. Diese Praxis kann unter Umständen zu Nachweisproblemen führen. Deshalb empfiehlt es sich, in solchen Fällen die Auftragserteilung stets schriftlich zu bestätigen (dazu der nachfolgende Abschnitt).
Falls die Auftragserteilung schriftlich erfolgt, muss stets sorgfältig geprüft werden, ob eine vollständige Übereinstimmung mit dem Kostenvoranschlag/Angebot besteht oder ob es in einzelnen Punkten Abweichungen gibt. Wenn der schriftliche Auftrag mit dem Angebot nicht übereinstimmt und es sich um Abweichungen handelt, die für den Fotografen nicht akzeptabel sind, muss dem Auftragsschreiben sofort widersprochen werden, damit nicht das Stillschweigen nach Erhalt des schriftlichen Auftrags als Zustimmung zu den darin enthaltenen Abweichungen vom Angebot gewertet wird.

Das Bestätigungsschreiben
(Muster auf Seite 133)

Eine mündliche bzw. telefonische Auftragserteilung sollte man stets schriftlich bestätigen. In dem Bestätigungsschreiben ist festzuhalten, dass die Auftragserteilung auf der Grundlage des Kostenvoranschlags erfolgt. Außerdem empfiehlt es sich, erneut auf die Geltung der Allgemeinen Geschäftsbedingungen hinzuweisen und diese Geschäftsbedingungen entweder auf der Rückseite des Bestätigungsschreibens abzudrucken oder dem Schreiben beizufügen.
Sollte es im Verlauf der Auftragsabwicklung zu einer Änderung oder Erweiterung des erteilten Auftrags kommen, ist es ratsam, auch diese Änderungen und Ergänzungen – falls sie nur mündlich erfolgen – in einem kurzen Bestätigungsschreiben zu dokumentieren.

Die Vorschussrechnung
(Muster auf Seite 134)

Die kalkulierten Nebenkosten machen nicht selten einen beträchtlichen Teil der Gesamtkosten aus. Da diese Nebenkosten vom Fotografen finanziert werden müssen, ist es üblich, bereits bei der Auftragserteilung einen Nebenkostenvorschuss anzufordern. Der Vorschuss sollte ca. 10 Prozent unter den kalkulierten Nebenkosten liegen.
Über den Nebenkostenvorschuss ist dem Auftraggeber eine Rechnung zu schreiben, die denselben Mehrwertsteuersatz ausweisen sollte, der später auch bei der Gesamtabrechnung angesetzt wird. Die Formalien der Vorschussrechnung müssen denen der Schlussrechnung entsprechen.

Die Einschaltung von Subunternehmern
(Muster auf S. 135)

Bei der Erteilung von Aufträgen an Dritte (Subunternehmer) ist besondere Vorsicht geboten. Da solche Fremdaufträge häufig Kosten verursachen, die das Produktionshonorar um ein Vielfaches übersteigen, sind sie mit erheblichen Risiken verbunden. Zum einen haftet der Fotograf gegenüber seinem Kunden für Fehler des Subunternehmers, zum anderen haftet er dem Subunternehmer für die Bezahlung, wenn der Kunde seinerseits nicht zahlt. Diese Risiken lassen sich vermeiden, wenn der Fotograf Aufträge an Dritte nicht im eigenen Namen, sondern im Namen des Kunden erteilt. Er handelt dann als Vertreter des Kunden mit der Folge, dass alle Rechte und Pflichten aus dem Vertrag mit dem Subunternehmer nicht ihn, sondern den Kunden direkt treffen. Dieser positive Effekt tritt jedoch nur ein, wenn drei Voraussetzungen erfüllt sind:

- Der Fotograf sollte unmissverständlich (und möglichst schriftlich) klarstellen, dass er den Auftrag an den Subunternehmer im Namen des Kunden erteilt.
- Der Fotograf muss sich eine schriftliche Vollmacht geben lassen. Hat er die nicht und kann er auch keine mündliche Bevollmächtigung nachweisen, haftet er als sogenannter „vollmachtloser Vertreter", auch wenn er den Auftrag im Namen des Kunden erteilt.
- Die schriftliche Vollmacht muss von der richtigen Person unterschrieben sein. Bei einer GmbH ist dies in der Regel der Geschäftsführer oder ein Prokurist, bei einer Einzelfirma der Inhaber oder eine Person, die Handlungsvollmacht besitzt, bei einem Verein der Vorsitzende oder der Geschäftsführer.

Die auf Seite 135 als Muster abgedruckte Vollmacht trägt diesen Erfordernissen Rechnung. Am besten lässt sich der Fotograf eine solche Vollmacht in zweifacher Ausfertigung geben. Dann kann er ein Original dem Auftrag an den Subunternehmer beifügen und eine Ausfertigung bei seinen Akten aufbewahren und im Streitfall vorlegen.

Die Gesamtabrechnung
(Muster auf Seite 136 ff.)

Ähnlich wie beim Kostenvoranschlag sollte in der abschließenden Gesamtabrechnung nicht nur die zu erledigende Aufgabe, sondern vor allem auch die vereinbarte Nutzung der Fotos noch einmal festgehalten werden.

Das Honorar ist - ebenso wie in dem Kostenvoranschlag - deutlich von den Nebenkosten zu trennen. Dabei sind zwei unterschiedliche Verfahrensweisen möglich: Manche Fotografen und Auftraggeber gehen davon aus, dass mit dem Tageshonorar bereits eine bestimmte „Grundnutzung" (z.B. als Anzeige in Illustrierten, räumlich auf Deutschland und zeitlich auf ein Jahr begrenzt) abgegolten ist. Andere unterscheiden dagegen zwischen dem reinen Produktionshonorar und dem gesondert zu berechnenden Nutzungshonorar. Beide Wege der Honorarberechnung sind möglich, wobei der zweite Weg die klarere und besser durchschaubare Lösung ist.

Alle Kosten mit Ausnahme der Filmmaterialkosten, die berechtigterweise einen Aufschlag erfahren, sollten über kopierte Belege abgerechnet werden. In die Rechnung werden nur die Nettobeträge der Belege übernommen. Bereits gezahlte Vorschüsse sind zu berücksichtigen.

Abschließend wird zu der Gesamtsumme die gesetzliche Mehrwertsteuer hinzugerechnet. Zur Höhe der Mehrwertsteuer wird auf die Ausführungen im steuerrechtlichen Teil (Seite 278 ff.) verwiesen.

Fotobriefing 10. Februar 2010

Job Nr.:	XY 06-90-10
Ablieferungstermin:	10. April 2010
Ansprechperson:	Klaus Meister, CD und GF, Werbeagentur DesignAdventure GmbH
Telefon:	040 – 654321
E-Mail:	klaus.meister@designadventure.de
Kunde:	Fa. SPLASH – Sonnenkosmetikhersteller, Produkt ULTRASUN

Allgemeine Anforderungen

Für ein Relaunch des Produkts „ULTRASUN" benötigt der Kunde im Sommer 2011 ein Motiv für eine starke Folgekampagne auf seine bisher gut funktionierende Imagekampagne.

Das zunehmende Gesundheitsbewusstsein und die Angst vor Hautkrebs stellen neue Anforderungen an die fotografische Umsetzung, Lichtführung, Bräunungsgrad der Modelle und Location. Es soll in besonderem Maße auf die Wahl der Modelle geachtet werden, da das Produkt sehr hochpreisig ist und Zielgruppe nicht die Zwanzigjährigen sind, sondern man bewusst auch die Älteren (ab 35 Jahre) als Kunden gewinnen möchte.

Modelle

Die drei weiblichen Modelle – alle berufstätige, erfolgreiche Frauen, teilweise verheiratet und teilweise mit Kindern – treffen sich am späten Nachmittag am Strand. Dort ist auch der Mann, Single, erfolgreicher Bankangestellter im Publikumsbereich. Die Modelle sind in ihrer Erscheinung unterschiedlich, nicht unbedingt einem Land zuzuordnen, jedoch sollten keine zu südländischen, exotischen Ausstrahlungen darunter sein. Die Körper sind gesund, nicht zu „buliminös", und der Mann sollte nicht übertrieben muskulös sein.

Lichtführung

Die Sonne wird zunehmend als „Feind" der Haut betrachtet. ULTRASUN ist kein Sunblocker im herkömmlichen Sinne, im Gegenteil, es animiert die Haut zur Bildung des eigenen Schutzmantels durch eine intensive, mit Vitaminen angereicherte Pflegelotion, die der Haut einen samtigen Schimmer verleiht. Diese samtige Optik, die man beinahe als „sportlich-mystisch" bezeichnen kann, soll über eine einzigartige Lichtführung herausgearbeitet werden. Die Lichtstimmung ist ein spätes Nachmittagslicht, welches nicht zu gelb im Charakter ist. Es soll bewusst auf künstliches Licht verzichtet werden. Sollten zusätzliche Lichtquellen benötigt werden, dürfen diese in keinem Fall „sichtbar" werden.

Fotografie

Die Print-Kampagne ist als Doppelseite angelegt, die Citylights sind Hochformat. Bei der Fotografie ist darauf zu achten, dass die Bildaufteilung exakt dem Layout entspricht. Die Perspektive soll moderat, leicht von unten sein. Es ist darauf zu achten, dass der Horizont im Bild nicht zu weit am unteren Ende angesiedelt ist. Es soll keinerlei „Effektfotografie" angewandt werden. Das Aufnahmematerial ist digital KB, mindestens 22 Mio./Pixel mit einer Auflösung von 300 dpi/A3.

Carolin Miller
Fotografin
Wertgasse 23
40121 Düsseldorf

Telefon 0211/483344
Telefax 0211/483345

Stadtsparkasse Düsseldorf
BLZ 30050110
Konto 363454232

Werbeagentur
DesignAdventure GmbH
Pappendorfer Allee 135
20147 Hamburg

Kostenvoranschlag/Angebot

11. Februar 2010

Kunde:	FA. SPLASH – Sonnenkosmetikhersteller, Produkt ULTRASUN
Job Nr.:	XY 06-90-10
Auftrag:	1 Motiv „3 Frauen und 1 Mann in Bademoden am Strand/Südafrika" gemäß Fotobriefing vom 10. Februar 2010
Aufnahmetermin:	letzte Märzwoche 2010
Verwendung:	Doppelseitige Anzeigen in Magazinen, P.O.S., Citylight/Plakate und Internet, alles 1 Jahr ab Rechnungsdatum, nur Deutschland

Honorare			
Vorbereitung, Location, Recherche	1,00	2.500,00	2.500,00 €
Reise	2,00	1.500,00	3.000,00 €
Shooting	1,00	2.500,00	2.500,00 €
Nutzung für o.a. Verwendungszweck (300 Prozent des Shooting-Honorars)	3,00	2.500,00	7.500,00 €
Nebenkosten			
Reisekosten Fotograf ca.	1,00	1.500,00	1.500,00 €
Übernachtung Fotograf ca.	5,00	150,00	750,00 €
Spesen Fotograf	5,00	40,00	200,00 €
Organisation und Casting	3,00	520,00	1.560,00 €
Assistent vor Ort	3,00	150,00	450,00 €
Datenbereitstellungspauschale (Hinweis: Daten werden geliefert als CMYK-tiff in 300 dpi/A3 auf DVD inkl. Kontaktbogen gewandelt mit angehängtem ISO-Standard Profil)	1,00	500,00	500,00 €
Verbrauchsmaterial ca.	1,00	300,00	300,00 €
Operator	1,00	300,00	300,00 €
Zwischensumme			**21.060,00 €**

Seite 1 von 2

Übertrag			21.060,00 €
3 weibliche Modelle und 1 männliches Modell ab Kapstadt inkl. 20 Prozent Agenturprovision und Nutzungsrechte für o.g. Verwendungszweck	4,00	2.500,00	12.000,00 €
Styling ab Kapstadt: Shooting (Hinweis: zzgl. Fahrtkosten 0,30€/km)	2,00	450,00	900,00 €
Leihgebühren Bademoden (Hinweis: getragene Kleidungsstücke müssen vom Kunden gekauft werden)	1,00	600,00	600,00 €
Hair & Make Up ab Kapstadt	1,00	450,00	450,00 €
Hair & Make Up ab Kapstadt (Assistent)	1,00	320,00	320,00 €
Production Company inkl. Preproduction	3,00	250,00	750,00 €
Production Manager	2,00	110,00	220,00 €
Runner	1,00	080,00	80,00 €
Permitts	1,00	80,00	80,00 €
Locationgebühr	1,00	250,00	250,00 €
Mietwagen Fotograf inkl. Versicherung, zzgl. Benzin	3,00	70,00	210,00 €
Minivan (9-Sitzer) inkl. Versicherung, zzgl. Benzin	1,00	90,00	90,00 €
Mercedes Sprinter inkl. Versicherung, zzgl. Benzin	1,00	130,00	130,00 €
Licht, Generator etc., ca.	1,00	1.500,00	1.500,00 €
Catering (on Set) ca.	1,00	140,00	140,00 €
Postproduction Regie (2 x 0,5 Tage)	1,00	2.500,00	2.500,00 €
Postproduction EBV:			
• Motiv wandeln von RGB nach CMYK (Hoch- und Querformat)	2,00	50,00	100,00 €
• Retusche (aufwendig)	2,00	800,00	1.600,00 €
• Composing (aufwendig)	1,50	800,00	1.200,00 €
• Digitaler Proof (hoch und quer) mit ISO Standard in A3	2,00	50,00	100,00 €
Autorenkorrekturen (Hinweis: 1 x inkl., jede weitere Korrektur wird nach Zeitaufwand mit 120,00 Euro/Std. berechnet)	1,00	0,00	0,00 €
Kurierfahrten ca.	1,00	170,00	170,00 €
Büropauschale (Telefon, Fax etc.)	1,00	200,00	200,00 €
Produktionsversicherung ca.	1,00	500,00	500,00 €
Sonstiges/Unvorhergesehenes ca.	1,00	1.500,00	1.500,00 €
Summe netto			**46.640,00 €**

zuzüglich MwSt. und evtl. bei der Fotografin anfallender Künstlersozialabgabe für Fremdleistungen in der jeweiligen gesetzlichen Höhe.
Für die Annahme und Durchführung des Auftrags gelten meine umseitig abgedruckten Geschäftsbedingungen.

Seite 2 von 2

Carolin Miller
Fotografin
Wertgasse 23
40121 Düsseldorf

Telefon 0211/483344
Telefax 0211/483345

Stadtsparkasse Düsseldorf
BLZ 30050110
Konto 363454232

Werbeagentur
DesignAdventure GmbH
Pappendorfer Allee 135
20147 Hamburg

Auftragsbestätigung

15. Februar 2010

Sehr geehrter Herr Meister,

ich bedanke mich für Ihren Anruf vom 12. Februar 2010 und darf den Auftrag, den Sie mir telefonisch erteilt haben, hiermit noch einmal bestätigen:

Kunde:	FA. SPLASH – Sonnenkosmetikhersteller, Produkt ULTRASUN
Job Nr.:	XY 06-90-10
Auftrag:	1 Motiv „3 Frauen und 1 Mann in Bademoden am Strand/Südafrika" gemäß Fotobriefing vom 10. Februar 2010
Aufnahmetermin:	letzte Märzwoche 2010
Verwendung:	Doppelseitige Anzeigen in Magazinen, P.O.S., Citylight/Plakate und Internet, alles 1 Jahr ab Rechnungsdatum, nur Deutschland

Die Auftragserteilung erfolgt auf der Grundlage des Fotobriefings vom 10. Februar 2010 und meines Kostenvoranschlags vom 11. Februar 2010.

Es gelten meine umseitig abgedruckten Geschäftsbedingungen.

Mit freundlichen Grüßen

Carolin Miller

Carolin Miller [1]
Fotografin
Wertgasse 23
40121 Düsseldorf

Telefon 0211/483344
Telefax 0211/483345

Stadtsparkasse Düsseldorf
BLZ 30050110
Konto 363454232

Werbeagentur [2]
DesignAdventure GmbH
Pappendorfer Allee 135
20147 Hamburg

11. März 2010 [3]

Nebenkosten-Vorschussrechnung
Rechnung Nr. 0201/2010 [4]
USt-ID: DE 337 718 407 [5]

Für die Fotoproduktion [6]

Kunde:	FA. SPLASH – Sonnenkosmetikhersteller, Produkt ULTRASUN
Job Nr.:	XY 06-90-10
Auftrag:	1 Motiv „3 Frauen und 1 Mann in Bademoden am Strand/Südafrika" gemäß Fotobriefing vom 10. Februar 2010
Aufnahmetermin:	letzte Märzwoche 2010 [7]

bitte ich um Zahlung eines Vorschusses auf die gemäß Kostenvoranschlag vom 11. Februar 2010 anfallenden Nebenkosten:

Nebenkosten-Vorschuss	30.000,00 € [8]
zuzüglich 19 % MwSt. [9]	5.700,00 € [10]
Summe brutto	**35.700,00** €

Jede Rechnung – auch eine Vorschussrechnung – muss gemäß § 14 Abs. 4 UStG folgende Angaben enthalten: **1** den vollständigen Namen und die vollständige Anschrift des leistenden Unternehmers und **2** des Leistungsempfängers, **3** das Ausstellungsdatum der Rechnung, **4** eine fortlaufende Rechnungsnummer, **5** die dem leistenden Unternehmer vom Finanzamt erteilte Steuernummer oder die ihm vom Bundesamt für Finanzen erteilte Umsatzsteuer-Identifikationsnummer, **6** Art und Umfang der Leistung, **7** den Zeitpunkt der Leistung bzw. den voraussichtlichen Zeitpunkt der Leistung, **8** das nach Steuersätzen aufgeschlüsselte Entgelt für die Leistung sowie jede im Voraus vereinbarte Minderung des Entgelts, sofern sie nicht bereits im Entgelt berücksichtigt ist, **9** den anzuwendenden Steuersatz sowie **10** den auf das Entgelt entfallenden Steuerbetrag.

Vollmacht

Die Werbeagentur
DesignAdventure GmbH,
vertreten durch den Geschäftsführer
Klaus Meister,
Pappendorfer Allee 135
20147 Hamburg,

bevollmächtigt hiermit

die Fotografin
Carolin Miller,
Wertgasse 23,
40121 Düsseldorf,

die zur Durchführung des ULTRASUN-Shootings („3 Frauen und 1 Mann in Bademoden am Strand/Südafrika", Job Nr. XY 06-90-10) erforderlichen Fremdaufträge an Fotomodelle, Visagisten, Stylisten und sonstige Dritte im Namen und für Rechnung der Werbeagentur zu erteilen.

Düsseldorf, den 15. März 2010

....
Werbeagentur DesignAdventure GmbH

Carolin Miller
Fotografin
Wertgasse 23
40121 Düsseldorf

Telefon 0211/483344
Telefax 0211/483345

Stadtsparkasse Düsseldorf
BLZ 30050110
Konto 363454232

Werbeagentur
DesignAdventure GmbH
Pappendorfer Allee 135
20147 Hamburg

Rechnung Nr. 0234/2010
USt-ID: DE 337 718 407

15. April 2010

Für die Fotoproduktion

Kunde:	FA. SPLASH – Sonnenkosmetikhersteller, Produkt ULTRASUN
Job Nr.:	XY 06-90-10
Auftrag:	1 Motiv „3 Frauen und 1 Mann in Bademoden am Strand/Südafrika" gemäß Fotobriefing vom 10. Februar 2010
Aufnahmetermin:	29. März 2010, Südafrika
Verwendung:	Doppelseitige Anzeigen in Magazinen, P.O.S., Citylight/Plakate und Internet, alles 1 Jahr ab Rechnungsdatum, nur Deutschland

berechne ich Ihnen folgende Honorare und Nebenkosten:

Honorare			
Vorbereitung, Location, Recherche	1,00	2.500,00	2.500,00 €
Reise	2,00	1.500,00	3.000,00 €
Shooting	1,00	2.500,00	2.500,00 €
Nutzung für o.a. Verwendungszweck (300 Prozent des Shooting-Honorars)	3,00	2.500,00	7.500,00 €
Nebenkosten			
Reisekosten Fotograf (Beleg Nr. 001)	1,00	1.495,70	1.495,70 €
Übernachtung Fotograf (Beleg Nr. 002)	5,00	150,00	750,00 €
Spesen Fotograf	5,00	40,00	200,00 €
Organisation und Casting	3,00	520,00	1.560,00 €
Zwischensumme			**19.505,70 €**

Seite 1 von 3

Übertrag			19.505,70 €
Assistent vor Ort (Josh Foster; Beleg Nr. 003)	3,00	150,00	450,00 €
Datenbereitstellungspauschale	1,00	500,00	500,00 €
Verbrauchsmaterial:			
• Booklet	3,00	10,00	30,00 €
• DVD-Brennen	4,00	30,00	120,00 €
• Digitaler Print A4 matt	45,00	3,10	139,50 €
• Polaroids	10,00	1,80	18,00 €
• Operator (Rodrigo Gonzales; Beleg Nr. 004)	1,00	300,00	300,00 €
Weibliche Modelle (Linda Groß, Janet Kontz, Monica Bloom – Agentur Body, inkl. 20 Prozent Agenturprovision; Beleg Nr. 005)	3,00	2.500,00	9.000,00 €
Männliches Modell (Georg Wessel – Agentur Muscles, inkl. 20 Prozent Agenturprovision; Beleg Nr. 006)	1,00	2.500,00	3.000,00 €
Styling ab Kapstadt (Bonita Basmati; Beleg Nr. 007)	2,00	450,00	900,00 €
Künstlersozialabgabe Styling (3,9 % von 900,00 €)	1,00	35,10	35,10 €
Fahrtkosten (Bonita Basmati, 61 km; Beleg Nr. 008)	61,00	0,30	18,30 €
Leihgebühren Bademoden (Beleg Nr. 009)	1,00	598,36	598,36 €
Hair & Make Up ab Kapstadt (Eric Moore; Beleg Nr. 010)	1,00	450,00	450,00 €
Hair & Make Up – Assistent (Loretta Baçi; Beleg Nr. 011)	1,00	320,00	320,00 €
Künstlersozialabgabe Hair & Make Up (3,9 % von 770,00 €)	1,00	30,03	30,03 €
Production Company (Sky Arts; Beleg Nr. 012)	3,00	250,00	750,00 €
Production Manager (Neil Myers; Beleg Nr. 013 Production Company)	2,00	110,00	220,00 €
Runner (Beleg Nr. 014 Production Company)	1,00	80,00	80,00 €
Permitts (Beleg Nr. 015 Production Company)	1,00	80,00	80,00 €
Locationgebühr (Beleg Nr. 016 Production Company)	1,00	250,00	250,00 €
Mietwagen Fotograf (Beleg Nr. 017)	3,00	70,00	210,00 €
Minivan, 9-Sitzer inkl. Versicherung (Beleg Nr. 018)	1,00	90,00	90,00 €
Mercedes Sprinter inkl. Versicherung (Beleg Nr. 019)	1,00	130,00	130,00 €
Benzin insgesamt (Belege Nr. 020)	1,00	97,68	97,68 €
Special Equipment (Sunrise Company; Beleg Nr. 021)	1,00	1.650,13	1.650,13 €
Catering on Set (Beleg Nr. 022)	1,00	210,00	210,00 €
Postproduction Regie (2 x 0,5 Tage)	1,00	2.500,00	2.500,00 €
Postproduction EBV:			
• Motiv wandeln von RGB nach CMYK (Hoch- und Querformat)	2,00	50,00	100,00 €
• Retusche	2,00	800,00	1.600,00 €
• Composing	1,50	800,00	1.200,00 €
Zwischensumme			**44.582,80 €**

Seite 2 von 3

Zwischensumme			44.582,80 €
• Digitaler Proof (hoch und quer) mit ISO Standard in A3	2,00	50,00	100,00 €
• Autorenkorrekturen (1 x inkl.; zzgl. 2. Korrektur à 1,5 Std.)	1,50	120,00	180,00 €
Kurierfahrten (Beleg Nr. 023)	1,00	155,00	155,00 €
Büropauschale (Telefon, Fax etc.)	1,00	200,00	200,00 €
Produktionsversicherung (Belege Nr. 024)	1,00	500,00	500,00 €
Übergepäck (Beleg Nr. 025)	1,00	1.500,00	1.500,00 €
Zwischensumme netto			47.217,80 €
abzüglich Vorschusszahlung netto			30.000,00 €
Endsumme netto			17.217,80 €
zuzüglich 19 % MwSt.			3.271,38 €
Endsumme brutto			**20.489,18 €**

Zahlbar sofort ohne jeden Abzug

Anlagen:
25 Belege, Kopien der Modellverträge

Seite 3 von 3

Forderungsmanagement 9

Welcher Fotograf kennt diese Situation nicht: Voller Schaffensfreude hat er sich an die Arbeit gemacht, Tag und Nacht durchgearbeitet, Zeit, Geld und Energie investiert und schließlich Bilder abgeliefert, mit denen er rundum zufrieden ist. Und dann geschieht das, was wohl zu den traurigsten Kapiteln im Berufsleben gehört: Der Kunde zahlt nicht. Welche Möglichkeiten hat nun der Fotograf, doch noch an sein Geld zu kommen?

Außergerichtliche Möglichkeiten

Schriftliche Mahnung

Zunächst wird er daran denken, dem säumigen Kunden eine Mahnung zu schicken. Denn obwohl man theoretisch ohne weitere Ankündigung sofort nach Fälligkeit einer Rechnung vor Gericht ziehen könnte, ist es üblich und empfehlenswert, eine Rechnung nicht sofort einzuklagen, sondern vorher zu mahnen. Es gibt keine gesetzlichen Vorschriften, wann man eine Forderung anmahnen darf oder soll, und auch keine Vorschriften, in welcher Form dies zu geschehen hat. Sinnvoll ist es, zwischen Rechnung und Mahnung keinen allzu langen Zeitraum vergehen zu lassen. Zwei bis vier Wochen nach Rechnungstellung sind angemessen. Allerdings gibt es natürlich Ausnahmen. Manche Firmen nennen in ihren Geschäftsbedingungen eine Zahlungsfrist. Hier es ist sinnlos, vor Ablauf dieser Frist zu mahnen. Auch wenn es ärgerlich ist, wenn sich inzwischen manche Kunden Zahlungsziele bis zu drei Monaten einräumen: Die Mahnung nützt in solchen Fällen auch nicht viel. Besser ist es, die Zahlungsfristen bereits bei Abschluss eines Vertrages abzusprechen oder Abschlagszahlungen zu vereinbaren.
Wenn der Kunde auf eine Mahnung nicht zahlt, ist er mit der Zahlung im Verzug. Er hat dann dem Fotografen den Verzugsschaden zu ersetzen. Bei Zahlungsverzug sind das entweder die Zinsen, die der Fotograf an seine Bank zahlt (falls solche Zinszahlungen nachweisbar sind), oder aber die gesetzlichen Verzugszinsen in Höhe von acht Prozent über dem Basiszinssatz. Der jeweils aktuelle Basiszinssatz kann im Internet abgefragt werden:

- http://www.basiszinssatz.de

Eine Besonderheit gilt bei Geschäften mit Verbrauchern. Hier liegt der Verzugszins bei fünf Prozent über dem Basiszinssatz.

Mahnung durch Rechtsanwalt

Wenn der Kunde auf eine Mahnung des Fotografen nicht zahlt, hilft häufig ein Mahnschreiben durch einen Rechtsanwalt. Da der säumige Kunde in dem Fall merkt, dass der Fotograf bereit ist, ernst zu machen und notfalls auch zu Gericht zu gehen, zahlt er häufig auf ein Anwaltsschreiben. Die Gebühren des Rechtsanwalts hat der Kunde zu tragen, wenn er im Verzug ist, das heißt, wenn der Fotograf vorher bereits gemahnt hatte oder nach Zugang der Rechnung 30 Tage vergangen sind.
Hier stellt sich die Frage, welchen Rechtsanwalt der Fotograf beauftragen kann. Wer nicht gerade mit einem Rechtsanwalt befreundet ist oder aus langer Zusammenarbeit den Anwalt seines Vertrauens kennt, steht bereits an diesem Punkt vor einer wichtigen Entscheidung. Rechtsanwälte gibt es wie Sand am Meer. Und wie es zu Zeiten des Goldrausches schwierig war, die Goldnuggets aus dem Sand zu spülen, ist es oft ebenso schwer, den Rechtsanwalt zu finden, der für den jeweiligen Mandanten und für den kon-

kreten Rechtsstreit gerade goldrichtig ist. Viele Faktoren spielen eine Rolle und bestimmen, wer jeweils der richtige Anwalt ist:

Fachliche Qualifikation

Die fachliche Qualifikation ist natürlich ein wesentliches Merkmal. Es gibt seit einigen Jahren Fachanwälte für bestimmte Gebiete (z.B. Fachanwälte für Arbeitsrecht, Familienrecht, Steuerrecht, Verwaltungsrecht, gewerblichen Rechtsschutz und Urheberrecht). Ein Fachanwalt muss eine zusätzliche Ausbildung mit einer Prüfung auf seinem Fachgebiet absolvieren und sich regelmäßig weiterbilden.

Dann gibt es für einen Rechtsanwalt auch die Möglichkeit, Tätigkeitsschwerpunkte zu benennen. Dies ist vor allem wichtig auf den Gebieten, für die noch keine Fachanwaltsbezeichnung eingeführt wurde. Als Rechtsanwalt mit einem bestimmten Tätigkeitsschwerpunkt darf sich bezeichnen, wer hauptsächlich in einem bestimmten Rechtsgebiet arbeitet und dort auch bereits einige praktische Erfahrung gesammelt hat. Ein Anwalt, der Tätigkeitsschwerpunkte benennt, muss nachweisen, dass er sich auf dem betreffenden Gebiet regelmäßig weiterbildet.

Listen mit Anwälten für bestimmte Rechtsgebiete gibt es bei den Rechtsanwaltskammern. Außerdem lassen sich Rechtsanwälte im Internet über spezielle Anwaltssuchdienste ermitteln. Eine weitere Recherchemöglichkeit: Da Rechtsanwälte inzwischen Werbung betreiben dürfen, geben sie in ihrer Werbung üblicherweise auch ihre Tätigkeits- oder Interessenschwerpunkte an. Ein Indiz für eine besondere fachliche Erfahrung sind schließlich auch Publikationen, die ein Rechtsanwalt verfasst hat.

Ortsnähe

Auch im Zeitalter der Telekommunikation ist ein persönlicher Kontakt zwischen Rechtsanwalt und Mandant oft hilfreich und kann die Klärung eines Falles erleichtern. Es mag daher sinnvoll sein, zunächst nach einem Rechtsanwalt in der Nähe zu suchen.

Wenn sich allerdings absehen lässt, dass ein Klageverfahren bei einem auswärtigen Gericht durchzuführen ist, kann es aus Kostengründen eventuell sinnvoll sein, direkt einen Rechtsanwalt in dem Ort auszuwählen, in dem sich das anzurufende Gericht befindet. Zwar spielt es heute keine Rolle mehr, wo ein Anwalt zugelassen ist, so dass ein auswärtiger Prozess durchaus auch mit einem am Wohnort des Klägers ansässigen Rechtsanwalt durchgeführt werden kann. Wenn aber dieser Anwalt zu jeder Gerichtsverhandlung bei dem auswärtigen Gericht erscheinen muss, entstehen Reisekosten und zusätzliche Gebühren, die dem Kläger in der Regel selbst dann nicht erstattet werden, wenn er den Prozess später gewinnen sollte. Wer diese Zusatzkosten vermeiden will, sollte deshalb gleich einen Anwalt „vor Ort" beauftragen.

Gerichtsverfahren

Wahl des richtigen Verfahrens

Zahlt der Kunde auch auf die Mahnung des Anwalts nicht, muss zunächst entschieden werden, ob sofort Klage erhoben oder ein Mahnbescheid beantragt werden soll. Die Wahl richtet sich danach, um welche Art von Konflikt es sich handelt.

Mahnbescheid

Geht es einfach nur darum, möglichst schnell an sein Geld zu kommen, und hat die Gegenseite keine ernsthaften Einwände, zahlt nur nicht aus Schlamperei oder um Zeit zu gewinnen oder weil sie meint, der Gläubiger mache ohnehin nicht ernst, so ist der Antrag auf Erlass eines Mahnbescheids das richtige Mittel. Das Verfahren zur Erlangung eines Mahnbescheids ist ein förmliches Verfahren, das vor den Amtsgerichten durchgeführt wird. Es ist von der Mahnung, die ein Fotograf oder dessen Rechtsanwalt dem Kunden schickt, grundlegend verschieden. Der Mahnbescheid wird bei dem Mahngericht beantragt. Welches Gericht das Mahngericht ist, kann man im Internet erfahren:

- http:// www.mahngerichte.de

Der Mahnbescheid kann in elektronischer Form beantragt werden. Im elektronischen Verfahren gibt es mehrere Möglichkeiten, wie ein Gläubiger den Mahnantrag stellen kann. Er kann den Mahnantrag online herunterladen und in Papierform an das Mahngericht schicken, er kann den Antrag aber auch online an das Mahngericht übermitteln. Nähere Informationen gibt es dazu im Internet:

- http://www.online-mahnantrag.de
- http://www.mahngerichte.de

Nach Zahlung der Kosten wird der Mahnbescheid dem Schuldner zugestellt. Wenn dieser keinen Widerspruch einlegt, kann dann zwei Wochen nach Zustellung des Mahnbescheids der Vollstreckungsbescheid beantragt werden. Der Vollstreckungsbescheid ist ein Vollstreckungstitel, mit dem man einen Gerichtsvollzieher beauftragen kann, die beweglichen Sachen des Schuldners zu pfänden, oder das Amtsgericht, Forderungen zu pfänden.

Falls der Schuldner gegen den Mahnbescheid Widerspruch einlegt, kann der Gläubiger (Fotograf) die Sache hier immer noch abbrechen, wenn er nicht weiter Zeit und Geld investieren möchte. Dies mag sinnvoll sein, wenn damit zu rechnen ist, dass der Schuldner zahlungsunfähig ist und die weiteren Kosten beim Gläubiger hängen bleiben. Falls jedoch eine Prüfung der Zahlungsfähigkeit ein positives Ergebnis zeigt, wird in der Regel auf den Widerspruch des Schuldners ein Klageverfahren folgen. Hierzu muss der Gläubiger die Kosten für das folgende Verfahren einzahlen und die Klageschrift beim Gericht einreichen.

Klageverfahren und obligatorische Streitschlichtung

Nicht in jedem Fall muss dem streitigen Gerichtsverfahren ein Mahnbescheid vorausgehen. Wenn ein Mahnverfahren unzulässig ist, weil es sich beispielsweise um eine nichtvermögensrechtliche Angelegenheit handelt, oder ein solches Verfahren zwecklos erscheint, weil damit zu rechnen ist, dass die Gegenseite Widerspruch gegen den Mahnbescheid einlegt, muss bzw. sollte gleich ein Gerichtsverfahren eingeleitet werden. Vorher ist allerdings noch zu prüfen, ob nicht vor der Klageerhebung zunächst ein außergerichtliches Schlichtungsverfahren stattfinden muss.

Wegen der Überlastung der Gerichte und der langen Dauer von Zivilprozessen versucht der Gesetzgeber, in zunehmendem Maße Streitschlichtungsverfahren durchzusetzen. So gibt es in den meisten Bundesländern ein Gesetz, wonach in bestimmten Fällen vor Klageerhebung ein außergerichtliches Verfahren zur Streitschlichtung durchzuführen ist. Es handelt sich dabei um Streitfälle, bei denen es um Forderungen von nicht mehr als 750,00 € geht, außerdem um Streitigkeiten aus dem Nachbarrecht und wegen Ehrverletzungen, soweit diese nicht durch Presse oder Rundfunk begangen wurden. Die obligatorische Streitschlichtung wird von Schlichtungsstellen durchgeführt, die beispielsweise über die Rechtsanwaltskammern vermittelt werden. Scheitert der Schlichtungsversuch, ist der Weg frei zum Gericht.

In anderen als den genannten Fällen kann ohne vorheriges Schlichtungsverfahren sofort Klage beim zuständigen Gericht eingereicht werden.

Ablauf eines Klageverfahrens

Zuständiges Gericht

Meist denkt der unbefangene Bürger bei „Gerichtsverfahren" zuerst an das Strafverfahren, das aus einschlägigen Filmen und Kriminalromanen hinlänglich bekannt ist, wenngleich hier oft abenteuerliche Vorstellungen durch die Medien geweckt werden. Für einen Fotografen, der an sein Geld kommen oder sein Urheberrecht durchsetzen will, bietet jedoch das Strafverfahren keine vielversprechenden Möglichkeiten.

Für Streitigkeiten zwischen Personen bürgerlichen Rechts (das sind sogenannte natürliche Personen, also Menschen wie du und ich, und juristische Personen wie GmbH, Aktiengesellschaft) ist in aller Regel der Zivilrechtsweg eröffnet. Die Klage muss daher bei einer Zivilabteilung des Amtsgerichts oder einer Zivilkammer des Landgerichts eingereicht werden. Die Amtsgerichte sind zuständig für Streitigkeiten mit einem Streitwert bis zu 5.000,00 € sowie in bestimmten anderen, den Amtsgerichten zugewiesenen Sachen (z.B. Mietstreitigkeiten). Die Landgerichte sind als erste Instanz in allen anderen bürgerlichen Rechtsstreitigkeiten sachlich zuständig.

Vor den Landgerichten herrscht Anwaltszwang. Das bedeutet, dass nur Rechtsanwälte Klagen einreichen und in der mündlichen Verhandlung auftreten können. Vor den Amtsgerichten kann sich dagegen jeder Bürger selbst vertreten (Ausnahme: Familiengericht). Dass eine Prozessführung ohne Anwalt meist nicht ratsam ist, steht auf einem anderen Blatt.

Örtlich zuständig ist in der Regel das Gericht, bei dem der Beklagte seinen allgemeinen Gerichtsstand hat. Der allgemeine Gerichtsstand wird bei natürlichen Personen durch den Wohnsitz und bei juristischen Personen durch den Firmensitz bestimmt. Von dieser Regel gibt es zahlreiche Ausnahmen, von denen hier nur einige für Fotografen besonders relevante dargestellt werden. Eine wichtige Ausnahme gilt für Urheberrechtsfälle. Hier ist neben dem Wohnsitzgericht des Beklagten auch das Gericht zuständig, in dessen Bezirk die Verletzung des Urheberrechts stattgefunden hat. In vielen Bundesländern sind Urheberrechtsstreitigkeiten außerdem bestimmten Amts- und Landgerichten zugewiesen.
Abweichend von dem Grundsatz, dass die Klage am Wohn- bzw. Firmensitz des Beklagten zu erheben ist, kann für die Klageerhebung auch das Gericht des Erfüllungsortes zuständig sein. Der Erfüllungsort ist der Ort, an dem die Leistung erbracht werden muss. Bei Fotoproduktionsverträgen kann das der Ort sein, an dem der Fotograf sein Atelier betreibt. Es kommt aber auch der Ort in Frage, an dem der Kunde seine Geschäftsräume unterhält. Wo sich der Erfüllungsort jeweils befindet, ist von Fall zu Fall zu klären. Vereinbarungen über den Erfüllungsort und/oder den Gerichtsstand, wie sie häufig in Allgemeinen Geschäftsbedingungen (AGB) zu finden sind, sind im Regelfall nur wirksam, wenn beide Parteien Kaufleute sind.

Kostenvorschuss und Gebühren

Grundsätzlich beginnen die Mühlen der Justiz erst zu mahlen, wenn ein Gerichtsgebührenvorschuss eingezahlt ist. Die Höhe dieses Vorschusses richtet sich nach dem Streitwert. Der Streitwert entspricht bei Zahlungsklagen dem Betrag, der eingeklagt wird. Bei anderen Streitigkeiten (z.B. Räumungsklagen, Unterlassungsklagen, Auskunftsklagen) richtet sich die Bemessung des Streitwertes nach den Richtlinien, die im Gerichtskostengesetz festgelegt sind. Dort ist auch geregelt, welcher Kostenvorschuss je nach Streitwert einzuzahlen ist. Zu den Gerichtskosten kommen bei der Beauftragung eines Anwalts noch die Rechtsanwaltsgebühren hinzu.

Zustellung der Klageschrift

Sobald die Klageschrift und der Kostenvorschuss bei Gericht eingegangen sind, wird dem „Gegner" die Klage von Amts wegen zugestellt. Die Vorschriften, die das Zustellungsverfahren regeln, sind relativ kompliziert, da das Gesetz alle möglichen Eventualitäten berücksichtigt. Der Kläger muss sich darum jedoch nicht kümmern, das erledigt das Gericht.

Klageerwiderung und Replik

Wenn der Beklagte endlich die Klageschrift bekommen hat, hat er natürlich Gelegenheit, darauf zu erwidern, und in den allermeisten Fällen tut er das auch. In der Klageerwiderung erfährt mancher Kläger vielleicht zum ersten Mal, welch schändliches Verhalten er sich hat zuschulden kommen lassen, dass sich außerdem alles ganz anders zugetragen hat und – zwischen den Zeilen – dass er (der Kläger) ein gemeiner Lügner und Betrüger ist.
Die aus Sicht des Klägers völlig verdrehten Tatsachen müssen dann natürlich nochmals richtig gestellt werden. Das geschieht in der sogenannten Replik (Erwiderung auf die Klageerwiderung). Dieses Spiel kann gespielt werden, bis endlich die erste mündliche Verhandlung stattfindet.

Güteverhandlung und mündliche Verhandlung

Meist wird bereits mit Zustellung der Klageschrift ein Termin zur mündlichen Verhandlung bestimmt. Der ersten mündlichen Verhandlung muss in der Regel eine Güteverhandlung vorausgehen, in der das Gericht darauf hinwirken soll, dass sich die Parteien gütlich einigen. Gelingt das nicht, geht es weiter mit der mündlichen Verhandlung, die sich entweder direkt an die Güteverhandlung anschließt oder an einem anderen Termin stattfindet.

Falls der Beklagte nicht zum Güte- oder Verhandlungstermin erscheint, ergeht auf Antrag des Klägers ein Versäumnisurteil. Damit hat der Beklagte den Prozess verloren, obwohl bzw. weil er gar nichts getan hat. Er hat dann noch die Möglichkeit, Einspruch gegen das Versäumnisurteil einzulegen. Zunächst ist aber das Urteil in der Welt und ohne Sicherheitsleistung vollstreckbar.

Der Regelfall ist jedoch, dass in der Verhandlung vor dem Richter oder dem Richterkollegium die Parteien den Prozessstoff erörtern und streitig verhandeln. In diesem Fall stellen die Parteien bzw. deren Anwälte die Anträge und legen ihre Positionen dar. Häufig klingen die Darstellungen beider Parteien überzeugend. Zum Beispiel: Der Anspruch des Klägers auf Zahlung seiner Vergütung aus dem Werkvertrag ist genauso nachvollziehbar wie die Gründe des Beklagten, warum er nicht zahlen will. Hier kommt es darauf an, wie die Situation tatsächlich war. Ist z.B. die Leistung wirklich mangelhaft, wie der Beklagte angibt? Oder hat der Kläger alles getan, wozu er verpflichtet war, und hat der Beklagte völlig überzogene Vorstellungen von der Leistung? Diese Fragen müssen geklärt werden, denn sonst kann kein Urteil ergehen. Das Gericht wird also über erhebliche Tatsachen, die von den Parteien unterschiedlich dargestellt werden, Beweis erheben. Das geschieht in der Beweisaufnahme.

Beweisaufnahme

Es gibt klare Regeln, wer was beweisen muss, wie ein Beweis erbracht werden kann und was passiert, wenn erhebliche Tatsachen nicht bewiesen werden. Die Grundregel lautet: Jede Partei muss die Tatsachen beweisen, die ihren Anspruch stützen. Der Fotograf, der Geld aufgrund eines Vertrags mit dem Auftraggeber einklagt, muss also beweisen, dass ein Vertrag zustande gekommen ist, dass er den Vertrag erfüllt hat und dass die eingeklagte Vergütung vereinbart war oder der üblichen und angemessenen Vergütung entspricht. Der Auftraggeber, der nicht zahlen will, muss dagegen beweisen, dass das Werk mangelhaft war oder dass er sich seine Gewährleistungsrechte bei der Abnahme der Werkleistung vorbehalten hat.

Der Beweis kann erbracht werden durch Zeugenaussagen, Urkunden, Augenscheinseinnahme, Sachverständigengutachten oder Vernehmung der gegnerischen Partei. Die in Frage kommenden Beweismittel muss die Partei in den Prozess einführen, die sich darauf beruft. Sie muss also angeben, welche Zeugen welche Behauptung bestätigen können, und sie muss die entsprechenden Urkunden vorlegen oder beantragen, dass ein Sachverständigengutachten eingeholt wird.

Sind die Beweise erhoben, d.h. die Zeugen angehört, das Gutachten erstellt oder die Dokumente geprüft worden, beurteilt das Gericht die Beweise in freier Beweiswürdigung. Dabei gibt es keine starren Regeln. Insbesondere verfährt das Gericht nicht nach dem Motto: Der Kläger hat drei Zeugen für seine Behauptung, der Beklagte nur zwei, also steht es 3:2 und der Kläger hat gewonnen. Maßgebend ist nicht die Anzahl der günstigen oder ungünstigen Zeugenaussagen, sondern der Eindruck, den der Richter von der Glaubwürdigkeit der Zeugen und der Glaubhaftigkeit ihrer Aussagen hat.

Urteil und Kostenentscheidung

Dem Beweisverfahren folgt in der Regel das Urteil. In dem Urteil wird über die Klageforderung entschieden und zugleich festgelegt, welche Partei die Kosten des Rechtsstreits in welchem Umfang zu tragen hat. Die Kosten umfassen die Gerichtskosten, die Zeugen- und Sachverständigengebühren sowie die Gebühren der Rechtsanwälte beider Parteien. Die Partei, die vollständig unterliegt, hat meist sämtliche Kosten zu tragen. Falls der Anspruch nur zum Teil zugesprochen wird, werden die Kosten entsprechend der Quote des Siegens und Unterliegens geteilt. Hat also beispielsweise ein Fotograf eine Vergütung von 20.000,00 € eingeklagt und werden ihm durch das Urteil aufgrund der Beweisaufnahme nur 5.000,00 € zugesprochen, dann hat er 75 Prozent der Kosten zu zahlen, während der Kostenanteil des Beklagten lediglich 25 Prozent beträgt.

Berufung und Revision

Nach Zustellung des Urteils hat die unterlegene Partei die Möglichkeit, dagegen ein Rechtsmittel einzulegen. Gegen Urteile der ersten Instanz (Amtsgericht oder Landgericht) kann jede Partei Berufung einlegen, wenn der Teil des Rechtsstreits, mit dem sie unterlegen ist, den Wert von 600,00 € übersteigt oder das erstinstanzliche Gericht die Berufung im Urteil zugelassen hat. Die Berufung ist innerhalb eines Monats nach Zustellung des Urteils einzulegen und innerhalb von zwei Monaten nach der Urteilszustellung zu begründen. Im Berufungsverfahren wird das erstinstanzliche Urteil insbesondere auf Rechtsverletzungen überprüft.
Gegen ein Berufungsurteil kann Revision beim Bundesgerichtshof (BGH) eingelegt werden, wenn dieses Rechtsmittel von dem Berufungsgericht in dem Urteil zugelassen wurde oder der BGH der Revision aufgrund einer Beschwerde gegen die Nichtzulassung zustimmt.

Zwangsvollstreckung

Am Ende des gerichtlichen Mahnverfahrens steht der Vollstreckungsbescheid, während das Prozessverfahren meist mit einem Urteil, häufig aber auch mit einem Vergleich endet. Bei dem Vollstreckungsbescheid, dem gerichtlich protokollierten Vergleich und dem Urteil handelt es sich um sogenannte Vollstreckungstitel. Mit einem solchen Titel kann der Gläubiger einen Gerichtsvollzieher beauftragen, beim Schuldner bewegliche Gegenstände zu pfänden. Dazu schickt er den Vollstreckungstitel an die Gerichtsvollzieherverteilerstelle des Amtsgerichts, in dessen Bezirk der Schuldner seinen Sitz bzw. Wohnsitz hat. Der Gerichtsvollzieher wird dann versuchen, beim Schuldner die bewegliche Habe pfänden.
Vielfach bleibt der Pfändungsversuch allerdings fruchtlos, weil kein pfändbares Eigentum des Schuldners zu finden ist. Deshalb ist es häufig vielversprechender, die Forderungen zu pfänden, die dem Schuld-

ner gegen Dritte zustehen. Dazu muss der Gläubiger allerdings zunächst wissen, welche Forderungen der Schuldner hat (z.B. Bankguthaben, Forderungen gegenüber Kunden, Arbeitseinkommen etc). Wenn er dies weiß, kann er den Vollstreckungstitel an das für den Schuldner zuständige Amtsgericht schicken und einen Auftrag zur Pfändung der Forderungen stellen. Entsprechende Formulare für eine solche Forderungspfändung erhält der Gläubiger beim Amtsgericht.

Forderungen gegen ausländische Kunden

Im Zuge des Zusammenwachsens der europäischen Staaten kommt es immer häufiger vor, dass ein Fotograf Kunden im Ausland hat. Gerade hier ist es natürlich zu empfehlen, möglichst einen Teil des Honorars schon als Vorschuss zu verlangen, insbesondere die Kosten für Material und Fremdkosten. Dennoch bleibt es manchmal nicht aus, dass ein säumiger Zahler im Ausland sitzt und der Fotograf sein Geld eintreiben muss.

Europäisches Mahnverfahren

Seit Dezember 2008 gibt es das Europäische Mahnverfahren, das die Durchsetzung von Forderungen im europäischen Ausland erleichtert. Der europäische Zahlungsbefehl (ja er heißt noch so, wie früher der Mahnbescheid auch in Deutschland bezeichnet wurde) gilt in allen EU-Mitgliedstaaten außer in Dänemark. Er wird beim Amtsgericht Wedding beantragt und zwar in schriftlicher Form. Elektronische Beantragung ist noch nicht möglich. Das entsprechende Formular kann aber aus dem Internet heruntergeladen werden:

- http://ec.europa.eu/justice_home/judicialatlascivil/html/epo_filling_de_de.htm

Das Formular muss ausgefüllt und per Post an das Amtsgericht Wedding geschickt werden. Der Zahlungsbefehl wird nach Zahlung der Kosten erlassen. Die Kosten sind so hoch wie beim deutschen Mahnbescheid.

Der Zahlungsbefehl wird vom Amtsgericht Wedding an den Schuldner zugestellt. Legt der Schuldner nicht innerhalb von 30 Tagen nach Zustellung Einspruch ein, erklärt das Amtsgericht Wedding den Zahlungsbefehl für vollstreckbar und die Zwangsvollstreckung kann beginnen.

Falls der Schuldner Einspruch einlegt, muss der Gläubiger den Weg zum Gericht gehen. Zuständig ist das Gericht, in dessen Bezirk der Schuldner seinen Sitz hat. In diesem Fall muss der Gläubiger dann möglicherweise im Ausland klagen. Das hängt von den Zuständigkeiten der Gerichte ab.

So gut es also ist, dass die Möglichkeit des europäischen Zahlungsbefehls besteht, ist es doch bei Verträgen mit Kunden aus dem Ausland allemal besser, möglichst hohe Vorkasse zu vereinbaren und zu verlangen, denn der Weg eines Gerichtsverfahrens im Ausland ist noch steiniger und dornenreicher als der im Inland. So hat jedes Justizsystem seine Besonderheiten, die beachtet werden müssen. Außerdem müssen fremdsprachige Dokumente und Schriftsätze übersetzt und beglaubigt werden, was die Sache durchaus komplizierter macht. Ein Gerichtsverfahren im Ausland ist daher nur sinnvoll, wenn höhere Summen eingeklagt werden.

Europäisches Verfahren für geringfügige Forderungen

Für geringfügige Forderungen bis zu 2.000,00 € gibt es seit Anfang 2009 ein vereinfachtes Verfahren, mit dem ein in der gesamten EU mit Ausnahme von Dänemark vollstreckbarer Titel erworben werden kann. Dieses „Bagatellverfahren" ist weitgehend standardisiert. Der Gebrauch bestimmter Formblätter ist zwingend vorgeschrieben. Die entsprechenden Formulare sind in allen Amtssprachen der EU erhältlich und auf den Internetseiten der EU-Kommission abrufbar.

Anders als beim Europäischen Mahnverfahren ist nicht die Zuständigkeit eines bestimmten Gerichts vorgeschrieben. Das Verfahren ist bei dem Gericht einzuleiten, das auch für ein „normales" Klageverfahren zuständig wäre. Der Fotograf kommt also hier nicht umhin, ein ausländisches Gericht anzurufen und auch die entsprechende Landessprache zu benutzen.

Urheberrecht der Fotografen 10

Grundlagen des Urheberrechts der Fotografen

Geschützte Werke

Schutz der persönlichen geistigen Schöpfungen

Urheberrechte können nur für urheberrechtlich geschützte Werke beansprucht werden. Geschützt sind Werke der Literatur, Wissenschaft und Kunst, sofern es sich um persönliche geistige Schöpfungen handelt (§ 2 UrhG).

Das Gesetz zählt beispielhaft einige Werkarten auf, für die ein Urheberrechtsschutz in Frage kommt. Besonders erwähnt werden Sprachwerke, Computerprogramme, Werke der Musik, Werke der bildenden Kunst einschließlich der Werke der angewandten Kunst, Lichtbildwerke, Filmwerke und Darstellungen wissenschaftlicher oder technischer Art (z.B. Zeichnungen, Pläne, Karten, Skizzen, Tabellen oder plastische Darstellungen). Diese Aufzählung ist nicht abschließend. Auch neue Werkarten, die in irgendeiner Form eine geistig-ästhetische Wirkung entfalten, können urheberrechtlich geschützt sein.

Für die Feststellung, dass ein Werk urheberrechtlich geschützt ist, reicht die Zuordnung zu einer der im Gesetz erwähnten Werkarten nicht aus. Es muss zusätzlich geprüft werden, ob das jeweilige Werk auch eine „persönliche geistige Schöpfung" ist (§ 2 Abs. 2 UrhG).

Von einer *Schöpfung* kann nur dann gesprochen werden, wenn etwas bisher noch nicht Dagewesenes geschaffen wird. Zwar muss ein Werk nicht absolut neu sein, doch wird zumindest eine Andersartigkeit gegenüber dem schon Bestehenden verlangt.

Persönlich kann nur eine von Menschen geschaffene Schöpfung sein. Werden Werkzeuge, Maschinen oder sonstige technische Hilfsmittel eingesetzt, so ist das Merkmal der persönlichen Schöpfung nur erfüllt, wenn ein Mensch den Einsatz und die Arbeitsweise der technischen Geräte steuert. Für reine Maschinenerzeugnisse, die ohne Mitwirkung eines Menschen entstanden sind, kommt ein Urheberrechtsschutz nicht in Betracht.

Schließlich muss es sich bei dem Werk auch um eine *geistige* Schöpfung handeln. Das bedeutet, dass das Werk vom individuellen Geist des Urhebers geprägt sein muss und keine rein handwerkliche oder routinemäßige Arbeit sein darf. Gefordert wird eine gewisse Originalität, Individualität und Eigentümlichkeit des Werkes, die man häufig auch als „künstlerische Gestaltungshöhe" bezeichnet. Vor allem bei Werken der angewandten Kunst stellen die Gerichte strenge Anforderungen an die Individualität und die künstlerische Gestaltungshöhe solcher Arbeiten. Nur wenn sich ein Werk aus der Masse des Alltäglichen durch seinen „ästhetischen Gehalt" heraushebt und seine Gestaltungselemente nicht durch den Gebrauchszweck oder aufgrund technischer Gegebenheiten weitgehend festgelegt sind, hat es die Chance, als individuelle schöpferische Leistung anerkannt zu werden.

Wegen dieser besonderen Anforderungen, die nirgendwo präzisiert werden, ist bei Arbeiten aus dem Bereich der angewandten Kunst (z.B. Grafikdesign-Arbeiten) vielfach keine sichere Aussage über die urheberrechtliche Schutzfähigkeit möglich. Sowohl die Schöpfer als auch die Verwerter solcher Werke leben in der permanenten Ungewissheit, ob ihre Werke in Streit- und Zweifelsfällen als schutzfähig anerkannt werden oder nicht.

Schutz fotografischer Arbeiten

Lichtbildwerke und Lichtbilder

Unter den schutzfähigen Werken nehmen die Fotografien eine Sonderstellung ein. Erfüllen sie aufgrund ihrer künstlerischen Aussage das Kriterium der „persönlichen geistigen Schöpfung", werden sie als Lichtbildwerke ebenso wie die anderen Werkarten des Urheberrechts geschützt (§ 2 Abs. 1 Nr. 5 UrhG). Erreichen sie dagegen nicht die für den Urheberrechtsschutz erforderliche Individualität und Eigentümlichkeit, greift die Regelung des § 72 UrhG ein. Danach sind auf Lichtbilder und Erzeugnisse, die ähnlich wie Lichtbilder hergestellt werden, die für Lichtbildwerke geltenden urheberrechtlichen Vorschriften entsprechend anzuwenden.

Die damit vollzogene Gleichstellung von Lichtbildwerken und Lichtbildern wird damit gerechtfertigt, dass es in der Praxis außerordentlich schwierig ist, zwischen künstlerischen und nichtkünstlerischen Aufnahmen zu unterscheiden. Diese Schwierigkeit hat den Gesetzgeber dazu veranlasst, alle Lichtbilder unabhängig von ihrer künstlerischen Gestaltungshöhe zu schützen. Der Schutz des Urheberrechts gilt nicht nur der künstlerischen Fotografie eines Man Ray, sondern auch dem Schnappschuss eines Fotoreporters oder dem Knipsbild, das ein Amateur mit einer automatischen Kamera aufnimmt. Selbst die Aufnahmen eines Passbildautomaten sind schutzfähig, weil es sich letztlich um die Vereinfachung einer Aufnahme mit Selbstauslöser handelt. Lichtbildner und damit Urheber ist in diesem Fall die Person, die den Automaten bedient, also meist der Abgebildete selbst.

Die Einbeziehung der Automatenfotos in den urheberrechtlichen Schutzbereich bedeutet nicht, dass für jede Bilderzeugung, die in einem fotografischen oder fotografieähnlichen Verfahren erfolgt, der Lichtbildschutz beansprucht werden kann. Unabdingbare Voraussetzung für die Schutzfähigkeit eines Lichtbildes ist nach überwiegender Auffassung ein Mindestmaß an persönlicher Leistung. Dieses Mindestmaß wird bei Verwendung einer vollautomatischen Kamera noch erfüllt, weil der Fotograf das Motiv, die Entfernung, den Blickwinkel und den Zeitpunkt der Aufnahme selbst bestimmt. Dagegen fehlt jede persönliche Leistung, wenn Reproduktionsvorlagen lediglich mechanisch und originalgetreu abgelichtet werden. Fotokopien und Mikrokopien fallen deshalb ebenso wenig unter den Lichtbildschutz wie die Übertragung von Bild und Text auf sogenannte Seitenfilme mit Hilfe einer Reprokamera oder die Anfertigung eines Kontaktabzugs oder einer Vergrößerung von Negativen oder Umkehrfilmen. Durch solche Vervielfältigungen entsteht normalerweise kein eigenes Schutzrecht.

Allerdings bestätigen die Ausnahmen auch hier die Regel. Wird nämlich in einem fotografischen Vervielfältigungsverfahren ein Lichtbild oder eine andere Reproduktionsvorlage in irgendeiner Weise verfremdet oder wird durch geschickte Auswahl eines bestimmten Ausschnitts ein neuer „bildnerischer Blickwinkel" geschaffen, so kann das Ergebnis des Reproduktionsverfahrens durchaus ein eigenständiges, schutzfähiges Lichtbild sein.

Bedeutung der Unterscheidung

Die geschilderte Gleichstellung von Lichtbildwerken und einfachen Lichtbildern wirft die Frage auf, weshalb das Gesetz überhaupt zwischen verschiedenen Fotokategorien unterscheidet, wenn es gleichzeitig alle Fotografien denselben Schutzregeln unterstellt. Die Antwort lautet, dass die Lichtbilder und Lichtbildwerke in einzelnen Bereichen eben doch unterschiedlich behandelt werden. Das zeigt sich einmal bei der Bestimmung des Schutzumfangs und zum anderen bei der Schutzdauer.
Lichtbildwerke sind nicht nur gegen Vervielfältigungen in unveränderter Form geschützt. Sie dürfen ohne Einwilligung des Urhebers auch weder bearbeitet noch umgestaltet werden. Bei Lichtbildern besteht dagegen nach Auffassung der Rechtsprechung nur ein Schutz gegen identische oder nahezu identische Nachahmungen. Wird ein Lichtbild bei der Vervielfältigung in irgendeiner Weise verändert, soll diese Bearbeitung oder Umgestaltung von dem Schutzrecht nicht mehr erfasst sein.
Auch bei der Regelung der Schutzdauer schneiden die einfachen Lichtbilder schlechter ab als die Lichtbildwerke. Während der Urheberrechtsschutz bei Lichtbildwerken erst 70 Jahre nach dem Tod des Urhebers erlischt (§ 64 Abs. 1 UrhG), sieht das Gesetz für einfache Lichtbilder nur eine Schutzdauer von 50 Jahren nach dem Erscheinen des Bildes bzw. nach dessen Herstellung vor (§ 72 Abs. 3 UrhG).

Ungeschützte Werke und Leistungen

Kein Schutz für gemeinfreie Fotografien

Ein urheberrechtlicher Schutz besteht nur für die Dauer der gesetzlichen Schutzfristen. Nach Ablauf der Schutzfristen werden die bis dahin geschützten Werke gemeinfrei. Das bedeutet, dass sie dann von jedermann frei verwertet werden dürfen, ohne dass dazu die Zustimmung des Urhebers oder seiner Rechtsnachfolger eingeholt werden muss.
Bei Lichtbildwerken und einfachen Lichtbildern ist es allerdings oft sehr schwierig, die Dauer der Schutzfristen und das genaue Datum ihres Ablaufs zu bestimmen. Das ist darauf zurückzuführen, dass die Schutzfristen für Fotografien im Laufe der Zeit immer wieder geändert und verlängert wurden.
Durch die im Jahre 1995 erfolgte Umsetzung der Europäischen Richtlinie 93/98/EWG in das deutsche Recht hat sich das Problem der Schutzfristenbestimmung zusätzlich verschärft. Das liegt an der Übergangsregelung, die eine problemlose Umsetzung der Richtlinie gewährleisten soll. Diese Regelung

(§ 137 f Abs. 2 UrhG) sieht ein Wiederaufleben des urheberrechtlichen Schutzes für Lichtbildwerke vor, deren Schutz nach deutschem Recht vor dem 1. Juli 1995 bereits abgelaufen war, die aber zu diesem Zeitpunkt in einem anderen Land der Europäischen Union noch geschützt waren. Eine solche längere Schutzdauer gab es damals zum Beispiel in Spanien. Dort waren alle Fotografien, die einen gewissen Grad an Originalität aufweisen und eine persönliche Leistung des Urhebers erkennen lassen, bereits seit 1879 für die Dauer von 80 Jahren ab dem Tod des Urhebers geschützt. Deshalb bestand am 1. Juli 1995 für zahlreiche Bilder, die zu diesem Zeitpunkt in Deutschland nicht mehr geschützt waren, zumindest in Spanien noch ein urheberrechtlicher Schutz. Bei solchen Fotografien ist mit der Umsetzung der EU-Richtlinie in deutsches Recht der urheberrechtliche Schutz wieder aufgelebt mit der Folge, dass sie jetzt – obwohl sie zwischenzeitlich gemeinfrei waren – noch bis zum Ablauf von 70 Jahren nach dem Tod der jeweiligen Urheber geschützt sind.
Man kann also selbst bei älteren Fotos nicht ohne weiteres davon ausgehen, dass die Schutzfristen bereits abgelaufen und die Bilder deshalb gemeinfrei sind. Sogar bei Aufnahmen, die in der Anfangszeit der Fotografie entstanden und deren Urheber mit Sicherheit schon länger als 70 Jahre tot sind, ist Vorsicht geboten. Wenn solche Bilder bis zum Erlöschen des Urheberrechts noch nicht publiziert waren und erst nach diesem Zeitpunkt erscheinen, dann steht demjenigen, der die Fotografien erstmals erscheinen lässt, für die Dauer von 25 Jahren ab ihrem erstmaligen Erscheinen das ausschließliche Verwertungsrecht zu (§ 71 UrhG). Ein gemeinfreier Gebrauch ist dann nicht möglich.

Kein Schutz der Methode, der Technik, des Stils

Urheberrechtlich geschützt ist immer nur das konkrete Foto. Nicht geschützt ist dagegen die Methode oder die Technik, mit der ein Foto geschaffen wird. Deshalb kann beispielsweise ein Fotograf, der eine technische Methode zur Darstellung von Bewegungsabläufen in einem einzigen Bild entwickelt, dafür keinen Urheberrechtsschutz beanspruchen.
Auch der besondere Stil einer Fotografie ist nicht geschützt. Deshalb kann niemand bestimmte fotografische Stilmittel unter Berufung auf den Urheberrechtsschutz für sich monopolisieren. Dasselbe gilt für die von einem Fotografen entwickelte Bildsprache.

Kein Schutz der Bildidee

Die Gedanken sind frei. Deshalb besteht für Bildideen kein Urheberrechtsschutz. Schutzfähig ist immer nur das konkrete Foto, in dem sich die Bildidee manifestiert. Solange deshalb die Idee zu einem Bild nur ein Gedanke ist und noch keine konkrete Ausformung in einer Skizze oder einem Probebild erfahren hat, scheidet ein urheberrechtlicher Schutz aus, auch wenn der Einfall noch so originell sein mag.

Schutz des künstlerischen Konzepts?

Teilweise wird die Auffassung vertreten, dass Werbekonzeptionen als „komplexe Werke eigener Art" urheberrechtlich geschützt sind. Ebenso wird für das Format einer Fernsehshowreihe (Sendekonzeption) teilweise die urheberrechtliche Schutzfähigkeit bejaht. Folgt man dieser Auffassung, dann muss man auch für künstlerische Bildkonzeptionen unabhängig von ihrer jeweiligen Ausdrucksformen einen Urheberrechtsschutz anerkennen.
Die Schutzfähigkeit von Bildkonzeptionen widerspricht jedoch dem allgemeinen Grundsatz, dass die Gedanken (gemein)frei bleiben müssen und ein urheberrechtlicher Schutz deshalb nur für die äußere Formgebung, nicht dagegen für die der Formgebung zugrunde liegende Gestaltungsidee in Betracht kommt. Wollte man auch künstlerischen Konzeptionen diesen Schutz zubilligen, wäre ein wesentliches Prinzip des Urheberrechts außer Kraft gesetzt. Dann könnten Gestaltungskonzepte und Ideen von denen, die diese Ideen und Konzepte entwickeln, monopolisiert werden.

Kein Schutz des Bildmotivs

Ebenso wenig wie die Bildidee ist das Bildmotiv geschützt. Ein Motivschutz würde die Arbeits- und Gestaltungsmöglichkeiten anderer Fotografen derart einschränken, dass kein vernünftiges Arbeiten mehr möglich wäre. Deshalb ist niemand daran gehindert, das gleiche Motiv vom gleichen Standort aus mit den gleichen technischen Apparaten und Hilfsmitteln erneut aufzunehmen.
Wenn allerdings ein Fotograf bei der Wiedergabe eines Landschaftsmotivs bestimmte schöpferische Gestaltungselemente verwendet (z.B. gezielter Einsatz von Gegenlicht, Wiedergabe von Personen als Silhouette, außergewöhnliche Einstellung der Brennweite, Wahl besonderer Lichtverhältnisse), kann die erneute Ablichtung desselben Motivs durch einen anderen Fotografen eine unzulässige Bildbearbeitung darstellen, sofern das jüngere Bild außer dem Motiv und der Perspektive auch die wesentlichen schöpferischen Gestaltungselemente des älteren Bildes übernimmt. Zudem kann das Nachfotografieren eines Motivs wettbewerbswidrig sein, falls derjenige, der das ältere Foto nachstellt, die dafür erforderlichen Kenntnisse über den Standort des Objekts und die ideale Perspektive unredlich erlangt hat.
Unzulässig ist die Übernahme eines Motivs auch in den Fällen, in denen das Motiv auf einem künstlerischen Arrangement des Fotografen beruht und eine schöpferische Leistung darstellt. Da solche arrangierten Motive urheberrechtlich geschützt sind, dürfen sie nicht nachstellt und erneut fotografiert werden.

Kein Schutz der Pose

Wenn es keinen Motivschutz, aber einen Schutz des künstlerischen Arrangements gibt, dann stellt sich die Frage, wie es mit dem Schutz einer bestimmten Pose aussieht, die von einem Fotografen abgelichtet wird. Dazu wird teilweise die Auffassung vertreten, dass menschliche Posen als solche nicht geschützt ist und deshalb nachgestellt werden dürfen. Diese Rechtsauffassung wird man dahingehend einschränken müssen, dass auch für die Pose ein Urheberrechtsschutz beansprucht werden kann, sofern sie neu und eigentümlich ist und ein künstlerisches Arrangement des Fotografen erkennbar werden lässt.

Schutz von Werkteilen

Teile einer Fotografie sind nur dann geschützt, wenn sie entweder für sich genommen eine persönliche geistige Schöpfung darstellen oder aber die Substanz bzw. ein wesentlicher Teil der Fotografie sind.

Urheber, Miturheber und Vermutung der Urheberschaft

Begriff des Urhebers

Urheber ist der Schöpfer des Werkes, also derjenige, der das Bild selbst geschaffen hat. Als Urheber kommen nur Menschen in Betracht. Juristische Personen (z.B. AG, GmbH) können keine Urheber sein, ebenso wenig Maschinen oder Computer.
Wer einen anderen beauftragt oder ihn anregt, ein Werk zu schaffen, wird damit noch nicht zum Urheber. Auch die Lieferung der Idee zu einem Werk oder die Formulierung inhaltlicher Vorgaben können für sich allein keine Urheberschaft begründen. Das Urheberrecht an einem Foto steht daher in der Regel nur dem Fotografen zu, nicht aber seinem Auftraggeber, auch wenn er das Thema oder bestimmte inhaltliche Anforderungen vorgegeben hat. Der Auftraggeber kann ebenso wie der Arbeitgeber eines Fotografen an den fotografischen Arbeiten lediglich Nutzungsrechte, nicht aber die Urheberschaft selbst erwerben.
Wird ein Fotograf bei der Herstellung eines Werkes von Gehilfen (z.B. Fotoassistenten) unterstützt, so kommt eine Urheberschaft oder Miturheberschaft der Gehilfen nur dann in Betracht, wenn sie einen eigenen schöpferischen Beitrag leisten. Solange ein Gehilfe lediglich nach detaillierten Anweisungen handelt, sich an die Vorlage des Urhebers hält und zu dem Werk nichts eigenes beiträgt, ist er auch nicht Urheber. Liefert dagegen z.B. ein Fotoassistent zu einer fotografischen Arbeit einen eigenen schöpferischen Beitrag, dann besteht auch eine Miturheberschaft an dem von ihm mitgestalteten Werk. Er ist sogar alleiniger Urheber, wenn ihm ein Auftrag zur selbständigen Erledigung übertragen wird und die Details der künstlerischen Gestaltung nicht im einzelnen festgelegt sind.

Miturheber und Urheber verbundener Werke

Wenn mehrere Personen ein Werk gemeinsam schaffen, ohne dass sich ihre Anteile gesondert verwerten lassen, sind sie Miturheber. Das Recht zur Veröffentlichung und Verwertung des Werkes steht den Miturhebern gemeinschaftlich zu. Die Verteilung der Erträge aus der Werknutzung richtet sich in erster Linie nach den Vereinbarungen unter den Miturhebern. Gibt es keine Vereinbarungen, erhält jeder einen Anteil entsprechend dem Umfang seiner Mitwirkung.
Von der Miturheberschaft an einem gemeinsam geschaffenen Werk ist die Werkverbindung zu unterscheiden, bei der mehrere selbständige Werke zur gemeinsamen Verwertung miteinander verbunden werden. Klassisches Beispiel einer Werkverbindung ist das illustrierte Buch oder der Bildband, bei dem Bilder und Texte verbunden und gemeinsam verwertet werden. In solchen Fällen sind die Urheber der verbundenen Werke untereinander ähnlich verpflichtet wie Miturheber. Zwischen ihnen entsteht eine Verwertungsgemeinschaft in der Rechtsform einer Gesellschaft bürgerlichen Rechts (BGB-Gesellschaft).

Vermutung der Urheberschaft

Wer bei der Veröffentlichung eines Fotos, einer Illustration oder eines sonstigen Werkes als Urheber genannt wird oder auf dem Original als dessen Schöpfer bezeichnet ist, wird bis zum Beweis des Gegenteils als Urheber des Werkes angesehen.
Fehlt eine Urheberbezeichnung und wird statt dessen auf den Vervielfältigungsstücken des Werkes ein Herausgeber benannt, so wird vermutet, dass der Herausgeber ermächtigt ist, die Rechte des Urhebers geltend zu machen. Ist kein Herausgeber angegeben, gilt diese Vermutung zu Gunsten des Verlegers.

Rechte des Urhebers

Urheberpersönlichkeitsrechte

Der Urheber hat das Recht zu bestimmen, ob und wie sein Werk zu veröffentlichen ist. Er hat außerdem das Recht auf Anerkennung seiner Urheberschaft. Er kann bestimmen, ob das Werk mit einer Urheberbezeichnung zu versehen und welche Bezeichnung zu verwenden ist.
Vertragliche Vereinbarungen mit dem Urheber über das Anbringen einer Urheberbezeichnung und auch über das Weglassen dieser Bezeichnung sind prinzipiell zulässig. Meist wird allerdings in den Fällen, in denen etwa der Abdruck eines Fotos ohne Urheberbezeichnung erfolgt, die Zustimmung des Bildautors zu dieser anonymen Form der Veröffentlichung nicht vorliegen. Die Verlage berufen sich zu ihrer Recht-

fertigung meist auf die Branchenübung, der zufolge Illustrationen, Fotos und andere urheberrechtlich geschützte Werke in Zeitungen und Zeitschriften vielfach ohne Urheberbezeichnung abgedruckt werden. Die angebliche Branchenübung ist aber nichts weiter als eine weit verbreitete Unsitte, die sich nur deshalb durchsetzen konnte, weil die Fotografen wirtschaftlich meist in der schwächeren Position sind und sich gegen die Verletzung ihres Rechts auf Anerkennung der Urheberschaft nur selten zur Wehr setzen.

Außer dem Veröffentlichungsrecht und dem Recht auf Anerkennung der Urheberschaft gehört auch das Recht auf den Bestand und die Unversehrtheit des Werkes zum Urheberpersönlichkeitsrecht. Der Urheber darf Entstellungen oder andere Beeinträchtigungen seines Werkes verbieten, die geeignet sind, seine berechtigten Interessen an dem Werk zu gefährden.

Verwertungsrechte

Der Urheber hat das ausschließliche Recht, sein Werk zu verwerten und sich so eine angemessene Beteiligung an dem wirtschaftlichen Nutzen zu sichern, der aus seinem Werk gezogen wird. Das Verwertungsrecht umfasst insbesondere das Vervielfältigungsrecht, das Verbreitungsrecht, das Ausstellungsrecht und das Recht der öffentlichen Wiedergabe. Niemand darf daher ohne Zustimmung des Urhebers dessen Werk reproduzieren, an Dritte weitergeben, öffentlich ausstellen oder z.B. im Internet öffentlich wiedergeben.

Bearbeitungsrecht

Bearbeitung und freie Benutzung

Bearbeitungen und andere Umgestaltungen eines Werkes dürfen nur mit Einwilligung des Urhebers des bearbeiteten oder umgestalteten Werkes veröffentlicht oder verwertet werden. Unter „Bearbeitung" und „Umgestaltung" versteht man die abhängige Nachschöpfung, d.h. eine Gestaltung, bei der wesentliche Züge des Originalwerkes übernommen werden.

Im Gegensatz zu den Bearbeitungen und Umgestaltungen dürfen selbständige Werke, die in freier Benutzung des Werkes eines anderen entstehen, auch ohne Zustimmung des Urhebers des benutzten Werkes veröffentlicht und verwertet werden. Damit stellt sich die Frage, wann eine freie Benutzung vorliegt und wie sie von der Bearbeitung oder Umgestaltung zu unterscheiden ist.

Das maßgebende Unterscheidungskriterium ist die Abhängigkeit vom Original. Wird das als Vorlage dienende Werk zwar weiterentwickelt und umgeformt, bleibt es dabei aber in seinem Wesenskern und seinen Grundzügen erhalten, so handelt es sich bei der Weiterentwicklung um eine abhängige Bearbeitung. Die freie Benutzung löst sich dagegen vom Original und schafft ein neues Werk mit neuen, eigenen Wesenszügen. Dieses neue Werk ist so eigentümlich, dass demgegenüber die Wesenszüge des Originals verblassen.

Eine freie Benutzung kommt normalerweise nur dann in Frage, wenn das fremde Werk nicht in identischer oder umgestalteter Form übernommen wird, sondern lediglich als Anregung für das eigene Werkschaffen dient. Das schließt zwar nicht aus, dass schutzfähige Elemente des fremden Werkes für das eigene Werkschaffen benutzt werden, doch muss das Ergebnis dieses Schaffens eine völlig selbständige Neuschöpfung sein. Ob eine solche Neuschöpfung gelingt und der notwendige Abstand zum Original gewahrt ist, hängt vom Grad der Individualität des benutzten und des neu geschaffenen Werkes ab. Je ausgeprägter die Individualität des benutzten Werkes ist, desto weniger werden seine Wesenszüge gegenüber dem neu geschaffenen Werk verblassen. Umgekehrt wird das Original umso eher verblassen, je stärker die Individualität des neuen Werkes ist. Übertragen auf die Fotografie bedeutet das, dass eine freie Benutzung bei einfachen Lichtbildern, die häufig keine oder nur eine sehr geringe Individualität aufweisen, sehr viel eher möglich ist als bei Fotografien, die auf Grund ihrer schöpferischen Eigenart und Individualität als Lichtbildwerke geschützt sind.
Die Prüfung der Frage, ob im konkreten Fall eine Bearbeitung oder eine freie Benutzung vorliegt, erfordert eine vergleichende Beurteilung des benutzten und des neu geschaffenen Werkes. Dabei ist nicht auf die Übereinstimmung der einzelnen Bildelemente abzustellen, sondern der schöpferische Gehalt der miteinander zu vergleichenden Werke zu erfassen und zu klären, ob und inwieweit dieser Gehalt übereinstimmt. Nur wenn sich die schöpferische Eigentümlichkeit des neuen Werkes so sehr von der des benutzten Werkes abhebt, dass das ältere Werk vollkommen in den Hintergrund tritt, ist von einer freien Benutzung auszugehen.
Diese Abgrenzungsmethode mag in der Theorie einleuchtend sein, doch erweist sich ihre Handhabung in der Praxis als außerordentlich schwierig. Bereits die für eine vergleichende Beurteilung erforderliche Erfassung der „Individualität" und der „schöpferischen Eigentümlichkeit" eines Werkes ist angesichts der Unschärfe dieser Begriffe ein problematisches Unterfangen. Wenn dann auch noch geprüft werden soll, ob die „individuellen Züge" des benutzten Werkes gegenüber denen des neuen Werkes „verblassen", dann gerät die Rechtsanwendung vollends in einen Bereich, in dem ein Richter nur noch seinem persönlichen Rechtsempfinden folgen und ein Anwalt nicht mehr beraten, sondern nur noch raten kann.

Sonderfall der Doppelschöpfung

Eine unzulässige Bearbeitung ist auszuschließen, wenn es zu einer Doppelschöpfung kommt. Eine Doppelschöpfung liegt vor, wenn zwei Fotografen unabhängig voneinander übereinstimmende Aufnahmen anfertigen, ohne dass der eine bewusst oder unbewusst auf das Werk des anderen zurückgreift. Da es allerdings nur sehr selten vorkommen wird, dass zwei Fotografen rein zufällig dasselbe Bild „schießen", legen weitgehende Übereinstimmungen zwischen zwei Aufnahmen in der Regel die Annahme nahe, dass der Urheber des jüngeren Werkes das ältere Werk entweder bewusst nachgeahmt oder unbewusst benutzt hat. Die Rechtsprechung geht deshalb in solchen Fällen vom Anscheinsbeweis einer Urheberrechtsverletzung aus. Dieser Anscheinsbeweis lässt sich nur durch den Nachweis entkräften, dass der

Fotograf, der die jüngere Aufnahme angefertigt hat, das ältere Foto nicht kannte und deshalb auch nicht unbewusst darauf zurückgreifen konnte. Dieser Nachweis wird in der Regel nur schwer zu führen sein.

Zulässigkeit der Parodie

Die Benutzung einer Fotografie für ein anderes Werk kann in den Fällen, in denen sich das neue Werk mit dem als Vorlage benutzten Original künstlerisch oder kritisch auseinandersetzt, durch die Parodiefreiheit gedeckt sein. Das Wesensmerkmal der Parodie ist die spielerische Nachahmung, die – anders als das Plagiat – offen auf ein bereits vorhandenes Werk Bezug nimmt. Die Parodie behält meist Stil und Manier des Vorbildes bei, schiebt diesem aber einen nicht mehr entsprechenden Inhalt unter, wodurch die angegriffenen Eigenschaften ins Komische oder Satirische gezogen werden.

In der Schweiz und in Frankreich gibt es spezielle gesetzliche Vorschriften, die sich mit der Parodie befassen und das Urheberrecht zu Gunsten der Parodie beschränken. In den USA ist das Institut des „fair use" (§ 107 CA) die Grundlage für die rechtliche Beurteilung der Parodie. Im deutschen Urheberrechtsgesetz gibt es keine vergleichbaren Regelungen, doch besteht Einigkeit darüber, dass die Parodie als Kunstform selbstverständlich auch in Deutschland zulässig ist. Umstritten ist allerdings, wie sich die Parodiefreiheit dogmatisch begründen lässt.

Nach herrschender Rechtsauffassung ist die Zulässigkeit der Parodie prinzipiell nach den Regeln zu beurteilen, die für die freie Benutzung gelten. Allerdings gelten diese Regeln nur in abgeschwächter Form. Wird ein fremdes Werk für parodistische Zwecke benutzt, kann es nicht darauf ankommen, dass die aus dem älteren Werk entlehnten eigenpersönlichen Züge in dem neuen Werk verblassen. Wäre eine freie Benutzung nur in dieser Weise möglich, wären der parodistischen Auseinandersetzung mit noch geschützten Werken zu enge Schranken gesetzt. Der Sinn der Parodie besteht gerade darin, dass das ältere Werk und seine Eigenheiten in dem neuen Werk erkennbar bleiben. Deshalb ist bei einer Parodie nicht der äußere Abstand, sondern nur der innere Abstand zwischen dem parodierten und dem neuen Werk maßgebend. Dieser innere Abstand muss so groß sein, dass das neue Werk seinem Wesen nach als selbständig anzusehen ist.

Der notwendige innere Abstand wird in der Regel nur dann gewahrt sein, wenn sich das neue Werk mit dem älteren auseinandersetzt. Zwingend ist das jedoch nicht. Eine freie Benutzung kann durchaus auch dann vorliegen, wenn sich die kritische Auseinandersetzung nicht auf das parodierte Werk selbst, sondern auf dessen thematisches Umfeld bezieht.

Sonstige Rechte des Urhebers

Zugangsrecht

Der Urheber kann vom Besitzer des Originals oder eines Vervielfältigungsstückes seines Werkes verlangen, dass er ihm das Original bzw. die Vervielfältigung zugänglich macht. Das gilt allerdings nur, soweit die Gewährung des Zugangs zur Herstellung weiterer Vervielfältigungen oder Bearbeitungen des Werkes erforderlich ist und nicht berechtigte Interessen des Besitzers entgegenstehen. Der Besitzer muss

in einem solchen Fall lediglich den Zugang zu dem Werk gestatten. Zur Herausgabe des Originals oder der Vervielfältigung ist er nicht verpflichtet.
Bei den Fotografen spielt das Zugangsrecht in der Praxis keine große Rolle. Denn zum einen wird heute überwiegend digital fotografiert, so dass es – anders als bei analogen Fotografien – keine Originale mehr gibt, die für die Reproduktion benötigt werden. Zum anderen überlassen Fotografen ihren Kunden auch an analogen Fotografien in der Regel nur die Nutzungsrechte, nicht aber das Eigentum. Sie bleiben somit Eigentümer der Originale und können deshalb von ihren Kunden ohne weiteres die Herausgabe der Dia-Positive oder Negative verlangen, wenn sie zur Ausübung der Nutzungsrechte nicht mehr benötigt werden.

Folgerecht

Wird das Original eines Werkes der bildenden Künste oder eines Lichtbildwerkes weiterveräußert und ist hieran ein Kunsthändler oder Versteigerer als Erwerber, Veräußerer oder Vermittler beteiligt, muss der Veräußerer einen gewissen Anteil des Verkaufspreises an den Urheber abgeben. Das gilt allerdings nicht, wenn der Verkaufserlös weniger als 400,00 € beträgt.
Der Anteil an dem Verkaufserlös, den der Urheber als Folgerechtsvergütung beanspruchen kann, lag früher einheitlich bei 5 Prozent des Verkaufserlöses. Inzwischen hat es eine gesetzliche Neuregelung des Folgerechts gegeben, die eine Staffelung der Erlösbeteiligung vorsieht. Danach beträgt der Anteil nur noch

- 4 Prozent für den Teil des Veräußerungserlöses bis zu 50.000,00 €,
- 3 Prozent für den Teil des Veräußerungserlöses von 50.000,01 € bis 200.000,00 €,
- 1 Prozent für den Teil des Veräußerungserlöses von 200.000,01 € bis 350.000,00 €,
- 0,5 Prozent für den Teil des Veräußerungserlöses von 350.000,01 € bis 500.000,00 €,
- 0,25 Prozent für den Teil des Veräußerungserlöses über 500.000,00 €.

Der Gesamtbetrag der möglichen Folgerechtsvergütung aus einer Weiterveräußerung beträgt unabhängig von dem jeweils erzielten Verkaufserlös maximal 12.500,00 €.

Rückrufrechte

Hat der Urheber einem anderen ein ausschließliches Nutzungsrecht eingeräumt, so kann er das Nutzungsrecht wieder zurückrufen, wenn es von dem Verwerter nicht oder nur unzureichend ausgeübt und dadurch ein berechtigtes Interesse des Urhebers erheblich verletzt wird. Das Rückrufrecht soll es dem Urheber ermöglichen, sein Werk anderweitig zu veröffentlichen. Es kann frühestens zwei Jahre nach Einräumung oder Übertragung des Nutzungsrechts ausgeübt und maximal für fünf Jahre im Voraus ausgeschlossen werden.
Der Urheber kann ein Nutzungsrecht auch dann zurückrufen, wenn das Werk seiner Überzeugung nicht mehr entspricht und ihm deshalb die Verwertung des Werkes nicht mehr zugemutet werden kann. Ein solcher Rückruf wegen gewandelter Überzeugung verpflichtet den Urheber, an den Inhaber des Nutzungsrechts eine angemessene Entschädigung zu zahlen.

Gesetzliche Vergütungsansprüche

Werden Vervielfältigungen eines Werkes, deren Weiterverbreitung der Urheber erlaubt hat, gewerbsmäßig oder von einer öffentlichen Einrichtung vermietet oder verliehen, so ist dem Urheber dafür eine angemessene Vergütung zu zahlen. Diese Vergütung, die nur durch eine Verwertungsgesellschaft eingefordert werden kann, bezeichnet man auch als Bibliotheksgroschen oder Bibliothekstantieme.
Weitere Vergütungsansprüche sieht das Gesetz in den Fällen vor, in denen das Verwertungsrecht des Urhebers im Interesse der Allgemeinheit eingeschränkt wird. Werden beispielsweise Vervielfältigungen eines Werkes in eine Sammlung aufgenommen, die für den Kirchen-, Schul- oder Unterrichtsgebrauch bestimmt ist, so ist diese Verwertung einerseits ohne Zustimmung des Urhebers zulässig, auf der anderen Seite hat aber der Urheber in einem solchen Fall Anspruch auf Zahlung einer angemessenen Vergütung. Entsprechende Regelungen gibt es bei der Nutzung von Werken für Schulfunksendungen, für Zeitungsartikel und Rundfunkkommentare sowie für bestimmte öffentliche Vorführungen und Aufführungen.

Schranken des Urheberrechts

Für das geistige Eigentum besteht ebenso wie für das Sacheigentum eine Sozialbindung. Das bedeutet, dass die Urheber im Interesse der Allgemeinheit bestimmten Beschränkungen unterliegen, die eine Nutzung geschützter Werke auch ohne Zustimmung der Berechtigten ermöglichen sollen. Von den gesetzlichen Bestimmungen, die die Urheberrechte der Fotografen einschränken, sind vor allem folgende Regelungen bedeutsam:

Vervielfältigung von Fotografien durch Gerichte und Behörden

Es ist zulässig, Fotografien zu vervielfältigen, um sie in einem gerichtlichen oder behördlichen Verfahren zu verwenden. Außerdem dürfen Gerichte und Behörden für Zwecke der Rechtspflege und der öffentlichen Sicherheit Bildnisse von Personen vervielfältigen. Auch ohne Zustimmung der Abgebildeten und der Fotografen ist deshalb z.B. der Abdruck von Fahndungsfotos und Steckbriefen auf Plakaten und in Zeitungen zulässig.

Fotografien in Sammlungen für den Kirchen-, Schul- oder Unterrichtsgebrauch

Fotos, die bereits anderswo erschienen sind, dürfen ohne Zustimmung des Urhebers in Büchern abgedruckt werden, die für den Kirchen-, Schul- oder Unterrichtsgebrauch bestimmt sind. Eine solche Verwertung muss dem Urheber allerdings vorher bekannt gegeben werden.

Verwendung von Fotografien zur Berichterstattung über Tagesereignisse

Im Rahmen der Berichterstattung über Tagesereignisse dürfen Fotografien, die im Verlauf dieser Ereignisse wahrnehmbar werden (z.B. bei der Eröffnung einer Fotoausstellung), in Zeitungen, Zeitschriften und anderen Medien, die im Wesentlichen Tagesinteressen Rechnung tragen, vervielfältigt, verbreitet und öffentlich wiedergegeben werden. Eine solche Nutzung ist immer nur in dem durch die Berichterstattung gebotenen Umfang zulässig.

Verwendung von Fotografien zu Zitatzwecken

Die Vervielfältigung, Verbreitung und öffentliche Wiedergabe einer bereits veröffentlichten Fotografie ist erlaubt, sofern die Nutzung zum Zweck des Zitats erfolgt und in ihrem Umfang durch den besonderen Zweck gerechtfertigt ist. Das bedeutet:

- Das zitierte Werk (Foto) darf nicht um seiner selbst willen, sondern nur als Beleg oder zur Erläuterung des Inhalts eines anderen Werkes verwendet werden. Es muss also ein konkreter Zitatzweck vorliegen.
- In welchem Umfang ein Foto zitiert werden darf, ergibt sich aus dem jeweiligen Zitatzweck. Erlaubt ist seine Vervielfältigung, Verbreitung und öffentliche Wiedergabe nur, soweit dies zur Erreichung des Zitatzwecks unbedingt erforderlich ist.
- Das Zitatrecht kann die Verwendung einer Fotografie nur dann rechtfertigen, wenn sie in ein anderes selbständiges Werk aufgenommen wird, das seinerseits urheberrechtlich schutzfähig ist.

Das Gesetz nennt beispielhaft einige Fälle, in denen das Zitieren urheberrechtlich geschützter Werke erlaubt ist. So darf etwa ein einzelnes Werk (z.B. ein Foto) nach seinem Erscheinen vollständig in ein selbständiges wissenschaftliches Werk zur Erläuterung des Inhalts aufgenommen werden (Großzitat). In Werken, die keinem wissenschaftlichen Zweck dienen, dürfen dagegen nur einzelne Stellen eines bereits veröffentlichten Werkes angeführt werden (Kleinzitat). Ausnahmsweise ist aber auch bei nichtwissenschaftlichen Werken ein Zitieren des ganzen Werkes zulässig, wenn anders eine sinnvolle Bezugnahme auf das zitierte Werk nicht möglich ist (kleines Großzitat). Das betrifft vor allem die Bildzitate, bei denen vielfach die Wiedergabe einzelner Teile einer Fotografie oder einer Illustration unverständlich bleiben würde. Soweit es der Zitatzweck erfordert, dürfen deshalb Fotos und andere Bilder auch in nichtwissenschaftlichen Werken vollständig abgebildet werden.

Auf weitere Aspekte des Zitatrechts wird noch im Zusammenhang mit der Frage einzugehen sein, was beim Fotografieren geschützter Objekte zu beachten ist (dazu Seite 200 f.).

Öffentliche Wiedergabe von Fotografien

Ohne Zustimmung des Urhebers ist auch die öffentliche Wiedergabe bereits veröffentlichter Fotografien zulässig, wenn die Wiedergabe keinem Erwerbszweck des Veranstalters dient, die Teilnehmer ohne Entgelt zugelassen werden und im Falle des Vortrags oder der Aufführung des Werkes keiner der ausübenden Künstler eine besondere Vergütung erhält. Zulässig ist auch die Wiedergabe erschienener Fotos bei einem Gottesdienst oder einer kirchlichen Feier. In beiden Fällen haben die Veranstalter dem Urheber (Fotografen) eine angemessene Vergütung zu zahlen.

Öffentliche Zugänglichmachung von Fotografien für Unterricht und Forschung

Kleine Teile eines Werkes, Werke geringen Umfangs sowie einzelne Beiträge aus Zeitungen oder Zeitschriften dürfen einschließlich der darin enthaltenen Fotografien für Forschungs-, Unterrichts- oder Ausbildungszwecke öffentlich zugänglich gemacht werden, soweit damit keine kommerziellen Zwecke verfolgt werden und der Nutzerkreis eng begrenzt bleibt. Mit der „öffentlichen Zugänglichmachung" ist in erster Linie die Verwendung von Bildern und anderen geschützten Werken im Internet gemeint, doch erfasst die gesetzliche Ausnahmeregelung auch das Einstellen solcher Werke in WLAN- und LAN-Systeme, sofern diese Systeme öffentlich zugänglich sind.

Vervielfältigungen von Fotografien zum privaten oder sonstigen eigenen Gebrauch

Natürliche Personen dürfen einzelne Vervielfältigungen von Fotografien zum privaten Gebrauch herstellen. Die Vervielfältigungsstücke dürfen dabei weder unmittelbar noch mittelbar irgendwelchen Erwerbszwecken dienen. Außerdem darf die zur Vervielfältigung verwendete Vorlage nicht offensichtlich rechtswidrig hergestellt worden sein.
Mit gewissen Einschränkungen, die hier nicht im einzelnen erläutert werden können, ist eine Vervielfältigung auch zulässig zum eigenen wissenschaftlichen Gebrauch, zur Aufnahme in ein eigenes Archiv, zur eigenen Unterrichtung über Tagesfragen und zum sonstigen eigenen Gebrauch. Bei dem „sonstigen eigenen Gebrauch" geht es um die Nutzung von kleinen Teilen eines erschienenen Werkes, von einzelnen Zeitungs- und Zeitschriftenbeiträgen und von Werken, die seit mindestens zwei Jahren vergriffen sind.
Erlaubt sind auch Vervielfältigungen für den Unterrichtsgebrauch und für Prüfungen. Die näheren Einzelheiten sind in § 53 Absatz 3 UrhG geregelt.

Fotografien als unwesentliches Beiwerk

Fotografien dürfen ohne weiteres vervielfältigt, verbreitet und öffentlich wiedergegeben werden, wenn sie als unwesentliches Beiwerk neben dem eigentlichen Gegenstand der Vervielfältigung, Verbreitung oder öffentlichen Wiedergabe anzusehen sind. Die Bedeutung dieser Regelung lässt sich am Beispiel einer Abbildung verdeutlichen, die einen Innenraum mit verschiedenen Möbelstücken zeigt. Außer den Möbeln, die im Vordergrund stehen, ist an der Wand im Hintergrund eine Fotografie zu sehen. Das Foto an der Wand ist „unwesentliches Beiwerk", wenn es nur zufällig in Erscheinung tritt und als beliebiges Requisit im Hintergrund vom flüchtigen Betrachter überhaupt nicht wahrgenommen wird. Es darf als unerhebliches und austauschbares Element des Gesamtbildes auch ohne die Einwilligung des Urhebers (Fotografen) reproduziert und verbreitet werden.
Gehört dagegen die Fotografie an der Wand zum Ambiente und dokumentiert sie – auch als bloße Hintergrunderscheinung – ein bestimmtes Milieu, so kann sie nicht mehr als unwesentliches Beiwerk angesehen werden, weil dieser Wandschmuck innerhalb des Gesamtbildes eine bestimmte Funktion zu erfüllen hat und nicht beliebig austauschbar ist. Eine Vervielfältigung und Verbreitung der Innenraum-Abbildung mit dem Foto im Hintergrund ist deshalb nur zulässig, wenn der Urheber (Fotograf) seine Zustimmung erteilt.

Fotografien in Ausstellungen, öffentlichem Verkauf und öffentlich zugänglichen Einrichtungen

Werke der bildenden Künste und Lichtbildwerke, die öffentlich ausgestellt oder zur öffentlichen Ausstellung bzw. zum öffentlichen Verkauf bestimmt sind, dürfen von dem Veranstalter für die Werbung vervielfältigt, verbreitet und öffentlich zugänglich gemacht werden, soweit dies zur Förderung der Veranstaltung erforderlich ist. Außerdem dürfen solche Werke in Verzeichnissen (z.B. Katalogen) abgedruckt werden, die von öffentlich zugänglichen Bibliotheken, Bildungseinrichtungen oder Museen in inhaltlichem und zeitlichem Zusammenhang mit einer Ausstellung oder zur Dokumentation von Beständen herausgegeben werden, sofern damit kein eigenständiger Erwerbszweck verfolgt wird.
Da das Gesetz einen inhaltlichen und zeitlichen Zusammenhang mit der Veranstaltung voraussetzt, entfällt die „Katalogbildfreiheit" mit dem Ende der Veranstaltung. Außerdem besteht sie nur für den Veranstalter selbst (also z.B. nicht für den Sponsor einer Veranstaltung) und sie gilt nur für Publikationen, mit denen kein eigenständiger Erwerbszweck verfolgt wird. Kommerzielle Publikationen sind daher durch die „Katalogbildfreiheit" ebenso wenig gedeckt wie beispielsweise der Verkauf von Postkarten oder Plakaten mit Werken, die auf einer Ausstellung gezeigt werden.

Vervielfältigung und Verbreitung von Bildnissen durch Besteller und Abgebildete

Bei Personenbildnissen, die auf Bestellung angefertigt werden (z.B. Pass- oder Porträtfotos), haben die Besteller und – falls diese nicht mit den Abgebildeten identisch sind – auch die Abgebildeten ein erhebliches Interesse daran, die Bildnisse vervielfältigen und an Dritte verschenken zu können. Das Gesetz erlaubt deshalb dem Besteller und dessen Rechtsnachfolger, das bestellte Bildnis (Zeichnung, Gemälde, Fotografie, Büste, Totenmaske oder sonstige Personendarstellung) zu vervielfältigen und die Vervielfältigungsstücke zu verbreiten, sofern diese Verbreitung unentgeltlich und nicht zu gewerblichen Zwecken erfolgt. Die gleichen Rechte stehen bei einem auf Bestellung geschaffenen Bildnis dem Abgebildeten und nach seinem Tode seinen Angehörigen zu, außerdem auch Dritten, die im Auftrag des Abgebildeten bzw. der Angehörigen handeln

Nach dem klaren Gesetzeswortlaut ist die Verbreitung der Vervielfältigungsstücke ohne die Zustimmung des Urhebers nur zulässig, wenn dies unentgeltlich und nicht zu gewerblichen Zwecken geschieht. Erlaubnispflichtig ist daher der Abdruck eines Personenbildnisses in einer Zeitung, die über den Handel verkauft oder durch Annoncen finanziert wird. Ebenso bedarf die Verbreitung von Personenbildern im Zusammenhang mit irgendwelchen Werbemaßnahmen oder für sonstigen gewerbliche Zwecke der Erlaubnis des Urhebers.

Das Gesetz gestattet ausdrücklich nur die unentgeltliche und nichtgewerbliche Verbreitung von Bildnissen. Die Verwendung im Internet ist damit nicht abgedeckt, denn dabei handelt es sich urheberrechtlich nicht um eine „Verbreitung" (§ 17 Abs. 1 UrhG), sondern um eine „öffentliche Zugänglichmachung" (§ 19 a UrhG).

Änderungsverbot und Quellenangabe

Soweit nach den Bestimmungen des Urheberrechtsgesetzes die Benutzung eines Werkes ohne Zustimmung des Urhebers zulässig ist, dürfen prinzipiell keine Änderungen an dem Werk vorgenommen werden. Bei Werken der bildenden Kunst und bei Lichtbildwerken (Fotografien) sind jedoch Übertragungen des Werkes in eine andere Größe erlaubt. Außerdem sind auch solche Änderungen zulässig, die das für die Vervielfältigung angewendete Verfahren mit sich bringt.

Bei der gesetzlich erlaubten Benutzung eines urheberrechtlich geschützten Werkes ist außer dem Änderungsverbot auch die Verpflichtung zur Quellenangabe zu beachten. Wer eine Fotografie für einbehördliches oder gerichtliches Verfahren, für eine Sammlung für den Kirchen-, Schul- oder Unterrichtsgebrauch, für die Berichterstattung über Tagesereignisse, für Zitatzwecke oder für einen Ausstellungskatalog vervielfältigt, muss stets die Quelle deutlich angeben. Zu nennen sind insbesondere der Urheber, der Titel des Werkes und gegebenenfalls auch das Publikationsorgan, in dem das Werk erschienen ist. Die

Verpflichtung zur Quellenangabe entfällt nur dann, wenn es dem Benutzer nicht möglich ist, die Quelle ausfindig zu machen.

Urhebervertragsrecht

Vererbung und Übertragung des Urheberrechts

Das Urheberrecht als solches ist zwar vererblich, ansonsten aber nicht übertragbar. Auch die einzelnen Urheberpersönlichkeitsrechte lassen sich nicht auf Dritte übertragen. Der Urheber hat lediglich die Möglichkeit, anderen ein Nutzungsrecht an seinem Werk einzuräumen, in einzelne Werknutzungen einzuwilligen und Vereinbarungen zu den Verwertungsrechten oder zu Änderungen des Werkes, seines Titels oder der Urheberbezeichnung zu treffen.
Stirbt der Urheber, so geht das Urheberrecht als Ganzes auf seine Erben über. Diese Rechtsnachfolge kann der Urheber schon zu seinen Lebzeiten durch ein Testament regeln. Er hat außerdem die Möglichkeit, die Ausübung des Urheberrechts durch letztwillige Verfügung einem Testamentsvollstrecker zu übertragen.

Einräumung von Nutzungsrechten

Die Verwertungsrechte entstehen immer beim Urheber. Wer daher ein urheberrechtlich geschütztes Werk vervielfältigen, verbreiten oder auf sonstige Weise für seine Zwecke nutzen will, muss sich von dem Urheber entsprechende Nutzungsrechte einräumen lassen.
Behauptet jemand, ein fremdes Werk nutzen zu dürfen, muss er konkret darlegen und beweisen, dass er die dafür erforderlichen Nutzungsrechte vom Urheber, dessen Rechtsnachfolger oder vom Rechtsinhaber wirksam erworben hat. Der Erwerb des Werkexemplars (Negativ, Dia) verschafft dem Erwerber grundsätzlich noch kein Nutzungsrecht. Denn für den Werkgenuss (Lesen eines Buches, Betrachten eines Fotos) benötigt der Erwerber in der Regel keine Rechte am Werk.
Das Nutzungsrecht kann als einfaches oder ausschließliches Recht sowie räumlich, zeitlich oder inhaltlich beschränkt eingeräumt werden:

Einfache und ausschließliche Nutzungsrechte

Grundsätzlich ist zwischen einfachen und ausschließlichen Nutzungsrechten zu unterscheiden. Räumt der Urheber einem anderen ein einfaches Nutzungsrecht ein, verbleibt ihm die Möglichkeit, das Werk weiterhin selbst zu nutzen oder Dritten einfache Nutzungsrechte gegen Entgelt zu überlassen. Meist bestehen allerdings die Verwerter darauf, dass sie das ausschließliche Nutzungsrecht erhalten. Das ausschließliche Nutzungsrecht ist ein Exklusivrecht. Es berechtigt den Inhaber, das Werk unter Ausschluss aller anderen

Personen (einschließlich des Urhebers selbst) auf die ihm erlaubte Art zu nutzen. Wer das ausschließliche Nutzungsrecht erwirbt, kann also jedermann verbieten, das Werk in gleicher Weise zu nutzen.

Beschränkung von Nutzungsrechten

Sowohl beim einfachen als auch beim ausschließlichen Nutzungsrecht hat der Urheber die Möglichkeit, die Rechtseinräumung inhaltlich auf bestimmte Nutzungsarten zu beschränken (z.B. Nutzung eines Fotos nur für eine Werbeanzeige). Es ist außerdem eine räumliche Beschränkung zulässig (z.B. Nutzung nur im deutschsprachigen Raum). Schließlich sind auch zeitliche Beschränkungen denkbar (z.B. Nutzung nur für ein Jahr).

Der Urheber und sein Vertragspartner können den Umfang der eingeräumten Nutzungsrechte frei vereinbaren. Dabei ist sogar die Einräumung von Rechten für noch nicht bekannte Nutzungsarten denkbar. Eine solche Vereinbarung, die in der Regel der Schriftform bedarf, kann der Urheber später jederzeit widerrufen. Allerdings sieht das Gesetz unter den in § 31 a Abs.1 Satz 4 sowie § 31 a Abs. 2 UrhG genannten Voraussetzungen einen Wegfall des Widerrufsrechts vor.

Zweckübertragungsregel

Wird der Nutzungsumfang in einem Vertrag nicht konkret festgelegt oder werden pauschale Formulierungen (z.B. „alle einschlägigen Rechte") verwendet, so bestimmt sich der Umfang der Nutzungsrechte nach dem jeweiligen Vertragszweck (§ 31 Abs. 5 UrhG). Wird beispielsweise ein Foto für eine bestimmte Werbekampagne bestellt, dann darf der Auftraggeber die Aufnahme auch nur für diese Werbekampagne verwenden, da der Zweck des Vertrages keine weitergehenden Nutzungsrechte erfordert.

Den Grundsatz, dass der Urheber im Zweifel keine weitergehenden Rechte überträgt als es der jeweilige Vertragszweck erfordert, bezeichnet man als Zweckübertragungsregel. Diese Regel soll gewährleisten, dass der Urheber an sämtlichen Erträgen aus der Verwertung seines Werkes angemessen beteiligt wird. Der Verwerter erwirbt deshalb im Zweifel nur diejenigen Rechte, die er für die vertraglich vorgesehene Nutzung des geschützten Werkes unbedingt benötigt.

Wer angesichts der Zweckübertragungsregel sichergehen will, dass er tatsächlich alle gewünschten und benötigten Nutzungsrechte erwirbt, muss die einzelnen Nutzungsarten bei Abschluss des Vertrages mit dem Urheber oder dem Rechtsinhaber ausdrücklich bezeichnen. Die pauschale Einräumung „sämtlicher Rechte" entspricht nicht den Anforderungen des § 31 Abs. 5 Satz 1 UrhG und umfasst daher in der Regel gerade nicht alle Rechte, sondern nur diejenigen Nutzungsarten, die mit dem Vertrag erkennbar beabsichtigt waren.

Prinzipiell reicht es aus, die einzelnen Nutzungsarten mündlich zu spezifizieren. Will man aber diese Spezifizierung später auch problemlos nachweisen können, dann ist eine schriftliche Fixierung der getroffenen Vereinbarungen unumgänglich. Deshalb sollte stets schriftlich (z.B. in einem Bestätigungsschreiben) festgehalten werden, auf welche konkreten Nutzungsarten sich die jeweils vereinbarte Nutzung erstrecken soll.

Die Notwendigkeit, die einzelnen Nutzungsarten konkret zu bezeichnen, führt in der Praxis häufig dazu, dass in Musterverträgen oder in den Allgemeinen Geschäftsbedingungen der Werbeagenturen und Verlage alle nur erdenklichen Nutzungsarten einzeln aufgelistet und konkret bezeichnet werden, obwohl manche Nutzungsarten (z.B. Verfilmung wissenschaftlicher Texte) überhaupt nicht geplant sind und mit Sicherheit auch nie realisiert werden. Solche Vertragsklauseln mögen zwar bewirken, dass der Verwerter alle aufgelisteten Nutzungsrechte erwirbt. Die Frage ist aber, ob er damit nicht ein Eigentor schießt. Da der Urheber nach dem neuen Urhebervertragsrecht stets Anspruch darauf hat, dass er für die Einräumung der Nutzungsrechte eine angemessene Vergütung erhält (§ 32 Abs. 1 Satz 3 UrhG), muss der Verwerter bei einem umfassenden Erwerb sämtlicher Nutzungsrechte auch eine entsprechend hohe Vergütung zahlen. Wer sich einerseits sämtliche Nutzungsrechte sichern, andererseits aber nur die Rechte bezahlen will, die er konkret benötigt, muss mit späteren Nachforderungen des Urhebers rechnen. Es kann dann passieren, dass die Differenz zwischen dem ursprünglich gezahlten Honorar und dem Honorar nachzuzahlen ist, das im Hinblick auf die umfassende Einräumung der Nutzungsrechte angemessen gewesen wäre. Deshalb sollte jeder Verwerter gut überlegen, ob es wirklich sinnvoll ist, sich von den Urhebern stets sämtlich Nutzungsrechte einräumen zu lassen.
Veräußert der Urheber das Original des Werkes, so räumt er damit dem Erwerber im Zweifel kein Nutzungsrecht ein. Handelt es sich allerdings um das Original eines Lichtbildwerkes (z.B. signierter und nummerierter Fotoprint), so ist der Eigentümer des Originals grundsätzlich berechtigt, das Werk öffentlich auszustellen.

Weiterübertragung von Nutzungsrechten

Wer vom Urheber Nutzungsrechte erworben hat, kann diese Rechte nur mit Zustimmung des Urhebers vollständig weiterübertragen. Lediglich im Rahmen der Gesamtveräußerung eines Unternehmens oder der Veräußerung von Teilen eines Unternehmens ist eine Übertragung von Nutzungsrechten ausnahmsweise auch ohne Zustimmung des Urhebers möglich. Der Erwerber der Nutzungsrechte haftet dann allerdings gesamtschuldnerisch für die Erfüllung der Verpflichtungen, die sich für den Veräußerer aus dem Vertrag mit dem Urheber ergeben.
Will ein ausschließlich Nutzungsberechtigter seine Rechtsposition zwar nicht aufgeben, aber anderen Personen ein weiteres Nutzungsrecht einräumen, so ist das ebenso wie die Weiterübertragung des (ausschließlichen) Nutzungsrechts nur mit Zustimmung des Urhebers möglich. Der Urheber darf seine Zustimmung sowohl bei der vollständigen Weiterübertragung von Nutzungsrechten als auch bei der Einräumung weiterer Nutzungsrechte nicht wider Treu und Glauben verweigern.

Verletzung von Urheberrechten und ausschließlichen Nutzungsrechten

Das Urheberrechtsgesetz verbietet Eingriffe in das Urheberpersönlichkeitsrecht und in die Verwertungsrechte des Urhebers. Wer ein Werk ohne Zustimmung des Urhebers veröffentlicht, vervielfältigt oder verbreitet, begeht ebenso eine Urheberrechtsverletzung wie derjenige, der bei einer erlaubten Veröffentlichung die vom Urheber bestimmte Urheberbezeichnung einfach weglässt oder das Werk entstellt.
Entsprechendes gilt bei rechtswidrigen Eingriffen in ein Leistungsschutzrecht. Die unerlaubte Verwertung von einfachen Lichtbildern kann daher in gleicher Weise verfolgt werden wie eine Urheberrechtsverletzung.

Anspruchsberechtigte und Anspruchsgegner

Gegen Eingriffe in ein ausschließliches Nutzungsrecht kann sich nicht nur der Urheber zur Wehr setzen, sondern auch der Inhaber des Nutzungsrechts. Der Auftraggeber, der sich das ausschließliche Nutzungsrecht an einer Fotografie einräumen lässt, erhält also eine ähnlich starke Rechtsposition wie der Fotograf selbst. Außerdem sind auch die Verwertungsgesellschaften berechtigt, gegen jede Verletzung der ihnen eingeräumten Rechte vorzugehen.
Die Ansprüche, die sich aus einer Urheberrechtsverletzung ergeben, richten sich gegen jeden, der die Rechtsverletzung (mit)verursacht hat. Wird z.B. ein Foto ohne Zustimmung des Fotografen in einer Zeitschrift veröffentlicht, so kann dafür nicht nur der Redakteur belangt werden, der den „Raubdruck" unmittelbar veranlasst hat, sondern auch der Zeitungsverleger, der Drucker und sogar der Händler, der die Zeitung verkauft.

Zivilrechtliche Folgen der Rechtsverletzung

Unterlassungsanspruch

Wer ein urheberrechtlich geschütztes Werk unerlaubt nutzt oder verändert oder auf sonstige Weise in die Rechte eines Urhebers oder Nutzungsberechtigten eingreift, muss diese Rechtsverletzung sofort einstellen. Das gilt auch für Personen, die gutgläubig handeln und überhaupt nicht wissen, dass sie die Urheberrechte eines anderen verletzen.
Der Berechtigte kann verlangen, dass der Rechtsverletzer eine Unterlassungserklärung abgibt und sich verpflichtet, für jeden Fall der Zuwiderhandlung gegen diese Unterlassungserklärung eine angemessene Vertragsstrafe zu zahlen.

Schadensersatzanspruch

Werden die Rechte des Urhebers oder eines Nutzungsberechtigten vorsätzlich oder fahrlässig verletzt, besteht Anspruch auf Schadensersatz. Bei der Bemessung des Schadens gibt es grundsätzlich drei Möglichkeiten:

- Falls der Berechtigte eine Vermögenseinbuße erlitten hat oder ihm beispielsweise wegen der Urheberrechtsverletzung ein Gewinn entgangen ist, kann er Ersatz der Vermögenseinbuße und des entgangenen Gewinns verlangen.
- Falls sich nachweisen lässt, dass der Verletzer durch die Rechtsverletzung einen Gewinn erzielt hat, kann der Berechtigte die Herausgabe des Gewinns verlangen.
- Der Berechtigte hat die Möglichkeit, die Zahlung einer angemessenen Lizenzgebühr zu verlangen. Die Höhe der Lizenzgebühr hängt davon ab, was der Verletzer bei ordnungsgemäßem Erwerb der Nutzungsrechte üblicherweise an den Urheber hätte zahlen müssen.

Der Berechtigte hat die freie Wahl, welche dieser drei Berechnungsarten er anwenden will. In der Praxis wird meist die Zahlung einer angemessenen Lizenzgebühr verlangt.

Auskunftsanspruch

Wenn der Berechtigte zwar über die Verletzung seiner Rechte informiert ist, aber den genauen Umfang der Rechtsverletzung nicht kennt, hat er gegen den Verletzer einen Anspruch auf Auskunftserteilung. Er kann nicht nur über das Ausmaß der Urheberrechtsverletzung, sondern z.B. auch darüber eine Auskunft verlangen, welche Gewinne der Verletzer durch die Rechtsverletzung erzielt hat.

Anspruch auf Vernichtung, Rückruf und Überlassung

Schließlich kann der Urheber auch verlangen, dass alle rechtswidrig hergestellten Reproduktionen seines Werkes, die sich im Besitz oder Eigentum des Verletzers befinden, vernichtet und bereits weitergegebene Vervielfältigungsstücke zurückgerufen oder endgültig aus den Vertriebswegen entfernt werden. Statt der Vernichtung kann der Urheber gegen eine angemessene Vergütung, die die Herstellungskosten nicht übersteigen darf, die Überlassung der Vervielfältigungsstücke fordern, die sich im Eigentum des Verletzers befinden.

Strafbarkeit von Urheberrechtsverletzungen

Wer in anderen als den gesetzlich zugelassenen Fällen ohne Einwilligung des Berechtigten ein Werk oder die Bearbeitung bzw. Umgestaltung eines Werkes vervielfältigt, verbreitet oder öffentlich wiedergibt, wird mit Freiheitsstrafen bis zu drei Jahren oder mit einer Geldstrafe bestraft. Erfolgt die Vervielfältigung oder Verbreitung gewerbsmäßig, kann die Freiheitsstrafe sogar bis zu fünf Jahren betragen. Strafbar sind solche Urheberrechtsverletzungen allerdings nur, wenn der Täter vorsätzlich handelt.

Wahrnehmung von Urheberrechten durch die VG Bild-Kunst

Funktion der Verwertungsgesellschaften

Verwertungsgesellschaften haben die Aufgabe, für die Urheber eine Reihe von Nutzungsrechten und Vergütungsansprüchen treuhänderisch wahrzunehmen. Es handelt sich dabei in erster Linie um Rechte und Ansprüche, die die Urheber aufgrund gesetzlicher Vorschriften oder aus praktischen Gründen nicht individuell wahrnehmen können und die sie deshalb einer Verwertungsgesellschaft zur kollektiven Wahrnehmung anvertrauen.

So schließt das Urheberrechtsgesetz bei einigen Vergütungsansprüchen, die den Urhebern aufgrund gesetzlicher Lizenzen zustehen, eine individuelle Wahrnehmung von vornherein aus. Die Bibliothekstantieme (§ 27 Abs. 2 UrhG), die Pressespiegelvergütung (§ 49 Abs.1 UrhG) und die Fotokopierabgabe (§§ 54 a, 54 h UrhG) können nur durch eine Verwertungsgesellschaft geltend gemacht werden. Der Urheber selbst hat keine Möglichkeit, diese Vergütungen einzufordern. Dasselbe gilt z.B. für die Auskunftsansprüche zum Folgerecht (§ 26 UrhG), die ebenfalls nur über eine Verwertungsgesellschaft durchzusetzen sind.

Bei anderen Rechten und Ansprüchen, deren Wahrnehmung durch Verwertungsgesellschaften gesetzlich nicht vorgeschrieben ist, ist eine individuelle Wahrnehmung oft deshalb nicht möglich, weil die Urheber mit der Erfassung und Abrechnung der einzelnen Nutzungen schlichtweg überfordert sind. Dabei handelt es sich vor allem um solche Nutzungen, die massenhaft erfolgen und allein schon wegen ihrer Vielzahl nicht individuell erfasst und abgerechnet werden können (z.B. Weitersendung von geschützten Werken über Kabel- und Satellitensysteme). Hier sind die Urheber zur Wahrnehmung ihrer Rechte auf die Durchsetzungskraft und das Know-how der Verwertungsgesellschaften angewiesen.

Die zum Teil gesetzlich vorgegebene, teilweise aber auch nur durch faktische Zwänge bedingte Kollektivierung der Rechtswahrnehmung ist für die Urheber eine zweischneidige Sache. Einerseits ist es natürlich sehr praktisch und bequem, dass sich die Verwertungsgesellschaften um die Durchsetzung urheberrechtlicher Ansprüche kümmern. Auf der anderen Seite verlieren aber die Urheber dadurch, dass sie ihre Rechte einer Verwertungsgesellschaft zur kollektiven Wahrnehmung überlassen, ihre individuelle Entscheidungsfreiheit. Da die Verwertungsgesellschaften verpflichtet sind, jedermann zu angemessenen Bedingungen Nutzungsrechte einzuräumen (Abschlusszwang), kann ein Urheber, der seine Rechte kollektiv wahrnehmen lässt, die konkrete Verwendung seiner Werke nicht mehr steuern und auch nicht mehr über die Bedingungen der Rechtevergabe bestimmen. Es kommt hinzu, dass die kollektive Wahrnehmung von Urheberrechten zwangsläufig zu einer Monopolisierung dieser Rechte bei den Verwertungsgesellschaften führt, was – auch für die Urheber – durchaus nachteilig sein kann.

Zuständigkeit und Organisation der Verwertungsgesellschaft Bild-Kunst

In Deutschland gibt es zur Zeit elf Verwertungsgesellschaften. Die wohl bekannteste ist die Gesellschaft für musikalische Aufführungs- und mechanische Vervielfältigungsrechte (GEMA), der die Komponisten, Textdichter und Musikverleger angeschlossen sind. Für die bildenden Künstler, die Bildautoren (Fotografen, Fotodesigner, Grafikdesigner etc.), die Filmurheber und die Filmproduzenten ist die Verwertungsgesellschaft Bild-Kunst zuständig.

Die VG Bild-Kunst nimmt die Verwertungsrechte und Vergütungsansprüche wahr, die ihr von den Mitgliedern durch die Wahrnehmungsverträge übertragen werden. Im Rahmen von Gegenseitigkeitsverträgen arbeitet sie außerdem mit Partnergesellschaften im europäischen Ausland, in den USA, in einigen Ländern Südamerikas und in Australien zusammen. Aufgrund dieser Zusammenarbeit werden die Rechte der Mitglieder der VG Bild-Kunst auch im Ausland wahrgenommen. Außerdem vertritt die VG Bild-Kunst in Deutschland ausländische Künstler, die einer Partnergesellschaft angeschlossen sind.

Die VG Bild-Kunst ist ein „rechtsfähiger Verein kraft staatlicher Verleihung". Ihr Aufgabenbereich und ihre organisatorische Struktur sind in einer Satzung festgelegt. Die Tätigkeit der VG Bild-Kunst unterliegt der Aufsicht des Deutschen Patent- und Markenamtes (DPMA).

Die VG Bild-Kunst ist in drei Berufsgruppen unterteilt. In der Berufsgruppe I sind die bildenden Künstler, in der Berufsgruppe II die Bildautoren und Bildagenturen und in der Berufsgruppe III die Filmurheber und Filmproduzenten organisiert. Mitglieder- und Berufsgruppenversammlungen finden in der Regel einmal jährlich statt. Wer nicht persönlich teilnehmen kann, hat die Möglichkeit der Stimmübertragung.

Die Mitgliederversammlung der VG Bild-Kunst wählt alle drei Jahre einen Verwaltungsrat, in dem alle Berufsgruppen gleichmäßig vertreten sind. Der Verwaltungsrat wählt den Vorstand und überwacht die Geschäftsführung des Vorstandes. Er ist außerdem für die Abfassung des Wahrnehmungsvertrages zuständig.

Der Vorstand besteht aus je einem ehrenamtlich tätigen Mitglied der Berufsgruppen I, II und III sowie einem geschäftsführenden hauptamtlichen Vorstandsmitglied.

Die VG BILD-KUNST unterhält ein Sozialwerk, das bedürftige Urheber in Notfällen unterstützt. Zur Erfüllung seiner Aufgaben werden dem Sozialwerk Anteile aus dem Gebührenaufkommen der Verwertungsgesellschaft zugeführt. Jedes bedürftige Mitglied kann beim Sozialwerk Unterstützung beantragen. Die Zuwendungen sind abhängig von den zur Verfügung stehenden Mitteln.

Der Beitritt zur VG Bild-Kunst erfolgt durch Abschluss eines Wahrnehmungsvertrages. Die Mitgliedschaft ist kostenlos. Zur Deckung der Verwaltungskosten werden entsprechend den Bestimmungen des Verteilungsplans je nach Wahrnehmungsgebiet 10 bis 15 Prozent der Einnahmen einbehalten.

Wahrnehmungsverträge

Die VG Bild-Kunst erwirbt die von ihr wahrzunehmenden Rechte und Vergütungsansprüche durch die bereits erwähnten Gegenseitigkeitsverträge, die sie mit ausländischen Partnergesellschaften abschließt, und insbesondere durch die mit den einzelnen Berechtigten (Urhebern, Rechtsinhabern) abgeschlossenen Wahrnehmungsverträge.

Der Inhalt der Wahrnehmungsverträge wird von der VG Bild-Kunst durch ein Formular vorgegeben. Es gibt derzeit zwei Vertragsformulare – ein gemeinsames für die Mitglieder der Berufsgruppen I und II und eines für die Mitglieder der Berufsgruppe III. Bei Unterzeichnung des Formulars für die Berufsgruppen I und II müssen die Berechtigten angeben, welcher der beiden Berufsgruppen sie beitreten wollen. Mitglieder der Berufsgruppen I und II haben die Möglichkeit, zusätzlich einen Wahrnehmungsvertrag für die Berufsgruppe III abzuschließen, falls sie auch Inhaber von Filmrechten sind (z.B. ein Fotograf, der auch Filme produziert).

Mit Abschluss des Wahrnehmungsvertrages werden der VG Bild-Kunst alle Rechte und Ansprüche übertragen, die in § 1 des Vertrages in einem umfangreichen Katalog aufgelistet sind. Die Rechtsübertragung gilt für alle Länder und umfasst nicht nur die bei Vertragsabschluss bereits bestehenden, sondern auch die künftig erst entstehenden Rechte. Bei einzelnen Rechten besteht allerdings die Möglichkeit eines Rückrufs, d.h. der Berechtigte kann in Einzelfällen eine Rückübertragung der Rechte verlangen, um diese Rechte dann wieder selbst wahrzunehmen.

Wahrnehmungsverträge werden mit der VG Bild-Kunst zunächst für die Dauer von drei Jahren abgeschlossen. Sie verlängern sich jeweils stillschweigend um ein weiteres Jahr, wenn sie nicht mit einer Frist von sechs Monaten zum Jahresende gekündigt werden. Mit Beendigung des Vertrages fallen die Rechte an den Berechtigten zurück.

Umfang der Rechtewahrnehmung

Rechtekatalog des Wahrnehmungsvertrages

Mitglieder der Berufsgruppe II, zu der auch die Fotografen und Fotodesigner gehören, übertragen der VG Bild-Kunst mit Unterzeichnung des Wahrnehmungsvertrages folgende Rechte und Ansprüche zur Wahrnehmung und Einziehung:

- das Vorführungsrecht gemäß § 19 Abs. 4 UrhG;
- das Recht zur Kabelweitersendung gemäß § 20 b Abs. 1 UrhG sowie den Vergütungsanspruch für die Kabelweitersendung gemäß § 20 b Abs. 2 UrhG;

- das Recht der Wiedergabe der Wiedergabe von Funksendungen und der Wiedergabe von öffentlicher Zugänglichmachung gemäß § 22 UrhG;
- den Auskunfts- und Vergütungsanspruch bei Weiterveräußerung eines Werkes der bildenden Kunst oder eines Lichtbildwerkes gemäß § 26 UrhG;
- das Vermiet- und Verleihrecht für Vervielfältigungsstücke und Werkoriginale einschließlich Bildträger und hieraus folgende bzw. an dessen Stelle tretende Vergütungsansprüche gemäß § 17 Abs. 2 und 3 sowie § 27 UrhG;
- den Vergütungs- und Auskunftsanspruch gegen die Hersteller, Importeure und Betreiber von Vervielfältigungsgeräten und Speichermedien gemäß §§ 53, 54, 54 c und f UrhG sowie das Recht zur Durchführung von Kontrollbesuchen gemäß § 54 g UrhG;
- das Recht der Vervielfältigung, Verbreitung, öffentlichen Wiedergabe und Archivierung von einzelnen erschienenen Werken in herkömmlichen und/oder elektronischen Pressespiegeln sowie die Vergütungsansprüche gemäß § 49 Abs. 1 Satz 2 UrhG;
- den Vergütungsanspruch für die öffentliche Zugänglichmachung zu Unterrichts- und Forschungszwecken gemäß § 52 a UrhG;
- das Recht, in wissenschaftlichen Zeitschriften und Zeitungen erschienene Beiträge im Wege der Retrodigitalisierung zu vervielfältigen und die digitalen Kopien öffentlich zugänglich zu machen;
- den Vergütungsanspruch für den Kopienversand auf Bestellung gemäß § 53 a UrhG;
- den Vergütungsanspruch für die Wiedergabe von Werken an elektronischen Leseplätzen in öffentlichen Bibliotheken, Museen und Archiven gemäß § 52 b UrhG;
- den Vergütungsanspruch für die Vervielfältigung und Verbreitung zugunsten behinderter Menschen gemäß § 45 a UrhG;
- das Recht der öffentlichen Zugänglichmachung von Abbildungen, die in Büchern veröffentlicht sind, soweit die Zugänglichmachung durch Internet-Suchprogramme erfolgt, der Zusammenhang der Abbildungen mit den Texten und dem Seitenlayout der Bücher erhalten bleibt und die Bücher weder vollständig noch auszugsweise zum Download angeboten werden;
- den Vergütungsanspruch für die Aufnahme neuer Nutzungsarten gemäß § 137 l Abs. 5 UrhG;
- das Recht, Beiträge zu gedruckten Sammlungen und Sammelwerken auf digitalen Offline-Produkten (z.B. DVD) gemäß §§ 16, 17 Abs. 1 UrhG zu vervielfältigen und zu verbreiten, sofern für diese Nutzung keine entsprechende individuelle Rechtseinräumung erfolgt ist und der Verleger die Sammlung oder das Sammelwerk weitgehend unverändert als digitales Offline-Produkt selbst herausbringt oder seine Einwilligung zu einer solchen Nutzung erteilt hat;
- das Senderecht gemäß § 20 UrhG einschließlich des Rechts der grenzüberschreitenden Satellitensendung gemäß § 20 a UrhG für alle Sendungen von Werken und Lichtbildern, die in Büchern veröffentlicht wurden.

Rückübertragung von Rechten

Wer mit der VG Bild-Kunst einen Wahrnehmungsvertrag abschließt, hat die Möglichkeit, später die Rückübertragung einzelner Rechte zu verlangen. Die Rückübertragung kann allerdings nicht generell, sondern immer nur für einen bestimmten Einzelfall gefordert werden. Außerdem ist eine Rückübertragung auch nicht bei allen Rechten, sondern nur bei den Rechten möglich, die in dem Rechtekatalog des Wahrnehmungsvertrages unter § 1 Nr. 1 a und m sowie Nr. 3 b aufgeführt sind.

Verhältnis zwischen VG Bild-Kunst und Verwertern

Abschlusszwang

Die Verwertungsgesellschaften sind verpflichtet, die ihnen anvertrauten Rechte auszuüben und jedermann auf Verlangen zu angemessenen Bedingungen Nutzungsrechte einzuräumen. Während also ein Urheber bei der individuellen Wahrnehmung seiner Rechte frei entscheiden kann, ob und mit wem er einen Lizenzvertrag abschließt, besteht bei der kollektiven Rechtewahrnehmung durch die Verwertungsgesellschaften ein Abschlusszwang. Das bedeutet, dass ein Bildurheber mit der Übertragung seiner Rechte auf die VG Bild-Kunst die Möglichkeit verliert, die Nutzung der übertragenen Rechte individuell zu steuern und über den Abschluss von Lizenzverträgen selbst zu entscheiden.
Dem Zwang zum Abschluss von Lizenzverträgen kann sich eine Verwertungsgesellschaft nicht dadurch entziehen, dass sie unangemessen hohe Lizenzvergütungen fordert, denn das Gesetz schreibt eine Lizenzierung „zu angemessenen Bedingungen" ausdrücklich vor. Ein Verwerter, der die von der Verwertungsgesellschaft geforderte Vergütung für zu hoch hält, braucht nicht erst abzuwarten, bis eine Einigung über die Höhe der Vergütung zustande kommt oder die angemessene Vergütung gerichtlich festgesetzt wird. Vielmehr kann er mit der gewünschten Nutzung sofort beginnen, sofern er die von der Verwertungsgesellschaft geforderte Vergütung unter Vorbehalt zahlt oder beim Amtsgericht hinterlegt.

Festlegung der Lizenzvergütung

Verwertungsgesellschaften sind private Wirtschaftsunternehmen, die ihre Lizenzgebühren nicht einseitig festsetzen können, sondern mit den Verwertern vertraglich vereinbaren müssen. Dazu werden Gesamtverträge oder Einzelverträge abgeschlossen.
Gesamtverträge sind Rahmenvereinbarungen zwischen einer Verwertungsgesellschaft und einer Nutzervereinigung. Es handelt sich um Normverträge, in denen allgemein die Bedingungen festgelegt werden, zu denen die Mitglieder der Vereinigung die von der Verwertungsgesellschaft wahrgenommenen

Rechte erwerben können. Solche Verträge erleichtern den Verwertungsgesellschaften die Verwaltungsarbeit und haben für die Mitglieder der Nutzervereinigung den Vorteil, dass ihnen Vorzugskonditionen gegenüber den Einzelnutzern eingeräumt werden – meist in Form eines Abschlags von 20 Prozent auf den einschlägigen Vergütungstarif.
Einzelverträge werden normalerweise auf der Basis der Tarife abgeschlossen, die jede Verwertungsgesellschaft für ihren Bereich aufzustellen hat und die im Bundesanzeiger veröffentlicht werden. Auch die VG Bild-Kunst hat für die Nutzung von Werken der bildenden Kunst und für die Nutzung von Fotografien ein Tarifwerk ausgearbeitet, das die Höhe der Lizenzvergütungen medien- und nutzungsbezogen bestimmt und das ähnlich strukturiert ist wie die Honorarlisten der Mittelstandsgemeinschaft Foto-Marketing (MFM).

Schiedsstelle

Bei Streitigkeiten zwischen einer Verwertungsgesellschaft und einzelnen Verwertern kann jeder Beteiligte die beim Deutschen Patent- und Markenamt eingerichtete Schiedsstelle anrufen. Die Schiedsstelle ist außerdem zuständig für Streitigkeiten über den Abschluss oder die Änderung eines Gesamtvertrages.
Die Schiedsstelle ist ähnlich wie ein Gericht besetzt. Sie trifft aber keine Entscheidungen, sondern unterbreitet als Schlichterin lediglich einen Einigungsvorschlag, den die Beteiligten annehmen oder ablehnen können. Bei Streitigkeiten über Gesamtverträge und bei Tarifstreitigkeiten muss zunächst die Schiedsstelle angerufen werden, bevor ein Beteiligter Klage vor einem ordentlichen Gericht erheben kann.

Verteilung der Einnahmen

Die Verwertungsgesellschaften sind verpflichtet, die Einnahmen aus ihrer Tätigkeit an ihre Mitglieder weiterzugeben. Die Aufteilung der Erlöse hat nach festen Regeln zu erfolgen, die ein willkürliches Vorgehen ausschließen. Zu diesem Zweck werden Verteilungspläne aufgestellt, in denen detailliert festgelegt ist, welcher Erlösanteil zur Deckung der Verwaltungskosten einbehalten, welcher Anteil dem Sozialwerk oder kulturellen Zwecken zugeführt und nach welchen Grundsätzen der verbleibende Überschuss unter den Mitgliedern verteilt wird.
Auch die VG Bild-Kunst verteilt ihre Einnahmen nach den Verteilungsplänen, die von der Mitgliederversammlung beschlossen wurden. Dabei gilt der allgemeine Grundsatz, dass jeder Berechtigte den auf die Nutzung seiner Werke entfallenden Anteil am Ertrag erhalten soll. Soweit allerdings der individuelle Anteil der Nutzung am Ertrag nicht oder nicht mit angemessenen Mitteln feststellbar ist, erfolgt die Verteilung des Erlöses pauschal nach allgemeinen Bewertungs- und Verteilungsregeln, also ohne Rücksicht auf die tatsächliche Nutzung der einzelnen Werke.

Der Überschuss, der nach Abzug der Verwaltungskosten und der Zuweisungen für soziale und kulturelle Zwecke verbleibt, wird nach den speziellen Verteilungsplänen, die es bei der VG Bild-Kunst für die einzelnen Wahrnehmungsbereiche gibt, unter den Urhebern und sonstigen Berechtigten (Verlegern, Bildagenturen) aufgeteilt. Die Verteilungspläne der einzelnen Sparten sind zum Teil sehr kompliziert und für jemanden, der mit solchen Plänen nicht vertraut ist, nur schwer zu durchschauen. Wer sich genauer informieren möchte, kann die Verteilungspläne bei der VG Bild-Kunst anfordern.

Anmeldung von Rechten und Ansprüchen

Damit insbesondere die Ausschüttungen aus der Bibliothekstantieme, der Lesezirkelabgabe, der Pressespiegel- und Fotokopiervergütung sowie der Vergütung für Kabelweitersendungen richtig berechnet werden können, müssen die Mitglieder regelmäßige Meldungen über die Nutzung ihrer Werke an die VG Bild-Kunst schicken. Für solche Meldungen gibt es spezielle Formulare: den Meldezettel Buch, den Meldezettel digitale Medien (CD/DVD/Webseite) und die Meldekarte für Honorare.
Der *Meldezettel Buch* erfasst die Werke, die in Buchform veröffentlicht bzw. für ein Buch genutzt werden. Für jedes Buch ist ein gesonderter Meldezettel auszufüllen. Anzugeben ist zunächst das Erscheinungsjahr, da Ausschüttungen nach dem Verteilungsplan nur für fünf Jahre nach der letzten Auflage eines Buches vorgesehen sind. Außerdem ist anzukreuzen, um welchen Buchtyp es sich handelt (z.B. Sachbuch, Kinder- und Jugendbuch, Schulbuch) und welche Art von Werken in welcher Anzahl in dem Buch enthalten sind.
Der *Meldezettel digitale Medien* erfasst die Werke, die auf einer CD, einer DVD oder einer Webseite erschienen sind. Auch hier ist für jedes Medium ein gesonderter Meldezettel auszufüllen und anzugeben, wie viele Fotos in dem jeweiligen Medium enthalten sind.
Die *Meldekarte für Honorare* erfasst die Veröffentlichungen in Zeitungen und Zeitschriften sowie die Nutzung von urheberrechtlich geschützten Werken durch Fernsehanstalten. Anzugeben sind die Nettohonorarsummen (ohne Mehrwertsteuer), die für Beiträge im redaktionellen oder werblichen Teil dieser Medien gezahlt wurden. Bei einer honorarfreien Veröffentlichung einzelner Werke ist auf der Honorarmeldekarte formlos die Anzahl dieser Werke mitzuteilen.
Voraussetzung für die Beteiligung an den Ausschüttungen der Bibliothekstantieme, der Pressespiegelvergütung etc. ist eine fristgerechte Meldung. Meldeschluss für das Kalenderjahr, für das ein Anteil an den Ausschüttungen beansprucht wird, ist der 30. August des darauffolgenden Jahres. Die Meldezettel können direkt von der Webseite der VG Bild-Kunst heruntergeladen werden.
• www.bildkunst.de > Download > Meldeformulare

Soweit die VG Bild-Kunst einzelne Rechte wahrnimmt, die in den genannten Meldeformularen nicht erfasst werden, ermittelt die Verwertungsgesellschaft die für die Erlösverteilung maßgebenden Daten teilweise selbst (z. B. bei den Erlösen aus der Wahrnehmung des Folgerechts). Im Übrigen muss das Mitglied die Verwertung seiner (kollektiv wahrgenommenen) Rechte formlos anmelden.

Rechte Dritter am Aufnahmegegenstand 11

Recht am eigenen Bild

Bei Aufnahmen, auf denen Personen zu sehen sind, müssen die Persönlichkeitsrechte der Betroffenen und insbesondere das Recht am eigenen Bild respektiert werden. Das Recht am eigenen Bild ist im „Gesetz betreffend das Urheberrecht an Werken der bildenden Künste und der Photographie" vom 9. Januar 1907 geregelt. Dieses Gesetz, das man abgekürzt als Kunsturhebergesetz (KUG) bezeichnet, ist zwar durch das seit 1965 geltende Urheberrechtsgesetz weitgehend außer Kraft gesetzt worden. Es gelten aber immer noch die Paragrafen des KUG, die sich mit dem Recht am eigenen Bild befassen.

Entstehungsgeschichte des KUG

Der Auslöser dafür, dass mit dem Kunsturhebergesetz das Recht am eigenen Bild eingeführt wurde, war der erste „Paparazzi"-Fall der Fotogeschichte: Als Bismarck am 30. Juli 1898 um elf Uhr nachts starb, gelang es wenige Stunden später zwei Fotografen, in das Sterbezimmer einzudringen und den Leichnam zu fotografieren. Zu einer Veröffentlichung kam es allerdings nicht, weil die Fotoplatten und Abzüge sofort beschlagnahmt wurden.
Das Verbot der Verbreitung der Fotos konnten die Gerichte damals nur darauf stützen, dass die beiden Fotografen Hausfriedensbruch begangen hatten. Dieses juristische Instrumentarium war natürlich zu dürftig, um die mit dem Aufkommen der Fotografie verbundenen Auswüchse auf Dauer in den Griff zu bekommen. Deshalb wurde kurz darauf das Recht am eigenen Bild „erfunden".

Grundregel des § 22 KUG

Die Grundregel lautet: Bildnisse dürfen nur mit Einwilligung des Abgebildeten verbreitet oder öffentlich zur Schau gestellt werden.

Bildnis

Ein Bildnis ist die erkennbare Wiedergabe des äußeren Erscheinungsbildes einer Person.

Person

Das Bildnis muss einen Menschen abbilden. Der Abgebildete muss weder geschäftsfähig noch einsichtsfähig sein, so dass auch für Säuglinge, Kleinkinder und Schulkinder ein Bildnisschutz besteht. Es spielt keine Rolle, ob es sich bei der abgebildeten Person um einen Lebenden oder Toten handelt. Der Bildnisschutz umfasst daher auch Abbildungen verstorbener Menschen (z.B. Fotos von Leichen oder Totenmasken).

Erkennbarkeit

Eine Verletzung des Rechts am eigenen Bild kommt nur dann in Betracht, wenn die abgebildete Person auf dem Foto erkennbar ist. Dazu müssen nicht unbedingt die Gesichtszüge sichtbar sein. Es genügt, wenn bestimmte Merkmale zu sehen sind, die Rückschlüsse auf die Identität des Abgebildeten zulassen, oder wenn die Begleitumstände (z.B. Namensnennung im Text) solche Rückschlüsse ermöglichen. Die Erkennbarkeit innerhalb des Freundes- und Bekanntenkreises reicht aus. Der häufig zur Anonymisierung verwendete „schwarze Balken" über den Augen verhindert nicht unbedingt, dass die abgebildete Person zumindest für Freunde oder Bekannte erkennbar bleibt.

Bei fehlender Erkennbarkeit scheidet eine Verletzung des Rechts am eigenen Bild aus. Es kann dann aber – beispielsweise bei einer Nacktaufnahme ohne Zustimmung des Abgebildeten – eine Beeinträchtigung des allgemeinen Persönlichkeitsrechts vorliegen.

Doppelgänger (Lookalikes)

Die Abbildung des Doppelgängers einer berühmten Person ist als Bildnis der berühmten Person anzusehen, wenn der Eindruck erweckt wird, bei dem Doppelgänger handele es sich um die berühmte Person selbst. Dabei spielt es keine Rolle, ob dieser Eindruck durch die Ähnlichkeit der Gesichtszüge oder durch andere, die prominente Person kennzeichnende Einzelheiten hervorgerufen wird. So ist beispielsweise die Abbildung eines Doubles, das sich in den Gesichtszügen erkennbar von Marlene Dietrich unterscheidet, dennoch zugleich ein Dietrich-Bildnis, wenn das Double das äußere Erscheinungsbild von Marlene Dietrich in ihrer Rolle als „Blauer Engel" nachahmt und so der Eindruck erweckt wird, als handele es sich um eine Abbildung der berühmten Schauspielerin in dieser Rolle.

Verbreitung und öffentliche Zurschaustellung

§ 22 Satz 1 KUG verbietet die Verbreitung und öffentliche Zurschaustellung von Bildnissen ohne Einwilligung des Abgebildeten. Das Verbot der Verbreitung erfasst jede Form der unerlaubten Verbreitung, also auch das Verschenken von Fotoabzügen im privaten Bereich. Die Zurschaustellung bedarf dagegen nur dann der Einwilligung des Abgebildeten, wenn sie öffentlich geschieht (z.B. Aushang im Schaukasten des Fotografen oder Wiedergabe im Fernsehen).

Die Tatsache, dass § 22 Satz 1 KUG nur die Verbreitung und Zurschaustellung von Bildnissen verbietet, bedeutet nicht, dass die Anfertigung von Personenaufnahmen auch ohne Einwilligung der Betroffenen zulässig ist. Wer unbefugt Personen aufnimmt, die sich in einer Wohnung oder einem gegen Einblick besonders geschützten Raum befinden, macht sich strafbar, sofern er dadurch den höchstpersönlichen Lebensbereich der Betroffenen verletzt (§ 201 a StGB). Verboten ist nicht nur die Herstellung und Weitergabe, sondern ebenso der unbefugte Gebrauch solcher Aufnahmen. Es können also auch diejenigen strafrechtlich belangt werden, die unbefugt aufgenommene Personenfotos als Verleger oder Redakteure ankaufen und an die Öffentlichkeit bringen.

Einwilligung

Einwilligungserklärung

Die für die Verbreitung und Zurschaustellung von Personenaufnahmen erforderliche Einwilligung der abgebildeten Personen kann ausdrücklich oder stillschweigend erteilt werden. Eine schriftliche Erklärung ist nicht zwingend erforderlich, aber vor allem bei heiklen Aufnahmen dringend zu empfehlen, damit die Erteilung der Einwilligung im Streitfall problemlos nachgewiesen werden kann.

Die Beweislast für eine rechtswirksam erteilte Einwilligung trägt normalerweise derjenige, der die Abbildung verbreitet oder öffentlich zeigt. Wenn allerdings der Abgebildete dafür, dass er sich abbilden lässt, eine Entlohnung erhält, sieht die Sache anders aus. In einem solchen Fall gilt die Einwilligung im Zweifel als erteilt (§ 22 Satz 2 KUG). Der Abgebildete kann diese gesetzliche Vermutung zwar widerlegen, doch liegt die Beweislast dafür, dass er trotz Entlohnung nicht in die Vervielfältigung und Verbreitung der Aufnahme eingewilligt hat, erst einmal bei ihm.

Einwilligung bei Minderjährigen

Die Einwilligung ist eine rechtsgeschäftliche Erklärung und setzt deshalb die unbeschränkte Geschäftsfähigkeit der abgebildeten Person voraus. Ist der Abgebildete minderjährig, gilt Folgendes:

Bei Kindern, die das siebente Lebensjahr noch nicht vollendet haben, kann die Einwilligung nur von den gesetzlichen Vertretern (im Regelfall also von den Eltern) erteilt werden. Hat ein Minderjähriger das siebente Lebensjahr vollendet, kann er zwar die Einwilligung selbst abgeben, doch bedarf diese Erklärung zu ihrer Wirksamkeit zusätzlich der Einwilligung der gesetzlichen Vertreter. Erklären sich die gesetzlichen Vertreter damit einverstanden, dass der Minderjährige nach Vollendung des siebenten Lebensjahres als Fotomodell oder Filmschauspieler arbeitet, und ermächtigen sie ihn, im Zusammenhang mit dieser Tätigkeit selbständig Verträge über Foto- und Filmaufnahmen abzuschließen, ist der Minderjährige insoweit unbeschränkt geschäftsfähig. In diesem Fall reicht seine Einwilligung aus.

Einwilligung nach dem Tod des Abgebildeten

Nach dem Tod des Abgebildeten muss für die Verbreitung und Zurschaustellung des Fotos die Einwilligung seiner Angehörigen eingeholt werden. Angehörige sind der überlebende Ehegatte und die Kinder oder – falls weder Ehegatte noch Kinder vorhanden sind – die Eltern des Abgebildeten. Der Schutz des Rechts am eigenen Bild und der Einwilligungsvorbehalt zugunsten der Angehörigen erlischt erst zehn Jahre nach dem Tod des Abgebildeten.

Reichweite der Einwilligung

Die Einwilligung kann unbeschränkt oder mit einer räumlichen, zeitlichen oder inhaltlichen Beschränkung erteilt werden. Da solche Beschränkungen unter Umständen auch konkludent, d.h. ohne ausdrückliche Erklärung erfolgen können, sollte der genaue Umfang der erteilten Einwilligung zur Vermeidung von Unklarheiten und späteren Streitigkeiten möglichst schriftlich (z.B. in einem Model Release) fixiert werden.

Die Einwilligung zu einer Presseveröffentlichung deckt nicht die spätere Nutzung des Fotos zu Werbezwecken. Ist umgekehrt die Einwilligung zu Werbezwecken erteilt (z.B. Nacktaufnahme für eine Badewannenwerbung), so kann daraus nicht das Recht abgeleitet werden, das Foto auch für einen schlüpfrigen publizistischen Artikel zu verwenden. Ebenso wenig hat das Einverständnis mit der Verbreitung eines Nacktfotos in einem Biologiebuch zur Folge, dass das Foto in den Medien zitiert werden darf.

Unwirksamkeit, Anfechtung und Widerruf der Einwilligung

Die Einwilligung des Abgebildeten deckt die Verbreitung und Zurschaustellung seines Bildnisses nur, wenn und solange sie wirksam ist. Die Wirksamkeit der Einwilligungserklärung kann von Anfang an fehlen oder dadurch entfallen, dass sie angefochten oder widerrufen wird.

Wird die Einwilligungserklärung von Personen abgegeben, die noch keine sieben Jahre alt oder dauerhaft geistesgestört sind, ist die Erklärung nichtig. Nichtig ist eine Einwilligungserklärung auch dann, wenn sie gegen ein gesetzliches Verbot oder gegen die guten Sitten verstößt. Von der Sittenwidrigkeit der Einwilligung ist generell dann auszugehen, wenn ihre Erteilung gegen grundlegende Wertungen der Rechtsordnung verstößt, weil in nicht hinnehmbarer Weise ein sensibler Lebensbereich kommerzialisiert oder ein Mensch zum bloßen Objekt eines anderen gemacht wird.

Die Einwilligungserklärung kann wie jede andere rechtsgeschäftliche Erklärung angefochten werden, wenn der Erklärende über den Inhalt seiner Erklärung im Irrtum war (Inhaltsirrtum) oder eine Erklärung dieses Inhalts überhaupt nicht abgeben wollte (Erklärungsirrtum). Ein Erklärungsirrtum liegt vor, wenn beispielsweise ein Model Release falsch ausgefüllt und die Einwilligung deshalb versehentlich für fünf Jahre statt nur für ein Jahr erteilt wird. Von einem Inhaltsirrtum ist auszugehen, wenn sich der Erklärende über die Art der Erklärung irrt (er glaubt, das Betreten seines Hauses zu genehmigen, erteilt aber tatsächlich die Zustimmung zur Anfertigung und Verwertung von Bildnissen seiner Person), wenn er sich über seinen Vertragspartner irrt (er glaubt, einem befreundeten Verleger die Abdruckerlaubnis zu erteilen, genehmigt aber tatsächlich die Verwertung seines Bildnisses durch einen fremden Verleger), wenn er sich über Art und Umfang der geplanten Veröffentlichung irrt (er glaubt, die Aufnahme für ein kleine Regionalzeitung freizugeben, gestattet aber tatsächlich den Abdruck in einer bundesweit erscheinenden Boulevardzeitung) oder wenn er sich über die Rechtsfolgen seiner Erklärung irrt (er glaubt, dass er nur die Anfertigung der Aufnahmen genehmigt, und verkennt, dass seine Erlaubnis auch die spätere Veröffentlichung abdeckt). Dagegen liegt weder ein Inhaltsirrtum noch ein Erklärungsirrtum vor, wenn lediglich das Motiv, das den Erklärenden zur Erteilung der Einwilligung veranlasst hat, auf irrigen Annahmen beruht. Wenn daher eine Schauspielerin irrtümlich glaubt, dass sie durch die Zustimmung zur Veröffentlichung ihres Bildnisses berühmt wird und interessante Rollen angeboten bekommt, dann berechtigt sie dieser Motivirrtum nicht zur nachträglichen Anfechtung ihrer Einwilligungserklärung.

In der Praxis kommt es nicht selten vor, dass sich ein Fotograf die für die Bildnutzung erforderliche Einwilligungserklärung durch eine arglistige Täuschung verschafft. Getäuscht wird der Abgebildete in solchen Fällen meist über den Zweck, für den die Bilder bestimmt sind. So wird etwa einem Fotomodell erklärt, dass es lediglich um Probeaufnahmen geht, obwohl die Bilder tatsächlich in einer Zeitschriften veröffentlicht werden sollen. Oder einem Schönheitschirurgen wird vorgespiegelt, dass man mit den Aufnahmen über seine erfolgreiche Arbeit berichten will, während tatsächlich beabsichtigt ist, ihn als Pfuscher darzustellen. In solchen Fällen ist die Einwilligungserklärung nach der herrschenden Rechtsauffassung zwar zunächst wirksam, doch hat der Abgebildete die Möglichkeit, seine Erklärung wegen arglistiger Täuschung anzufechten.

Wird eine Einwilligungserklärung wirksam angefochten, ist sie von Anfang an nichtig. Auch die vor der Anfechtung erfolgten Bildnutzungen sind dann nicht mehr durch die Einwilligung gedeckt. Daraus können sich für den Abgebildeten in den Fällen, in denen die Anfechtung wegen arglistiger Täuschung erfolgt, Schadensersatzansprüche ergeben. Wird die Einwilligung dagegen wegen eines Erklärungs- oder Inhaltsirrtums angefochten, kann der Anfechtende seinerseits zum Ersatz des Schadens verpflichtet sein, den sein Vertragspartner oder ein Dritter dadurch erleiden, dass sie auf die Gültigkeit der Einwilligungserklärung vertraut haben.

Eine wirksam erteilte Einwilligung ist für den Erklärenden bindend und grundsätzlich nicht frei widerruflich. Ein Widerruf ist allenfalls in Ausnahmefällen denkbar. Umstritten ist, wann ein solcher Ausnahmefall vorliegt. Dazu wird teilweise die Auffassung vertreten, dass jedenfalls bei Aktfotos und ähnlich sensiblen Aufnahmen, bei denen der Kern des Persönlichkeitsrechts betroffen ist, jede Änderung der eigenen Überzeugung des Abgebildeten als Widerrufsgrund ausreicht. Nach herrschender Rechtsauffassung ist dagegen ein Widerruf der Einwilligung nur möglich, wenn dem Abgebildeten die weitere Verwendung der Aufnahmen wegen eines grundlegenden Überzeugungswandels nicht mehr zugemutet werden kann.

Folgt man der herrschenden Meinung, dann muss derjenige, der die Einwilligungserklärung abgegeben hat, zunächst die Umstände nachweisen, die zu einer Änderung seiner Einstellung geführt haben. Der bloße Wunsch, die frühere Entscheidung zu revidieren und die fraglichen Bilder aus dem Verkehr zu ziehen, reicht dazu nicht aus. Wenn der Nachweis eines grundlegenden Überzeugungswandels gelingt, ist als Nächstes zu prüfen, ob der mit der weiteren Bildverwertung verbundene Eingriff in das Persönlichkeitsrecht des Betroffenen so schwer wiegt, dass ihm ein Festhalten an der zuvor erteilten Einwilligung nicht länger zugemutet werden kann. Dazu bedarf es einer Abwägung zwischen dem Interesse des Abgebildeten an dem Schutz seines Persönlichkeitsrechts und dem Interesse des Empfängers der Einwilligungserklärung, der auf den Bestand dieser Erklärung vertraut. Bei dieser Interessenabwägung ist auf der einen Seite zu klären, wie nachhaltig das Persönlichkeitsrecht des Abgebildeten durch weitere Veröffentlichungen betroffen wäre, wie alt und geschäftserfahren er zum Zeitpunkt der Einwilligung war, ob er ein Entgelt für die Veröffentlichung erhalten hat und wie hoch dieses Entgelt war und welcher Zeitraum zwischen der Erteilung der Einwilligung und dem Widerruf liegt. Auf der anderen Seite ist zu berücksichtigen, welche Vermögensdispositionen der Vertragspartner des Betroffenen im Vertrauen auf den Bestand der Einwilligung getroffen hat und welcher Schaden ihm oder einem Dritten durch den Widerruf der Einwilligungserklärung entstehen kann.

Die Gerichtsentscheidungen, die bisher zur Zulässigkeit des Widerrufs wegen eines Überzeugungswandels ergangen sind, haben weitgehend Zustimmung gefunden. So besteht etwa Einvernehmen darüber, dass eine Schauspielerin, die sich für Aktaufnahmen zur Verfügung gestellt und mit einer Veröffentlichung dieser Aufnahmen einverstanden erklärt hat, ihre Einwilligung nicht bereits nach zwei Jahren allein deswegen widerrufen kann, weil sie in das ernste Fach wechseln möchte. Lässt sich dagegen ein 17 jähriges Mädchen bei einem Badeaufenthalt am Meer „oben ohne" fotografieren und gestattet sie dem Fotografen die kommerzielle Verwertung der Aufnahmen, kann sie die Einwilligung drei Jahre später widerrufen, wenn sie ihre frühere Freizügigkeit wegen eines neuen Partners inzwischen aufgegeben hat und mit ihrer „Jugendsünde" nicht mehr konfrontiert werden möchte. Allerdings muss der behauptete Wandel der inneren Einstellung in solchen Fällen stets konkret nachgewiesen werden.
Erfolgt ein Widerruf der Einwilligungserklärung wegen eines grundlegenden Überzeugungswandels, ist demjenigen, der das Bildnis berechtigterweise nutzt und auf den Fortbestand der Nutzungsbefugnis vertraut, Schadensersatz zu leisten. Die Schadensersatzpflicht entfällt nur dann, wenn der Abgebildete bei der Anfertigung der Aufnahmen minderjährig war und die Einwilligung deswegen von seinem gesetzlichen Vertreter erteilt wurde.

Ausnahmen zu § 22 KUG

Bildnisse dürfen ausnahmsweise ohne die nach § 22 KUG erforderliche Einwilligung verbreitet und zur Schau gestellt werden, wenn einer der Tatbestände des § 23 Abs. 1 KUG erfüllt ist und kein vorrangiges berechtigtes Interesse des Abgebildeten entgegensteht.

Bildnisse aus dem Bereich der Zeitgeschichte (§ 23 Abs. 1 Nr. 1 KUG)

Diese Ausnahmeregelung erlaubt die Verbreitung und öffentliche Zurschaustellung von Bildnissen aus dem Bereich der Zeitgeschichte.

Frühere Rechtsprechung

Bei der Frage, ob es sich bei einer Personenaufnahme um ein „Bildnis aus dem Bereich der Zeitgeschichte" handelt, stellten die Gerichte früher darauf ab, ob die auf einem Bild erkennbaren Personen als Personen der Zeitgeschichte einzustufen sind. Dabei wurde zwischen absoluten und relativen Personen der Zeitgeschichte unterschieden. Zu den absoluten Personen der Zeitgeschichte rechnete man Menschen, die aufgrund ihrer gesellschaftlichen Stellung und ihrer Bedeutung allgemein öffentliche Aufmerksamkeit finden und deswegen selbst Gegenstand der Zeitgeschichte sind. Bei absoluten Personen der Zeitgeschichte durften prinzipiell alle Vorgänge und Situationen gezeigt werden, mit denen diese Personen zu tun haben. Ausgenommen war im Wesentlichen nur das Privat- und Familienleben.

Zu den relativen Personen der Zeitgeschichte rechnete man Menschen, die durch ein bestimmtes zeitgeschichtliches Ereignis, mit dem sie auf irgendeine Weise in Verbindung standen, das öffentliche Interesse auf sich gezogen hatten (z.B. Straftäter, deren Tat allgemeines Aufsehen erregte). Bilder von relativen Personen der Zeitgeschichte durften nur verbreitet werden, wenn sie in einem konkreten inhaltlichen Zusammenhang mit dem zeitgeschichtlichen Ereignis standen, das die betreffende Person zu einer Person der Zeitgeschichte gemacht hatte.

„Caroline"-Entscheidung des EGMR

Am 24. Juni 2004 hat der Europäische Gerichtshof für Menschenrechte (EGMR) in einer aufsehenerregenden Entscheidung der bis dahin praktizierten Rechtsprechung der deutschen Gerichte die Grundlage entzogen. Nach Auffassung des EGMR haben prominente Zeitgenossen auch außerhalb ihrer Wohnung ein Recht auf ein ungestörtes Privatleben. Bei der Abwägung zwischen dem Schutz des Privatlebens und der durch § 23 Abs. 1 Nr. 1 KUG gewährleisteten Freiheit der Bildberichterstattung über zeitgeschichtliche Ereignisse sei darauf abzustellen, ob Fotos, die Prominente in ihrem Alltagsleben bei Tätigkeiten rein privater Natur zeigen, zu einer Debatte über Fragen beitragen können, die von allgemeinem öffentlichem Interesse sind. Als Beitrag zu einer solchen Diskussion kommen nach Meinung des EGMR in der Regel nur Bilder in Betracht, auf denen Personen des öffentlichen Lebens, insbesondere Politiker, zu sehen sind. Bei Personen, die öffentliche Ämter oder Funktionen wahrnehmen, habe die Öffentlichkeit unter besonderen Umständen auch ein Recht auf Informationen über Aspekte ihres Privatlebens. Hier müsse man der Pressefreiheit im Hinblick auf die „Wachhund"-Funktion, die der Presse in einer demokratischen Gesellschaft zukommt, den Vorrang vor dem Schutz des Privatlebens der betroffenen Politiker einräumen. Anders seien aber die Bilder zu beurteilen, auf denen Personen zu sehen sind, die keine öffentlichen Ämter bekleiden, und deren Zweck ausschließlich darin besteht, die Neugier eines bestimmten Publikums im Bezug auf das Privatleben prominenter Personen zu befriedigen. Solche Fotos könnten nicht als Beitrag zu einer Debatte von allgemeinem Interesse für die Gesellschaft angesehen werden. Deshalb müsse das Persönlichkeitsrecht der Betroffenen hier den Vorrang vor der Meinungs- und Pressefreiheit haben.
Mit dieser Begründung wurden mehrere Entscheidungen des BGH und anderer deutscher Gerichte, die eine Veröffentlichung von Fotos der Prinzessin Caroline von Hannover für zulässig erklärt hatten, vom EGMR beanstandet, weil sie das durch Art. 8 der Europäischen Menschenrechtskonvention geschützte Recht auf Achtung des Privat- und Familienlebens verletzen.

Aktuelle Rechtsprechung

Die „Caroline"-Entscheidung des EGMR hat eine Änderung der deutschen Rechtsprechung bewirkt. Denn inzwischen stellt der Bundesgerichtshof (BGH) nicht mehr oder jedenfalls nicht mehr in erster Linie darauf ab, ob es sich bei den Personen, die auf einem Foto zu erkennen sind, um eine absolute oder relative Personen der Zeitgeschichte handelt. Stattdessen steht im Vordergrund, ob das Bildnis ein Ereignis von zeitgeschichtlicher Bedeutung dokumentiert, wobei die zeitgeschichtliche Bedeutung danach beurteilt wird, wie groß das allgemeine Informationsinteresse an dem betreffenden Ereignis ist.

Ausgangspunkt der neuen BGH-Rechtsprechung ist der Interessengegensatz, der regelmäßig bei der Veröffentlichung von Aufnahmen besteht, auf denen Menschen zu sehen sind. Auf der einen Seite ist das Persönlichkeitsrecht des Abgebildeten und sein Recht auf Privatsphäre zu beachten, in das durch eine Veröffentlichung seines Bildnisses eingegriffen wird. Auf der anderen Seite ist aber auch die Pressefreiheit zu beachten, die nicht in vollem Umfang gewährleistet wäre, wenn der Abgebildete die Veröffentlichung von Bildern verbieten könnte, auf denen er zu erkennen ist. Diese widerstreitenden Rechte und Interessen müssen im Rahmen des § 23 Abs. 1 Nr. 1 KUG gegeneinander abgewogen werden. Dabei gilt der Grundsatz, dass das Interesse des Abgebildeten an dem Schutz seiner Privatsphäre umso mehr hinter dem öffentlichen Interesse an einer freien Berichterstattung zurücktreten muss, je höher der Informationswert eines Bildes für die Allgemeinheit ist. Umgekehrt ist dem Schutz des Betroffenen bei einem geringen Informationswert der Abbildung ein höherer Stellenwert einzuräumen als den Informationsinteressen der Öffentlichkeit. Nur dann, wenn das allgemeine Informationsinteresse das Schutzinteresse des Betroffenen überwiegt, hat das durch ein Bildnis dokumentierte Ereignis eine zeitgeschichtliche Bedeutung, die eine Verbreitung des Bildnisses gemäß § 23 Abs. 1 Nr. 1 KUG auch ohne die Einwilligung des Abgebildeten ermöglicht.

Danach ist nicht mehr entscheidend, ob es sich bei den auf einem Foto abgebildeten Menschen um absolute oder relative Personen der Zeitgeschichte handelt. Stattdessen kommt es darauf an, ob das Foto über ein zeitgeschichtliches Ereignis informiert und ob das Informationsinteresse der Allgemeinheit höher einzustufen ist als das Schutzinteresse des Abgebildeten. Es ergibt sich damit folgendes Prüfungsschema:

- Zunächst ist zu klären, ob es um ein zeitgeschichtliches Ereignis geht. Zur Zeitgeschichte gehören nicht nur Vorgänge von historisch-politischer Bedeutung, sondern sämtliche Ereignisse, die von allgemeinem gesellschaftlichen Interesse sind. Auch Vorgänge, die eher der Unterhaltung dienen, sind daher als zeitgeschichtliches Ereignis einzustufen, sofern daran ein öffentliches Interesse besteht.
- Das Foto, auf dem die betroffenen Personen zu sehen sind, muss einen Bezug zu dem zeitgeschichtlichen Ereignis aufweisen. Das bedeutet aber nicht unbedingt, dass das Ereignis selbst auf dem Foto sichtbar sein muss. Es genügt, wenn die mit dem Foto verknüpfte Wortberichterstattung den Zusammenhang zwischen dem Bild und dem zeitgeschichtlichen Ereignis herstellt.
- Weiter ist zu prüfen, ob das Informationsinteresse der Öffentlichkeit höher einzustufen ist als das Schutzinteresse des Abgebildeten. Dazu muss der Informationswert des Fotos ermittelt werden. Dabei ist zu berücksichtigen, ob die Berichterstattung, für die das Bild verwendet wird, lediglich der Unterhaltung oder der Befriedigung bloßer Neugier dient oder ob sie zu einer Debatte über Sachfragen beiträgt, die von allgemeinem öffentlichen Interesse sind.

Ein allgemeines öffentliches Interesse wird bei einer Berichterstattung über Vorgänge aus dem Privat- oder Familienleben einer Person regelmäßig zu verneinen sein, ebenso in den Fällen, in denen sich eine prominente Person zwar im öffentlichen Raum aufhält, dabei aber objektiv erkennbar allein sein will und sich nicht bewusst der Öffentlichkeit zuwendet. Wird also beispielsweise ein Prominenter mit seiner Lebensgefährtin während des Urlaubs in den Straßen von Rom oder in einem Londoner Straßencafé in Paparazzi-Manier aufgenommen, dann ist der Informationswert solcher Aufnahmen als gering einzustufen und dem Recht der Abgebildeten auf freie Entfaltung ihrer Persönlichkeit der Vorrang vor dem Berichterstattungsinteresse der Presse einzuräumen.

Dagegen ist das Informationsinteresse der Allgemeinheit höher zu bewerten als das Schutzinteresse des Betroffenen, wenn der durch das Foto dokumentierte Vorgang zwar privater Natur, aber mit einem von der Öffentlichkeit stark beachteten offiziellen Ereignis eng verknüpft ist. So war z.B. der Umzug des ehemaligen Außenministers Joschka Fischer in die USA zwecks Aufnahme einer Lehrtätigkeit an der Universität Princeton von allgemeinem öffentlichen Interesse, so dass auch der Informationswert der Bilder, die ihn zusammen mit seiner Ehefrau und deren Tochter bei der Ankunft auf dem Flughafen von Newark zeigen, entsprechend hoch einzustufen ist.

Bilder, auf denen Personen nur als Beiwerk neben einer Landschaft oder sonstigen Örtlichkeit erscheinen (§ 23 Abs. 1 Nr. 2 KUG)

§ 23 Abs. 1 Nr. 2 KUG ermöglicht eine erlaubnisfreie Verbreitung und Zurschaustellung von Bildern, auf denen einzelne oder mehrere Personen nur als Beiwerk neben einer Landschaft oder sonstigen Örtlichkeit erscheinen. Die Regelung ist setzt voraus, dass die Darstellung einer Landschaft oder sonstigen Örtlichkeit den eigentlichen Gehalt des Bildes ausmacht und die gleichzeitig dargestellten Personen „nur bei Gelegenheit" erscheinen. Die Abbildung der Person(en) darf neben der Landschaftsdarstellung nur eine untergeordnete Rolle spielen. Entscheidend ist dabei der objektive Gesamteindruck, den das Bild vermittelt. Nur dann, wenn die Personenabbildung vollständig entfallen oder die konkret abgebildete Person ohne weiteres gegen beliebige andere Personen ausgetauscht werden könnte, ohne dass sich dadurch der Charakter der Aufnahme verändert, ist die in das Landschaftsbild eingebundene Person bloßes Beiwerk.

Bei der Prüfung der Frage, ob es sich bei einer Personenabbildung lediglich um Beiwerk handelt, kann die Position der Person auf dem Bild und das Größenverhältnis zwischen der Personen- und der Landschaftsdarstellung eine Rolle spielen. Steht beispielsweise die Person im Vordergrund der Aufnahme, kann sie dadurch für den Betrachter zum Blickfang werden und damit kein Beiwerk mehr sein. Ebenso ist eine Einstufung als Beiwerk in den Fällen ausgeschlossen, in denen die abgebildete Person fast das ganze Bild ausfüllt.

So wird z.B. bei einem Foto, das für einen Reiseführer bestimmt ist und das den Times Square in New York zeigen soll, normalerweise die Örtlichkeit so sehr im Vordergrund stehen, dass die Menschen auf der Straße nur eine untergeordnete Rolle spielen und bloßes „Beiwerk" bleiben. Ist dagegen – wie bei dem berühmten Eisenstaedt-Foto „V.J. Day at Times Square", auf dem ein Marinesoldat ein Mädchen

küsst – die Abbildung des Paares für das gesamte Bild entscheidend und der Times Square nur Kulisse, dann kann die Veröffentlichung dieses Bildes nicht auf § 23 Abs. 1 Nr. 2 KUG gestützt werden.
Erscheint eine Person auf einem Landschaftsbild als Beiwerk und wird die Personendarstellung aus dem Bild herausgelöst, um den Bildausschnitt ohne die umgebende Landschaft in vergrößerter Form zu veröffentlichen, verliert die Personaufnahme mit der Trennung von dem Landschaftsbild ihren Charakter als Beiwerk. Umgekehrt wird eine Personenaufnahme nicht dadurch zu einem bloßen Beiwerk, dass man sie nachträglich in ein Landschaftsbild einmontiert, denn eine solche Montage indiziert, dass es für die Bildwirkung auf die Wiedergabe der betreffenden Person ankommt.

Bilder von Versammlungen, Aufzügen und ähnlichen Vorgängen, an denen die dargestellten Personen teilgenommen haben (§ 23 Abs. 1 Nr. 3 KUG)

Nach dieser Ausnahmeregelung dürfen Bilder von Versammlungen, Aufzügen und ähnlichen Vorgängen, auf denen Menschen zu sehen sind, auch ohne Einwilligung der abgebildeten Personen verbreitet und zur Schau gestellt werden, sofern es sich dabei um Teilnehmer der Veranstaltung handelt.

Versammlungen, Aufzüge und ähnliche Vorgänge

Die Formulierung „Versammlungen, Aufzüge und ähnliche Vorgänge" ist weit zu verstehen. Sie erfasst alle Ansammlungen von Menschen, die den kollektiven Willen haben, etwas gemeinsam zu tun. Eine vorherige gemeinsame Planung ist dazu zwar nicht notwendig, so dass auch zufällige Menschenansammlungen unter § 23 Abs. 1 Nr. 3 KUG fallen. Allerdings müssen sich die Personen, die an dem Vorgang teilnehmen, von einem gemeinsamen Willen tragen lassen. Daran fehlt es, wenn z.B. mehrere Personen gleichzeitig, aber unabhängig voneinander ein textilfreies Sonnenbad in einem öffentlichen Park nehmen oder mehrere Reisende zufällig dasselbe öffentliche Verkehrsmittel benutzen.
Zu den von § 23 Abs. 1 Nr. 3 KUG erfassten Versammlungen und Aufzügen gehören insbesondere Demonstrationen, Prozessionen, Karnevalsumzüge und Sportveranstaltungen, aber auch Kongresse, Vereinsveranstaltungen, Hochzeitsfeiern und Trauerzüge, soweit sie in der Öffentlichkeit stattfinden. Da für eine Versammlung nach der herrschenden Rechtsauffassung zwei Personen ausreichen, bedarf es für die Anwendung des § 23 Abs. 1 Nr. 3 KUG keiner höheren Teilnehmerzahl.
Privilegiert sind Bilder von Vorgängen, die sich in der Öffentlichkeit abspielen und deshalb öffentlich wahrnehmbar sind. Diese Voraussetzung erfüllen auch öffentliche Veranstaltungen, deren Zugangsmöglichkeit zahlenmäßig begrenzt ist, nicht dagegen Feierlichkeiten, die in einer örtlichen Abgeschiedenheit stattfinden und zu denen lediglich Familienangehörige oder geladene Gäste zugelassen werden.

Darstellung des Geschehens

Bilder von Versammlungen, Aufzügen und ähnlichen Vorgängen sind nur dann durch die Ausnahmeregelung des § 23 Abs. 1 Nr. 3 KUG privilegiert, wenn sie das Geschehen zeigen und nicht auf einzelne Personen fokussieren, die an der Versammlung oder an dem Aufzug teilgenommen haben. Ähnlich wie bei

§ 23 Abs. 1 Nr. 2 KUG ist darauf abzustellen, ob die Darstellung des Vorgangs den eigentlichen Gehalt des Bildes ausmacht oder ob es eher um die Personen geht, die auf dem Bild zu sehen sind. Dabei ist zu berücksichtigen, dass es sich bei einer Versammlung definitionsgemäß um eine Ansammlung von Menschen handelt und eine Wiedergabe des Geschehens somit zwangsläufig die Ablichtung der Personen voraussetzt, die das Geschehen bestimmen. Die Teilnehmer einer solchen Veranstaltung müssen von vornherein damit rechnen, dass sie fotografiert werden und auf den Fotos auch zu erkennen sind. Eine solche erkennbare Wiedergabe von Personen ist bei Versammlungsbildern in der Regel unvermeidlich und durch § 23 Abs. 1 Nr. 3 KUG nur dann nicht gedeckt, wenn einzelne Teilnehmer aus der Menge „herausgeschossen" und so individualisiert werden, dass nicht mehr die Versammlung, sondern die auf dem Bild erkennbare Einzelperson thematisch im Vordergrund steht.
Die fotografische Darstellung einer Versammlung oder eines Aufzugs erfordert keine vollständige Dokumentation des Geschehens. Privilegiert sind vielmehr auch Aufnahmen einzelner Ausschnitte. Voraussetzung ist allerdings, dass bei der Veröffentlichung der Bilder der Bezug zu dem konkreten Ereignis gewahrt wird und der gewählte Ausschnitt einen repräsentativen Eindruck des Gesamtgeschehens vermittelt. An der ersten Voraussetzung fehlt es, wenn beispielsweise ein Foto, das bei einer Sportveranstaltung aufgenommen wurde und einen der beteiligten Sportler zeigt, nicht für die Berichterstattung über die Veranstaltung, sondern dazu verwendet wird, um das Typische der dargestellten Sportart herauszustellen. An der zweiten Voraussetzung fehlt es in den Fällen, in denen einzelne Personen mit der Kamera aus dem Publikum herausgegriffen werden, um die Stimmung der Zuschauer, die Charakteristika des Teilnehmerkreises oder besondere Eigenheiten der Veranstaltung beispielhaft darzustellen. Denn bei solchen Aufnahmen ist zwar der Bezug zu der konkreten Veranstaltung zu erkennen, doch dokumentieren solche personalisierten Ausschnitte lediglich einzelne Aspekte des Geschehens und sind deshalb nicht repräsentativ für die Gesamtgeschehen.

Bildnisse, die nicht auf Bestellung angefertigt sind, sofern die Verbreitung oder Zurschaustellung einem höheren Interesse der Kunst dient (§ 23 Abs. 1 Nr. 4 KUG)

Diese Ausnahmeregelung erlaubt die Verbreitung und Zurschaustellung von Bildnissen, die nicht auf Bestellung angefertigt worden sind, sofern die Verbreitung oder Zurschaustellung einem höheren Interesse der Kunst dient. Damit soll die Veröffentlichung künstlerischer Bildnisstudien ermöglicht werden. Ursprünglich war die Einbeziehung fotografischer Bildnisse in den Anwendungsbereich der Vorschrift nicht vorgesehen, doch besteht inzwischen allgemeines Einvernehmen darüber, dass § 23 Abs. 1 Nr. 4 KUG jede Bildnisform und somit auch künstlerische Fotografien erfasst.

Anfertigung ohne Bestellung

Privilegiert sind nur Bildnisse, die nicht auf Bestellung angefertigt werden. Hintergrund dieser Regelung ist, dass bei einer Bestellung des Bildnisses zwischen dem Abgebildeten und dem Fotografen eine Art von Vertrauensverhältnis entsteht, das eine besondere Berücksichtigung der Interessen des Abgebildeten erfordert. Ist der Abgebildete zugleich Besteller, soll er die weitere Verwendung seines Bildnisses in der Hand behalten dürfen. Der Fotograf kann deshalb nur über Bilder, die nicht im Auftrag des Abgebildeten entstehen, frei verfügen.

Verbreitung und Zurschaustellung im höheren Interesse der Kunst

Die Verbreitung und Zurschaustellung des Bildnisses muss einem höheren Interesse der Kunst dienen. Das setzt voraus, dass das Bildnis zum einen als Kunst einzustufen ist und dass es zum anderen in kunstgemäßer Weise verwendet wird.

Einer Porträtfotografie muss eine persönliche geistige Schöpfung erkennbar werden lassen und somit ein Lichtbildwerk (§ 2 Abs. 1 Nr. 5 UrhG) sein, um als Kunst eingestuft werden zu können. Von einer kunstgemäßen Verwendung der Aufnahme ist insbesondere bei einem Abdruck in Kunstbüchern, dem Verkauf einzelner Abzüge in Galerien oder der Präsentation in Kunstausstellungen auszugehen, nicht dagegen bei einer vorrangigen Verwendung zu Zwecken der Bildberichterstattung.

Werden mit der Verbreitung und Zurschaustellung einer Bildnisstudie in erster Linie künstlerische Zwecke verfolgt, ist die gleichzeitige Verfolgung wirtschaftliche Zwecke unschädlich. Insoweit ist zu berücksichtigen, dass auch Künstler auf die Erzielung von Einnahmen angewiesen sind und ihre Werke deshalb verkaufen oder Lizenzerlöse erzielen müssen, um ihre künstlerische Tätigkeit weiter ausüben zu können. Steht allerdings der wirtschaftliche Zweck im Vordergrund oder dient die Verbreitung eines Bildnisses vor allem unterhaltenden Zwecken oder der Befriedigung der Neugier, ist § 23 Abs. 1 Nr. 4 KUG nicht anwendbar.

Verbreitung und Zurschaustellung zu wissenschaftlichen Zwecken

Die Ausnahmeregelung des § 23 Abs. 1 Nr. 4 KUG ist auf Bildnisse, die zu wissenschaftlichen Zwecke publiziert werden, analog anzuwenden. Damit wird beispielsweise die zustimmungsfreie Abbildung von Kranken in medizinischen Lehrbüchern ermöglicht.

Werden Bildnisse von kranken oder entstellten Menschen ohne deren Einwilligung zu wissenschaftlichen Zwecken veröffentlicht, ist die ärztliche Schweigepflicht zu beachten (§ 203 Abs 1 Nr 1 StGB). Um eine Verletzung der Schweigepflicht und der Persönlichkeitsrechte der Betroffenen auszuschließen, ist durch geeignete Maßnahmen sicherzustellen, dass die Gesichtszüge verdeckt bleiben und die abgebildeten Personen auch nicht anhand anderer Erkennungsmerkmale identifiziert werden können.

Beachtung der berechtigten Interessen der Abgebildeten

Die Ausnahmebestimmungen des § 23 Abs. 1 KUG erlauben eine Bildveröffentlichung ohne Einwilligung des Abgebildeten nur dann, wenn dadurch kein berechtigtes Interesse des Abgebildeten oder, falls der Abgebildete verstorben ist, seiner Angehörigen verletzt wird. Es ist also stets das allgemeine Informationsinteresse, dem durch die Ausnahmeregelungen Rechnung getragen wird, gegen das Interesse des Abgebildeten an einem umfassenden Schutz seiner Persönlichkeitsrechte abzuwägen. Überwiegt das Schutzinteresse des Abgebildeten, darf eine Personenaufnahme auch dann nicht verbreitet oder öffentlich zur Schau gestellt werden, wenn einer der Tatbestände des § 23 Abs. 1 KUG erfüllt ist. Eine Verletzung der berechtigten Interessen des Abgebildeten ist insbesondere in folgenden Fällen denkbar:

Verletzung der Intimsphäre

Bei Bildern aus dem Bereich der Intimsphäre haben die Interessen des Abgebildeten stets Vorrang vor dem Informationsinteresse der Öffentlichkeit. Die Entscheidung über die Veröffentlichung eines Nacktfotos bleibt daher stets dem Abgebildeten vorbehalten. Das gilt insbesondere dann, wenn die Nacktaufnahmen heimlich gemacht worden sind. Auch Prominente brauchen Abbildungen aus ihrem Intimbereich nicht zu dulden. Ein Informationsinteresse der Öffentlichkeit an den „nackten Tatsachen" prominenter Zeitgenossen besteht nicht.

Dem Bereich der Intimsphäre zuzuordnen ist auch die Abbildung eines Menschen in der konkreten Situation seines Todes (z.B. Bismarck auf dem Sterbebett). Allerdings kann in solchen Fällen ein berechtigtes Informationsinteresse der Allgemeinheit ausnahmsweise eine Veröffentlichung ohne Einwilligung (der Angehörigen) rechtfertigen, sofern sich dieses Interesse gerade auch auf den Tod und seine Begleitumstände richtet (z.B. Aufnahme des toten Uwe Barschel in der Badewanne eines Genfer Hotels).

Darstellung mit negativer Tendenz

Bei Bildnissen, die zwar nicht die Privat- oder Intimsphäre berühren, aber für die abgebildete Person eine negative Tendenz haben, ist zu unterscheiden:

Verfälschende oder manipulierte Aufnahmen

Die berechtigten Interessen des Abgebildeten können dadurch beeinträchtigt werden, dass eine Aufnahme den Abgebildeten mit Vorgängen in Verbindung bringt, mit denen er nichts zu tun hat (Beispiel: Veröffentlichung des Bildes eines unbeteiligten und unbescholtenen katholischen Pfarrers in einem Zeitschriftenartikel über sexuelle Verfehlungen katholischer Priester). Die Publikationen solcher Bilder ist gemäß § 23 Abs. 2 KUG unzulässig.

Unzulässig sind auch manipulierte Aufnahmen, wenn der Aussagegehalt der Abbildung durch die Manipulation verfälscht wird. Das betrifft sowohl verfälschende Beschriftungen als auch unmittelbare Manipulationen am Bild. Allerdings ist ein Eingriff in eine Abbildung nicht generell unzulässig. So sind insbesondere satirische Verfremdungen oder Fotomontagen, die als solche erkennbar sind, in der Regel erlaubt.

Diffamierende oder bloßstellende Aufnahmen

Die Veröffentlichung von diffamierenden oder bloßstellenden Abbildungen ist unzulässig, wenn die Abwägung des Persönlichkeitsrechts des Betroffenen (Art. 2 Abs. 1 GG) mit dem Recht auf freie Meinungsäußerung (Art. 5 Abs. 1 GG) ergibt, dass die schutzwürdigen Interessen des Abgebildeten den Vorrang haben. Ein solcher Vorrang kann allerdings wegen des weiten Freiraums für kritische Meinungsäußerungen nur im Ausnahmefall angenommen werden. Dazu zwei Beispiele:
Wenn die TAZ im Rahmen einer Kampagne gegen Rechtsradikalismus die Abbildung eines Angehörigen der rechtsradikalen Szene in Form eines Steckbriefs veröffentlicht, verstößt diese Aktion trotz der damit verbundenen Prangerwirkung nicht gegen das Persönlichkeitsrecht des Abgebildeten. Hier hat die Meinungs- und Pressefreiheit den Vorrang.
Dagegen ist der „Willy-Brandt-Steckbrief", den die österreichischen Nationaldemokraten in den frühen siebziger Jahren herausgegeben haben, wegen der neben dem Foto abgedruckten diffamierenden und unwahren Behauptungen nicht mehr durch das Recht auf freie Meinungsäußerung gedeckt.

Verwendung in der Werbung

Werden Bilder von Personen der Zeitgeschichte ohne deren Einwilligung für Werbezwecke verwendet, so ist zu unterscheiden:

Ausschließliche Verfolgung kommerzieller Interessen

Von einer Beeinträchtigung berechtigter Interessen ist in der Regel dann auszugehen, wenn die Abbildung einer Person ohne deren Zustimmung für Werbezwecke eingesetzt wird. Niemand braucht es sich gefallen zu lassen, dass sein Bild zu Reklamezwecken missbraucht und er zum Objekt der wirtschaftlichen Interessen des Bildverwerters gemacht wird. Das gilt auch dann, wenn der Abgebildete eine absolute Person der Zeitgeschichte ist und es sich um die Werbung einer angesehenen Firma für anerkannte Qualitätswaren handelt.

Gleichzeitige Verfolgung publizistischer Zwecke

Wird neben der Verfolgung eines kommerziellen Interesses mit der Veröffentlichung eines Bildnisses auch einem Informationsinteresse der Öffentlichkeit entsprochen, so muss der Betroffene die Veröffentlichung dulden. Unzulässig sind solche Veröffentlichungen nur dann, wenn das kommerzielle Interesse so sehr dominiert, dass der Informationswert der Publikation dadurch vollständig verdrängt wird.

So hat die Rechtsprechung bei der Wiedergabe eines Fotos von Boris Becker auf dem Umschlag eines Tennislehrbuchs ein Informationsinteresse der Allgemeinheit bejaht und diese Veröffentlichung für zulässig erklärt, weil der bekannte Tennisspieler auf dem Cover „in Aktion" zu sehen ist, also gerade bei der Tätigkeit gezeigt wird, die ihn so bekannt gemacht hat. Ebenso wurde die Abbildung von Franz Beckenbauer in einem Fußballkalender und die Verwendung des Bildnisses einer Military-Reiterin in einem Kalender, der die Sportart „Military-Reiten" thematisiert, von den Gerichten auch ohne die Einwilligung der abgebildeten Sportler als zulässig anerkannt, weil die Verbreitung solcher Kalender dem allgemeinen Informationsinteresse dient.

Werbung für Medienprodukte

Die Eigenwerbung der Presse steht ebenso wie das Presseprodukt selbst unter dem Schutz der Pressefreiheit (Art. 5 Abs. 1 Satz 2 GG), weil sie den Absatz des betreffenden Presseerzeugnisses fördert und auf diese Weise zur Verbreitung der Informationen beiträgt. Deshalb darf für eine Zeitschrift, auf deren Titelseite eine prominente Person in zulässiger Weise abgebildet ist, durch Wiedergabe dieser Seite auf Plakaten oder in TV-Spots geworben werden. Es ist nicht erforderlich, dass das in der Werbung eingesetzte Bild auch in der beworbenen Ausgabe erscheint. Es genügt, wenn zwischen der Abbildung und dem Inhalt der Zeitschrift ein thematischer Zusammenhang besteht.

Fahndungsfotos und Gerichtsberichterstattung

Personenaufnahmen dürfen von den Behörden für die Zwecke der Rechtspflege und der öffentlichen Sicherheit ohne Einwilligung der Abgebildeten oder ihrer Angehörigen vervielfältigt, verbreitet und öffentlich zur Schau gestellt werden (§ 24 KUG). Es ist also ohne weiteres zulässig, die Fotos gesuchter Straftäter in einem „Verbrecheralbum", auf Steckbriefen oder auf Plakaten zu zeigen. Dasselbe gilt für Aufnahmen vermisster Personen, die gesucht werden. Auch die Veröffentlichung von Personenbildern zum Zwecke der Identifizierung von Straftätern, entlaufenen Kindern, verirrten Geisteskranken oder aufgefundenen Leichen ist durch § 24 KUG gedeckt.

Für die Gerichtsberichterstattung gelten die allgemeinen Regeln. Fotos von Straftätern und anderen Prozessbeteiligten dürfen also prinzipiell nur dann veröffentlicht werden, wenn die Bildveröffentlichung im Zusammenhang mit der Berichterstattung über ein zeitgeschichtliches Ereignis erfolgt, an dem ein vorrangiges öffentliches Informationsinteresse besteht. Ein Vorrang des Informationsinteresses vor dem Persönlichkeitsschutz des Betroffenen wird bei Straftätern wegen der erheblichen Prangerwirkung einer Bildveröffentlichung in der Regel nur dann anerkannt, wenn es um schwere Straftaten geht.

Folgen der Verletzung des Rechts am eigenen Bild

Wer vorsätzlich Personenaufnahmen in unzulässiger Weise verbreitet oder öffentlich zur Schau stellt, kann mit einer Freiheitsstrafe bis zu einem Jahr oder mit einer Geldstrafe belangt werden. Diese theoretische Möglichkeit der Strafverfolgung hat allerdings in der Praxis so gut wie keine Bedeutung.
Bedeutsamer sind die zivilrechtlichen Folgen einer Verletzung des Rechts am eigenen Bild. Der Verletzte kann zunächst die Unterlassung der Rechtsverletzung und (bei analog aufgenommenen Fotos) die Herausgabe der Negative und der vorhandenen Abzüge fordern, wenn dies zur Sicherung des Unterlassungsanspruchs erforderlich ist. Ihm steht alternativ ein Anspruch auf Vernichtung der widerrechtlich verbreiteten Fotos und der Abzüge zu. Außerdem kann er einen finanziellen Ausgleich für die unzulässige Verbreitung und öffentliche Zurschaustellung seines Bildnisses verlangen. Auszugleichen sind sowohl die materiellen als auch die immateriellen Schäden, die dem Betroffenen durch die unzulässige Bildverwertung entstehen.

Materieller Schaden (Lizenzgebühr)

Derjenige, dessen Bild unerlaubt verbreitet oder zur Schau gestellt worden ist, wird kaum jemals nachweisen können, dass ihm durch die Publikation ein Vermögensnachteil entstanden ist. Auch der Nachweis, dass der Rechtsverletzer durch die unberechtigte Nutzung des Bildes einen konkreten Vermögensvorteil erzielt hat, wird in vielen Fällen nicht gelingen. Deshalb kommt ein materieller Schadensausgleich in der Form, dass eine erlittene Vermögenseinbuße erstattet oder der vom Verletzer erzielte Gewinn herausgegeben wird, in der Regel nicht in Betracht. Dem Verletzten bleibt nur die Möglichkeit, eine Zahlung in Höhe der üblichen und angemessenen Lizenzgebühr zu fordern. Die Zulässigkeit einer solchen Schadensberechnung ist allgemein anerkannt.
Die Berechnung des Schadensersatzanspruchs auf der Basis einer (fiktiven) Lizenzgebühr beruht auf dem Gedanken, dass der schuldhaft handelnde Verletzer nicht besser gestellt werden soll als derjenige, der das Recht zur Verbreitung einer Personenaufnahme durch Zahlung einer Lizenzgebühr ordnungsgemäß erwirbt. Der Abschluss eines Lizenzvertrages zu angemessenen Bedingungen wird in solchen Fällen fingiert. Es wird also geprüft, welches Entgelt der Verletzer für die jeweilige Nutzung hätte zahlen müssen, wenn er von dem Abgebildeten vorher die erforderliche Einwilligung eingeholt hätte. Dabei spielt es keine Rolle, ob der Verletzte tatsächlich bereit gewesen wäre, die Einwilligung zu erteilen. Ebenso bleibt unerheblich, ob der Verletzer auf eine Verwendung des Bildes verzichtet hätte, wenn ihm klar gewesen wäre, dass er dafür eine Lizenzgebühr zahlen muss.
Ist ein Verschulden des Verletzers im Einzelfall nicht nachweisbar, scheidet zwar ein Schadensersatzanspruch aus. Es besteht dann aber ein Zahlungsanspruch unter dem Gesichtspunkt der ungerechtfertigten Bereicherung (§ 812 BGB), für den es auf ein Verschulden des Verletzers nicht ankommt. Da bei der

unerlaubten Verbreitung und Zurschaustellung eines Personenbildes die Lizenzgebühr eingespart wird, die für die Erteilung der erforderlichen Einwilligung üblicherweise zu zahlen ist, ist derjenige, der das Bild nutzt, in jedem Fall um das ersparte Entgelt bereichert. Diese Bereicherung ist durch eine Zahlung an den Verletzten auszugleichen, wobei die Höhe der Zahlung ebenso wie beim Schadensersatz nach der üblichen Lizenzgebühr für die jeweils erfolgte Nutzung zu bemessen ist.
Bei der Ermittlung der Lizenzgebühr ist der „Marktwert" des Abgebildeten zu berücksichtigen. Der Marktwert richtet sich nach dem Bekanntheitsgrad der abgebildeten Person (Prominenter mit regionaler Bedeutung, Filmsternchen, Publikumsliebling einer Fernsehserie, Weltstar), nach dem Umfang der Verbreitung (Lokalpresse, Zeitschriften mit Millionenauflage, Fernsehwerbung) sowie danach, ob das Bild in der Werbung eingesetzt oder für redaktionelle Zwecke verwendet wurde.

Immaterieller Schaden (Schmerzensgeld)

Eine Person, deren Persönlichkeitsrecht in schwerer Weise schuldhaft verletzt worden ist, kann von dem Schädiger nicht nur einen materiellen Schadensausgleich, sondern darüber hinaus auch einen Ausgleich für ihren immateriellen Schaden verlangen, wenn sich die erlittene Beeinträchtigung anders nicht befriedigend ausgleichen lässt. Den immateriellen Schadensausgleich bezeichnet man allgemein als „Schmerzensgeld".
Eine Geldentschädigung für den zugefügten immateriellen Schaden kommt nur dann in Betracht, wenn es sich um einen besonders schwerwiegenden Eingriff in das Persönlichkeitsrecht des Abgebildeten handelt. Dabei sind sämtliche Umstände des Einzelfalles zu berücksichtigen, d.h. es ist die Bildveröffentlichung stets im Zusammenhang mit dem Begleittext und dem Umfeld der Veröffentlichung zu beurteilen. Wegen der Vielzahl der denkbaren Verletzungsfälle und der jeweils unterschiedlichen Begleitumstände der Bildveröffentlichung ist eine allgemeine Aussage darüber, wann ein besonders schwerwiegender Eingriff in das Persönlichkeitsrecht vorliegt, nicht möglich. Ob die Voraussetzungen für die Zuerkennung eines Schmerzensgeldes erfüllt sind, kann nur anhand der konkreten Umstände des Einzelfalles entschieden werden.
Bei der Bemessung der Höhe des Schmerzensgeldes spielen unter anderem folgende Kriterien eine Rolle: die gesellschaftliche Stellung des Verletzten; sein großer Bekanntheitsgrad und die damit verbundene Gefahr, sich lächerlich zu machen; die besonders peinliche Art der Bildveröffentlichung; der Umfang der Verbreitung; der Grad des Verschuldens; die jeweils verfolgte Absicht, insbesondere bei Rechtsverletzungen zum Zwecke der Auflagensteigerung und Gewinnerzielung.

Rechte an abgebildeten Objekten

An Objekten, die von Menschen geschaffen wurden, können Urheberrechte oder gewerbliche Schutzrechte bestehen. Wer solche Objekte fotografiert, muss diese Rechte beachten. Er muss außerdem prüfen, ob nicht durch das Ablichten eines Objekts die Eigentumsrechte oder Persönlichkeitsrechte desjenigen verletzt werden, dem das betreffende Objekt gehört.

Beachtung von Urheberrechten

Geschützte Werke

Das Fotografieren eines urheberrechtlich geschützten Werkes führt zu einer Vervielfältigung der abgelichteten Objekts und damit zu einem Eingriff in das Vervielfältigungsrecht des Urhebers, der das Werk geschaffen hat. Wird die fotografische Abbildung des geschützten Werkes verbreitet, ist auch das Verbreitungsrecht des Urhebers berührt.
Zu den urheberrechtlich geschützten Werken, die für eine fotografische Abbildung in Frage kommen, gehören insbesondere die Werke der bildenden Kunst einschließlich der Werke der Baukunst und der angewandten Kunst, aber auch pantomimische Werke und Werke der Tanzkunst. Werden Pläne, Karten, Skizzen oder technische Modelle fotografiert, können die abgebildeten Objekte als Darstellungen wissenschaftlicher oder technischer Art geschützt sein. Auch beim Abfotografieren von Fotos kann ein Eingriff in fremde Urheber- oder Leistungsschutzrechte vorliegen, da Fotografien entweder als Lichtbildwerke oder als einfache Lichtbilder geschützt sind.
Um feststellen zu können, ob ein fotografiertes Objekt urheberrechtlich geschützt ist, reicht es nicht aus, die Möglichkeit einer Zuordnung des Objekts zu einer der genannten Werkkategorien zu überprüfen. Vielmehr muss darüber hinaus auch geklärt werden, ob es sich bei dem Objekt um eine persönliche geistige Schöpfung (§ 2 Abs. 2 UrhG) handelt. Mit dieser Klärung ist aber ein juristisch nicht vorgebildeter Fotograf angesichts der kontroversen Diskussionen, die es zu dem Begriff der „persönlichen geistigen Schöpfung" in der Rechtsprechung und juristischen Literatur gibt, in der Regel vollkommen überfordert. Das führt vor allem beim Fotografieren von Gebrauchsobjekten, die aufgrund ihres Designs eventuell als Werke der angewandten Kunst geschützt sind, zu erheblichen Unsicherheiten.
Bei klassischen Kunstwerken – etwa einer Plastik von Henry Moore oder einem Gemälde von Pablo Picasso – mag die urheberrechtliche Schutzfähigkeit sofort erkennbar sein. Bei einem Bauwerk, einem Sitzmöbel, einer Lampe oder einem Bekleidungsstück ist dagegen nicht immer klar, ob es sich um eine persönliche geistige Schöpfung und damit um ein urheberrechtlich geschütztes Werk oder um ein ungeschütztes Objekt handelt, das ohne weiteres fotografiert werden darf. Zwar gibt es inzwischen eine Rei-

he von Gerichtsentscheidungen zur urheberrechtlichen Schutzfähigkeit von Gebrauchsgegenständen, doch werden die meisten Fotografen diese Entscheidungen wohl kaum kennen. Deshalb besteht angesichts der zunehmenden Ausdehnung des Urheberrechtsschutzes auf Designobjekte, die als Gebrauchsgegenstände überall sichtbar sind und deren Abbildung sich beim Fotografieren von Alltagssituationen kaum vermeiden lässt, für die Fotografen ein erhöhtes Risiko, fremde Urheberrechte zu verletzen.

Zustimmungsfreie Nutzungsmöglichkeiten

Ein urheberrechtlich geschütztes Werk darf auch ohne Zustimmung des Urhebers fotografiert werden, wenn die gesetzliche Schutzfrist bereits abgelaufen und das Werk gemeinfrei geworden ist. Die Zustimmung muss außerdem dann nicht eingeholt werden, wenn die fotografische Abbildung für Werbeankündigungen verwendet wird, die das abgebildete Objekt betreffen. Weitere zustimmungsfreie Nutzungsmöglichkeiten können sich aus den gesetzlichen Schrankenbestimmungen ergeben, die im Hinblick auf die Sozialbindung des geistigen Eigentums eine Einschränkung der urheberrechtlichen Verwertungsrechte vorsehen. So kann das Fotografieren eines geschützten Objekts beispielsweise durch das Zitatrecht gedeckt oder deswegen zulässig sein, weil das Objekt an öffentlichen Wegen und Plätzen steht oder auf dem Foto nur als unwesentliches Beiwerk in Erscheinung tritt.

Zitatrecht Die fotografische Vervielfältigung geschützter Werke ist ebenso wie die Verbreitung und die öffentliche Wiedergabe der fotografischen Abbildungen zulässig, wenn dies zu Zitatzwecken geschieht. Allerdings erlaubt das Gesetz ein Zitieren des vollständigen Werkes normalerweise nur in einem selbständigen wissenschaftlichen Werk. In anderen Werken, die keinem wissenschaftlichen Zweck dienen, dürfen dagegen nur einzelne Stellen eines geschützten Werkes angeführt werden. Die herrschende Rechtsauffassung hält aber auch bei nichtwissenschaftlichen Werken ein Zitieren des ganzen Werkes ausnahmsweise für zulässig, wenn anders eine sinnvolle Bezugnahme auf das zitierte Werk nicht möglich ist. Das betrifft vor allem die Bildzitate, die vielfach unverständlich blieben, wenn man nur einzelne Teile des Bildes wiedergeben könnte. Soweit es der Zitatzweck erfordert, dürfen deshalb Gemälde, Zeichnungen und Illustrationen auch in nichtwissenschaftlichen Werken vollständig abgebildet werden.

In allen Zitatfällen darf das zitierte Werk nicht um seiner selbst willen, sondern nur als Beleg oder zur Erläuterung des Inhalts eines anderen Werkes wiedergegeben werden. Es muss also eine innere Verbindung zwischen dem zitierten und dem zitierenden Werk hergestellt werden. Diese Verbindung fehlt bei einem Werbefoto, das eine Jacke vor einem Hintergrund zeigt, in den zwei nur teilweise sichtbare Gemälde hineingeschoben sind. Durch eine in die Jackentasche eingesteckte Einladungskarte mit dem Aufdruck „Galerie" wird zwar ein gedanklicher Zusammenhang zwischen der Jacke, der Einladungskarte und den Gemälden erkennbar wird, doch handelt es sich dabei nur um eine äußere, künstliche und aufmontierte Verbindung, die für eine Anwendung des § 51 UrhG nicht ausreicht.

Die fotografische Abbildung eines geschützten Werkes in einem anderen Werk muss zwar einem Zitatzweck dienen, doch braucht der Zitatzweck nicht der einzige Zweck zu sein, der mit der Abbildung verfolgt wird. Es ist durchaus zulässig, ein fremdes Werk auch zu Schmuckzwecken oder als Blickfang einzusetzen, sofern der Zitatzweck im Vordergrund steht und gegenüber den sonstigen Zwecken überwiegt.

Auch wenn ein Zitatzweck erkennbar ist und im Vordergrund steht, darf das zitierte Werk nur „in einem durch den Zweck gebotenen Umfang" (§ 51 UrhG) wiedergegeben werden. Diese Einschränkung betrifft in erster Linie die Anzahl der fotografischen Abbildungen, die als Beleg in dem zitierenden Werk verwendet werden dürfen. Lässt sich der Zitatzweck bereits dadurch erreichen, dass nur ein oder zwei Bilder gezeigt werden, dann geht die Wiedergabe von 15 bis 20 Bildern über den zulässigen Umfang hinaus. Eine generelle Festlegung auf eine bestimmte Anzahl von Abbildungen ist allerdings nicht möglich. Maßgebend ist vielmehr, was der jeweilige Zitatzweck gebietet. Dabei kommt es nicht darauf an, ob das Zitat auch zwingend erforderlich ist. Es genügt, dass es sich den Umständen nach um eine sachgerechte und vernünftige Wahrnehmung des Zitatzwecks handelt.

Kunstzitate

Eine besondere Form des Zitats ist das Kunstzitat. Kunstzitate unterscheiden sich von den herkömmlichen Zitaten dadurch, dass das zitierte Werk nicht in einem wissenschaftlichen Werk bzw. in einem Sprach- oder Filmwerk, sondern in einem Werk der bildenden Kunst wiedergegeben wird. Das Kunstzitat hat nicht die Belegfunktion, die das Gesetz (§ 51 UrhG) für das Zitat vorschreibt, da das zitierte Kunstwerk in der Regel nicht dazu bestimmt ist, den in dem zitierenden Werk offenbarten Gedankeninhalt aufzuhellen oder dem Verständnis zu erschließen. Meist dient das Kunstzitat ganz anderen Zwecken. So wird es häufig als Stilmittel eingesetzt oder als Zeichen der Ehrerbietung gegenüber einem großen Künstler (sog. Hommage) verwendet.

Nach der Rechtsprechung des Bundesverfassungsgerichts gebietet es das verfassungsrechtliche Gebot der Kunstfreiheit, ein Zitat über die bloße Belegfunktion hinaus auch als Mittel des künstlerischen Ausdrucks und der künstlerischen Gestaltung anzuerkennen. Deshalb kann die Zulässigkeit der Verwendung fremder Kunstwerke nicht davon abhängen, dass sich der zitierende Künstler mit dem von ihm zitierten Werk auseinandersetzt. Maßgeblich ist vielmehr, ob sich das zitierte Werk in die künstlerische Gestaltung des neuen Werkes einfügt und zum integralen Bestandteil einer eigenständigen künstlerischen Aussage wird. Unter dieser Voraussetzung dürfen fremde Kunstwerke in anderen Kunstwerken „zitiert" werden.

Auch die Kunstfreiheit erlaubt allerdings immer nur geringfügige Eingriffe in fremde Urheberrechte. Unzulässig sind daher Zitate, die für den Urheber des zitierten Kunstwerks die Gefahr merklicher wirtschaftlicher Nachteile (z.B. Absatzrückgänge) begründen. In solchen Fällen hat das Interesse, ein fremdes Werk für das eigene künstlerische Werkschaffen nutzen zu können, hinter den Verwertungsinteressen desjenigen zurückzustehen, dessen Werk man zitieren will.

Wiedergabe als unwesentliches Beiwerk

Werke der bildenden oder angewandten Kunst sind häufig als Wandschmuck, Dekorationsobjekte oder Einrichtungsgegenstände auf Fotografien zu sehen, die einen Wohn- oder Arbeitsraum oder eine sonstige Örtlichkeit zeigen. Wenn die geschützten Werke dabei nur als unwesentliches Beiwerk neben dem eigentlichen Gegenstand der Darstellung in Erscheinung treten, ist ihre Vervielfältigung, Verbreitung und öffentliche Wiedergabe auch ohne die Zustimmung der Urheber zulässig (§ 57 UrhG).

Unwesentliches Beiwerk ist ein Gegenstand nur dann, wenn er zu dem, was sonst noch auf der Fotografie zu sehen ist, keine inhaltliche Verbindung aufweist und ohne Beeinträchtigung der Gesamtwirkung aus dem Bild entfernt oder unbemerkt gegen einen anderen Gegenstand ausgetauscht werden könnte. Wenn dagegen das urheberrechtlich geschützte Werk innerhalb des Gesamtbildes eine konkrete Funktion erfüllt, weil es z.B. ein bestimmtes Milieu dokumentiert, ist es kein unwesentliches Beiwerk mehr und seine Abbildung deshalb auch nicht durch § 57 UrhG gedeckt.

Die Frage, ob ein Kunstgegenstand oder ein anderes geschütztes Objekt unwesentliches Beiwerk ist, stellt sich besonders häufig bei Werbeaufnahmen, auf denen Möbel oder andere Produkte in einem sorgfältig gestalteten Umfeld zu sehen sind. Die Skulpturen, Gemälde oder Poster, die bei solchen Aufnahmen als Wandschmuck oder Dekorationsobjekt zum Einsatz kommen, sind in der Regel keine beliebigen Requisiten im Hintergrund, sondern bewusst gewählte Bildelemente, die in ein bestimmtes Milieu visualisieren und eine wichtige optische Funktion zu erfüllen haben. Sie sind nicht beliebig austauschbar und somit auch kein unwesentliches Beiwerk neben dem eigentlichen Gegenstand des Interesses. Ihre Verwendung für die Werbeaufnahmen bedarf daher der Zustimmung des Inhabers der Urheber- oder Leistungsschutzrechte, die an den Dekorationsobjekten bestehen.

Die Einstufung als wesentliches oder unwesentliches Beiwerk richtet sich zwar prinzipiell nach objektiven Maßstäben, doch sind auch die jeweiligen Umstände des Einzelfalles und insbesondere die inhaltlichen Zusammenhänge zu beachten, in die ein geschütztes Werk hineingestellt wird. So kann ein Gemälde, das als Teil einer Werbeaufnahme eine wichtige optische Funktion hat, durchaus zu einem unwesentlichen Beiwerk werden, wenn die Aufnahme nicht mehr in einem werblichen Umfeld, sondern in einem anderen inhaltlichen Zusammenhang publiziert wird.

Werke an öffentlichen Wegen, Straßen und Plätzen

Werke, die sich bleibend an öffentlichen Wegen, Straßen und Plätzen befinden, dürfen mit Mitteln der Malerei oder Grafik, durch Lichtbild oder Film vervielfältigt, verbreitet und öffentlich wiedergegeben werden (§ 59 UrhG). Es ist deshalb zulässig, ein von der Straße aus sichtbares Kunstwerk oder Bauwerk abzulichten und die Ablichtung z.B. als Postkarte oder in Büchern und Zeitschriften zu vermarkten. Die Zustimmung des Künstlers oder des Architekten muss dazu nicht eingeholt werden.

Die damit vom Gesetzgeber gewährte Panoramafreiheit (Straßenbildfreiheit) berücksichtigt, dass Werke, die sich dauerhaft an öffentlichen Straßen oder Plätzen befinden, in gewissem Sinne Gemeingut werden. Wer als Urheber zustimmt, dass sein Werk an einem öffentlichen Ort aufgestellt wird, widmet das Werk dadurch in bestimmtem Umfang der Allgemeinheit.

„Öffentlich" sind Wege, Straßen oder Plätze dann, wenn sie für jedermann frei zugänglich und dem Gemeingebrauch gewidmet sind. Dementsprechend gehören auch Privatwege und private Parks sowie Passagen, Galerien und Hausdurchgänge zu den öffentlichen Wegen und Plätzen, sofern nur für jedermann freier Zugang besteht. Das gilt selbst dann, wenn solche Örtlichkeiten zeitweilig geschlossen werden, wie es z.B. bei Friedhöfen nachts der Fall ist. Dagegen gehören die Innenräume eines privaten Gebäudes selbst dann nicht zu den öffentlichen Plätzen, wenn sie – wie etwa ein U-Bahnhof oder eine Bahnhofshalle – bei Tag und Nacht frei betreten werden können.
Ein Werk befindet sich „an" einem öffentlichen Weg, einer öffentlichen Straße oder einem öffentlichen Platz, wenn es von dort aus ohne besondere Hilfsmittel (z.B. Leiter, Hubschrauber, ausfahrbares Superstativ) frei einsehbar ist. Es ist nicht notwendig, dass sich das Werk seinerseits auf einem öffentlich zugänglichen Grundstück oder direkt an der Straße befindet, vielmehr können auch zurückgesetzte Gebäude oder weiter entfernt auf privatem Grund aufgestellte Kunstwerke frei fotografiert werden. Dagegen befindet sich ein Werk nicht mehr „an" einer öffentlichen Straße, wenn es hinter Hecken, Zäunen oder sonstigen blickschützenden Vorrichtungen verborgen ist und erst nach Beseitigung dieser Hindernisse (z.B. durch Beiseitedrücken der Hecke) von der Straße aus sichtbar wird.
Zwar setzt § 59 UrhG seinem Wortlaut nach lediglich voraus, dass sich die geschützten Werke an öffentlichen Straßen oder Plätzen befinden. Daraus kann aber nicht abgeleitet werden, dass sich der Standort, von dem aus solche Werke fotografiert werden, auch außerhalb öffentlicher Straßen oder Plätze befinden darf. Nach der Rechtsprechung des BGH ist durch die Panoramafreiheit nur der Blick von einem für das allgemeine Publikum zugänglichen Ort aus privilegiert. Deshalb darf beispielsweise das (als Werk der Baukunst geschützte) Hundertwasser-Haus, das sich in Wien in der sehr engen Löwengasse befindet, trotz der dort bestehenden optischen Beschränkungen nur von der Gasse aus fotografiert werden. Es ist nicht zulässig, dieses Bauwerk wegen der besseren Perspektive vom Balkon einer Privatwohnung im gegenüberliegenden Gebäude aufzunehmen.
Die Panoramafreiheit deckt nur die Vervielfältigung, Verbreitung und öffentliche Wiedergabe von Werken, die sich „bleibend" an öffentlichen Wegen, Straßen oder Plätzen befinden. Das bedeutet nicht, dass das Werk selbst von Dauer sein muss. Deshalb dürfen auch vergängliche Werke (z.B. Schneeskulpturen, Pflastermalereien) fotografiert werden, sofern sie im öffentlichen Raum aufgestellt werden und dort für die Dauer ihrer Existenz verbleiben. Auch Werke, die sich im Laufe der Zeit verändern und als „work in progress" konzipiert sind, gehören zu den bleibenden Werken im Sinne des § 59 UrhG, wenn ihre Aufstellung im öffentlichen Raum auf Dauer erfolgt. Umstritten ist dagegen, wie es sich mit Kunstwerken verhält, die von vornherein nur zeitlich befristet an öffentlichen Wegen, Straßen oder Plätzen aufgestellt werden. Wenn solche Werke (wie z.B. der „Verhüllte Reichstag" von Christo und Jeanne-Claude) nach Beendigung der Aktion abgebaut werden und nicht mehr weiterbestehen, stellt sich die Frage, ob es sich nicht ebenso wie bei der Pflastermalerei um „bleibende" Werke handelt, da sie sich während der gesamten Dauer ihrer Existenz im öffentlichen Raum befinden.

Der BGH vertritt dazu den Standpunkt, dass es auf den objektiven Zweck ankommt, zu dem das geschützte Werk an dem öffentlichen Ort aufgestellt worden ist. Dient die Aufstellung der Werkpräsentation im Sinne einer zeitlich befristeten Ausstellung, dann befindet sich das Werk nur vorübergehend im öffentlichen Raum, so dass eine Vervielfältigung, Verbreitung und öffentliche Wiedergabe nur mit Zustimmung des Künstlers zulässig ist. Wird dagegen mit der Installation im öffentlichen Raum eine Werkpräsentation im Sinne einer Dauerausstellung bezweckt, dann ist das Merkmal „bleibend" erfüllt und eine Anwendung des § 59 UrhG möglich.

Bei Bauwerken ist zu beachten, dass sich die Befugnis zur Vervielfältigung, Verbreitung oder öffentlichen Wiedergabe nur auf die äußere Ansicht erstreckt. Es ist deshalb nicht zulässig, ohne die Zustimmung des Berechtigten das Treppenhaus oder die Innenräume eines Hauses zu fotografieren. Dasselbe gilt für das Ablichten geschützter Werke, die sich in Schaufenstern oder Schaukästen oder im Inneren eines Gebäudes befinden und durch ein Fenster oder eine Eingangstür von der Straße aus sichtbar sind.

§ 59 UrhG schränkt zwar die Verwertungsrechte, nicht aber die Persönlichkeitsrechte des Urhebers ein. Wird daher eine Skulptur, die im öffentlichen Raum aufgestellt ist, durch Bemalungen oder auf andere Weise entstellt, kann der Urheber die fotografische Abbildung des entstellten Werkes und die Verbreitung solcher Abbildungen untersagen, da die durch die Entstellung bewirkte Beeinträchtigung seines Urheberpersönlichkeitsrechts durch die Vervielfältigung und Verbreitung vertieft würde. Allerdings kann die Verbreitung von Abbildungen der bemalten Skulptur im Rahmen der aktuellen Berichterstattung über die Entstellungen zulässig sein.

Beachtung von gewerblichen Schutzrechten

Manchen Objekten fehlt die für den Urheberrechtsschutz erforderliche individuelle Schöpfungshöhe. In solchen Fällen besteht aber eventuell ein Geschmacksmusterschutz. Auch andere gewerbliche Schutzrechte (z.B. Markenrecht) können unter Umständen zu beachten sein.

Geschmacksmusterrechte

Wenn eine kreative Leistung zwar nicht die nach dem Urheberrechtsgesetz erforderliche Gestaltungshöhe aufweist, aber neu ist und Eigenart hat, kann sie dadurch gegen Nachahmungen geschützt werden, dass man sie beim Patent- und Markenamt als Geschmacksmuster anmeldet. Der gesetzliche Schutz entsteht erst mit der Eintragung in das (deutsche) Geschmacksmusterregister. Weitere Schutzmöglichkeiten eröffnet die Gemeinschaftsgeschmacksmusterverordnung, die in allen EU-Mitgliedstaaten gilt. Diese Verordnung unterscheidet zwischen dem eingetragenen und dem nicht eingetragenen Gemeinschaftsgeschmacksmuster. Der Schutz des eingetragenen Gemeinschaftsgeschmacksmusters ist

– wie schon der Name andeutet – von der Eintragung in das Musterregister abhängig. Das nicht eingetragene Gemeinschaftsgeschmacksmuster ist dagegen auch ohne offizielle Anmeldung und ohne Registereintragung von dem Augenblick an geschützt, in dem es in einem Land der Europäischen Union veröffentlicht wird. Der Schutz beginnt mit dem Tag der Veröffentlichung, endet aber bereits nach drei Jahren.

Der Geschmacksmusterschutz spielt vor allem im Bereich der industriellen Formgebung eine wichtige Rolle. Da bei der Gestaltung von Fahrzeugen, Möbeln, Lampen etc. zweifelhaft sein kann, ob diese Leistungen die für den Urheberrechtsschutz notwendige Gestaltungshöhe erreichen, ist ein wirksamer Schutz gegen Nachahmungen in der Regel nur mit Hilfe des Geschmacksmusters zu erreichen. Deshalb wurde beispielsweise für die Gestaltung des ICE-Triebwagens der Deutschen Bahn ein Geschmacksmuster angemeldet.

Das Ablichten eines Objekts, für das Geschmacksmusterschutz besteht, stellt rechtlich betrachtet eine Benutzung des geschützten Objekts dar. Eine solche Benutzung bedarf prinzipiell der Zustimmung des Inhabers der Geschmacksmusterrechte. Das Zustimmungserfordernis entfällt, soweit das Gesetz die fotografischen Wiedergabe ausnahmsweise erlaubt. Dabei ist nur ein Rückgriff auf die geschmacksmusterrechtlichen Ausnahmebestimmungen zulässig. Die urheberrechtlichen Schrankenregelungen (§§ 44 a ff UrhG) sind dagegen weder direkt noch analog anwendbar, da das Geschmacksmusterrecht eine eigenständige Rechtsmaterie darstellt. Die Ausnahmen, die das Geschmacksmusterrecht zulässt, decken sich allerdings weitgehend mit den Ausnahmetatbeständen des Urheberrechts.

Markenrechte

Fotografien können eventuell fremde Markenrechte verletzen, wenn auf den Bildern Zeichen zu erkennen sind, für die Markenschutz besteht. Wird z.B. bei Modeaufnahmen ein Luxusfahrzeug als Requisite verwendet und ist auf den Fotos die auf der Motorhaube angebrachte Marke des Fahrzeugs zu sehen, dann stellt sich die Frage nach einer möglichen Verletzung der Markenrechte des Automobilherstellers.

Grundsätzlich kommt eine Markenrechtsverletzung nur dann in Frage, wenn das geschützte Zeichen markenmäßig verwendet wird. Ein markenmäßiger Gebrauch setzt voraus, dass die Marke zur Kennzeichnung der Herkunft einer Ware oder Dienstleistung eingesetzt wird. Dieser Verwendungszweck fehlt, wenn die Abbildung einer Marke vom Verkehr nur als Sachhinweis zur Unterrichtung des Publikums verstanden wird. Deshalb wird insbesondere bei einer redaktionellen Verwendung von Markenabbildungen ein markenmäßiger Gebrauch und damit auch eine Markenrechtsverletzung regelmäßig auszuschließen sein. Dasselbe gilt bei der Wiedergabe von Marken in einem Gemälde oder Lichtbildwerk, das ausschließlich künstlerischen Zwecken dient.

An einem markenmäßigen Gebrauch fehlt es auch dann, wenn ein Hersteller von Aluminiumrädern in seiner Werbung ein Porsche-Fahrzeug abbildet, das mit den beworbenen Rädern ausgestattet ist und

auf dessen Motorhaube man das als Marke geschützte Porsche-Wappen erkennen kann. Denn durch die fotografische Abbildung des Fahrzeugs mit dem geschützten Zeichen wird nicht auf die Herkunft der Aluminiumräder, sondern auf deren Bestimmungszweck hingewiesen und dem Betrachter verdeutlicht, dass die Räder auch für den abgebildeten Fahrzeugtyp verwendbar sind. Solche Abbildungen, bei denen die abgebildete Marke auf die Bestimmung einer Ware hinweisen soll, erklärt § 23 Nr. 3 MarkenG insbesondere bei Zubehör- und Ersatzteilen ausdrücklich für zulässig, soweit ihre Verwendung für diesen Zweck notwendig ist und nicht gegen die guten Sitten verstößt.
Ein markenmäßiger Gebrauch findet dagegen statt, wenn ein Fahrzeug, das der Veranstalter eines Preisrätsels als Gewinn auslobt, in der Werbung für das Preisausschreiben abgebildet wird und dabei das als Marke geschützte Logo des Fahrzeugherstellers zu erkennen ist. In diesem Fall dient die Abbildung der Marke zur Kennzeichnung der Herkunft des ausgelobten Preises. Allerdings werden dadurch keine Markenrechte verletzt, da das in der Preisrätselwerbung abgebildete Fahrzeug durch den Markeninhaber in den Verkehr gebracht wurde und die Markenrechte damit erschöpft sind (§ 24 Abs. 1 MarkenG). Wegen der Erschöpfung seiner Rechte kann sich der Markeninhaber einer Benutzung seiner Marke im Zusammenhang der Auslobung des Fahrzeugs nur dann widersetzen, wenn es dafür berechtigte Gründe gibt. Ein solcher Grund läge vor, wenn die Herkunfts- oder Garantiefunktion der Marke durch die Abbildung des Fahrzeugs in den Werbeankündigungen gefährdet wäre oder die Wertschätzung der Marke dadurch in unlauterer Weise ausgenutzt oder beeinträchtigt würde. Das ist aber bei der Auslobung von Markenwaren im Rahmen eines Preisrätsels in der Regel auszuschließen.
Da sich die Markenrechte mit dem Inverkehrbringen der gekennzeichneten Waren durch den Markeninhaber erschöpfen, ist es zulässig, den Absatz solcher Waren durch Werbehinweise zu fördern und dafür auch Abbildungen der geschützten Marken zu verwenden. Wenn daher Markenwaren zu dem Zweck fotografiert werden, den legalen Vertrieb dieser Waren in Werbeveröffentlichungen anzukündigen, dann werden durch die Abbildung der geschützten Warenzeichen ungeachtet der Tatsache, dass es sich dabei um einen markenmäßigen Gebrauch handelt, keine Markenrechte verletzt.

Beachtung von Eigentumsrechten

Ob bei der Aufnahme eines Objekts auch fremde Eigentumsrechte zu beachten sind, hängt davon ab, wo sich das aufzunehmende Objekt befindet.

Objekte auf privaten Grundstücken

Befindet sich ein Objekt auf einem Grundstück, das nicht für jedermann frei zugänglich ist, darf es nur fotografiert werden, wenn der Eigentümer seine Einwilligung erteilt. Dem Eigentümer ist es unbenom-

men, den Zutritt zu dem Grundstück zu verbieten oder das Fotografieren des Objekts nur unter bestimmten Voraussetzungen zu gestatten (z.B. Zahlung eines besonderen Entgelts).
Gestattet der Eigentümer das Fotografieren innerhalb seines befriedeten Besitztums, gilt die Erlaubnis normalerweise nur für die Anfertigung der Aufnahmen selbst, nicht aber für die gewerbliche Nutzung der Fotos. Wer daher die Aufnahmen gewerblich verwerten will (z.B. für Postkarten, Bildkalender etc.), muss den Eigentümer auf die geplante Verwendung hinweisen und dessen Einwilligung speziell für diesen Zweck einholen.

Objekte an öffentlichen Wegen, Straßen oder Plätzen

Objekte, die von öffentlichen Wegen, Straßen oder Plätzen aus sichtbar sind, dürfen ohne Zustimmung des Eigentümers fotografiert werden. Der Eigentümer hat lediglich die Möglichkeit, andere vom Zugang zu dem Objekt bzw. vom Blick auf das Objekt auszuschließen. Macht er von dieser Möglichkeit keinen Gebrauch, muss er das Ablichten der in seinem Eigentum stehenden Sachen hinnehmen und sogar die gewerbliche Verwertung dieser Abbildungen durch den Fotografen oder andere Beteiligte akzeptieren.
Falls es sich allerdings bei dem fotografierten Objekt um ein urheberrechtlich geschütztes Werk handelt, ist § 59 UrhG zu beachten: Befindet sich das Objekt nicht bleibend, sondern nur temporär im öffentlichen Raum, bedarf es für die Ablichtung zwar nicht der Zustimmung des Eigentümers, wohl aber der Zustimmung des Urhebers.

Objekte auf privaten, aber der Öffentlichkeit zugänglichen Grundstücken

Befindet sich ein Objekt nicht an öffentlichen Wegen, Straßen oder Plätzen, sondern auf einem Grundstück oder in einem Gebäude, das der Öffentlichkeit zugänglich ist (z.B. Schlosspark, Museum, Kirche), darf dort fotografiert werden, falls der Zugang ohne ein ausdrückliches Fotografierverbot gewährt wird und auch keine sonstigen Anhaltspunkte dafür vorliegen, dass Sachaufnahmen nicht erlaubt sind. Allerdings ist dann im Regelfall davon auszugehen, dass die Aufnahmen nur für private Zwecke verwendet werden dürfen und eine gewerbliche Verwertung (z.B. für Postkarten oder Werbemedien) der Erlaubnis des Eigentümers und eventuell auch des Besitzers oder sonstigen Nutzungsberechtigten bedarf. Allein daraus, dass für den Zutritt zu einem Objekt ein Entgelt gezahlt wird, lässt sich im Zweifel weder eine Fotografiererlaubnis noch das Recht zur gewerblichen Verwertung der Aufnahmen ableiten, die innerhalb des befriedeten Besitztums von dem Objekt angefertigt werden.
Der Eigentümer oder Besitzer eines Grundstücks ist in der Regel nicht dazu verpflichtet, anderen Personen den Zugang zu seinem befriedeten Besitztum zu gewähren und die Anfertigung von Sachaufnahmen zu dulden. Eine solche Verpflichtung lässt sich auch nicht ohne weiteres aus den Landespressegesetzen oder dem Versammlungsgesetz ableiten. Bildjournalisten haben deshalb keinen klagbaren Anspruch auf

freien Zutritt zu einer Sportveranstaltung oder zu ähnlichen öffentlichen Veranstaltungen. Ein solcher Anspruch kann sich allenfalls daraus ergeben, dass ein Veranstalter, der sich für die Zulassung von Bildjournalisten entscheidet, den Gleichbehandlungsgrundsatz beachten muss und deshalb nicht einzelne Berichterstatter willkürlich von der Veranstaltung ausschließen darf.

Beachtung von Persönlichkeitsrechten

Das Fotografieren eines Objekts und die anschließende Verwertung der Aufnahmen kann auch dann, wenn weder fremde Urheber- oder Geschmacksmusterrechte noch irgendwelche Eigentumsrechte entgegenstehen, wegen Verletzung des allgemeinen Persönlichkeitsrechts unzulässig sein. Das allgemeine Persönlichkeitsrecht schützt die Privat- und Intimsphäre sowie das Recht auf informationelle Selbstbestimmung. Sofern deshalb eine Sachaufnahme unzulässige Einblicke in die Intimsphäre einer Person gewährt, unerlaubt in ihre Privatsphäre eindringt oder ihr informationelles Selbstbestimmungsrecht missachtet, ist die Anfertigung und Verbreitung der Aufnahme wegen der damit verbundenen Verletzung des Persönlichkeitsrechts unzulässig.

Eingriff in das Persönlichkeitsrecht

Ob eine Sachaufnahme zu einem Eingriff in fremde Persönlichkeitsrechte führt, hängt in erster Linie vom jeweiligen Aufnahmestandort ab.

Aufnahmestandort innerhalb des befriedeten Besitztums

Zu einem unzulässigen Eingriff in den räumlichen Schutzbereich des allgemeinen Persönlichkeitsrechts kommt es regelmäßig dann, wenn jemand ohne Wissen und Willen des Eigentümers oder Besitzers in dessen befriedetes Besitztum eindringt, um dort zu fotografieren. Aber auch in den Fällen, in denen der Inhaber des Hausrechts den Zutritt gestattet, führt die Anfertigung von Fotos zu einem Eingriff in das allgemeine Persönlichkeitsrecht, wenn innerhalb des befriedeten Besitztums ohne die Zustimmung des Hausrechtsinhabers oder sogar gegen seinen ausdrücklichen Willen fotografiert wird.

Aufnahmestandort im öffentlichen Raum

Bei Sachaufnahmen, die von öffentlichen Wegen, Straßen oder Plätzen aus angefertigt werden, ist ein Eingriff in fremde Persönlichkeitsrechte in der Regel auszuschließen.
Werden allerdings von der Straße aus Objekte fotografiert, die sich innerhalb eines Hauses befinden und nur durch ein Fenster oder eine geöffnete Tür sichtbar sind, ist trotz des Aufnahmestandortes im öffentlichen Raum eine Beeinträchtigung von Persönlichkeitsrechten denkbar. Da das Innere eines Hauses zur Privatsphäre gehört und die Fenster oder Türen nur einen eher zufälligen Blick in die privaten Räume ermöglichen, bedarf die Ablichtung dieses Bereichs in der Regel der Zustimmung der Betroffenen. Dassel-

be gilt z.B. für Fotos von den Geschäftsräumen eines Unternehmens, die vom Gehsteig aus durch ein Schaufenster angefertigt werden.

Eine Beeinträchtigung des allgemeinen Persönlichkeitsrechts ist auch in den Fällen denkbar, in denen Häuser prominenter Personen von der öffentlichen Straße aus fotografiert werden, wenn die anschließende Veröffentlichung der Aufnahmen unter Nennung des Eigentümers oder Bewohners erfolgt. Entsteht durch eine solche Veröffentlichung die Gefahr, dass das Wohnhaus seine Eignung als privater Rückzugsort des Betroffenen verliert, weil Schaulustige das Grundstück besuchen, ist ein Eingriff in das Persönlichkeitsrecht zu bejahen. Ist dagegen ein Auffinden des Hauses durch unliebsame Besucher ausgeschlossen, weil es an einer hinreichend konkreten Ortsangabe fehlt, muss es der Betroffene hinnehmen, dass seine Wohnverhältnisse der Öffentlichkeit so präsentiert werden, wie sie auch jeder Passant vor Ort wahrnehmen kann.

Aufnahmestandort auf einem privaten Nachbargrundstück

Besteht kein Zugang zu dem befriedeten Besitztum, auf dem sich das Aufnahmeobjekt befindet, und ist es auch nicht möglich, das Objekt von der öffentlichen Straße aus zu fotografieren, stellt sich die Frage, ob die gewünschte Aufnahme von einem Nachbargrundstück aus angefertigt werden darf.

Insoweit ist zu berücksichtigen, dass die Außenanlagen eines Hauses generell weniger geschützt sind als die eigentlichen Wohnräume, in denen sich die Bewohner nach allen Seiten gegen ein optisches Eindringen abschirmen können. So wie jeder Eigentümer oder Besitzer eines Hauses den Blick des Nachbarn über den Gartenzaun oder aus einem Fenster des Nachbarhauses in Kauf nehmen muss, hat er auch die Ablichtung seines Hauses und der zum Haus gehörenden Außenanlagen hinzunehmen, sofern die Aufnahmen nur das zeigen, was jeder Nachbar wahrnehmen kann. Zu einem Eingriff in das allgemeine Persönlichkeitsrecht kommt es in solchen Fällen erst, wenn die optische Erfassung des Hauses oder der Außenanlagen mit Hilfe eines Teleobjektivs oder anderer Hilfsmittel (z.B. Leiter) erfolgt, weil ein solcher Blick in die Privatsphäre über das sozialübliche Maß hinausgeht. Von einer Beeinträchtigung des Persönlichkeitsrechts der Betroffenen ist außerdem dann auszugehen, wenn die vom Nachbargrundstück aus angefertigten Aufnahmen für gewerbliche Zwecke verwertet werden.

Luftaufnahmen und Satellitenbilder

Werden Grundstücke, Häuser und andere Objekte von einem Flugzeug oder Hubschrauber aus fotografiert, geht die Rechtsprechung allgemein von einem Eingriff in den räumlichen Schutzbereich des allgemeinen Persönlichkeitsrechts aus. Zur Begründung heißt es, dass niemand es hinnehmen müsse, wenn seine Privatsphäre gegen seinen Willen unter Überwindung bestehender Hindernisse oder mit geeigneten Hilfsmitteln (z.B. Teleobjektiv, Leiter, Flugzeug) ausgespäht werde, um daraus ein Geschäft zu machen und Dritten die so gewonnenen Einblicke gegen Bezahlung zur Verfügung zu stellen.

Bei konsequenter Anwendung dieser Rechtsprechung müsste auch die Bereitstellung von Satellitenaufnahmen und Luftbildern der Erde, wie sie das Programm „Google Earth" bietet, als Eingriff in das Persönlichkeitsrecht derjenigen eingestuft werden, deren Grundstücke und Häuser damit teilweise in hoch aufgelöster Form auf jedem Bildschirm sichtbar gemacht werden können. Es ist jedoch zu berücksichtigen, dass der Außenbereich eines Hauses gegen ein optisches Eindringen naturgemäß weniger geschützt ist als der Innenbereich. Angesichts der weltweiten Verbreitung und Zustimmung, die „Google Earth" mittlerweile gefunden hat, wird man außerdem berücksichtigen müssen, dass sich der durch ein Satelliten- oder Luftbild gewährte Einblick in die Privatsphäre im Rahmen dessen hält, was – ähnlich wie der Blick des Nachbarn über den Gartenzaun – sozial allgemein akzeptiert wird. Deshalb dürfte in der fotografischen Erfassung der gesamten Erdoberfläche vom Weltall aus selbst dann, wenn dabei hoch aufgelöste Bilder einzelner Grundstücke und Häuser entstehen, angesichts der breiten sozialen Akzeptanz solcher Aufnahmen kein Eingriff in die geschützte Privatsphäre zu sehen sein.

Rechtswidrigkeit des Eingriff in das Persönlichkeitsrecht

Das allgemeine Persönlichkeitsrecht ist ein Rahmenrecht. Bei einem Eingriff in den Schutzbereich dieses Rechts muss die Rechtswidrigkeit des Eingriffs stets positiv festgestellt werden. Dabei ist eine umfassende Interessenabwägung unter Berücksichtigung der konkreten Umstände des Einzelfalls vorzunehmen, weil das Persönlichkeitsrecht wegen seines weiten Rahmens vielfach mit den Rechten Dritter kollidiert. So kann es insbesondere zu einem Konflikt zwischen dem allgemeinen Persönlichkeitsrecht des Betroffenen und der Pressefreiheit kommen. Ergibt die Abwägung der kollidierenden Interessen, dass das öffentliche Informationsinteresse im konkreten Fall die persönlichen Belange des Betroffenen überwiegt, muss das Persönlichkeitsrecht hinter dem Recht auf eine freie Berichterstattung zurückstehen mit der Folge, dass der Betroffene die Anfertigung und Verwertung der Sachaufnahmen hinzunehmen hat. So wird z.B. der Pressefreiheit bei Aufnahmen von Grundstücken und Häusern prominenter Zeitgenossen ein höherer Stellenwert als dem Persönlichkeitsrecht der Betroffenen einzuräumen sein, wenn diese ihre Wohn- und Lebensverhältnisse durch eigene Publikationen oder durch eine von ihnen selbst geförderte und gebilligte Berichterstattung schon vor der fraglichen Presseveröffentlichung einem breiten Publikum bekannt gemacht haben.

Werden Betriebs- oder Geschäftsräume fotografiert und wird dadurch in das Persönlichkeitsrechts eines Unternehmens eingegriffen, ist zu beachten, dass die berufliche Sphäre in weit geringerem Maße als die Privatsphäre gegen optische Eingriffe geschützt ist. Dennoch können die besonderen Umstände eines solchen Eingriffs, insbesondere der Einsatz unzulässiger Hilfsmittel oder die Anwendung rechtswidriger Methoden bei der Informationsbeschaffung, einen Vorrang der Belange des Unternehmens vor dem öffentlichen Informationsinteresse begründen.

Kalkulation von Fotohonoraren 12

Möglichkeiten der Honorarberechnung

Es gibt verschiedene Möglichkeiten, die Leistungen eines Fotografen zu vergüten. Prinzipiell ist dabei zwischen der fixen Vergütung in Form einer Pauschale oder eines Festpreises, der variablen Vergütung und der Vergütung nach vorgegebenen Richtsätzen zu unterscheiden.

Pauschal- oder Festpreisvergütung

Pauschale Vergütungen werden manchmal für einzelne Leistungen eines Fotografen vereinbart. Denkbar ist aber auch, dass sämtliche Leistungen, die ein Fotograf im Rahmen einer laufenden oder dauerhaften Zusammenarbeit mit seinem Auftraggeber erbringt, durch monatliche Pauschalzahlungen abgegolten werden.

Abgeltung von Einzelleistungen

Wenn ein Fotograf einen klar umrissenen Auftrag auszuführen hat, wird häufig eine Vergütungspauschale oder ein Festpreis vereinbart. Diese Form der Vergütung kommt vor allem dann in Betracht, wenn es zunächst nur um die Präsentation einzelner Probefotos geht, die dem Auftraggeber eine Vorstellung von dem Bildkonzept und der Arbeitsweise des Fotografen vermitteln sollen.
Die Vereinbarung einer Pauschale oder eines Festpreises hat für den Auftraggeber den Vorteil, dass sein finanzieller Aufwand klar definiert ist. Stellt sich bei der Ausführung des Auftrags heraus, dass der Umfang der tatsächlich erbrachten Leistungen größer ist als ursprünglich geplant, so haben diese Änderungen in der Regel keinen Einfluss auf die Höhe der zu zahlenden Vergütung. Das Risiko einer unvorhergesehenen Ausweitung des Leistungsumfangs trägt allein der Fotograf, der sich auf die Vergütungspauschale oder den Festpreis eingelassen hat. Er kann eine gesonderte Vergütung allenfalls für solche Leistungen verlangen, die der Auftraggeber zusätzlich anfordert und die außerhalb dessen liegen, was ursprünglich vereinbart war.

Abgeltung von Leistungen im Rahmen einer ständigen Zusammenarbeit

Wenn ein Fotograf mit einem Auftraggeber ständig zusammenarbeitet, kommt es häufig zum Abschluss einer Rahmenvereinbarung, in der die Fragen, die sich bei der Erteilung einzelner Fotoaufträge stets in gleicher Weise stellen, einheitlich geregelt werden. Meist verpflichtet sich der Fotograf in einem solchen Rahmenvertrag, seinem Auftraggeber jeden Monat ein bestimmtes Zeitkontingent zur Verfügung zu stellen. Umgekehrt übernimmt der Auftraggeber die Verpflichtung, dem Fotografen eine Monatspauschale

oder eine feste monatliche Mindestvergütung zu zahlen. Diese wechselseitige Bindung gibt beiden Parteien eine gewisse Sicherheit und ermöglicht damit sowohl dem Auftraggeber als auch dem Fotografen eine langfristige Planung.
Die Festlegung eines zeitlichen Rahmens, den der Auftraggeber ausschöpfen kann, und die Zahlung einer Pauschal- oder Mindestvergütung an den Fotografen dürfen nicht zu einer persönlichen Abhängigkeit des Fotografen von dem Auftraggeber führen. Wenn die zeitliche Bindung des Fotografen so stark ausgeweitet wird, dass er kaum noch andere Aufträge annehmen kann, und wenn dadurch bedingt die Pauschal- oder Mindestvergütung zur einzigen oder jedenfalls hauptsächlichen Einkunftsquelle des Fotografen wird, dann kann die Vertragsbeziehung zu dem Auftraggeber unter Umständen als Arbeitsverhältnis und der Fotograf als unselbständiger Arbeitnehmer einzustufen sein – mit entsprechenden Folgen in Bezug auf die Lohnsteuer- und Sozialversicherungspflicht. Einzelheiten zu dem Problem der Scheinselbständigkeit, das damit angesprochen wird, sind auf Seite 324 ff. nachzulesen.

Vergütung nach variablen Berechnungsmaßstäben

Fest fixierte Vergütungen sind bei Fotoaufträgen eher die Ausnahme. Die Vereinbarung von Pauschalhonoraren oder Festpreisen beschränkt sich meist auf die Sonderfälle, die im vorherigen Abschnitt beschrieben wurden. Überwiegend werden Vergütungen vereinbart, deren Höhe von einem variablen Berechnungsmaßstab abhängt. Als mögliche Berechnungsmaßstäbe kommen die erbrachte Leistung, der Umfang der eingeräumten Nutzungsrechte oder der mit der Fotonutzung erzielte Erfolg in Betracht.

Leistungsbezogene Vergütung

Richtet sich die Höhe der Vergütung nach der erbrachten Leistung, muss die Leistung quantifiziert, d.h. in eine messbare Größe umgesetzt werden. Denkbare Bemessungsgrößen sind die aufgewendete Zeit oder die Anzahl der abgelieferten bzw. verwendeten Fotos.
Wenn man die erbrachte Leistung nach dem Zeitaufwand bemisst, ist auch die Höhe der Vergütung davon abhängig, wie viel Zeit für die Durchführung des jeweiligen Fotoauftrags benötigt wird. Einigt sich also ein Fotograf mit seinem Auftraggeber – wie bei Fotoproduktionen allgemein üblich – auf eine Bezahlung nach Tagessätzen, dann richtet sich die Vergütung nach der Anzahl Tage, die für die Vorbereitung und das Shooting effektiv benötigt werden. Der Auftraggeber ist in diesem Fall auf eine korrekte Zeiterfassung durch den Fotografen angewiesen und dem Risiko ausgesetzt, dass die Durchführung des Auftrags möglicherweise länger dauert als erwartet und dass dementsprechend auch die zu zahlende Vergütung unerwartet hoch ausfällt.

Die Höhe der Vergütung kann auch davon abhängig gemacht werden, wie viele Bilder der Fotograf vorlegt oder der Auftraggeber abnimmt. So erhalten beispielsweise Fotografen, die einer Zeitung oder Zeitschrift das benötigte Bildmaterial zur Verfügung stellen, für jede veröffentlichte Bildseite häufig ein Bildseitenhonorar.
Die Koppelung der Vergütung an die gelieferte oder abgenommene Menge hat für den Auftraggeber den Vorteil, dass er seinen finanziellen Aufwand besser kalkulieren kann. Für die Fotografen sind solche Honorarvereinbarungen häufig nachteilig. Vor allem dann, wenn die Vergütung nicht von der Anzahl der gelieferten, sondern von der Zahl der abgenommenen Fotos abhängt, liegt es letztlich in der Hand des Auftraggebers, durch eine beschränkte Abnahme auch die Höhe der Vergütung zu reduzieren. Ein weiterer Nachteil ist, dass ein Bildseitenhonorar den jeweiligen Arbeitsaufwand, der bei den einzelnen Arbeiten unterschiedlich hoch ausfallen kann, in der Regel unberücksichtigt lässt.

Nutzungsbezogene Vergütung

Bei fotografischen Arbeiten kann die Vergütung auch danach bemessen werden, in welchem Umfang der Fotograf seine Rechte zur Nutzung freigibt oder eine Nutzung konkret stattfindet.
Die Bemessung der Vergütung nach dem Umfang der eingeräumten Nutzungsrechte entspricht vor allem bei Lizenzverträgen der allgemeinen Praxis. Dabei wird die Nutzung regelmäßig in verschiedene Segmente unterteilt und der Grad der Nutzung für jedes einzelne Segment gesondert ermittelt. So unterscheidet beispielsweise der Vergütungstarifvertrag Design SDSt/AGD, der auch auf Fotodesign-Leistungen anwendbar ist, zwischen dem geografischen, dem zeitlichen und dem inhaltlichen Umfang der Nutzung. Die von der Mittelstandsgemeinschaft Foto-Marketing (MFM) herausgegebene Preisliste „Bildhonorare" bemisst den Umfang der jeweiligen Nutzung hauptsächlich nach dem Abbildungsformat, der Auflagenhöhe und dem Verbreitungsgebiet.
Normalerweise wird eine nutzungsabhängige Vergütung nach dem Umfang der eingeräumten Nutzungsrechte und nicht danach bemessen, in welchem Umfang der Nutzungsberechtigte die erworbenen Rechte auch tatsächlich nutzt. Das Risiko, dass ein Nutzungsrecht nicht verwertet wird oder eine Verwertung erfolglos bleibt und deshalb wieder eingestellt wird, sollte prinzipiell derjenige tragen, der für die Verwertung zuständig ist. Deshalb ist in der Regel davon abzuraten, die Höhe der Lizenzvergütung an den Umfang der tatsächlichen Nutzung zu koppeln, denn damit wird das Verwertungsrisiko zumindest teilweise dem Fotografen zugeschoben. Da die Lizenzvergütung kein Entgelt für eine erfolgreiche Verwertung der Nutzungsrechte, sondern die Gegenleistung für die Überlassung einer Rechtsposition und der damit verbundenen Erwerbschancen ist, sollte die Höhe der Vergütung allein nach dem Umfang der Rechtseinräumung und nicht nach dem Umfang der späteren Verwertung bemessen werden. Was der Nutzungsberechtigte mit den überlassenen Rechten anfängt und wie er sie verwertet, ist allein seine Sache.

Es sind allerdings Situationen denkbar, in denen eine Bindung der Nutzungsvergütung an den tatsächlichen Umfang der Nutzung durchaus sinnvoll sein kann. Das betrifft vor allem die Fälle, in denen über Art und Umfang der Nutzung zum Zeitpunkt des Vertragsabschlusses noch keine ausreichende Klarheit besteht und der Vertragspartner des Fotografen die Nutzungsrechte deshalb zunächst nur in beschränktem Umfang mit einer Option auf eine spätere Ausweitung der Nutzungsmöglichkeiten erwerben möchte.

Erfolgsabhängige Vergütung

Die Vereinbarung einer erfolgsabhängigen Vergütung ist vor allem im Verlagsbereich weit verbreitet. Die Abhängigkeit der Vergütung von dem Erfolg, den der Auftraggeber beispielsweise mit einem Fotobuch erzielt, kann je nach dem Umfang des Erfolgs oder Misserfolgs ein Fluch oder ein Segen sein. In jedem Fall trägt ein Fotograf, der sich auf diese Form der Vergütung einlässt, einen Teil des unternehmerischen Risikos. Zugleich eröffnet sich damit für ihn aber auch die Chance einer Beteiligung an dem wirtschaftlichen Erfolg, der mit seinen Bildern erzielt wird.
Soll die Höhe der Vergütung von dem erzielten Erfolg abhängen, muss geklärt werden, wonach der Erfolg zu bemessen ist. Gradmesser des Erfolgs kann einmal der Gewinn oder der Umsatz sein, der mit den Arbeiten des Fotografen erwirtschaftet wird. Denkbar ist aber auch, dass man den Erfolg nach der jeweiligen Produktions- oder Absatzmenge bemisst.

Gewinnbeteiligung

Setzt man auf den Gewinn als maßgeblichen Indikator des Erfolgs, so lässt sich die Vergütung in der Form bestimmen, dass der Fotograf einen bestimmten Prozentanteil des Gewinns erhält. Eine solche Vereinbarung funktioniert allerdings nur, wenn die Beteiligten vorab exakt festlegen, welche Erlöse und Kosten bei der Gewinnermittlung zu berücksichtigen sind. Ohne diese Festlegung kann die Vereinbarung einer Gewinnbeteiligung zu einer ständigen Quelle unerfreulicher Streitigkeiten zwischen dem Fotografen und seinem Auftraggeber werden.
Bei den Produktions- und Lizenzverträgen der Fotografen ist die Vereinbarung einer Gewinnbeteiligung eher selten. Zum einen sind die Auftraggeber in der Regel nicht bereit, sich auf diese Form der Vergütung einzulassen, da sie dann ihre Gewinne und ihre gesamte Kalkulation gegenüber dem Fotografen offen legen müssten. Zum anderen besteht wohl auch bei den Fotografen wenig Neigung, die Bezahlung ihrer Arbeit an die Gewinne ihres Auftraggebers zu koppeln, da sie dann nicht nur das unternehmerische Risiko mitzutragen hätten, sondern auch davon abhängig wären, dass ihr Auftraggeber die Gewinne korrekt und fair ermittelt.

Umsatz-/Erlösbeteiligung

Eine Beteiligung an den Umsätzen bzw. Erlösen aus dem Verkauf des Produkts, für das die Arbeiten des Fotografen verwendet werden, ist im Verlagsbereich eine häufig anzutreffende Form der Vergütung. Die Anknüpfung an den Umsatz oder den erzielten Erlös gewährleistet, dass der Unternehmer (Auftragge-

ber) eine Vergütung nur dann zu zahlen braucht, wenn die Produkte auch tatsächlich verkauft werden. Die Vergütung ist vollständig vom Absatz abhängig und kann daher auch als „Absatzhonorar" bezeichnet werden.
Im Verlagsbereich besteht das Absatzhonorar meist aus einem prozentualen Anteil am Ladenpreis des verkauften Buches, wobei unter „Ladenpreis" in der Regel der Nettopreis (= Bruttoladenpreis abzüglich der darin enthaltenen Mehrwertsteuer) zu verstehen ist. Zur Höhe des Prozentanteils gibt es keine klar fixierten Richtsätze. Handelt es sich bei dem Buch um einen Bildband, bei dem die Fotografie dominierend im Vordergrund steht, kann sich die Vergütung des Fotografen an den Werten orientieren, die bei Textautoren üblich sind. Die prozentuale Beteiligung der Textautoren liegt normalerweise zwischen 5 Prozent und 15 Prozent des Ladenpreises: bei Normalausgaben meist zwischen 8 Prozent und 10 Prozent mit gestaffelter Erhöhung ab 5.000 Exemplaren, bei Taschenbüchern zwischen 5 Prozent und 8 Prozent, bei wissenschaftlichen Werken zwischen 12 Prozent und 15 Prozent, bei Schulbüchern 7,5 Prozent und bei Kinderbüchern nicht unter 5 Prozent.
Steht nicht das Bild, sondern der Text im Vordergrund, erhält der Fotograf meist nur einen Bruchteil der Beteiligung des Wortautors. Wie hoch dieser Anteil ausfällt, hängt in erster Linie vom Umfang der Bildnutzung ab, also insbesondere von der Anzahl und dem Format der in dem Buch wiedergegebenen Fotografien.
Die prozentuale Beteiligung kann sich statt am Ladenpreis auch an den Nettoerlösen aus dem Buchverkauf orientieren. Diese Form der Vergütung ist für einen Verlag vor allem dann interessant, wenn er dem Buchhandel und den buchhändlerischen Wiederverkäufern unterschiedlich hohe Rabatte gewährt und nicht abzuschätzen ist, in welchem Umfang die gewährten Rabatte den Erlös aus dem Buchverkauf schmälern werden. Das Risiko einer hohen Erlösschmälerung trägt der Fotograf mit, wenn seine Vergütung nicht an dem (festen) Ladenpreis, sondern an die (variablen) Erlöse gekoppelt wird. Es versteht sich von selbst, dass eine prozentuale Beteiligung an dem Erlös von vornherein höher anzusetzen ist als bei der sonst üblichen Beteiligung am Ladenpreis, da die Erlöse aus dem Buchverkauf wegen der üblichen Rabatte (zwischen 25 Prozent und 50 Prozent) stets deutlich unter dem Ladenpreis liegen.
Generell gilt für die Umsatz- oder Erlösbeteiligung, dass derjenige, der sich auf eine solche Beteiligung einlässt, vorab für eine möglichst präzise Festlegung der Berechnungsgrundlagen sorgen sollte. Es genügt nicht, einfach nur einen Prozentanteil zu vereinbaren und die Bestimmung des Bezugswertes (Ladenpreis, Abgabepreis, Erlös) dem freien Ermessen des Unternehmers zu überlassen. Auch der Bezugswert sollte vorab zumindest grob definiert werden, damit man später keine bösen Überraschungen erlebt.

Mischsysteme

Soll die Vergütung nach einem variablen Parameter berechnet werden, lassen sich die in Frage kommenden Variablen auch kombinieren. So ist es z. B. bei Grafikdesignern üblich, die Vergütung sowohl leistungsbezogen (insbesondere nach dem Zeitaufwand) als auch nutzungsbezogen (nach dem geplanten Umfang der Nutzung) zu ermitteln.
Auch die Fotografen berechnen ihr Honorar bei Produktionsaufträgen in der Regel nicht nur leistungsbezogen, sondern berücksichtigen außerdem die jeweils geplante Nutzung. Leistungsbezogen ist die Honorarberechnung, wenn sie von bestimmten Tagessätzen ausgeht und auf die Anzahl der Tage abstellt, die für eine Fotoproduktion benötigt werden. Mit den Tageshonoraren gilt oft auch eine gewisse Grundnutzung als abgegolten, wobei die Grundnutzung in der Regel die exklusive Nutzung für ein Medium umfasst und zeitlich auf ein Jahr sowie geografisch auf den Bereich der Bundesrepublik Deutschland beschränkt ist. Geht die von dem Auftraggeber geplante Nutzung über die Grundnutzung hinaus, wird das Produktionshonorar in der Regel nutzungsbezogen um bestimmte Prozentsätze oder Beträge erhöht.
Die variablen Parameter „Zeitaufwand" und „Umfang der Nutzung" können durchaus auch mit Elementen der Festpreisvergütung kombiniert werden. So wird beispielsweise eine nach Tagessätzen und Nutzungsumfang bemessene Produktionsvergütung zu einer „verkappten" Festvergütung, wenn der Fotograf die Anzahl der Tage für die Vorbereitung und das Shooting vorab verbindlich fixiert und damit auf die Möglichkeit verzichtet, bei einer Überschreitung des geplanten Zeitrahmens eine entsprechend höhere Vergütung zu berechnen.

Vergütung nach Preislisten, Honorarempfehlungen der Verbände oder gemeinsamen Vergütungsregeln

Die Vergütung für die Leistungen eines Fotografen kann auch durch Preislisten oder dadurch festgelegt werden, dass die Vertragspartner die Anwendung einer Verbandsempfehlung zur Berechnung von Fotohonoraren vereinbaren. Außerdem werden künftig eventuell gemeinsame Vergütungsregeln, die die Berufsverbände der Fotografen mit den Bildverwertern aushandeln, bei der Bestimmung der Fotohonorare eine bedeutende Rolle spielen.

Preislisten

Prinzipiell ist es möglich, die Vergütungen für bestimmte Arbeiten vorab in einer Preisliste festzulegen. Solche Listen nennen in der Regel einen konkreten Preis, den der Kunde bei einer Auftragserteilung für die jeweilige Leistung zu zahlen hat.

Die Berechnung der Vergütung nach einer Liste, die feste Preise für einzelne Leistungen nennt, hat den Vorteil der Preisklarheit. Nachteilig ist, dass sich die Leistungen, für die der Preis vorab festgelegt wird, nicht immer klar definieren lassen. Außerdem ist der mit einzelnen Leistungen verbundene Aufwand oft nicht abzuschätzen. Damit kann aber die Preisliste für denjenigen, der mit einer solchen Liste arbeitet, zu einem Risiko werden, da sie eine flexible Anpassung der Vergütung an den tatsächlichen Aufwand unter Umständen ausschließt oder erschwert. Der Kunde, dem die Preisliste beim Vertragsabschluss vorgelegt wird, wird die dort genannten Beträge als garantierten Festpreis auffassen und den späteren Einwand, die erbrachte Leistung habe einen höheren als den üblichen Aufwand erfordert, nicht gelten lassen. Deshalb sollten Preislisten von Fotografen möglichst nur eingesetzt werden, wenn der Umfang der einzelnen Leistungen in der Liste klar definiert und zugleich die Möglichkeit offengehalten wird, bei einer Erhöhung des Aufwandes, von dem die Preisliste ausgeht, auch eine entsprechend erhöhte Vergütung zu fordern.

Honorarempfehlungen der Verbände

Im Designbereich gibt es verschiedene Honorarempfehlungen und Kalkulationshilfen, an denen sich selbständige Designer bei der Berechnung ihrer Vergütungen orientieren können. Diese Honorarempfehlungen richten sich teilweise auch an Fotografen bzw. Fotodesigner. So enthält beispielsweise der Vergütungstarifvertrag SDSt/AGD spezielle Vergütungstabellen für Fotodesign-Leistungen. Darüber hinaus stehen den Fotografen in Deutschland die Bildhonorarempfehlungen der Mittelstandsgemeinschaft Foto-Marketing (MFM), in Österreich die von der Bundesinnung der Fotografen herausgegebenen „Veröffentlichungshonorare im Fotografengewerbe" und in der Schweiz die Tarife der Schweizer Berufsfotografen (SBf) sowie die Preisempfehlungen der Schweizerischen Arbeitsgemeinschaft der Bild-Agenturen und Bildarchive (SAB) als Kalkulationshilfe zur Verfügung.
Allerdings sollte sich ein Fotograf genau ansehen, auf was er sich einlässt, wenn er mit seinem Auftraggeber beispielsweise eine Honorarberechnung nach dem Vergütungstarifvertrag SDSt/AGD oder nach der MFM-Liste vereinbart. Die Honorare, die sich bei Zugrundelegung dieser Verbandsempfehlungen ergeben, entsprechen zumindest bei Produktionsverträgen häufig nicht dem, was in der Branche als üblich und angemessen gilt. Dazu sind weitere Einzelheiten in dem Beitrag „Zweck und Bedeutung einzelner Kalkulationshilfen" auf Seite 220 ff. nachzulesen.

Gemeinsame Vergütungsregeln

Die Vergütung eines Fotografen kann auch durch sogenannte gemeinsame Vergütungsregeln (§ 36 UrhG) bestimmt werden. Gemeinsame Vergütungsregeln können von Urhebervereinigungen (z.B. dem BFF) und Vereinigungen von Verwertern (z.B. dem GWA) oder einzelnen Werknutzern aufgestellt werden. Was die beteiligten Verbände und Bildverwerter in den gemeinsamen Vergütungsregeln festlegen, gilt stets als angemessen. Verbindlich sind solche Vergütungsregeln zwar nur im Verhältnis zwischen den Urhebern und Verwertern, die den jeweils beteiligten Verbänden angehören bzw. selbst an der Aufstellung der Regeln mitgewirkt haben. Es ist aber durchaus möglich, die Geltung von gemeinsamen Vergütungsregeln auch zwischen solchen Partnern vertraglich zu vereinbaren, die nicht Mitglied der beteiligten Urheber- oder Verwerterverbände sind.

Im Augenblick gibt es für den Bereich der Fotografie allerdings noch keine gemeinsamen Vergütungsregeln, auf die man in einem Vertrag Bezug nehmen könnte. Es ist jedoch damit zu rechnen, dass solche Regeln demnächst aufgestellt werden. Der Einbeziehung von gemeinsamen Vergütungsregeln in die Produktions- und Lizenzverträge der Fotografen steht dann nichts mehr im Wege.

Zweck und Bedeutung einzelner Kalkulationshilfen

Über den Zweck und die Bedeutung einzelner Kalkulationshilfen, die von verschiedenen Verbänden und Institutionen angeboten werden, scheint bei den Fotografen nicht immer ausreichende Klarheit zu bestehen. Häufig wird bei der Ermittlung von Produktions- oder Lizenzhonoraren ein Berechnungssystem zugrunde gelegt, das für diesen Zweck überhaupt nicht geeignet ist. Um dem insoweit bestehenden Informationsdefizit ein wenig abzuhelfen, sollen die bekanntesten Kalkulationshilfen kurz vorgestellt werden.

MFM-Bildhonorare

Die Mittelstandsgemeinschaft Foto-Marketing (MFM) empfiehlt ihren Mitgliedern, die Vergütungen für Bildnutzungsrechte anhand der jährlich aktualisierten Liste „Bildhonorare" zu ermitteln. Die „Bildhonorare" haben sich inzwischen über den Kreis der MFM-Mitglieder hinaus als allgemein anerkannte Richtlinie zur Bemessung der üblichen Honorare für Bildlizenzen etabliert.

Berechnung der Lizenzhonorare

Die MFM-Liste „Bildhonorare" befasst sich in erster Linie mit den Vergütungen, die Bildagenturen für die Überlassung von Nutzungsrechten erhalten. Es geht also um Lizenzhonorare, wie sie auch von Fotografen berechnet werden, die mit ihren Kunden einen Vertrag über die Nutzung bereits produzierter Fotos abschließen.

Die Bildhonorarempfehlungen der MFM bestehen aus Preislisten, die für eine Reihe typischer Bildnutzungen konkret Beträge ausweisen. Sämtliche Preisangaben basieren ausschließlich auf den Erfahrungen und Bewertungen der MFM-Honorarkommission, die die Listen jährlich überprüft und fortschreibt.

Die Preislisten der MFM sind in die Medienbereiche aufgeteilt, die für eine Bildnutzung in Frage kommen. Inzwischen gibt es Preislisten zu ca. 100 verschiedenen Medien – angefangen bei den Anzeigenblättern über CD-Hüllen, Glückwunschkarten, Mailings und Reiseprospekte bis hin zu Tageszeitungen, Verkehrsmittelwerbung und Wochenzeitschriften. Überwiegend handelt es sich dabei um Printmedien. Es gibt aber auch Preislisten für Bildnutzungen im Fernsehen, auf CDs, in Videos und Filmen oder im Internet. Gleichartige Medien (z.B. illustrierte Zeitschriften, Special Interest-, Mitgliederzeitschriften, Supplements) werden meist in einer Preisliste zusammengefasst.

Die Preislisten für die Printmedien sind in der Regel so gestaffelt, dass sich die Höhe des Lizenzhonorars nach der jeweiligen Auflage und dem Abbildungsformat richtet. Je höher die Auflage und je größer das Abbildungsformat, umso höher ist die Vergütung, die der Verwerter für den Abdruck eines Bildes zu zahlen hat.

Bei der Verwendung von Fotos im Fernsehen oder auf Datenträgern (z.B. CD-ROM, DVD, Video) sind die Lizenzhonorare überwiegend nach der Größe des Verbreitungsgebiets gestaffelt. Die Honorare für eine Nutzung im Internet stellen dagegen in erster Linie auf die Nutzungsdauer ab.
Die meisten MFM-Preistabellen gehen von einer bestimmten Grundnutzung aus. Abweichungen von dieser Grundnutzung werden durch Zuschläge oder Nachlässe auf das jeweilige Tabellenhonorar berücksichtigt. Dabei ist zwischen den allgemeinen Zuschlägen und Nachlässen sowie den besonderen, nur für einzelne Medien geltenden Zuschlägen und Nachlässen zu unterscheiden.
Ein allgemeiner Zuschlag von 100 Prozent auf das Grundhonorar ist beispielsweise für den Fall vorgesehen, dass ein Foto ohne Bildquellennachweis abgedruckt oder öffentlich wiedergegeben wird. Auch für Luft- oder Unterwasseraufnahmen wird ein genereller Zuschlag von 100 Prozent auf das jeweilige Tabellenhonorar berechnet. Mit einem generellen Nachlass von 50 Prozent kann dagegen rechnen, wer beispielsweise ein Foto in derselben Ausgabe eines Printmediums wiederholt abdruckt. Der Nachlass wird in diesem Fall auf das Honorar des kleineren Abbildungsformats gewährt.
Zu (fast) jeder Preisliste gibt es darüber hinaus noch besondere Zuschläge oder Nachlässe, die speziell auf die in der jeweiligen Liste erfassten Medien abgestimmt sind. So ist z.B. bei der Preisliste für „Zeitschriften, Magazine, Special-Interest-, Fach-, Mitglieder- und Mitarbeiterzeitschriften, Supplements, Booklets (redaktionelle Nutzung)" ein Zuschlag von 80 Prozent auf das auflagen- und formatbezogene Innenseitenhonorar vorgesehen, falls das Foto auf dem Rücktitel der Zeitschrift erscheint.

Berechnung von Produktionshonoraren

Die MFM-Liste befasst sich zwar hauptsächlich mit den Lizenzhonoraren für bereits produzierte Fotos, enthält aber in einer der Tabellen auch Angaben dazu, welche Honorare für die Produktion neuer Bilder zu zahlen sind. Diese Tabelle ist in drei Kategorien unterteilt: Fotoproduktionen, Setfotos für Film- und Fernsehproduktionen sowie „Footage Clipproduktion". Die Werbefotografie bleibt ausdrücklich ausgeklammert, d.h. die MFM-Liste enthält keine Empfehlungen oder Richtlinien für die Honorierung der Auftragsarbeiten von Werbefotografen.
Die Tabelle ist so gestaffelt, dass sie für die drei Auftragskategorien jeweils die Mindesthonorare ausweist, die pro Arbeitstag zu zahlen sind. Die Honorarsätze sind sehr unterschiedlich. So nennen die „Bildhonorare 2010" für Fotoproduktionen (Arbeitszeit bis 8 Stunden) folgende Tageshonorare als Mindesthonorar:

495,00 €	Fotoproduktion für Zeitungen
660,00 €	Fotoproduktion für Magazine/Zeitschriften
1.375,00 €	Fotoproduktion für PR
1.650,00 €	Studioproduktion (on Location)

Setfotos für Film- und Fernsehproduktionen werden in der MFM-Honorareliste mit folgenden Mindesthonoraren pro Tag (Arbeitszeit bis 10 Stunden) ausgewiesen:

520,00 €	Setfotos für Fernsehproduktionen (1. Produktionstag)
350,00 €	Setfotos für Fernsehproduktionen (jeder weitere Tag)
520,00 €	Setfotos für Filmproduktionen (inkl. An- und Abreise)

Diese Tagessätze und die krassen Honorarunterschiede zwischen den verschiedenen Kategorien von Fotoproduktionen scheinen durchaus dem zu entsprechen, was in der Praxis üblich ist. Zu erklären ist das unterschiedliche Honorarniveau wohl nur zum Teil damit, dass beispielsweise Studioproduktionen stets mit einem höheren Kostenaufwand verbunden sind. Vielmehr sind die extrem niedrigen Tageshonorare für Setfotos und (journalistische) Fotoproduktionen wohl auch ein Indiz dafür, dass in diesen Bereichen zwischen den Fotografen und ihren Auftraggebern keine wirkliche Verhandlungsparität besteht und die Auftraggeber die Honorare mehr oder weniger einseitig diktieren.

Bedeutung der MFM-Liste für professionelle Fotografen

Die „Bildhonorare" der MFM werden in den Fällen, in denen es um die Berechnung der Lizenzentschädigung im Zusammenhang mit einer Urheberrechtsverletzung geht, sowohl von den Sachverständigen als auch von den Gerichten üblicherweise als Bemessungsgrundlage herangezogen. Für professionelle Fotografen ist die Liste dagegen als Grundlage für die eigene Honorarkalkulation nur bedingt verwendbar. Da die Mehrzahl der Bildagenturen, die der MFM angeschlossen sind, sowohl Amateuraufnahmen als auch semi-professionelles und gängiges professionelles Bildmaterial anbieten, sind die in der Marktübersicht ausgewiesenen Honorare auf normale, durchschnittliche Bildqualitäten abgestimmt. Fotografen, deren Arbeiten qualitativ über dem allgemeinen Durchschnittsniveau von nicht-professionellen, semiprofessionellen und gängigen professionellen Aufnahmen liegen, können auf dem Markt ohne weiteres höhere Lizenzhonorare erzielen. Deshalb wären beispielsweise die BFF-Fotografen mit ihren qualitativ meist hochwertigen Bildern schlecht beraten, wenn sie sich bei der Bemessung ihrer Fotohonorare an den relativ niedrigen MFM-Sätzen orientieren würden.

Tarife der VG Bild-Kunst

Die Verwertungsgesellschaft Bild-Kunst ist eine Gesellschaft zur Wahrnehmung der Urheberrechte von bildenden Künstlern, Fotografen und anderen Bildurhebern. Ähnlich wie die GEMA für den Bereich der Musik nimmt die VG Bild-Kunst für ihre Mitglieder vor allem solche Rechte im visuellen Bereich wahr, die der einzelne Urheber aus gesetzlichen, organisatorischen oder praktischen Gründen individuell nicht selbst wahrnehmen kann. Rechtsgrundlage für die Tätigkeit der Verwertungsgesellschaft sind die Be-

stimmungen des Wahrnehmungsgesetzes, das u. a. die Aufstellung von Tarifen über die Vergütung der wahrgenommenen Rechte vorschreibt.
Entsprechend den gesetzlichen Bestimmungen veröffentlicht die VG Bild-Kunst regelmäßig Vergütungstarife, die sie aufgrund der von ihr wahrgenommenen Rechte für Reproduktionen und sonstige Nutzungen fordert. Die Tarife sind ähnlich strukturiert wie die Honorarlisten der MFM. Das Tarifniveau liegt allerdings teilweise unter dem der MFM-Lizenzhonorare.
Die Vergütungstarife gelten nur für die Vergabe von Nutzungsrechten, die der VG Bild-Kunst zur Wahrnehmung übertragen wurden. Dazu gehören in erster Linie die Reproduktionsrechte an Werken der bildenden Kunst. Die Reproduktionsrechte an Fotos werden dagegen in der Regel von den Urhebern (Fotografen) selbst wahrgenommen, so dass die Tarife der Verwertungsgesellschaft von vornherein nicht anwendbar sind.

Tarifverträge für arbeitnehmerähnliche Fotografen

Tarifvertrag für arbeitnehmerähnliche freie Journalisten und Journalistinnen an Tageszeitungen

Der Deutsche Journalisten Verband (DJV) und die Vereinigte Dienstleistungsgewerkschaft (ver.di) haben mit dem Bundesverband Deutscher Zeitungsverleger (BDZV) einen Tarifvertrag für arbeitnehmerähnliche Journalisten und Bildberichterstatter abgeschlossen, die bei Tageszeitungen beschäftigt sind. Dieser Tarifvertrag gilt nur für Bildjournalisten, die mindestens ein Drittel ihres Jahreseinkommens von nur einem Verlag beziehen. Den Fotografen, die sich nicht in einer solchen arbeitnehmerähnlichen Abhängigkeit befinden, bietet der Vertrag damit keine geeignete Grundlage für die Berechnung ihrer Honorare. Abgesehen davon erfassen die Tarife lediglich Bildbeiträge für Tageszeitungen, so dass der Anwendungsbereich des Tarifvertrages von vornherein sehr begrenzt ist.

Vergütungstarifvertrag Design SDSt/AGD

Die Allianz deutscher Designer (AGD) hat mit dem Verein Selbständige Design-Studios (SDSt) einen Tarifvertrag abgeschlossen, der unter anderem Regelungen zur Honorierung von Auftragsproduktionen der arbeitnehmerähnlichen Fotodesigner enthält. Auch dieser Tarifvertrag gilt im Prinzip nur für Fotografen, die wirtschaftlich abhängig und wie Arbeitnehmer sozial schutzbedürftig sind, weil sie mindestens ein Drittel ihres Jahreseinkommens von einem einzigen Unternehmen beziehen.
In dem AGD/SDSt-Tarifvertrag werden die Honorare anhand eines Faktorensystems ermittelt, das ursprünglich für Grafikdesign-Leistungen entwickelt wurde. Dieses System, das bei der Berechnung von Grafikdesign-Honoraren durchaus angemessene Ergebnisse liefert, ist nur beschränkt tauglich, wenn es

um die Ermittlung von Fotohonoraren geht. Das zeigt sich vor allem daran, dass der Tarifvertrag das Tageshonorar, das bei Fotoproduktionen üblicherweise die Basis einer jeden Honorarberechnung ist, nicht berücksichtigt. Ein weiteres Manko ist, dass die Faktoren zur Berechnung der Lizenzhonorare relativ grob gefasst sind und daher eine detaillierte, auf die konkrete Nutzung abgestimmte Honorarbemessung, wie sie beispielsweise die Bildhonorarliste der MFM ermöglicht, kaum zulassen.

Individuelle Kalkulation des Fotohonorars

Im folgenden Abschnitt werden die Grundzüge eines Kalkulationssystems vorgestellt, das selbständigen Fotografen eine individuelle, auf ihre konkrete Situation abgestimmte Honorarberechnung ermöglichen soll. Dieses System funktioniert allerdings nur bei Produktionsverträgen. Geht es um reine Lizenzverträge und die Lizenzierung von Archivbildern, dann müssen andere Kalkulationshilfen (z.B. die MFM-Liste „Bildhonorare") zur Ermittlung des Lizenzhonorars herangezogen werden.

Allgemeine Berechnungsformel

Bei der Berechnung des Honorars für eine Fotoproduktion ist zwischen dem Honorar für fotografische Leistungen und dem Honorar für Zusatzleistungen zu unterscheiden. Zu diesen Honoraren kommen bei der Abrechnung eines Produktionsauftrags noch die Nebenkosten und die Mehrwertsteuer hinzu, so dass sich folgendes Abrechnungsmuster ergibt:

  Honorar für fotografische Leistungen
\+ Honorar für Zusatzleistungen
\+ Nebenkosten
\= Gesamthonorar netto
\+ Mehrwertsteuer
\= Gesamthonorar brutto

Honorar für fotografische Leistungen

Das Honorar für fotografische Leistungen vergütet die Arbeit des Fotografen und die Überlassung der Nutzungsrechte an den Auftraggeber. Es kann mit folgender Formel berechnet werden:

  Individueller Tagessatz
x Zeitaufwand des Fotografen
x Nutzungsfaktor
= Honorar für fotografische Leistungen

Diese Berechnungsformel geht davon aus, dass der Produktionsauftrag zweistufig abgewickelt wird und es somit nach der Fertigstellung der Fotos auch zu einer Übertragung von Nutzungsrechten kommt. Wird der Auftrag ausnahmsweise auf die Herstellung der Fotos beschränkt und verzichtet der Auftraggeber auf einen Erwerb der Nutzungsrechte an den Bildern, dann muss der Multiplikator „Nutzungsfaktor" entweder auf den Wert 1,00 gesetzt oder ganz aus der Berechnung ausgeklammert werden.

Individueller Tagessatz

Fotografen rechnen ihre Leistungen in der Regel nach Tagessätzen ab. Bei der Bemessung des individuellen Tagessatzes sind zunächst die Betriebskosten des Fotografen und der kalkulatorische Gewinn zu ermitteln. Dividiert man anschließend die Betriebskosten nebst Gewinnaufschlag durch die Anzahl der produktiven Arbeitstage pro Jahr, so ergibt sich ein Betrag, aus dem durch Abzug des darin enthaltenen Copyrightanteils der individuelle Tagessatz eines Fotografen errechnet werden kann:

	Betriebskosten
+	kalkulatorischer Gewinn
=	Summe Kosten/Gewinn
÷	produktive Arbeitstage pro Jahr
=	Ausgangswert für den Tagessatz
–	Copyrightanteil
=	individueller Tagessatz

Betriebskosten

Zu den Betriebskosten gehören sämtliche Kosten, die im Zusammenhang mit der unternehmerischen Tätigkeit eines Fotografen anfallen. Maßgebend sind die Betriebskosten pro Jahr. Bei der Erfassung dieser Kosten sind nicht nur die mit effektiven Ausgaben verbundenen betrieblichen Grundkosten, sondern auch die kalkulatorischen Kosten zu berücksichtigen.

Grundkosten sind die Kosten, die sich unmittelbar aus einem finanziellen Aufwand ableiten. Welche Grundkosten pro Jahr anfallen, kann ein Fotograf ohne weiteres der betriebswirtschaftlichen Auswertung (BWA) entnehmen, die von der mit der Buchführung beauftragten Stelle (z.B. dem Steuerberater) erstellt wird. Liegt keine BWA vor, dann muss man sich entscheiden: Entweder verlässt man sich auf eine grobe Schätzung der jährlich anfallenden Kosten oder man macht sich die Mühe, die benötigten Zahlen anhand der Buchhaltungsunterlagen selbst zu ermitteln. Normalerweise dürfte die Ermittlung der einzelnen Grundkosten kein Problem sein, denn diese Kosten müssen allein schon aus steuerlichen Gründen in jedem Unternehmen erfasst und aufgezeichnet werden.

Außer den Grundkosten sind bei der Ermittlung der Betriebskosten auch die kalkulatorischen Kosten zu berücksichtigen. Als kalkulatorische Kosten bezeichnet man die Kosten eines Unternehmens, denen entweder kein konkreter Aufwand gegenübersteht oder die in der normalen Kostenrechnung nicht erfasst werden können. Zu den kalkulatorischen Kosten gehört insbesondere der kalkulatorische Unternehmerlohn, der bei Einzelunternehmen und Personengesellschaften das Äquivalent zu dem Gehalt darstellt, das die Vorstandsmitglieder bzw. Geschäftsführer von Kapitalgesellschaften (AG, GmbH) erhalten. Die Gehaltszahlungen an den Vorstand einer Aktiengesellschaft oder den Geschäftsführer einer GmbH werden als Personalkosten verbucht und sind somit Teil der betrieblichen Grundkosten. Bei Einzelunternehmen und Personengesellschaften ist es dagegen aus handels- und steuerrechtlichen Gründen nicht zulässig, die Arbeitsleistung des Unternehmensinhabers oder der geschäftsführenden Gesellschafter durch ein Gehalt zu vergüten. Stattdessen muss der Inhaber eines Einzelunternehmens ebenso wie der geschäftsführende Gesellschafter einer Personengesellschaft aus dem Gewinn entlohnt werden. Damit dieser Betrag auch verdient werden kann, ist er zumindest kalkulatorisch bei der Erfassung der Betriebskosten zu berücksichtigen. Das geschieht mit Hilfe des kalkulatorischen Unternehmerlohns, bei dessen Ermittlung man sich an dem Gehalt eines leitenden Angestellten einer vergleichbaren Unternehmung in ähnlicher Position orientieren kann. Für Fotografen kommen insbesondere die Gehälter ihrer angestellten Berufskollegen in großen Fotostudios als Vergleichsmaßstab in Betracht.

Kalkulatorischer Gewinn

Ein Fotograf sollte mit seiner Arbeit so viel Geld einnehmen, dass damit die betrieblichen Grundkosten und die kalkulatorischen Kosten gedeckt werden. Da die kalkulatorischen Kosten auch den kalkulatorischen Unternehmerlohn umfassen, ist mit der Deckung dieser Kosten zumindest sein Lebensunterhalt gesichert.

Ein selbständiger Fotograf kann sich allerdings nicht damit zufrieden geben, dass seine Einnahmen gerade mal die Kosten einschließlich des kalkulatorischen Unternehmerlohns decken. Als freier Unternehmer trägt er das allgemeine Unternehmerrisiko, das nicht über die Kosten, sondern nur über einen zusätzlichen Gewinn abzusichern ist. Deshalb muss bei der Berechnung des individuellen Stundensatzes außer den betrieblichen Grundkosten und den kalkulatorischen Zinsen auch ein kalkulatorischer Gewinn berücksichtigt werden. Der Gewinnaufschlag sollte einerseits so hoch sein, dass er das allgemeine Unternehmerrisiko ausgleicht, muss aber auf der anderen Seite auch die konkrete Marktsituation berücksichtigen, die Gewinnaufschläge nur in begrenztem Umfang zulässt.

Die Notwendigkeit einer Berücksichtigung der konkreten Marktsituation lässt generelle Empfehlungen zur Höhe des Gewinnaufschlags nicht zu. Jeder Fotograf muss selbst entscheiden, welchen Aufschlag er für angemessen und auf dem für ihn maßgebenden Markt für realisierbar hält. Erfahrungsgemäß wird mit einer Gewinnmarge zwischen 6 Prozent und 10 Prozent der betrieblichen Grundkosten kalkuliert.

Produktive Arbeitstage

Um die Zahl der produktiven Arbeitstage zu ermitteln, muss zunächst festgestellt werden, wie viele Arbeitstage einem Fotografen pro Jahr zur Verfügung stehen. Ein Jahr hat bekanntlich 365 Tage. Da allerdings selbständige Fotografen nicht ständig arbeiten können und genügend Freizeit haben sollten, um sich zu regenerieren, muss die Gesamtzahl der Jahrestage um die (hoffentlich) arbeitsfreien Wochenenden (Samstage und Sonntage) gekürzt werden. Das ergibt bei 52 Wochen pro Jahr eine Kürzung um 104 Tage.

Die verbleibenden 261 Tage stehen nicht in vollem Umfang als Arbeitzeit zur Verfügung. So sind insbesondere die gesetzlichen Feiertage zu berücksichtigen, an denen normalerweise nicht gearbeitet wird. Außerdem sind die Krankheits- und Fortbildungstage abzuziehen. Wie viele Arbeitstage im Laufe eines Jahres durch Krankheit oder Fortbildungsmaßnahmen verloren gehen, muss jeder Fotograf anhand von Erfahrungswerten für sein Unternehmen individuell prognostizieren. Es bietet sich an, dabei auf die Durchschnittswerte der letzten Jahre abzustellen.

Außer den Krankheits- und Fortbildungstagen sind auch die jährlichen Urlaubstage zu berücksichtigen. Über die Anzahl der Urlaubstage, die er sich gönnt, muss jeder Fotograf selbst entscheiden. Da der Urlaub ebenso wie die Wochenenden der Regeneration der Arbeitskraft dient, sollte man bei der Bemessung der Urlaubstage nicht zu knapp kalkulieren und mindestens vier Wochen (20 Arbeitstage pro Jahr) ansetzen.

Eine typische Berechnung der Jahresarbeitstage, die einem Fotografen zur Verfügung stehen, könnte etwa so aussehen:

365 Tage	Jahrestage
– 104 Tage	Wochenendtage (Samstage/Sonntage)
– 11 Tage	gesetzliche Feiertage (Nordrhein-Westfalen)
– 5 Tage	Krankheitstage
– 2 Tage	Fortbildungstage
– 20 Tage	Urlaubstage
= 223 Tage	verbleibende Jahresarbeitstage

Ein Fotograf ist an den Tagen, an denen er arbeitet, nicht ständig produktiv tätig. So muss er z.B. alltägliche Büroarbeiten ausführen und organisatorische Dinge erledigen. Er muss Akquisitionsgespräche mit Kunden führen und sich um seine Eigenwerbung kümmern, um an neue Jobs zu kommen. Und er muss sich während der Arbeitszeit durch das Lesen von Fachliteratur oder das Studium der für ihn wichtigen Publikationen „on the job" fortbilden. Den Zeitaufwand, den die Erledigung solcher Arbeiten erfordert, kann er seinen Kunden nicht in Rechnung stellen. Es handelt sich also um nichtproduktive Arbeitszeit, für die der Fotograf kein Geld erhält. Nur die Arbeitszeit, die von den Auftraggebern bezahlt wird, ist produktiv. Deshalb ist auch nur diese produktive Arbeitszeit bei der Berechnung des individuellen Tagessatzes zu berücksichtigen.

Wann und wie lange ein selbständiger Fotograf seine Zeit mit nichtproduktiven Arbeiten verbringt, kann nur geschätzt werden. Generelle Vorgaben sind dazu nicht möglich. Jeder Fotograf muss aufgrund seiner eigenen Erfahrungen selbst prüfen, welchen Prozentanteil der täglichen Arbeitszeit er auf die betriebliche Organisation, die Akquisition und die Fortbildung „on the job" verwendet. Die Werte, die er für sein Unternehmen individuell ermittelt, müssen in die Berechnung des individuellen Tagessatzes einfließen.

Geht man von den Jahrestagen aus, die nach Abzug der arbeitsfreien Tage verbleiben, und kürzt man diese Jahrstage um die nichtproduktiven Arbeitstage, so ergeben sich die produktiven Arbeitstage des Fotografen pro Jahr. Die Berechnung der produktiven Arbeitstage könnte beispielsweise so aussehen:

	223 Tage	Jahresarbeitstage
–	22 Tage	10 Prozent von 223 Tagen für die betriebliche Organisation
–	33 Tage	15 Prozent von 223 Tagen für Akquisition und Eigenwerbung
–	11 Tage	5 Prozent von 223 Tagen für Fortbildung „on the job"
=	157 Tage	produktive Jahresarbeitstage

Copyrightanteil

Ein Produktionsvertrag besteht in der Regel aus zwei Teilen: dem Werkvertrag, der die Herstellung der Fotos zum Gegenstand hat, und dem Lizenzvertrag, bei dem es um die Einräumung von Nutzungsrechten an den von dem Fotografen geschaffenen Bildern geht. Dementsprechend ist bei der Vergütung für fotografische Leistungen zwischen dem Werkhonorar und dem Lizenzhonorar zu unterscheiden. Das Werkhonorar ist das Entgelt für die Herstellung der Fotos (Werkleistung), während die Überlassung der urheberrechtlichen Nutzungsrechte durch das Lizenzhonorar abgegolten wird. Diese Aufteilung der Vergütung ist auch bei der Kalkulation des individuellen Tagessatzes zu beachten.

Der Tagessatz ist ein Berechnungsfaktor bei der Ermittlung des Werkhonorars. Mit dem Werkhonorar wird aber nur ein Teil der Einnahmen erwirtschaftet, die ein Fotograf zur Abdeckung seiner Betriebskosten und des kalkulatorischen Gewinns benötigt. Der andere Teil der Einnahmen wird mit dem Lizenzhonorar verdient, das der Kunde für die Überlassung der Nutzungsrechte zu zahlen hat. Es wäre deshalb falsch, einfach die Summe, die sich aus der Addition der Betriebskosten und des kalkulatorischen Gewinns ergibt, durch die Anzahl der produktiven Jahresarbeitstage zu dividieren und davon auszugehen, dass das Ergebnis dieser Division dem individuellen Tagessatz des Fotografen entspricht. Bei einer solchen Berechnung ergäbe sich ein so hoher Tagessatz, dass die Betriebskosten und der kalkulatorische Gewinn bereits vollständig mit dem Werkhonorar abgedeckt wären. Ein zusätzlich berechnetes Lizenzhonorar würde dementsprechend zu einer Erhöhung des Gesamthonorars führen, die in keiner Weise marktgerecht und so bei den Kunden auch nicht durchsetzbar wäre.

Bei der Bemessung des Tagessatzes muss notwendigerweise berücksichtigt werden, dass dieser Berechnungsfaktor in erster Linie der Ermittlung des Werkhonorars dient und dass das Werkhonorar nur ein Teil der Gesamtvergütung ist, die ein Fotograf für seine Leistungen erhält. Im Hinblick auf die Gesamtvergütung ist ein angemessenes Verhältnis zwischen dem Werkhonorar und dem Lizenzhonorar herzustellen. Das lässt sich am besten dadurch erreichen, dass man den Betrag, der sich aus der Division der Betriebskosten- und Gewinnsumme durch die Anzahl der produktiven Jahresarbeitstage ergibt, von vornherein um den Prozentanteil kürzt, der dem üblichen Anteil des Lizenzhonorars an der Gesamtvergütung eines Fotografen entspricht. Dieser Anteil wird hier als Copyrightanteil bezeichnet.

Der Copyrightanteil dürfte bei Fotografen mit ca. 45 Prozent des Ausgangswertes für den Tagessatz anzusetzen sein. Das folgende Rechenbeispiel verdeutlicht, wie sich dieser Wertansatz auf die Ermittlung des individuellen Tagessatzes auswirkt:

	200.000,00 €	Betriebskosten
+	12.000,00 €	kalkulatorischer Gewinn (6 Prozent der Betriebskosten)
=	212.000,00 €	Summe Kosten/Gewinn
÷	157 Tage	produktive Arbeitstage pro Jahr
=	1.350,32 €	Ausgangswert für den Tagessatz
–	607,64 €	Copyrightanteil (45 Prozent von 1.350,32 €)
=	750,00 €	individueller Tagessatz (aufgerundet)

Zeitaufwand

Um das Honorar für die fotografischen Leistungen ermitteln zu können, muss der individuelle Tagessatz mit dem Zeitaufwand multipliziert werden, den die jeweilige Fotoproduktion erfordert. Dementsprechend ist zu klären, welche Leistungen im konkreten Einzelfall zu erbringen sind und welche Zeit für die Ausführung der geforderten Leistungen benötigt wird. Dieser Zeitaufwand ist in Tagen zu bemessen.
Die unvermeidliche Prognose des Zeitbedarfs kann vor allem Berufsanfängern Probleme bereiten. Sie ist aber auch für erfahrene Fotografen problematisch, wenn sie beispielsweise Arbeiten ausführen sollen, die für sie neu oder ungewohnt sind und zu deren zeitlichen Anforderungen es noch keine Erfahrungswerte gibt. Schwierig ist die Aufwandprognose außerdem dann, wenn der genaue Leistungsumfang noch nicht feststeht und der Kunde dennoch eine verbindliche Aussage zu den Honoraren und Kosten erwartet. Hier ist zunächst dafür zu sorgen, dass der Auftraggeber unklare Leistungsbeschreibungen präzisiert, damit bei der Honorarkalkulation auch wirklich alle Leistungen richtig erfasst werden und es nicht während der Auftragsabwicklung hinsichtlich der Leistungsanforderungen zu unliebsamen Überraschungen kommt. Erst wenn der Leistungsumfang vollständig geklärt ist, lässt sich der voraussichtliche Zeitaufwand für die Auftragsabwicklung vernünftig abschätzen.

Nutzungsfaktor

Das Honorar für die fotografischen Leistungen ergibt sich aus der Multiplikation des individuellen Tagessatzes mit dem Zeitaufwand und dem jeweiligen Nutzungsfaktor. Der Nutzungsfaktor ergibt sich wiederum aus der Addition folgender Einzelfaktoren:

Nutzungsrecht
\+ Nutzungsart
\+ Nutzungsumfang
\+ Nutzungsdauer
\+ Nutzungsgebiet
= Nutzungsfaktor

Nutzungsrecht Bei dem Einzelfaktor „Nutzungsrecht" ist zunächst zwischen dem einfachen und dem exklusiven (ausschließlichen) Nutzungsrecht zu unterscheiden. Räumt ein Fotograf lediglich ein einfaches Nutzungsrecht ein, so verbleibt ihm die Möglichkeit, das Werk weiterhin selbst zu nutzen oder weiteren Personen einfache Nutzungsrechte gegen Entgelt zu überlassen. In der Regel wird allerdings dem Auftraggeber das ausschließliche Nutzungsrecht eingeräumt. Das ausschließliche Nutzungsrecht ist ein Exklusivrecht, das den Inhaber dazu berechtigt, das Werk unter Ausschluss aller anderen Personen (einschließlich des Urhebers selbst) auf die ihm erlaubte Art zu nutzen.

Erwirbt der Auftraggeber ein ausschließliches Nutzungsrecht, so ist er dennoch ohne die Zustimmung des Fotografen nicht berechtigt, dieses Recht auf Dritte zu übertragen oder einem Dritten einfache Nutzungsrechte an der Designarbeit einzuräumen. Die notwendige Zustimmung des Urhebers kann im Voraus erteilt werden. Die Ausweitung der wirtschaftlichen Verwendungsmöglichkeiten, die mit einer solchen Freigabe der Weiterübertragung von Rechten verbunden ist, ist durch eine entsprechende Anhebung des Faktors „Nutzungsrecht" zu berücksichtigen.

Je nach Art des eingeräumten Rechts können bei dem Einzelfaktor „Nutzungsrecht" folgende Werte eingesetzt werden:

Faktor 1,00 → Einräumung eines einfachen Nutzungsrechts
Faktor 1,20 → Einräumung eines exklusiven Nutzungsrechts ohne Weiterübertragungsmöglichkeit
Faktor 1,30 → Einräumung eines exklusiven Nutzungsrechts mit der Möglichkeit zur Weiterübertragung

Nutzungsart Der wirtschaftliche Wert einer fotografischen Leistung wird wesentlich durch die Art ihrer Nutzung bestimmt. So hat beispielsweise der Abdruck eines Fotos in einer Zeitschrift einen anderen Stellenwert als eine Fernsehausstrahlung, bei der das Foto nur relativ kurz auf dem Bildschirm zu sehen ist, oder die Nutzung bei einer Messepräsentation, die örtlich gebunden und deshalb von vornherein nur einem begrenzten Personenkreis zugänglich ist. Ebenso ist die digitale Nutzung von Fotos (z.B. auf einer CD-ROM oder im Internet) allein schon wegen der damit eröffneten Möglichkeit, sehr schnell und mit einfachen Mitteln digitale Kopien herzustellen, wirtschaftlich anders zu bewerten als die herkömmliche Nutzung, bei der die erlaubte Anfertigung von Kopien einen ungleich höheren Aufwand erfordert. Dieser unterschiedliche Stellenwert der einzelnen Nutzungsarten muss in die Faktorenbemessung einfließen.

Werden Fotos in herkömmlichen Medien, insbesondere in Printmedien genutzt, sollte man bei der Festlegung des Faktors „Nutzungsart" nach der Anzahl der Medien differenzieren. Dazu wird folgende Bewertung vorgeschlagen:

Faktor 0,05 → Nutzung in 1 Medium
Faktor 0,10 → Nutzung in bis zu 3 verschiedenen Medien
Faktor 0,15 → Nutzung in bis zu 5 verschiedenen Medien
Faktor 0,25 → Nutzung in mehr als 5 verschiedenen Medien

Findet die Nutzung nicht in Printmedien oder in sonstigen herkömmlichen Medien, sondern auf andere Weise statt, kommt folgende Bemessung des Faktors „Nutzungsart" in Betracht:

Faktor 0,15 → Verbreitung auf Datenträgern (z.B. CD/DVD)
Faktor 0,25 → Onlinenutzung (z.B. Internet)
Faktor 0,10 → Nutzung für Ausstellungen, Vorführungen, Messen
Faktor 0,15 → Nutzung im Fernsehen

Werden mehrere Nutzungsarten ausgewählt (z.B. Nutzung in einem Printmedium und Nutzung im Internet), sind die für die einzelnen Nutzungsarten ermittelten Faktoren zu addieren.

Nutzungsumfang Der Umfang der Nutzung ist bei Fotos, die vervielfältigt werden, nach der Auflagenhöhe zu bestimmen. Wird dagegen eine Fotografie im Internet, im Fernsehen oder auf Messen, Ausstellungen oder ähnlichen Veranstaltungen gezeigt, ist eine Bestimmung des Nutzungsumfangs nach der Auflagenhöhe nicht möglich. Es ist dann auf die Größe der Zielgruppe abzustellen, für die die jeweilige Nutzung bestimmt ist. Folgt man dieser Differenzierung, dann könnte die Bewertung bei dem Einzelfaktor „Nutzungsumfang" etwa so aussehen:

Faktor 0,10 → kleine Auflage/kleine Zielgruppe
Faktor 0,15 → mittlere Auflage/mittelgroße Zielgruppe
Faktor 0,25 → hohe Auflage/große Zielgruppe
Faktor 0,35 → sehr hohe Auflage/sehr große Zielgruppe

Wird ein Foto für mehrere Nutzungsarten verwendet und ist bei den einzelnen Nutzungsarten teilweise die Auflagenhöhe, teilweise die Zielgruppe das maßgebende Kriterium zur Bestimmung des Nutzungsumfangs, dann sollte bei der Festlegung des Einzelfaktors „Nutzungsumfang" auf die insgesamt angesprochene Zielgruppe abgestellt werden.

Nutzungsdauer Ein Nutzungsrecht kann zeitlich unbegrenzt oder aber für eine bestimmte Zeitdauer eingeräumt werden (z.B. „Nutzung bis zum 31. Dezember 2015"). Denkbar ist auch, dass kein zeitlicher Rahmen fixiert, sondern stattdessen die Zahl der maximal zulässigen Nutzungen festgelegt und die Nutzungsdauer dadurch auf das gewünschte Maß begrenzt wird (z.B. „Nutzung in einer Werbeanzeigen für maximal 10 Schaltungen"). Die folgende Staffelung berücksichtigt beide Varianten:

Faktor 0,10 → Nutzung bis 1 Jahr/einmalige Verwendung
Faktor 0,15 → Nutzung bis 2 Jahre/bis zu dreimalige Verwendung
Faktor 0,20 → Nutzung bis 3 Jahre/bis zu sechsmalige Verwendung
Faktor 0,25 → Nutzung bis 5 Jahre/bis zu zehnmalige Verwendung
Faktor 0,35 → Nutzung ohne zeitliche Beschränkung/ohne Frequenzbeschränkung

Wenn die Nutzungsdauer bei mehreren Nutzungen teilweise durch Zeit- bzw. Fristvorgaben und teilweise durch die Festlegung der Anzahl zulässiger Verwendungen bestimmt wird, sollte bei der Bemessung des Faktors „Nutzungsdauer" vorrangig auf die Zeit- und Fristvorgaben abgestellt werden.

Nutzungsgebiet Das Recht zur Nutzung eines Fotos kann räumlich beschränkt oder dem Kunden ohne jede geografische Beschränkung überlassen werden. In manchen Fällen ist die Bestimmung des Nutzungsgebiets bereits durch die Art der vorgesehenen Nutzung vorgegeben. So impliziert beispielsweise die Bereitstellung eines Fotos für eine Nutzung im Internet die Zulässigkeit einer weltweiten Nutzung.
Um eine sachgerechte Erfassung des geografischen Bereichs der Nutzung zu gewährleisten, wird für den Einzelfaktor „Nutzungsgebiet" folgende Staffelung und Bewertung vorgeschlagen:

Faktor 0,05 → Lokale Nutzung
Faktor 0,10 → Regionale Nutzung
Faktor 0,20 → Nationale Nutzung
Faktor 0,25 → Nutzung in Europa/bis zu 3 Länder
Faktor 0,30 → Nutzung in Europa/mehr als 3 Länder
Faktor 0,40 → Weltweite Nutzung

Wenn für einzelne Nutzungen unterschiedliche Nutzungsgebiete vorgesehen sind, sollte der Faktor angesetzt werden, der sich für die Nutzung mit dem größten Nutzungsgebiet ergibt. Handelt es sich allerdings bei dieser Nutzung um eine Internetnutzung, dann gilt nicht automatisch für sämtliche Nutzungen der Faktor 0,40 („Weltweite Nutzung"). Stattdessen ist in einem solchen Fall auf den geografischen Bereich abzustellen, in dem der überwiegende Teil der Zielgruppe angesiedelt ist.

Berechnungsbeispiel

Nehmen wir einmal an, dass der individuelle Tagessatz eines Fotografen bei 750,00 € liegt und der Zeitaufwand für die Fotoproduktion 2,5 Tage beträgt. Die Fotos, die bei dieser Produktion entstanden sind, werden von dem Auftraggeber exklusiv und ohne die Möglichkeit zur Weiterübertragung in 4 Printmedien und im Internet für die Dauer eines Jahres europaweit genutzt. Die Auflage der Printmedien ist hoch und die durch die Internetnutzung angesprochene Zielgruppe groß. Daraus ergibt sich folgender Nutzungsfaktor:

	Faktor 1,20 →	Nutzungsrecht: exklusiv ohne Übertragungsmöglichkeit
+	Faktor 0,15 →	Nutzungsart: Nutzung in 4 Printmedien
+	Faktor 0,25 →	Nutzungsart: Internetnutzung
+	Faktor 0,25 →	Nutzungsumfang: hohe Auflage/große Zielgruppe
+	Faktor 0,10 →	Nutzungsdauer: 1 Jahr
+	Faktor 0,30 →	Nutzungsgebiet: Europa (mehr als 3 Länder)
=	Faktor 2,25 →	Nutzungsfaktor

Legt man diesen Nutzungsfaktor zugrunde, so ergibt sich in unserem Fallbeispiel für die fotografischen Leistungen folgendes Honorar:

750,00 € (individueller Tagessatz) x 2,5 Tage x Faktor 2,25 = 4.218,75 €

Sonderfälle

Buyout Wenn die Ergebnisse eine Fotoproduktion für alle in Frage kommenden Zwecke und Nutzungsarten ohne jede zeitliche und räumliche Beschränkung genutzt werden sollen, ist ein vereinfachtes Berechnungsverfahren möglich. Es ist dann nicht erforderlich, zu der vorgesehenen Nutzung die Einzelfaktoren zu ermitteln. Stattdessen kann das Werkhonorar, das sich aus der Multiplikation von individuellem Tagessatz und Zeitaufwand ergibt, direkt mit dem maximal möglichen Nutzungsfaktor multipliziert werden. Ist dieser Faktor entsprechend dem hier vorgeschlagenen Bewertungsrahmen mit 3,30 anzusetzen, so kann das Honorar für die fotografischen Leistungen durch folgende einfache Rechenformel ermittelt werden:

	Individueller Tagessatz
x	Zeitaufwand für Fotoproduktion
x	Nutzungsfaktor 3,30 (Buyout)
=	Honorar für fotografische Leistungen

Nachträgliche Ausweitung der Nutzung

Komplizierter wird die Berechnung, wenn die Verwendungsmöglichkeiten nachträglich erweitert und die Fotos auch für andere als die ursprünglich vereinbarten Zwecke genutzt werden sollen. In einem solchen Fall muss zunächst der Nutzungsfaktor ermittelt werden, der sich bei Berücksichtigung sämtlicher Nutzungen – also der bereits lizenzierten und der nachträglich noch zu lizenzierenden Nutzungen – ergibt (Nutzungsfaktor für Gesamtnutzung). Dieser Nutzungsfaktor ist mit dem individuellen Tagessatz und dem Zeitaufwand für die Fotoproduktion zu multiplizieren. Das Ergebnis ist dann um den Betrag zu kürzen, den der Auftraggeber für die Fotoproduktion und die ursprünglich vereinbarte Nutzung bereits bezahlt hat. Die einzelnen Schritte dieser Berechnung verdeutlicht folgende Formel:

	Individueller Tagessatz
x	Zeitaufwand für Fotoproduktion
x	Nutzungsfaktor für Gesamtnutzung
=	Honorar für fotografische Leistungen
–	bereits bezahltes Honorar
=	Lizenzhonorar für erweiterte Nutzung

Honorar für Zusatzleistungen

Das Honorar für Zusatzleistungen vergütet Arbeiten, die nicht oder jedenfalls nicht unmittelbar auf die Herstellung von Fotos gerichtet und deshalb urheberrechtlich nicht relevant sind (z.B. Casting von Modellen, Locationsuche, Beschaffung von Requisiten). Bei solchen produktionsbegleitenden oder produktionsunterstützenden Leistungen kann der Nutzungsfaktor keine Rolle spielen. Das Honorar ist dementsprechend durch eine einfache Multiplikation des individuellen Tagessatzes mit dem Zeitaufwand zu ermitteln, der für die Zusatzleistungen benötigt wird:

	Individueller Tagessatz
x	Zeitaufwand für Zusatzleistungen
=	Honorar für Zusatzleistungen

Nebenkosten

Entstehen im Zusammenhang mit der Fotoproduktion irgendwelche Nebenkosten (z.B. für Modelle, Studiomiete), so sind diese Kosten gesondert abzurechnen. Das gilt selbstverständlich nur, soweit die Kosten auch tatsächlich bei dem Fotografen anfallen und dort als Betriebsausgaben verbucht werden. Entstehen dagegen die Fremdkosten direkt beim Auftraggeber, weil der Fotograf die Fremdleistungen im

Namen und für Rechnung seines Auftraggebers bestellt hat, müssen diese Kosten in der Rechnung des Fotografen unberücksichtigt bleiben.
Die Kosten für Reisen, die in Abstimmung mit dem Auftraggeber zwecks Durchführung eines Auftrags unternommen werden, sind gesondert in Rechnung zu stellen. Dabei ist zwischen dem Honorar für die aufgewendete Zeit und den echten Reisekosten (z.B. Kfz-Kosten, Übernachtungskosten) zu unterscheiden. Der Zeitaufwand für Reisen wird bereits bei dem Honorar für Zusatzleistungen erfasst und muss deshalb bei der Abrechnung der eigentlichen Reisekosten unberücksichtigt bleiben.

Anerkennung als Freiberufler (Künstler) 13

Bedeutung der Anerkennung einer freiberuflichen (künstlerischen) Tätigkeit

Die Anerkennung der selbständigen Fotografen (Fotodesigner) als Freiberufler und die Abgrenzung ihrer Tätigkeit zum Fotografenhandwerk ist ein zentrales Problem des Berufsstandes. Von der Beantwortung der Frage, ob die Tätigkeit eines Fotografen den freien Berufen zuzurechnen oder als Gewerbe einzustufen ist, hängt die Anwendung einer Vielzahl von Rechtsvorschriften ab.

Steuerliche Auswirkungen

Welche Vorteile hat die steuerliche Einstufung als Freiberufler?

Im Bereich des Steuerrechts stellt sich für jeden Fotografen die Frage, ob er ein Gewerbe oder einen freien Beruf ausübt. Die steuerliche Einstufung als Freiberufler hat erhebliche Vorteile.

Keine Gewerbesteuerpflicht

Die selbständige Ausübung eines Berufs ist grundsätzlich eine gewerbesteuerpflichtige Betätigung, es sei denn, dass es sich um die Ausübung von Land- und Forstwirtschaft oder um die Ausübung eines freien Berufs handelt (§ 2 Abs. 1 GewStG, § 15 Abs. 2 EStG). Folglich besteht die wesentliche Sonderbehandlung der freien Berufe gegenüber den gewerblichen Berufen in der Gewerbesteuerfreiheit.

Keine Buchführungspflicht

Freiberufler sind im Gegensatz zu den meisten gewerblichen Unternehmern nicht buchführungspflichtig. Sie brauchen lediglich zu Zwecken der Gewinnermittlung und für Umsatzsteuerzwecke die Einnahmen und Ausgaben aufzuzeichnen.

Keine Bilanzierungspflicht

Gewerbliche Unternehmer sind prinzipiell verpflichtet, den für die Einkommensteuer maßgeblichen Gewinn durch einen Betriebsvermögensvergleich zu ermitteln und zu diesem Zweck eine Bilanz zu erstellen. Freiberufler können dagegen ihren Gewinn durch eine einfache Einnahmen-/Ausgaben-Überschussrechnung ermitteln.

Wann liegt eine freiberufliche Tätigkeit vor?

Nach der gesetzlichen Definition des § 18 EStG gehören zu den freien Berufen:

- die sogenannten Katalogberufe, die in § 18 Abs. 1 Nr. 1 EStG ausdrücklich aufgeführt werden (insbesondere Heilberufe, rechts- und wirtschaftsberatende Berufe, Ingenieure, Architekten, Journalisten und Bildberichterstatter, Dolmetscher, Übersetzer und Lotsen)

- die den Katalogberufen ähnlichen Berufe, die einem der Katalogberufe in allen typischen Merkmalen entsprechen müssen
- die künstlerischen, wissenschaftlichen, schriftstellerischen, unterrichtenden oder erzieherischen Berufe

Wie lässt sich bei Fotografen eine freiberufliche Tätigkeit nachweisen?

Da die Berufe „Fotograf" und „Fotodesigner" in dem Katalog des § 18 Abs. 1 Nr. 1 EStG nicht ausdrücklich aufgeführt sind, können Fotografen eine Zuordnung ihrer Einkünfte zu den Einkünften aus freiberuflicher Tätigkeit nur auf folgenden Wegen erreichen:

Nachweis der Ausübung eines Katalogberufes

Zu den freiberuflichen Katalogberufen gehört unter anderem die selbständige Tätigkeit des Journalisten und des Bildberichterstatters. Journalist ist, wer eine in erster Linie auf Information über gegenwartsbezogene Geschehnisse gerichtete Tätigkeit ausübt, bei der die Sammlung und Verarbeitung von Informationen des Tagesgeschehens, die kritische Auseinandersetzung mit diesen Informationen und die Stellungnahme zu den Ereignissen auf politischem, gesellschaftlichem, wirtschaftlichem oder kulturellem Gebiet das Berufsbild ausmachen. Unter Bildberichterstattung versteht man die journalistische Nachrichtenübermittlung oder -vertiefung durch Bilder oder Filme. Eine Anerkennung als Freiberufler ist daher prinzipiell denkbar, wenn jemand als Fotograf mit der fotografischen Aufbereitung von politischen, gesellschaftlichen, wirtschaftlichen oder kulturellen Ereignissen befasst und demzufolge als Journalist oder Bildberichterstatter tätig ist.

Nachweis der Ausübung eines „ähnlichen Berufs"

Ist eine Zuordnung zu einem der Katalogberufe nicht möglich, kann die ausgeübte Tätigkeit eventuell als „ähnlicher Beruf" im Sinne des § 18 Abs. 1 Nr. 1 EStG eingestuft werden. Bei den Fotografen wird jedoch eine Anerkennung der Freiberuflichkeit auf dem Umweg über den „ähnlichen Beruf" in der Regel nicht zu erreichen sein.

Nachweis einer unterrichtenden Tätigkeit

Ist eine Zuordnung zu einem Katalogberuf nicht möglich und lässt sich auch die Ausübung eines ähnlichen Berufs nicht belegen, kann eventuell die Ausübung einer unterrichtenden Tätigkeit in Frage kommen. Wer beispielsweise in einem fotografischen Fach als selbständiger Dozent Unterricht erteilt, übt eine unterrichtende Tätigkeit aus. Die Dozententätigkeit ist daher, sofern sie selbständig ausgeübt wird, stets den freien Berufen zuzuordnen.

Nachweis einer künstlerischen Tätigkeit

Lässt sich die Ausübung eines Katalogberufs oder eines ähnlichen Berufs nicht nachweisen und wird auch keine unterrichtende Tätigkeit ausgeübt, ist die Anerkennung als Freiberufler nur zu erreichen, wenn der Nachweis einer künstlerischen Tätigkeit gelingt. Ist auch eine künstlerische Tätigkeit nicht nachweisbar, wird das Finanzamt die Einkünfte des Fotografen den Einkünften aus Gewerbebetrieb zuordnen.

Auswirkungen im Bereich des Handwerksrechts

Zu den von der Handwerksordnung erfassten Handwerksberufen gehört auch die Tätigkeit der (handwerklich arbeitenden) Fotografen. Die „Fotografen“ sind in der Anlage B zur Handwerksordnung unter der laufenden Nr. 38 aufgeführt.

Die Ausübung des Fotografenhandwerks setzt heute nicht mehr die Ablegung einer Meisterprüfung voraus, denn die Fotografie ist seit 2004 ein zulassungsfreies Handwerk. Allerdings unterliegt dieser Handwerksberuf nach wie vor gewissen Restriktionen. So besteht beispielsweise für die Handwerksfotografen – anders als für die freiberuflichen Fotografen – nach wie vor eine Zwangsmitgliedschaft in der Handwerkskammer. Zwar werden sie dort nicht mehr in die Handwerksrolle, sondern in ein gesondertes Verzeichnis eingetragen. Das ist aber eine eher formale Umstellung, die nichts daran ändert, dass für diejenigen Fotografen, die weder als Bildjournalisten arbeiten noch als Künstler anerkannt werden, eine Verpflichtung zur Anmeldung ihrer Berufstätigkeit bei der örtlich zuständigen Gewerbemeldestelle sowie bei der Handwerkskammer und zur Zahlung von Kammerbeiträgen besteht. Außerdem unterliegen solche Fotografen der Kammerüberwachung.

Auswirkungen bei der Künstlersozialversicherung

Die Abgrenzung zwischen Kunst und Gewerbe ist im Rahmen der Künstlersozialversicherung in zweifacher Hinsicht von Bedeutung. Zum einen hängt davon die Feststellung der Versicherungspflicht ab, zum anderen besteht eine Abgabepflicht nur für solche Entgelte, die ein Vermarkter für künstlerische oder publizistische Werke oder Leistungen zahlt.

Versicherungspflicht

Eine Künstlersozialversicherungspflicht besteht nur für selbständige Künstler und Publizisten. Künstler ist, wer Musik, darstellende oder bildende Kunst schafft, ausübt oder lehrt. Publizist ist nach der gesetzlichen Definition, wer als Schriftsteller, Journalist oder in anderer Weise publizistisch tätig ist oder Publizistik lehrt.

Der Gesetzgeber hat bewusst darauf verzichtet, im Wege der Aufzählung von Berufsbezeichnungen die künstlerische oder publizistische Tätigkeit im einzelnen zu definieren, weil einer solchen Aufzählung die Vielfalt, Komplexität und Dynamik der Erscheinungsformen solcher Berufstätigkeiten entgegensteht. Insbesondere ist auch von jeder Abgrenzung nach der Qualität der künstlerischen und publizistischen Tätigkeit abgesehen worden, da für die soziale Sicherung nur das soziale Schutzbedürfnis maßgebend sein kann.

Angesichts des offenen, durch keine Legaldefinition eingeschränkten Begriffs des Künstlers muss die Künstlersozialkasse stets von Amts wegen prüfen, wer Künstler ist und ob im Einzelfall eine künstlerische Tätigkeit vorliegt. Maßgebend ist dabei nicht die von dem Betroffenen gewählte Berufsbezeichnung, sondern nur die tatsächlich ausgeübte Tätigkeit.
Die Abgrenzung der Künstler von den Gewerbetreibenden kann im Einzelfall schwierig sein. Allerdings löst sich das Problem von selbst, sobald der Betroffene mehr als einen Arbeitnehmer beschäftigt und diese Beschäftigung nicht nur zur Berufsausbildung erfolgt oder geringfügig ist. In einem solchen Fall besteht selbst dann keine Versicherungspflicht, wenn die Ausübung einer künstlerischen Tätigkeit zweifelsfrei feststeht.

Abgabepflicht

Wer die Rechte an künstlerischen oder publizistischen Arbeiten erwirbt und diese Arbeiten der Öffentlichkeit zugänglich macht, ist zur Zahlung einer Künstlersozialabgabe verpflichtet. Die Höhe der Künstlersozialabgabe richtet sich nach der Summe der Entgelte/Honorare, die der Verwerter für die betreffenden Werke oder Leistungen zahlt.
Aus der Formulierung des Gesetzes („Entgelte für künstlerische oder publizistische Werke oder Leistungen") folgt zwingend, dass Entgelte für gewerbliche Arbeiten nicht der Künstlersozialabgabe unterliegen. Damit entfällt z.B. die Abgabepflicht für Zahlungen an einen (gewerblich tätigen) Handwerksfotografen, während das Honorar des künstlerisch arbeitenden Fotodesigners bei der Bemessung der Künstlersozialabgabe zu berücksichtigen ist.

Rechtsprechung und Verwaltungspraxis

Zu der Frage, wie die künstlerische und die gewerbliche Tätigkeit voneinander abzugrenzen sind, gibt es eine Reihe von Gerichtsentscheidungen. Außerdem haben insbesondere die Finanzbehörden in einigen Bundesländern Verfahren entwickelt, um die Künstlereigenschaft im Einzelfall überprüfen zu können.

Situation im Steuerrecht

Nach welchen Kriterien wird im Steuerrecht über die Künstlereigenschaft entschieden?

Nach Auffassung des Bundesfinanzhofs (BFH) und der Finanzgerichte liegt eine künstlerische Tätigkeit vor, wenn die Arbeiten eines Steuerpflichtigen nicht nur das Produkt handwerksmäßig erlernter oder erlernbarer Tätigkeit darstellen, sondern über die hinreichende Beherrschung der Technik hinaus auch etwas Eigenschöpferisches enthalten und zudem eine gewisse künstlerische Gestaltungshöhe erreichen. Gefordert wird die schöpferische Gestaltung eigener Ideen, also eine persönliche geistige Schöpfung, in der eine individuelle Anschauungsweise und eine besondere Gestaltungskraft zum Ausdruck kommt. Dabei dürfe der Schaffende nicht nur vorgezeichnete Wege gehen, vielmehr müsse er seinem Werk aus eigener Gestaltungskraft eine persönliche Note verleihen. Ob diese Anforderungen im Einzelfall erfüllt sind, überprüfen die Gerichte insbesondere nach folgenden Kriterien:

Schöpferische Gestaltungsmöglichkeit

Jedes Kunstwerk und jede künstlerische Tätigkeit setzt ein schöpferisches Gestalten voraus. Ein solches Gestalten erfordert einerseits genügend Spielraum für die Entfaltung schöpferischer Kräfte, andererseits aber auch eine Nutzung dieses Spielraums durch den Künstler.
Fehlt bereits der notwendige Gestaltungsspielraum, ist auch keine schöpferische Tätigkeit denkbar. Ein künstlerisches Schaffen scheidet daher aus, wenn der Steuerpflichtige die genauen Angaben und Grundgedanken für sein Werk vom jeweiligen Auftraggeber erhält und nur die praktische Ausgestaltung durchzuführen hat. Dasselbe gilt, wenn seine Entfaltungsmöglichkeiten weitgehend durch bestimmte technische Vorgaben eingeengt sind oder wenn er an das Werk eines anderen gebunden ist und keine Möglichkeit besteht, diesem Werk eine abweichende eigenschöpferische Gestaltung zu geben.
In den Fällen, in denen die notwendige Gestaltungsfreiheit besteht, muss sie auch kreativ genutzt werden. Das erfordert die Entwicklung eigener Ideen. Wer sich bei der Gestaltung eines Werkes nicht von eigenen Ideen leiten lässt, sondern „nur dem Geschmack der Masse, einer neuen Moderichtung, einem neuen Stilgefühl" folgt oder eine Formgebung „aus dem allgemeinen Formenschatz" entnimmt bzw. „auf bekannte Vorbilder" zurückgreift, entfaltet keine künstlerische Tätigkeit und schafft somit auch kein Kunstwerk.

Individuelle Handschrift

Die Rechtsprechung misst dem Eigenschöpferischen, das in der individuellen Handschrift und der persönlichen Note eines Werkes zum Ausdruck kommt, bei der Abgrenzung der künstlerischen von der gewerblichen Tätigkeit eine entscheidende Bedeutung bei.

An einer individuellen Leistung kann es fehlen, wenn sich ein Künstler bei der Herstellung eines Kunstwerks fachlich vorgebildeter Hilfskräfte bedient. In solchen Fällen reicht es nach Auffassung des BFH nicht aus, dass der Künstler selbst in ausreichendem Umfang an der praktischen Arbeit teilnimmt und das mit Hilfe der Mitarbeiter geschaffene Werk den Stempel seiner Persönlichkeit trägt. Im Hinblick auf die Eigenart der künstlerischen Tätigkeit, die in besonderem Maße persönlichkeitsbezogen ist, sei vielmehr erforderlich, dass der Künstler auf sämtliche zur Herstellung eines Kunstwerks erforderlichen Tätigkeiten, soweit sie nicht in künstlerischer Hinsicht von untergeordneter Bedeutung sind, den entscheidenden gestaltenden Einfluss ausübe.

Verwendungszweck

Die frühere Rechtsprechung lehnte die Anerkennung einer künstlerischen Tätigkeit ab, wenn das vom Künstler geschaffene Werk nicht (nur) als Kunstgegenstand, sondern (auch) als Gebrauchsgegenstand genutzt und dadurch gewerblichen Zwecken dienstbar gemacht wurde. Diese Auffassung wurde später verworfen. Der BFH vertritt seither den Standpunkt, dass für die Frage, ob ein Kunstwerk bzw. eine künstlerische Tätigkeit vorliegt, die spätere Verwendung des Geschaffenen nicht maßgebend sei.

Obwohl der BFH damit den Verwendungszweck des Geschaffenen ausdrücklich für unerheblich erklärt hat, spielt die Frage, ob und wie eine schöpferische Leistung praktisch genutzt wird, in der Rechtsprechung nach wie vor eine Rolle. So unterscheidet etwa der BFH in einem Urteil vom 14. August 1980 zwischen den Berufen, deren Arbeitsergebnisse einen praktischen Nützlichkeits- (Gebrauchs-) Zweck haben (z.B. Gebrauchsgrafiker, Modezeichner, Werbefotografen), und denjenigen Berufen, deren Arbeitsergebnisse einen solchen Gebrauchszweck nicht haben (z.B. Maler, Musiker, Komponisten). Bei der zuerst genannten Gruppe, die der BFH als „Kunsthandwerk" oder „Kunstgewerbe" zusammenfasst, soll aufgrund besonderer Sachkunde von Fall zu Fall festgestellt werden, ob eigenschöpferische Leistungen vorliegen und ob diese Leistungen eine gewisse künstlerische Gestaltungshöhe erreichen. Dagegen soll bei den „zweckfreien" Berufen, die der BFH den „freien Künsten" zuordnet, eine künstlerische Tätigkeit ohne weiteres anzuerkennen und weder die besondere Feststellung einer eigenschöpferischen Leistung noch die Überprüfung der künstlerischen Gestaltungshöhe erforderlich sein.

Künstlerische Gestaltungshöhe

Nach ständiger Rechtsprechung ist eine Arbeit nur dann als künstlerisch anzuerkennen, wenn sie eine „künstlerische Gestaltungshöhe" aufweist. Das Merkmal der künstlerischen Gestaltungshöhe wird in den Entscheidungen des BFH und der Finanzgerichte nie näher erläutert. Die Rechtsprechung beschränkt sich auf die vage Andeutung, dass das Werk eine „gewisse" oder „bestimmte" Gestaltungshöhe erreichen oder dass die künstlerische Gestaltungshöhe „ein nicht genau bestimmtes Mindestmaß" erfüllen müsse, ohne jedoch die damit offenbar gemeinte künstlerische Qualitätsabstufung konkret zu definieren. Immerhin weisen der BFH und das Finanzgericht Bremen darauf hin, dass das Kriterium der „gewissen Gestaltungshöhe" nur dazu dienen kann, die Kunst von der Nichtkunst abzugrenzen. Damit werde nicht gefordert, dass die Leistung ein bestimmtes künstlerisches Niveau erreichen müsse. Beide Gerichte gelangen aber über eine rein negative Begriffsbestimmung nicht hinaus. Irgendwelche Aufschlüsse darüber, was mit dem Merkmal der Gestaltungshöhe positiv gemeint sein könnte, geben sie nicht. Die Gestaltungshöhe bleibt somit ein ständig zitiertes Phantom, das die Rechtsprechung bis heute nicht zu fassen vermochte.

Ausbildung

Der Reichsfinanzhof (RFH) betrachtete eine abgeschlossene künstlerische Ausbildung zumindest als Beweisanzeichen für die Künstlereigenschaft. Auch die Finanzgerichte Bremen und Hamburg halten den beruflichen Werdegang bzw. die künstlerische Ausbildung für wichtig, wenn auch nicht für entscheidend. Im Übrigen geht aber die Rechtsprechung davon aus, dass die Vor- und Ausbildung für die steuerliche Beurteilung unerheblich bleibt, weil nicht jeder, der als Künstler ausgebildet ist, auch eine künstlerische Tätigkeit ausübt. Umgekehrt kann nach Auffassung des Finanzgerichts Düsseldorf eine handwerkliche Ausbildung der Anerkennung einer künstlerischen Betätigung auch nicht entgegenstehen, da ein Künstler bei der Ausübung seiner Kunst auch handwerkliche Fertigkeiten benötige.

Zugehörigkeit zu Gruppen und Verbänden

Die Mitgliedschaft eines Steuerpflichtigen in einer berufsständischen Vereinigung war für den RFH noch von Bedeutung, scheint aber heute keine Rolle mehr zu spielen. Anders verhält es sich dagegen mit der Zugehörigkeit zu einer Gruppe, deren Zweck in der gemeinsamen Ausübung einer Kunst besteht. Nach Auffassung des BFH sind insbesondere Musiker, die in Kulturorchestern mitwirken, auch ohne nähere Prüfung als „künstlerisch befähigt" und damit als Kunstschaffende anzusehen.

Öffentliche Anerkennung

Die Rechtsprechung hat sich bei der Abgrenzung von Kunst und Gewerbe mehrfach daran orientiert, ob die Arbeiten des Steuerpflichtigen nach der Verkehrsauffassung dem Gebiet der Kunst zugerechnet werden. Damit wird die Anerkennung einer künstlerischen Leistung durch die Allgemeinheit zum Beurteilungskriterium erhoben.
Die öffentliche Anerkennung kann vor allem dadurch zum Ausdruck kommen, dass die Arbeiten des Künstlers in Zeitungen besprochen, zu Kunstausstellungen zugelassen und im Kunsthandel verkauft werden oder das Interesse von Kunstverlagen finden. Eine solche Beachtung durch das Publikum zeigt ebenso wie die Resonanz bei einem großen Käuferkreis, dass die von dem Steuerpflichtigen geschaffenen Werke zumindest einen künstlerischen „Diskussionswert" hätten, was für die steuerliche Anerkennung ausreicht.
Anhaltspunkte dafür, ob eine Tätigkeit von der Öffentlichkeit als künstlerisch anerkannt wird, sollen sich auch aus der Höhe des Entgelts ergeben, das der Steuerpflichtige für seine Arbeiten erhält. Allerdings kann es auch passieren, dass das Finanzamt gerade ein hohes Einkommen als Indiz dafür wertet, dass keine künstlerische Tätigkeit ausgeübt wird.

Allgemeines Berufsbild

Die Tatsache, dass beispielsweise die Designfächer an staatlichen Hochschulen, Kunstakademien und Werkkunstschulen unterrichtet werden, lässt nach Auffassung des BFH keinen Rückschluss darauf zu, ob im Einzelfall eine künstlerische Tätigkeit ausgeübt wird. Denn der künstlerische Charakter einer Tätigkeit ergibt sich nicht ohne weiteres aus dem Berufsbild. Folglich kann auch die Erfassung eines Berufs im Künstlerbericht der Bundesregierung für die steuerliche Zuordnung einer konkreten Berufstätigkeit nicht maßgebend sein.

Eintragung in gewerbliche Register

Ist der Steuerpflichtige bei der Handwerkskammer gemeldet oder mit seiner Firma im Handelsregister eingetragen, spricht eine Vermutung dafür, dass er seine Tätigkeit handwerklich bzw. gewerblich und nicht als Freiberufler betreibt, denn die Mitgliedschaft in der Handwerkskammer setzt einen Handwerksbetrieb und die Eintragung in das Handelsregister die Unterhaltung eines Gewerbebetriebs zwingend voraus.
Da auch die Eintragung in das Gewerberegister einen Gewerbebetrieb erfordert, dürfte bei einem im Gewerberegister verzeichneten Steuerpflichtigen ebenfalls eine Vermutung für eine gewerbliche Tätigkeit sprechen.

Wer beurteilt die Künstlereigenschaft?

Die Rechtsprechung geht überwiegend davon aus, dass die Frage, ob eine Tätigkeit künstlerische Qualität aufweist, zumindest im Bereich der Grenz- und Übergangsfälle nicht ohne besondere Sachkunde zu beantworten ist. Folglich müssten die Gerichte ebenso wie die Finanzbehörden mangels hinreichender eigener Fachkenntnis in der Regel das Gutachten eines geeigneten Sachverständigen einholen.
Der BFH hält die Einholung von Sachverständigengutachten ausnahmsweise für entbehrlich, wenn im Einzelfall die als künstlerisch bezeichneten Arbeiten soweit von den an Kunstwerke zu stellenden Anforderungen entfernt sind, dass es keiner besonderen Sachkunde mehr bedarf, um dies zu erkennen. Eine Begutachtung durch Sachverständige soll sich außerdem bei solchen Tätigkeiten erübrigen, die den „freien Künsten" zuzurechnen sind.

Auf die Begutachtung durch einen Sachverständigen kann nach Meinung des BFH auch dann verzichtet werden, wenn das Gericht oder die Finanzbehörde selbst die notwendige Sachkunde besitzt oder sich diese Sachkunde – etwa durch das Studium einschlägiger Literatur – verschafft. In einem solchen Fall muss aber die Absicht, die Entscheidung aufgrund eigener Sachkunde zu treffen, für die Verfahrensbeteiligten erkennbar sein oder ihnen mitgeteilt werden, damit sie Gelegenheit haben, dazu Stellung zu nehmen. Darüber hinaus muss aus der Begründung der Entscheidung auch hervorgehen, auf welchen Kenntnissen und Erfahrungen die Sachkunde beruht, weil nur so die Nachprüfung möglich ist, ob sich das Gericht bzw. die Finanzbehörde die behauptete Sachkunde zu Recht oder zu Unrecht beigemessen hat.

Welche Bedeutung hat eine frühere steuerliche Einstufung als Freiberufler?

Wird eine Tätigkeit in einem Steuerbescheid als gewerblich eingestuft, kann sich der Steuerpflichtige in der Regel nicht darauf berufen, dass das Finanzamt seine Arbeiten in früheren Jahren als freiberuflich anerkannt hat. Die Finanzbehörde ist bei der Veranlagung an eine Rechtsauffassung, die sie für ein Vorjahr zugrunde gelegt hat, grundsätzlich nicht gebunden, und zwar selbst dann nicht, wenn der Steuerpflichtige im Vertrauen auf die Richtigkeit der objektiv unrichtigen Entscheidung disponiert haben sollte.
Zur Begründung verweist die Rechtsprechung auf das Abschnittprinzip, das bei den jahresweise festzusetzenden Steuern für jeden Veranlagungszeitraum eine selbständige Feststellung der Besteuerungsgrundlagen sowie eine jeweils neue Prüfung der Rechtslage erfordere. Erweise sich bei einer solchen Überprüfung ein in früheren Jahren vertretener Rechtsstandpunkt als unrichtig, sei das Finanzamt nach dem Grundsatz von Treu und Glauben an seine Auffassung nicht gebunden.
Eine Ausnahme von diesem Grundsatz wird nur für den Fall anerkannt, dass das Finanzamt eine Zusage erteilt oder durch sein früheres Verhalten außerhalb einer Zusage einen Vertrauenstatbestand geschaffen hat. Hat dagegen das Finanzamt weder eine Zusage gegeben noch auf andere Weise einen Vertrauenstatbestand geschaffen, dann kann es den Steuerpflichtigen auch für die Vergangenheit noch als Gewerbetreibenden einstufen, sofern die Festsetzungsfrist noch nicht abgelaufen ist.

Wann wird bei Fotografen eine freiberufliche (künstlerische) Tätigkeit anerkannt?

Der BFH und die Finanzgerichte haben sich mit der Tätigkeit von Fotodesignern und Fotografen, vor allem mit der Arbeit der Mode- und Werbefotografen, besonders intensiv befasst. Auf die Frage, ob und in welchem Umfang mit fotografischen Mitteln ein Kunstwerk geschaffen werden kann, geht die Rechtsprechung in einer Ausführlichkeit ein, die bei Entscheidungen zu anderen Berufen nicht festzustellen ist. Das mag damit zusammenhängen, dass heute nahezu jeder fotografiert und sich daher zumindest ein laienhaftes Urteil über die Mittel und Möglichkeiten der Fotografie bilden kann. Es kommt hinzu, dass der heutige Stand der fotografischen Technik selbst dem Unbedarften die Anfertigung einwandfreier Fotos ermöglicht. Beim Thema „Fotografie" kann also jeder – mehr oder minder qualifiziert – mitreden. Das kann bei der steuerlichen Beurteilung der Tätigkeit des Fotodesigners und Fotografen von Vorteil sein. Doch liegt darin eher eine Gefahr, wenn über Fotografien zu urteilen ist, die mehr als ein laienhaftes Verständnis voraussetzen und deren künstlerische Qualitäten mit den Wertmaßstäben eines Amateurfotografen nicht zu erfassen sind.
Die Rechtsprechung zur Künstlereigenschaft von Werbefotografen und anderen Fotodesignern zeigt, dass die Gerichte die Möglichkeiten der künstlerischen Gestaltung mit fotografischen Mitteln erheblich unterschätzen, weil sie die Fotografie regelmäßig nur als Abbild der Wirklichkeit sehen. Zwar hält es der BFH in einer Entscheidung vom 24. Januar 1963 „nicht für ausgeschlossen, dass auch das durch die Zu-

hilfenahme fototechnischer Mittel und Möglichkeiten zustande gekommene Bild ein Kunstwerk im Sinne der bildenden Kunst sein kann". Vor allem in älteren Entscheidungen wird jedoch betont, dass die Fotografie nur in begrenztem Umfang zu einer geistig-eigenschöpferischen Gestaltung des Dargestellten geeignet sei, weil sie im Allgemeinen nur eine Beherrschung gewisser technischer Mittel voraussetze. Technische Brillanz, Beherrschung der Motivauswahl und der Motivgestaltung genügten für sich allein nicht, um eine künstlerische Leistung annehmen zu können. Eine Fotografie sei vielmehr erst dann ein Kunstwerk, „wenn das Motiv um seiner selbst willen gestaltet und ihm eine sich über die Darstellung der Wirklichkeit erhebende Aussagekraft verliehen wird, oder wenn die technischen Mittel der Fotografie zu einer eigenschöpferischen Bildgestaltung nutzbar gemacht werden" (so der BFH in der Entscheidung vom 24. Januar 1963). Insoweit seien strenge Anforderungen zu stellen.

Dieser rigorosen Rechtsprechung, die Fotografen regelmäßig als Gewerbetreibende betrachtet und künstlerische Leistungen nur in besonderen Fällen anerkennt, kommt nach der grundlegenden Entscheidung des BFH vom 14. Dezember 1976 nur noch beschränkt Bedeutung zu. Zwar lehnt es das Gericht auch in diesem Urteil ab, bei Werbefotografen und Fotodesignern eine künstlerische Tätigkeit generell anzuerkennen. Gleichzeitig wird aber betont, dass der Verwendungszweck der fotografischen Arbeiten für die steuerliche Beurteilung unerheblich bleibt. Eine künstlerische Tätigkeit könne auch dann vorliegen, wenn jemand zwar seine Leistungen in den Dienst der Werbung stelle, diese aber aufgrund künstlerischer Fähigkeiten und in künstlerischer Weise vollbringe. Hinsichtlich des künstlerischen Charakters einer Fotografie fordert die BFH-Entscheidung vom 14. Dezember 1976 weder eine Gestaltung des Motivs um seiner selbst willen noch eine Aussagekraft, die über die Darstellung der Wirklichkeit hinausgeht. Entscheidend sei, dass die Fotografien nicht das Produkt handwerksmäßig erlernter oder erlernbarer Tätigkeit darstellen, sondern darüber hinaus etwas Eigenschöpferisches enthalten und eine künstlerische Gestaltungshöhe aufweisen. Damit wird die Tätigkeit des Fotografen und Fotodesigners (nur noch) an den Maßstäben gemessen, die für die anderen Kunstbereiche seit langem gelten. Insbesondere erkennt der BFH an, dass auch bei einer Beschränkung der Motivauswahl eine eigenschöpferische Gestaltung sowie die Nutzbarmachung der fotografischen Technik zum Zwecke einer eigenschöpferischen Bildaussage durchaus möglich ist.

Die Grundsätze, die der BFH in der Entscheidung vom 14. Dezember 1976 entwickelt hat, gelten nach wie vor. Sie werden entgegen der Annahme einiger Finanzämter durch die BFH-Urteile, die am 19. Februar 1998 und am 10. September 1998 ergangen sind, keineswegs in Frage gestellt. Allerdings sind einzelne Formulierungen in den beiden Entscheidungen so verunglückt, dass die Missverständnisse und Irritationen, die sie bei den Finanzbehörden ausgelöst haben, verständlich erscheinen.

So heißt es beispielsweise in dem Urteil vom 19. Februar 1998, dass ein Fotograf als Gewerbetreibender einzustufen sei, wenn seine Bilder in erster Linie den Werbezwecken seines Auftraggebers dienten. Auch das Urteil vom 10. September 1998 erweckt auf den ersten Blick den Eindruck, als wolle der BFH die Werbefotografie generell dem Gewerbe zuordnen. So wird in den Entscheidungsgründen beispielsweise behauptet, dass einem Werk von vornherein die künstlerische Gestaltungshöhe fehle, wenn es nicht um seiner selbst willen geschaffen werde. An anderer Stelle heißt es, dass bei einem Fotografen eine gewerbliche Tätigkeit vorliege, wenn den fotografierten Motiven an sich schon Werbecharakter zukomme und die Bilder dem Zweck dienten, über ein Produkt zu informieren und dafür einen Kaufanreiz zu schaffen. Angesichts solcher Formulierungen könnte man meinen, der BFH wolle der alten Kunstauffassung der idealistischen Ästhetik und der bereits Anfang der 60er Jahre zu Grabe getragenen Theorie, dass der werbliche Verwendungszweck stets eine gewerbliche Tätigkeit indiziert, zu neuem Leben verhelfen.

Bei einer genauen Prüfung der Urteile vom 19. Februar und 10. September 1998 zeigt sich allerdings, dass es nicht die Absicht des BFH gewesen sein kann, die Grundsätze seiner Entscheidung vom 14. Dezember 1976 aufzugeben. Beide Urteile befassen sich in erster Linie mit der Frage, ob Fotografen, die Bildserien für Zeitschriften der Richtung „Wohnen" sowie „Essen und Trinken" aufnehmen oder Fertighäuser für Fachzeitschriften fotografieren, als Bildberichterstatter im Sinne des § 18 Abs. 1 Nr. 1 EStG einzustufen sind. Es geht also um die Definition des Begriffs „Bildberichterstatter" und nicht darum, die Voraussetzungen für die Anerkennung der Künstlereigenschaft von Fotografen festzulegen. Der BFH will dementsprechend auch nur klarstellen, dass ein Fotograf, der für die individuellen Zwecke seines Auftraggebers und insbesondere für dessen Werbezwecke fotografiert, grundsätzlich kein Bildberichterstatter sein kann. Weshalb das Gericht diesen Gedanken nicht genau so zum Ausdruck gebracht und statt dessen formuliert hat, ein solcher Fotograf sei Gewerbetreibender, ist aus dem Sinnzusammenhang der beiden Entscheidungen nicht zu erklären.

Es spricht somit einiges dafür, dass dem BFH in den Entscheidungen vom 19. Februar und 10. September 1998 lediglich einige Formulierungen missglückt sind und es keineswegs in seiner Absicht gelegen hat, diejenigen Fotografen, die nicht als Bildberichterstatter anzuerkennen sind, generell dem Gewerbe zuzuordnen. Hätte der Senat tatsächlich seine bisherige Rechtsprechung ändern und die Verwendung von Fotografien für Werbezwecke zum maßgebenden Kriterium der steuerlichen Einstufung von Werbefotografen erheben wollen, dann hätte er sich mit seinem früheren Urteil vom 14. Dezember 1976 auseinandersetzen und erläutern müssen, weshalb diese Entscheidung, in der die Möglichkeit einer künstlerischen Tätigkeit von Werbefotografen ausdrücklich anerkannt wird, nicht mehr gelten soll. Allein die Tatsache, dass jegliche Auseinandersetzung mit der Entscheidung vom 14. Dezember 1976 fehlt und die Urteile vom 19. Februar und 10. September 1998 die frühere Grundsatzentscheidung nicht einmal erwähnen, ist ein deutliches Indiz dafür, dass der BFH mit den beiden Urteilen des Jahres 1998 nicht auf eine Änderung der bisherigen Rechtsprechung zur Künstlereigenschaft der Fotografen abzielt.

Wie wird die Künstlereigenschaft in der Praxis überprüft?

Die Prüfung der Frage, ob im Einzelfall eine künstlerische Tätigkeit gemäß § 18 Abs. 1 Nr. 1 EStG ausgeübt wird, obliegt den Finanzämtern. Sie haben den Sachverhalt von Amts wegen zu ermitteln. Dabei können sie sich zum Teil auf allgemeine Verfahrensregeln stützen, die von einigen Finanzministerien und Oberfinanzdirektionen für die Praxis ausgearbeitet wurden. Diese Verfahrensregeln sehen in den einzelnen Bundesländern und teilweise sogar innerhalb eines Bundeslandes von Oberfinanzdirektion zu Oberfinanzdirektion unterschiedlich aus.

Manche Bundesländer haben Gutachterausschüsse eingerichtet, die im Bedarfsfall die Künstlereigenschaft eines Steuerpflichtigen überprüfen. Wie solche Gutachterausschüsse arbeiten, lässt sich am Beispiel des Bundeslandes Bayern verdeutlichen.

Für Bayern ist das Verfahren zur Feststellung der Künstlereigenschaft in einer Verfügung des Bayerischen Landesamtes für Steuern vom 11. Juli 2008 (S 2246.1.1-1/1St32/St33) geregelt. Danach hat allein das Finanzamt die Entscheidung zu treffen, ob eine künstlerische Tätigkeit vorliegt, wobei allerdings im Interesse einer einheitlichen Praxis nach folgenden Grundsätzen verfahren werden soll:

- Vorbildung (z.B. abgeschlossenes Hochschulstudium der entsprechenden Kunstrichtung), Presseveröffentlichungen und Kritiken in Kunstzeitschriften, Beteiligungen an Kunstausstellungen und die Mitgliedschaft in bestimmten Berufsverbänden können bei der Beurteilung von Bedeutung sein. Die Mitgliedschaft in einem Verband oder Bund reicht aber allein für die Anerkennung einer künstlerischen Tätigkeit nicht aus.
- Die Beiziehung von Sachverständigen ist nur erforderlich, wenn das Finanzamt wegen bestehender Zweifel an der künstlerischen Qualität der Tätigkeit nicht selbst entscheiden kann oder wenn der Steuerpflichtige dies auf Grund der ablehnenden Haltung des Finanzamtes selbst wünscht.
- Soweit die Beiziehung von Sachverständigen erforderlich ist, hat der Steuerpflichtige die Möglichkeit, sich an eine der in Bayern bestehenden Gutachterkommissionen zu wenden und sich dort ein Gutachten erstellen zu lassen. Allerdings kann der Nachweis der Künstlereigenschaft auch durch Gutachten anderer Personen oder Stellen geführt werden.
- Die Finanzämter sind zwar an ein vom Steuerpflichtigen vorgelegtes Gutachten nicht gebunden, sollen es aber laut Verfügung ihrer steuerrechtlichen Entscheidung zugrunde legen, sofern es die wesentlichen Merkmale des Begriffs „Künstlereigenschaft" ausreichend abhandelt.

In Bayern gibt es Gutachterkommissionen für „Malerei und Plastik", „Kunstgewerbe", „Gebrauchsgrafik und Fotodesign" sowie „Musik". Für die Fotodesigner ist im Bereich Südbayern die Akademie an der Einsteinstraße und im Bereich Nordbayern der vom Berufsverband Bildender Künstler Nürnberg eingerichtete Gutachterausschuss für freischaffende Künstler zuständig. Die beiden Kommissionen verfahren nach unterschiedlichen Regeln. Sie sind vom Bayerischen Landesamt für Steuern unabhängig und unterliegen keiner behördlichen Kontrolle.

Wer seine Tätigkeit von einer der Gutachterkommissionen prüfen lassen will, muss einen entsprechenden Antrag unmittelbar an die für ihn zuständige Kommission richten. Für die Begutachtung ist eine Gebühr zu zahlen, deren Höhe je nach Kommission unterschiedlich ist. Das Ergebnis der Prüfung wird dem Antragsteller schriftlich mitgeteilt, wobei die Kommissionen ihre Entscheidungen in der Regel nicht näher begründen.

Situation im Handwerksrecht

Welche Fotografen werden als Handwerker eingestuft?

Der überwiegende Teil der handwerksrechtlichen Gerichtsentscheidungen, die sich mit dem Problem der Abgrenzung der handwerklichen von der freiberuflichen Fotografie befassen, betrifft die Porträt- und Hochzeitsbildfotografen. Die Gerichte stellen in erster Linie auf den Gebrauchszweck der Porträt- und Hochzeitsbilder ab, der die handwerklich ordnungsgemäße Ausführung der Leistung in den Vordergrund treten lasse, sowie darauf, dass bei derartigen Auftragsarbeiten die Möglichkeit zu einer künstlerischen Gestaltung der Bilder weitgehend eingeschränkt sei. Das Kammergericht Berlin übernimmt in einer Entscheidung vom 11. April 1983 außerdem das Argument der älteren BFH-Rechtsprechung, dass die Fotografie schon ihrem Wesen nach zu geistig-eigenschöpferischer Gestaltung nur sehr bedingt geeignet sei. Die Arbeit eines Porträtfotografen könne daher nur in Ausnahmefällen als künstlerisches Schaffen anerkannt werden.
Nach einer Entscheidung des Oberlandesgerichts München vom 3. Dezember 1972 ist die Anfertigung von Kinder-, Porträt- und Hochzeitsfotos, aber auch die Produktion von Werbefotos eine wesentliche Teiltätigkeit des Berufsbildes für das Fotografenhandwerk. Diese Arbeiten gehörten „zu den ureigensten Aufgaben eines Fotografen“. Der Umstand, dass die Tätigkeit des Fotografen auch künstlerische Elemente und Fertigkeiten erfordere, stehe dem handwerklichen Charakter nicht entgegen.
Demgegenüber weist das Bundesverfassungsgericht in einer Entscheidung vom 12. November 1991 darauf hin, dass bei fotografischen Arbeiten stets geprüft werden muss, ob sie das Ergebnis einer künstlerischen Tätigkeit sind. Es sei unzulässig, allein unter Hinweis auf das Berufsbild des Fotografenhandwerks von einer handwerklichen Tätigkeit auszugehen. Auch die Arbeit eines Fotografen müsse als künstlerisch anerkannt werden, wenn die Fotografie eine eigenschöpferische, dem eigenen künstlerischen Empfinden des Fotografen entspringende Darstellung wiedergebe.
Anknüpfend an diese Rechtsprechung des Bundesverfassungsgerichts hat das Verwaltungsgericht Sigmaringen in einer Entscheidung vom 4. August 1994 die Arbeit eines Fotografen, der keine Aufträge für Kinder-, Porträt-, Gruppen- oder Hochzeitsfotos annimmt, sondern ausschließlich in den Bereichen Werbung, Public Relation und Öffentlichkeitsarbeit tätig ist, als „freie künstlerische Betätigung“ eingestuft.

Die Entscheidung geht davon aus, dass der Beruf des Fotodesigners grundsätzlich als künstlerische und damit freiberufliche Tätigkeit einzustufen ist. Während sich der handwerklich arbeitende Fotograf weitgehend darauf beschränke, die bildliche Information fotografisch bzw. „handwerklich" richtig und exakt abzubilden, reichten die Arbeiten des Fotodesigners über das technisch korrekte Abbilden von Gegenständen hinaus. Sofern daher eine fotografische Tätigkeit mit dem Berufsbild des Fotodesigners übereinstimme, sei – so das Verwaltungsgericht – von der Ausübung eines freien Berufs auszugehen.

Wie verfahren die Handwerkskammern und Gewerbemeldestellen bei der Abgrenzung von freiberuflicher und handwerklicher Fotografie?

Zur praktischen Handhabung des Abgrenzungsproblems durch die Handwerkskammern und die für die Gewerbeanmeldungen zuständigen kommunalen Meldestellen sind allgemeine Aussagen kaum möglich, weil eine einheitliche Verwaltungspraxis nicht festzustellen ist. Anders als bei den hierarchisch strukturierten Finanzverwaltungen lässt sich das Entscheidungsverhalten der prinzipiell eigenständigen Handwerkskammern sowie der zahllosen Gewerbe- und Ordnungsämter, die jeweils einer anderen Gebietskörperschaft zugeordnet sind, nicht durch zentrale Verfügungen und Erlasse steuern. So findet allenfalls eine gewisse Koordination der Handwerkskammern untereinander und ein gelegentlicher Informationsaustausch zwischen den Kammern und den zuständigen Gemeindeverwaltungen statt, doch haben diese Kontakte bisher nicht zu einer bundesweit abgestimmten und für die Betroffenen berechenbaren Verwaltungspraxis geführt.

Situation bei der Künstlersozialversicherung

Wie überprüfen die Gerichte den Künstler- oder Publizistenstatus?

Nach Auffassung des Bundessozialgerichts (BSG) ist im Bereich der Künstlersozialversicherung immer dann von einer künstlerischen Leistung auszugehen, wenn die zu beurteilende Tätigkeit einer bestimmten Kunstgattung, einer anerkannten Kunstrichtung oder einem künstlerischen Beruf zuzuordnen ist und zumindest in Ansätzen ein freies schöpferisches Gestalten erkennbar werden lässt. Eine Niveaukontrolle, also eine Differenzierung zwischen „höherer" und „niederer" bzw. „guter" und „schlechter" Kunst, schließt das Künstlersozialversicherungsgesetz (KSVG) aus. Lediglich bei den Berufen, die auch als Handwerk ausgeübt werden können, stellt das BSG strengere Anforderungen an die künstlerische Gestaltungshöhe als bei Tätigkeiten, die keine Nähe zu einem Handwerksberuf aufweisen.
Zu den Beurteilungskriterien, die für die Abgrenzung von Kunst und Gewerbe relevant bzw. irrelevant sind, gibt die sozialgerichtliche Rechtsprechung folgende Hinweise:

Ausbildung

Die Anerkennung als Künstler ist in der Künstlersozialversicherung nicht davon abhängig, dass eine Ausbildung in einem künstlerischen Beruf nachgewiesen wird. Auch Autodidakten können Mitglied der Künstlersozialkasse werden. Ebenso sind Vergütungen, die für die Leistungen eines Amateurkünstlers gezahlt werden, prinzipiell abgabepflichtig.

Verwendungszweck

Unter den Kunstbegriff des KSVG fällt nicht nur die ideelle, zweckfreie Kunst. Auch Werke, die für einen Gebrauchszweck oder die gewerblichen Zwecke des Auftraggebers bestimmt sind, können durchaus künstlerischen Charakter haben.

Eintragung in die Handwerksrolle

Die Eintragung in die Handwerksrolle ist für die Frage, ob eine Tätigkeit als Kunst oder Handwerk einzustufen ist, nicht konstitutiv. Weder schließt die Rolleneintragung die Künstlereigenschaft zwingend aus, noch bedeutet umgekehrt die Löschung in der Handwerksrolle, dass keine handwerkliche, sondern eine künstlerische Tätigkeit ausgeübt wird. Allerdings betrachtet die Rechtsprechung die Eintragung in die Handwerksrolle als ein gewichtiges Indiz gegen die Wertung einer Tätigkeit als künstlerisch. Ebenso kann eine Außendarstellung, die auf das handwerkliche Können abhebt, eine Zuordnung zum Handwerk indizieren.

Steuerliche Einstufung

Das BSG hat im Hinblick auf den besonderen Schutzzweck des KSVG einen eigenständigen Kunstbegriff entwickelt. Deshalb können allein daraus, wie die Finanzämter eine Tätigkeit im Bereich der Einkommen- und Gewerbesteuer einstufen, keine Rückschlüsse auf die sozialversicherungsrechtliche Einordnung dieser Tätigkeit gezogen werden. Da allerdings im Steuerrecht strengere Anforderungen an die künstlerische Gestaltungshöhe gestellt werden als im Anwendungsbereich des KSVG, wird man die steuerliche Anerkennung der Künstlereigenschaft zumindest als Indiz dafür werten können, dass die Tätigkeit auch in der Künstlersozialversicherung dem künstlerischen Bereich zuzuordnen ist.

Wie verfährt die Künstlersozialkasse?

Feststellung der Versicherungspflicht

Bei der Prüfung der Frage, ob eine Versicherungspflicht nach dem KSVG besteht, orientiert sich die Künstlersozialkasse (KSK) an dem Berufsgruppenkatalog der KSVG-Durchführungsverordnung und des Künstlerberichts der Bundesregierung. Bei Ausübung eines Katalogberufes wird die Künstlereigenschaft im Allgemeinen unterstellt, weshalb die (in § 2 Abs. 1 Nr. 5 der Durchführungsverordnung ausdrücklich erwähnten) Bildjournalisten und Bildberichterstatter in der Regel kein Problem damit haben, als Publizisten anerkannt zu werden, und die (in § 2 Abs. 2 Nr. 7 der Durchführungsverordnung benannten) Werbefotografen und Fotodesigner meist problemlos als Künstler eingestuft werden.

Bei den Berufen, die in dem Berufsgruppenkatalog nicht ausdrücklich erwähnt werden oder bei denen außer der künstlerischen auch eine gewerbliche bzw. handwerkliche Form der Berufsausübung in Frage kommt, findet dagegen eine genaue Einzelfallprüfung statt. Die KSK fordert in diesen Fällen eine ausführliche Tätigkeitsbeschreibung an, die zusammen mit dem ausgefüllten „Fragebogen zur Feststellung über die Versicherungspflicht nach dem Künstlersozialversicherungsgesetz" vorgelegt werden muss.

Die KSK prüft außerdem bei allen Berufsgruppen, ob die künstlerische Tätigkeit auch berufsmäßig ausgeübt wird. Dabei geht es nicht nur um die Abgrenzung zur Liebhaberei und zum Hobby, vielmehr will die KSK auch feststellen, ob der angegebene Künstlerberuf tatsächlich ausgeübt wird und die Befragten entsprechend dem von ihnen genannten Berufsbild tätig sind. Deshalb sind auch von denen, die in dem Fragebogen einen der Katalogberufe ankreuzen, stets Nachweise über die berufsmäßige Ausübung ihrer Tätigkeit vorzulegen. Als Nachweis einer berufsmäßigen Tätigkeit werden unter anderem folgende Belege akzeptiert:

- Unterlagen über Veröffentlichungen oder Ausstellungen (z.B. Zeitungsartikel, Kataloge)
- Bescheinigungen der Auftraggeber/Verwerter (z.B. Vertragskopien)
- Nachweise über (abgeschlossene) künstlerische oder publizistische Ausbildungen
- Bescheinigung über Mitgliedschaft in berufsständischen Interessen- und Versorgungseinrichtungen
- Wertungen von dritter Seite (z.B. Kritiken, Preise, Stipendien)
- Bescheid des Finanzamtes über die Anerkennung der Künstlereigenschaft

Feststellung der Abgabepflicht

Auch zur Künstlersozialabgabepflicht hat die KSK einen Fragebogen entwickelt, der sich ebenso wie der Fragebogen zur Versicherungspflicht an dem Berufsgruppenkatalog der KSVG-Durchführungsverordnung und des Künstlerberichts orientiert. Nimmt ein Unternehmer die Leistungen einer Person in Anspruch, die einen der Katalogberufe ausübt, so wird unterstellt, dass es sich um eine künstlerische Leistung handelt und das dafür gezahlte Entgelt demzufolge der Abgabepflicht unterliegt.

Welche weiteren Berufe außer den Katalogberufen als künstlerisch einzustufen sind, lässt sich dem Fragebogen der KSK nicht entnehmen. Dort wird lediglich klargestellt, dass der Berufsgruppenkatalog nur eine beispielhafte Aufzählung von künstlerischen Berufen enthält und nicht abschließend ist. So bleibt die Entscheidung darüber, ob ein Entgelt im konkreten Einzelfall für eine künstlerische oder eine gewerbliche Leistung gezahlt wird, letztlich dem Abgabepflichtigen überlassen. Er muss die Entgelte, die der Abgabepflicht unterliegen, allein ermitteln und die an die KSK abzuführenden Beträge selbst berechnen. Folglich muss er auch über die Abgrenzung der künstlerischen und publizistischen Berufe von den gewerblichen Berufen selbst entscheiden, was gerade bei Berufstätigkeiten, die nicht in dem Berufsgruppenkatalog der KSVG-Durchführungsverordnung aufgelistet sind, zu erheblichen Problemen führen kann und die Abgabepflichtigen in der Regel überfordern dürfte.

Welche Fotografen werden als Künstler anerkannt?

Bei den Fotografen unterscheidet die KSK zwischen den künstlerisch arbeitenden Fotodesignern und den Fotografenhandwerkern, die in die Handwerksrolle oder das bei den Handwerkskammern geführte gesonderte Verzeichnis der zulassungsfreien Handwerke eingetragen sind. Die Fotodesigner, zu denen unter anderem die Werbe-, Mode- und Industriefotografen gehören, werden ebenso wie die Pressefotografen ohne besondere Nachprüfung als Künstler bzw. als Publizisten eingestuft.
Bei den Fotografen, die in die Handwerksrolle oder das Verzeichnis der zulassungsfreien Handwerke eingetragen sind, findet eine Einzelfallprüfung statt. Die Rollen- bzw. Verzeichniseintragung wertet die KSK als Hinweis darauf, dass der Fotograf entweder mehr als einen Arbeitnehmer beschäftigt (was eine Versicherungspflicht gemäß § 1 Nr. 2 KSVG ausschließt) oder aber ein Ladengeschäft betreibt, in dem überwiegend Passfotos und Fotoartikel verkauft werden (was eine künstlerische Tätigkeit ausschließt).
Ein Fotoassistent, der im Studio eines Fotodesigners arbeitet, kann wegen seiner Weisungsgebundenheit in der Regel keine eigenschöpferischen Leistungen erbringen. Er wird daher auch nicht als Künstler anerkannt.

Tipps zur Sicherung der Anerkennung einer freiberuflichen (künstlerischen) Tätigkeit

Selbstprüfung

Bei Aufnahme einer Tätigkeit im Grenzbereich zwischen Kunst und Gewerbe sollte derjenige, der diese Tätigkeit selbständig ausüben will, seine persönlichen Voraussetzungen und die wesentlichen Merkmale der vorgesehenen Erwerbstätigkeit einer genauen Prüfung unterziehen.
Wer ein Hochschulstudium in einem künstlerischen Fach erfolgreich abgeschlossen hat und ausschließlich im erlernten Beruf tätig werden will, wird in der Regel davon ausgehen können, dass seine Berufstätigkeit als künstlerisch einzustufen ist. Schwieriger zu beurteilen ist die Situation eines Autodidakten oder eines handwerklich Ausgebildeten, der sich einem künstlerischen Beruf zuwendet. In solchen Fällen sollte besonders sorgfältig geprüft werden, ob die geplante Tätigkeit in allen wesentlichen Punkten dem für den künstlerischen Beruf entwickelten Berufsbild entspricht. So wird bei demjenigen, der die Meisterprüfung im Fotografenhandwerk abgelegt hat, ein künstlerisches Schaffen nur dann vorliegen, wenn seine selbständige Tätigkeit gerade die Merkmale aufweist, die den Fotodesigner vom Handwerksfotografen unterscheiden.
Angesichts der Tatsache, dass es selbst für erfahrene Sachverständige nicht immer leicht ist, den Künstler vom Gewerbetreibenden zu unterscheiden, wird auch der Berufsanfänger bei dieser Selbstprüfung unter Umständen Probleme haben, seine Tätigkeit richtig einzuordnen. In solchen Zweifelsfällen kann eventuell die Bewerbung um die Mitgliedschaft in einem Berufsverband hilfreich sein, der satzungsgemäß nur Kunstschaffende aufnimmt.

Meldeverfahren

Wer eine selbständige künstlerische Tätigkeit aufnimmt, muss dies lediglich seinem Wohnsitzfinanzamt mitteilen (§ 138 Abs. 1 Satz 3 AO) und sich bei der Künstlersozialkasse melden (§ 11 Abs. 1 KSVG).
Berufsanfänger begehen häufig den Fehler, den Beginn ihrer freiberuflichen Erwerbstätigkeit der Gemeinde auf einem amtlichen Vordruck anzuzeigen. Die örtliche Gewerbemeldestelle nimmt diese Meldung in der Regel entgegen, ohne die Art der Tätigkeit genauer zu prüfen, und informiert das zuständige Betriebsfinanzamt über den neu eröffneten „Gewerbebetrieb". Das Finanzamt wird daraufhin von einer Gewerbesteuerpflicht des Gemeldeten und bei der Einkommensbesteuerung von der Erzielung gewerblicher Einkünfte ausgehen.

Dieses Problem lässt sich vermeiden, wenn man beachtet, dass die Verpflichtung, die Aufnahme einer Erwerbstätigkeit der Gewerbemeldestelle anzuzeigen, nur für Gewerbetreibende und Handwerker besteht, nicht dagegen für solche Personen, die eine künstlerische Tätigkeit und somit einen freien Beruf ausüben.

Flankierende Maßnahmen

Das äußere Erscheinungsbild sollte die typischen Merkmale einer freiberuflichen, künstlerischen Betätigung deutlich werden lassen. Sowohl auf dem Briefbogen als auch auf der Visitenkarte, dem Atelierschild oder in Werbepublikationen empfiehlt sich die Verwendung von Formulierungen, die ganz auf die Person des Künstlers abstellen. Zu vermeiden sind Begriffe, die eine gewerbliche Ausrichtung andeuten (z.B. „Hochzeitsfotografie" oder „Meisterbetrieb"), aber auch abstrakte Phantasiebezeichnungen, die weder den künstlerischen Charakter der Tätigkeit noch die Person des Künstlers erkennbar werden lassen (z.B. „ART Fotostudio").
Der Beitritt zu einem Künstlerbund oder Berufsverband, dessen Aufnahmebedingungen nur Kunstschaffenden eine Mitgliedschaft ermöglichen, kann die Anerkennung einer künstlerischen Tätigkeit fördern. Umgekehrt sollte eine Mitgliedschaft in Verbänden oder Vereinigungen vermieden werden, denen hauptsächlich Handwerker oder Gewerbetreibende angehören.

Vermeidung problematischer Gestaltungen

Die Anerkennung der Künstlereigenschaft kann gefährdet sein, wenn außer der künstlerischen Tätigkeit noch eine andere selbständige Erwerbstätigkeit ausgeübt wird, ebenso in den Fällen, in denen der Künstler qualifizierte Mitarbeiter beschäftigt oder mit anderen Selbständigen zusammenarbeitet.

Risiken bei gemischten Tätigkeiten

Es ergeben sich vor allem steuerrechtliche Probleme, wenn nebeneinander mehrere Tätigkeiten ausgeübt werden, die nur zum Teil als künstlerisch und im übrigen als gewerblich einzustufen sind. Folgende Fallgestaltungen sind denkbar:

Tätigkeiten ohne wirtschaftlichen Zusammenhang

Sind die Tätigkeitsbereiche so verschiedenartig, dass ein wirtschaftlicher Zusammenhang überhaupt fehlt oder nur in sehr loser Form vorliegt, werden die Einkünfte des Steuerpflichtigen getrennt entsprechend ihrer wirtschaftlichen Zuordnung erfasst.

__Beispiel:__ Ein selbständiger Fotograf bezieht außer den Einkünften aus seiner (künstlerischen) Fotografentätigkeit noch Einkünfte aus einer Imbiss-Stube, die er abends betreibt. Hier ist wegen der Verschiedenartigkeit der beiden Tätigkeitsbereiche eine getrennte Erfassung der künstlerischen und der gewerblichen Einkünfte unproblematisch. Die Einkünfte aus der Imbiss-Stube werden als Einkünfte aus Gewerbebetrieb (§ 15 EStG) und die Einkünfte, die der Steuerpflichtige als Fotograf bezieht, als freiberufliche Einkünfte (§ 18 EStG) besteuert.

Trennbare gemischte Tätigkeiten

Stehen die von dem Steuerpflichtigen ausgeübten Tätigkeiten in einem engen sachlichen und wirtschaftlichen Zusammenhang, muss vorrangig eine Trennung der Einkünfte und eine Zuordnung zu den verschiedenen Einkunftsarten versucht werden.

__Beispiel:__ Ein Fotograf, der mit dem Verkauf seiner künstlerisch gestalteten Fotos nicht genügend verdient, stellt zusätzlich als freier Mitarbeiter eines Handwerksfotografen einfache Passbilder her. Da hier eine vollständige steuerliche Trennung der gewerblichen Einkünfte (Anfertigung von Passbildern) von den Einkünften aus der Tätigkeit als künstlerischer Fotograf ohne Schwierigkeiten möglich ist, müssen die Einkünfte aus künstlerischer Tätigkeit und die Einkünfte aus der freien Mitarbeit in dem Handwerksbetrieb den jeweiligen Einkunftsarten (§ 15 und § 18 EStG) so zugeordnet werden, als wenn von vornherein Tätigkeiten ohne wirtschaftlichen Zusammenhang vorgelegen hätten.

Untrennbare gemischte Tätigkeiten

Lassen sich die Einkünfte aus verschiedenen Erwerbsquellen nicht aufteilen, weil die einzelnen Tätigkeiten sich gegenseitig bedingen und miteinander untrennbar verbunden sind, erfolgt eine einheitliche steuerliche Beurteilung. Das bedeutet, dass sämtliche Einkünfte nur einer Einkunftsart zugeordnet werden, wobei die jeweils dominierende Tätigkeit für die steuerliche Zuordnung ausschlaggebend ist. Dominiert der gewerbliche Anteil, weil sich die freiberufliche Tätigkeit lediglich als Ausfluss einer gewerblichen Betätigung darstellt oder ein einheitlicher Erfolg geschuldet wird und die hierfür erforderliche gewerbliche Tätigkeit freiberufliche Leistungen einschließt, werden die Einkünfte aus einer derart gemischten Tätigkeit insgesamt als gewerbliche Einkünfte behandelt.

__Beispiel:__ Ein Fotodesigner beschränkt sich nicht auf die fotografische Gestaltung von Werbeprospekten und -anzeigen, sondern bietet stets die komplette Erledigung eines Werbeauftrags von der Beratung über die Konzeption und Reinausführung bis hin zum Druck und zur Verteilung des Werbematerials an. Die Kosten für die Lithografien, den Druck und die Verteilung des Materials sowie das Honorar für die Beratung, die fotografische Gestaltung, die Drucküberwachung und die sonstigen Dienstleistungen werden zusammen abgerechnet.
Die einzelnen Tätigkeiten des Fotodesigners sind in diesem Beispiel derart miteinander verflochten, dass eine Trennung der Einkünfte schwierig, wenn nicht sogar unmöglich ist. Das Finanzamt wird daher die Einkünfte insgesamt einer Einkunftsart zuordnen und dabei angesichts der Tatsache, dass zur Erledigung der Werbeaufträge im wesentlichen gewerbliche Leistungen erbracht werden und der freiberufliche Anteil (fotografische Gestaltung) nicht dominierend ist, von einer Zuordnung zu den Einkünften aus Gewerbebetrieb ausgehen. Das bedeutet zugleich, dass die Einkünfte des Fotodesigners prinzipiell gewerbesteuerpflichtig sind.

Wer solche steuerlichen Nachteile vermeiden will, sollte vor Tätigkeitsbeginn prüfen, ob der gewerblich geprägte Teil nicht auf eine Personengesellschaft oder eine GmbH ausgelagert werden kann, damit die freiberufliche und die gewerbliche Tätigkeit klar und einwandfrei getrennt sind.

Beispiel: *Der Fotodesigner aus dem vorangegangenen Beispiel gründet eine Werbeagentur in der Rechtsform einer GmbH. Die Agentur nimmt die Werbeaufträge entgegen und kümmert sich um die gesamte Abwicklung von der Beratung über den Druck bis hin zur Streuung des Werbematerials. Die fotografischen Arbeiten überträgt sie durch Einzelaufträge jeweils dem Fotodesigner, der dafür der GmbH ein entsprechendes Honorar in Rechnung stellt.*

Diese Gestaltung ist aus steuerrechtlicher Sicht vorteilhaft, weil durch die Aufgabenverteilung zwischen GmbH und Fotodesigner eine klare Trennung der gewerblichen und der freiberuflichen Tätigkeit gewährleistet wird. Nachteilig ist jedoch, dass die GmbH als Werbeagentur zu den nach § 24 KSVG abgabepflichtigen Unternehmen gehört und deshalb für die an den Fotodesigner gezahlten Honorare eine Künstlersozialabgabe zu entrichten hat.

Risiken bei Beschäftigung von Mitarbeitern

Eine Beschäftigung von Mitarbeitern kann steuerrechtlich zur Folge haben, dass eine freiberufliche künstlerische Tätigkeit zum Gewerbe wird. Außerdem kann die Beschäftigung von Arbeitnehmern zu einem Wegfall der Künstlersozialversicherungspflicht führen.

Steuerrechtliche Risiken

Steuerrechtliche Probleme können sich nur bei der Beschäftigung qualifizierter Mitarbeiter ergeben. Dagegen wirkt sich die Einstellung nichtqualifizierter Arbeitskräfte, die lediglich Hilfstätigkeiten ausführen, jedoch keine dem Künstler obliegende Leistung in eigener Verantwortung übernehmen, auf die Anerkennung einer freiberuflichen Tätigkeit in der Regel nicht aus.

Beispiel: *Ein Fotodesigner beschäftigt eine Putzhilfe, die sein Studio in Ordnung hält, sowie eine Sekretärin, die den Terminkalender führt, die Korrespondenz abwickelt, Reisen organisiert und Rechnungen schreibt. Die Beschäftigung dieser Mitarbeiter ist aus steuerrechtlicher Sicht für das Vorliegen einer freiberuflichen künstlerischen Tätigkeit unschädlich.*

Auch die Mithilfe qualifizierter, fachlich vorgebildeter Arbeitskräfte lässt den freiberuflichen Status eines Kunstschaffenden grundsätzlich unberührt. Allerdings verlangt das Gesetz in diesem Fall, dass der Künstler aufgrund eigener Fachkenntnisse leitend und eigenverantwortlich tätig wird (§ 18 Abs. 1 Nr. 1 Satz 3 EStG). Eine leitende Tätigkeit liegt vor, wenn der Berufsträger die Grundzüge für die Organisation der Tätigkeitsbereiche und die Durchführung der Tätigkeiten festlegt, durch fachliche Aufsicht auf seine Mitarbeiter einwirkt und die Letztentscheidung im Einzelfall behält. Eine eigenverantwortliche Tätigkeit ist bei der Beschäftigung von Mitarbeitern in einem künstlerischen Beruf nach Auffassung der Rechtsprechung nur dann gewährleistet, wenn der Künstler auf sämtliche zur Herstellung eines Kunstwerks erforderlichen Tätigkeiten, soweit sie nicht in künstlerischer Hinsicht von untergeordneter Bedeutung sind, den entscheidenden gestaltenden Einfluss ausübt.

Beispiel: *Der Fotodesigner aus dem vorangegangenen Beispiel beschäftigt auch einen Assistenten, der ihm bei den Aufnahmearbeiten zur Hand geht und teilweise nach seinen Anweisungen und unter seiner fachlichen Aufsicht fotografiert, ohne jedoch auf die Gestaltung der Fotos Einfluss zu nehmen. Der freiberufliche Künstlerstatus wird durch die Mitarbeit des Assistenten nicht in Frage gestellt.*

Beispiel: *Der Fotodesigner überlässt dem Assistenten nach einem Jahr die selbständige Abwicklung der Fotoarbeiten einschließlich der Festlegung der gestalterischen Linie. Er selbst beschränkt sich weitgehend auf die Beschaffung neuer Aufträge. Die Voraussetzungen einer freiberuflichen künstlerischen Tätigkeit sind damit nicht mehr erfüllt.*

Risiken in Bezug auf die Künstlersozialversicherung

Zu den charakteristischen Merkmalen des Künstlerberufs gehört neben dem künstlerisch-kreativen Aspekt, dass der freie Künstler seinen Beruf grundsätzlich höchstpersönlich und nicht durch Hilfskräfte ausübt. Deshalb kann die Beschäftigung von Mitarbeitern auch im Bereich der Künstlersozialversicherung die Anerkennung der Künstlereigenschaft gefährden. Anders jedoch als das Steuerrecht, das die Zuordnung zum Gewerbe nicht starr an die Anzahl der Mitarbeiter, sondern relativ flexibel an den Wegfall der Leitungsfunktion und Eigenverantwortlichkeit des Berufsträgers knüpft, geht das KSVG davon aus, dass die Sozialversicherungspflicht ohne weiteres entfällt und ein Künstler nicht mehr Mitglied der Künstlersozialkasse sein kann, wenn er im Zusammenhang mit der künstlerischen Tätigkeit mehr als einen Arbeitnehmer beschäftigt. Dabei bleiben allerdings solche Personen unberücksichtigt, die zur Berufsausbildung oder nur geringfügig im Sinne des § 8 SGB IV beschäftigt werden.

Beispiel: *Ein Fotodesigner beschäftigt einen Assistenten als Vollzeitarbeitnehmer sowie eine Bürokraft, die nur drei Stunden pro Woche für ihn arbeitet und monatlich 225,00 € verdient. Die Künstlersozialversicherungspflicht wird durch diese Gestaltung nicht berührt, weil die geringfügig beschäftigte Bürokraft unberücksichtigt bleibt und der Künstler folglich nicht mehr als einen Arbeitnehmer beschäftigt.*

Beispiel: *Der Fotodesigner ist so gefragt, dass der Organisationsaufwand steigt und die Bürokraft ebenfalls als Vollzeitkraft arbeitet. Damit werden zwei Arbeitnehmer im Sinne des § 1 Nr. 2 KSVG beschäftigt, so dass die Künstlersozialversicherungspflicht entfällt.*

Beispiel: *Der Fotodesigner belässt es bei der geringfügigen Beschäftigung der Bürokraft und stellt eine weitere Bürohilfe ein, die ebenfalls nur wenige Stunden in der Woche arbeitet und monatlich 225,00 € erhält. Bei dieser Gestaltung bleibt die Künstlersozialversicherungspflicht bestehen, weil nur der Vollzeitassistent als Arbeitnehmer zählt und die beiden Teilzeitkräfte nicht berücksichtigt werden.*

Einfluss auf die Sozialversicherungspflicht hat nur die Beschäftigung von Arbeitnehmern. Das bedeutet, dass die Mithilfe freier Mitarbeiter für den Künstler versicherungsrechtlich ohne Folgen bleibt. Sind allerdings die freien Mitarbeiter ihrerseits künstlerisch tätig, kann ihre Beschäftigung dazu führen, dass der „Arbeitgeber" zum künstlersozialabgabepflichtigen Unternehmer wird.

Beispiel: *Ein Fotodesigner stellt eine Bürokraft als Vollzeitarbeitnehmerin ein und engagiert einen Assistenten als freien Mitarbeiter. Die Künstlersozialversicherungspflicht bleibt damit bestehen, da nicht mehr als ein Arbeitnehmer (Bürokraft) beschäftigt wird. Falls allerdings die Tätigkeit des Assistenten als künstlerisch einzustufen ist, ergibt sich für den Fotodesigner die scheinbar paradoxe Situation, dass er als Künstler der Sozialversicherungspflicht unterliegt und gleichzeitig als Unternehmer, der die Leistungen eines anderen Künstlers in Anspruch nimmt, künstlersozialabgabepflichtig ist.*

Risiken einer Zusammenarbeit mit anderen Selbständigen

Ebenso wie bei der Beschäftigung von Arbeitnehmern oder freien Mitarbeitern sind auch bei der gleichberechtigten Zusammenarbeit mit anderen Selbständigen die damit verknüpften rechtlichen Konsequenzen zu beachten. Folgende Fallgestaltungen kommen hierbei in Frage:

Zusammenarbeit in Form einer Kapitalgesellschaft

Eine Kapitalgesellschaft (z.B. GmbH, AG) ist kraft Gesetzes eines Handelgesellschaft und damit stets ein Gewerbebetrieb, auch wenn sie künstlerische oder sonstige freiberufliche Leistungen erbringt. Wenn daher mehrere Fotografen eine GmbH gründen, werden die von der Gesellschaft erzielten Einkünfte steuerrechtlich als gewerbliche Einkünfte behandelt. Die Fotografen selbst beziehen als Gesellschafter der GmbH ebenfalls keine freiberuflichen Einkünfte, sondern Einkünfte aus Kapitalvermögen. Für das Einkommen- und Gewerbesteuerrecht bleibt also unerheblich, ob die Gesellschaft selbst oder einer ihrer Gesellschafter künstlerisch tätig ist.

Die Versicherungspflicht nach dem KSVG kann ebenfalls berührt werden, wenn die fotografische Tätigkeit im Rahmen der Beteiligung an einer Kapitalgesellschaft erbracht wird. Insbesondere in den Fällen, in denen sich der Fotograf in einem Dienstvertrag den Weisungsbefugnissen der Gesellschaft unterwirft, kommt es zu einer abhängigen Beschäftigung und damit zum Wegfall der Künstlersozialversicherungspflicht. Dagegen schließt ein Dienstvertrag die Selbständigkeit dann nicht aus, wenn der Fotograf als Mehrheitsgesellschafter Entscheidungen der Gesellschaft verhindern kann oder aufgrund seiner faktischen Stellung in der Gesellschaft keinerlei Weisungen unterliegt.

Zusammenarbeit in Form einer Personengesellschaft

Schließen sich mehrere Fotografen zu einer BGB-Gesellschaft zusammen, um ihren Beruf gemeinsam auszuüben, sind sie steuerrechtlich Mitunternehmer. Sofern alle beteiligten Mitunternehmer in der Gesellschaft freiberuflich mitarbeiten und dabei leitend und eigenverantwortlich tätig sind, ändert sich am Charakter der Einkünfte aus freiberuflicher Tätigkeit nichts.

Beispiel: *Zwei künstlerisch arbeitende Fotografen wollen gemeinsame Fotoprojekte realisieren, um sie Galerien und anderen Interessenten anzubieten. Die Zusammenarbeit soll in der Rechtsform einer BGB-Gesellschaft erfolgen. Steuerrechtlich lässt diese Mitunternehmerschaft den freiberuflichen Status der Beteiligten unberührt.*

Eine lediglich kapitalmäßige Beteiligung eines Fotografen an einer Personengesellschaft oder die Beteiligung berufsfremder Personen hat dagegen in der Regel zur Folge, dass der von der Gesellschaft erzielte Gewinn insgesamt den Einkünften aus Gewerbebetrieb zugeordnet wird. Das betrifft vor allem die Fälle, in denen der berufsfremde Mitgesellschafter nicht freiberuflich, sondern gewerblich tätig ist. Aber auch wenn alle Gesellschafter einen freien Beruf ausüben, die einzelnen Tätigkeiten jedoch inhaltlich völlig fremd nebeneinander stehen, handelt es sich steuerrechtlich um eine gewerbliche Mitunternehmerschaft.

Beispiel: *Die Fotografen aus dem vorhergehenden Beispiel beteiligen an ihrer BGB-Gesellschaft einen Handwerker, der nach ihren Entwürfen bestimmte Objekte anfertigt und Studioaufbauten erstellt, die für die künstlerischen Fotos benötigt werden. Die Beteiligung eines Gesellschafters, der eine handwerkliche Tätigkeit ausübt, bewirkt eine Zuordnung des gesamten Gewinns zu den Einkünften aus Gewerbebetrieb.*

Beispiel: *Die beiden Fotografen arbeiten hauptsächlich für Kunden im spanischen Sprachraum. Da sie über keinerlei Spanischkenntnisse verfügen, schließen sie sich mit einem Dolmetscher und Übersetzer zusammen, der sie als Mitgesellschafter bei der Wahrnehmung der Kundenkontakte und der Übersetzung der Korrespondenz unterstützt. Obwohl die Tätigkeit des Dolmetschers und Übersetzers zu den Katalogberufen des § 18 Abs. 1 Nr. 1 EStG gehört, kann im Rahmen einer solchen Zusammenarbeit keiner der Beteiligten mehr freiberufliche Einkünfte haben. Wegen der heterogenen Berufe der Beteiligten entsteht vielmehr eine gewerbliche Mitunternehmerschaft mit der Folge, dass alle Beteiligten gewerbesteuerpflichtig werden.*

Beispiel: *Die beiden Fotografen gründen gemeinsam mit zwei freiberuflichen Grafikdesignern eine BGB-Gesellschaft, um ihre Produkte auch grafisch zu gestalten. In diesem Fall besteht eine Parallelrichtung der verschiedenen Tätigkeiten, so dass trotz der Unterschiedlichkeit der Berufe eine freiberufliche Mitunternehmerschaft vorliegen dürfte.*

Wird statt einer BGB-Gesellschaft eine Personenhandelsgesellschaft (OHG oder KG) gegründet, ist zu beachten, dass solche Gesellschaften stets auf den Betrieb eines Handelsgewerbes gerichtet sind. Sie müssen daher ins Handelsregister eingetragen werden.

Zusammenarbeit bei technischen Hilfeleistungen (Atelier-, Studio-, Bürogemeinschaft)

Bei Fotografen gibt es häufig Kooperationen, die unter Beibehaltung der beruflichen Eigenständigkeit auf die gemeinschaftliche Nutzung personeller oder sachlicher Hilfsmittel gerichtet sind. Zu denken ist etwa an die gemeinsame Anmietung eines Studios oder die Finanzierung und abwechselnde Nutzung eines teuren Geräts für die digitale Bildbearbeitung durch mehrere Fotografen. Der Zweck dieser Zusammenschlüsse ist nicht auf die gemeinsame Ausübung der freiberuflichen Tätigkeit der Beteiligten gerichtet, sondern auf die Erbringung von Teil- und Hilfsleistungen für diese Tätigkeit.
Auf die steuerrechtliche Qualifizierung der Einkünfte der Beteiligten hat die begrenzte Zusammenarbeit in einer solchen „technischen Hilfsgemeinschaft" keine Auswirkungen. Die Gewinnermittlung ist für jeden, der sich an einer Atelier-, Studio-, Büro- oder sonstigen Nutzungsgemeinschaft beteiligt, gesondert vorzunehmen. Deshalb ist es sogar denkbar, dass auch unterschiedliche Berufe, also z.B. künstlerische Fotografen und Gewerbetreibende, im Bereich der technischen Hilfsleistungen zusammenarbeiten.

***Beispiel:** Ein Fotograf (Künstler) und eine kleine Werbeagentur (Gewerbebetrieb) mieten gemeinsam einen Büroraum und stellen eine Sekretärin zur Erledigung der in beiden Unternehmen anfallenden Büroarbeiten ein. Sofern der Fotograf und die Agentur im Übrigen getrennt und eigenständig arbeiten, hat diese Form der Kooperation für den freiberuflichen Status des Fotografen keine negativen steuerlichen Folgen.*

Beweissicherung

Um die Anerkennung der Künstlereigenschaft sicherzustellen, sollten sämtliche Unterlagen, die als Nachweis und Indiz einer künstlerischen Tätigkeit in Frage kommen, vom Beginn der Berufstätigkeit an gesammelt und als Beweismittel-Dokumentation bereitgehalten werden.
Zu einer solchen Dokumentation gehören nicht nur die vollständigen Ausbildungsnachweise, sondern auch Urkunden über einzelne Auszeichnungen, die der Künstler erhalten hat, insbesondere über die Verleihung von Kunstpreisen und sonstige Ehrungen, die mit der künstlerischen Tätigkeit im Zusammenhang stehen. Auch die Teilnahme an Kunstausstellungen, eine Besprechung oder Erwähnung der Arbeiten des Künstlers in Fachzeitschriften, Fernsehberichten oder anderen Medien sollte dokumentiert werden, denn das damit nachgewiesene öffentliche Interesse und die Anerkennung einer künstlerischen Leistung durch das Fachpublikum oder eine breite Öffentlichkeit betrachtet die Rechtsprechung als gewichtiges Beweisanzeichen für die Künstlereigenschaft. Eine bedeutende Indizwirkung hat auch die Veröffentlichung der Werke des Künstlers in Kunstbüchern und -zeitschriften, ebenso der Verkauf seiner Arbeiten über Kunstgalerien.
Weiter empfiehlt sich eine Archivierung der wichtigsten Arbeiten, die der Künstler im Verlauf seiner Berufstätigkeit ausführt. Dadurch wird sichergestellt, dass einem Sachverständigen bei einer eventuell notwendigen Begutachtung der künstlerischen Tätigkeit qualifiziertes Prüfmaterial zur Verfügung steht.

Steuern und Abgaben 14

Einkommensteuer

Einkunftsarten und steuerfreie Einnahmen

Der Einkommensteuer unterliegen gemäß § 2 Abs. 1 EStG die Einkünfte aus Land- und Forstwirtschaft, aus Gewerbebetrieb, aus selbständiger Arbeit, aus nichtselbständiger Arbeit, aus Kapitalvermögen, aus Vermietung und Verpachtung sowie die sonstigen Einkünfte im Sinne des § 22 EStG. Die Aufzählung in § 2 Abs. 1 EStG ist abschließend. Einnahmen, die dort nicht erfasst werden, unterliegen auch nicht der Einkommensteuer. Einkommensteuerfrei sind insbesondere:

- Erbschaften und Schenkungen (die aber vom Erbschaft- und Schenkungsteuergesetz erfasst werden)
- Schadensersatzzahlungen (mit Ausnahme von Entschädigungen für entgangene oder entgehende Einnahmen)
- Auszahlung einer privaten Lebensversicherung (falls nicht Auszahlung in Rentenform erfolgt)
- Abfindungen zur Ablösung einer Rente
- Ehrenpreise (falls sie nicht mit einer der gesetzlichen Einkunftsarten zusammenhängen)
- Einkünfte aus Spiel und Wette
- Einkünfte aus der Veräußerung privater Vermögensgegenstände (mit Ausnahme von Spekulationsgewinnen und Gewinnen aus einer Veräußerung von wesentlichen Beteiligungen an Kapitalgesellschaften)

Von der Einkommensteuer befreit sind auch die in §§ 3 ff. EStG aufgeführten Einnahmen. Es handelt sich um mehr als 70 Einzelpositionen, die der Gesetzgeber aus den unterschiedlichsten Gründen für steuerfrei erklärt hat. Zu den befreiten Einnahmen gehören unter anderem:

- Versicherungs-, Versorgungs- und Entschädigungsbezüge sowie soziale Beihilfen
- Zuwendungen an hilfsbedürftige Künstler und Stipendien zur Förderung der künstlerischen Ausbildung
- Einnahmen aus nebenberuflichen künstlerischen Tätigkeiten bis zu 2.100,00 € pro Jahr

Erläuterung einzelner Einkunftsarten

Einkünfte aus Gewerbebetrieb (§ 15 EStG)

Unter „Gewerbebetrieb" versteht man jede selbständige nachhaltige Tätigkeit, die mit Gewinnerzielungsabsicht unternommen wird, mit einer Teilnahme am allgemeinen wirtschaftlichen Verkehr verbunden und keine Land- und Forstwirtschaft und auch keine freiberufliche oder sonstige selbständige Arbeit im Sinne des § 18 EStG ist. Nach dieser Definition ist die Zuordnung der selbständigen Berufsausübung

zum Gewerbe die Regel und die nichtgewerbliche (z.B. freiberufliche) Ausübung einer selbständigen Tätigkeit die Ausnahme.
Gewerbebetriebe sind insbesondere die Handwerksbetriebe, Dienstleistungsbetriebe, Einzel- und Großhandelsbetriebe, Fabrikationsbetriebe, Beherbergungsbetriebe. Als Gewerbebetrieb gilt außerdem stets und in vollem Umfang die Tätigkeit einer Kapitalgesellschaft (z.B. AG, GmbH), und zwar auch dann, wenn dieselbe Tätigkeit – von einer Einzelperson oder Personengesellschaft betrieben – als Ausübung eines freien Berufs einzustufen wäre.

Einkünfte aus selbständiger Arbeit (§ 18 EStG)

Die wichtigste Kategorie des § 18 EStG ist die freiberufliche Tätigkeit, zu der folgende Berufe gehören:
- die sogenannten Katalogberufe, die in § 18 Abs. 1 Nr. 1 EStG ausdrücklich aufgeführt werden (insbesondere Heilberufe, rechts- und wirtschaftsberatende Berufe, Ingenieure, Architekten, Journalisten und Bildberichterstatter, Dolmetscher, Übersetzer und Lotsen)
- die den Katalogberufen ähnlichen Berufe, die einem der Katalogberufe in allen typischen Merkmalen entsprechen müssen
- die künstlerischen, wissenschaftlichen, schriftstellerischen, unterrichtenden und erzieherischen Berufe

Einkünfte aus nichtselbständiger Arbeit (§ 19 EStG)

Einkünfte aus nichtselbständiger Arbeit erzielen die Arbeitnehmer, denen die Ruhegehaltsempfänger (Pensionäre) gleichgestellt sind. Arbeitnehmer ist, wer nach Art, Ort und Zeit seiner Tätigkeit den Weisungen eines anderen (des Dienstherrn) unterliegt.
Die nichtselbständige unterscheidet sich von der selbständigen Tätigkeit der Gewerbetreibenden und Freiberufler also nicht durch den Inhalt der Tätigkeit, sondern allein dadurch, dass sie in abhängiger Stellung ausgeübt wird. Ein Fotograf, der nur für einen Auftraggeber unter dessen Aufsicht und in dessen Betriebsräumen mit fester Arbeits- und Urlaubszeit und für eine gleichbleibende monatliche Vergütung tätig ist, bezieht Einkünfte aus nichtselbständiger Arbeit. Wird dieselbe Arbeit aufgrund eines freien Auftragsverhältnisses im Studio des Fotografen ausgeführt, ohne Bindung an Weisungen des Auftraggebers bei freier Einteilung der Arbeitszeit und Zahlung einer werkbezogenen, also leistungsabhängigen Vergütung, so handelt es sich um eine selbständige Tätigkeit, deren Gewinn – je nach Einstufung als künstlerische oder gewerbliche Leistung – den Einkünften aus Gewerbebetrieb (§ 15 EStG) oder den Einkünften aus freiberuflicher Tätigkeit (§ 18 EStG) zuzuordnen ist.
Bei den Einkünften aus nichtselbständiger Arbeit wird die Einkommensteuer durch Abzug vom Arbeitslohn (als „Lohnsteuer“) erhoben.

Ermittlung des steuerpflichtigen Einkommens

Die Einkommensteuer ist eine Jahressteuer. Grundlage für ihre Festsetzung ist das Einkommen, das der Steuerpflichtige innerhalb eines Kalenderjahres bezogen hat. Das zu versteuernde Einkommen wird wie folgt ermittelt:

	Summe der jeweils positiven Einkünfte aus den sieben Einkunftsarten
–	Altersentlastungsbetrag (§ 24 a EStG)
–	Entlastungsbetrag für Alleinerziehende (§ 24 b EStG)
–	Freibetrag für Land- und Forstwirte (§ 13 Abs. 3 EStG)
+	Hinzurechnungsbetrag (§ 52 Abs. 3 Satz 3 EStG sowie § 8 Abs. 5 Satz 2 AIG)
=	Gesamtbetrag der Einkünfte (§ 2 Abs. 3 EStG)
–	Verlustabzug nach § 10 d EStG
–	Sonderausgaben (§§ 10, 10 a, 10 b, 10 c EStG)
–	außergewöhnliche Belastungen (§§ 33 bis 33 b EStG)
–	Sonderausgabenabzug (§§ 10 e bis 10 i, § 52 Abs. 21 Satz 6 bis 7 EStG 1997 und § 7 FördG)
+	zurechenbares Einkommen einer Familienstiftung (§ 15 Abs. 1 AStG)
=	Einkommen (§ 2 Abs. 4 EStG)
–	Kinderfreibeträge (§ 31 und § 32 Abs. 6 EStG)
–	Härteausgleich (§ 46 Abs. 3 EStG, § 70 EStDV)
=	zu versteuerndes Einkommen (§ 2 Abs. 5 EStG)

Steuertarif

Auf das zu versteuernde Einkommen wird der Einkommensteuertarif angewendet. Dieser Tarif hat folgenden Aufbau (Stand: Januar 2010):

- Grundfreibetrag für zu versteuernde Einkommen: bis 8.004,00 € (Grundtabelle) bzw. 16.007,00 € (Splittingtabelle)
- Progressionszone mit ansteigenden Grenzsteuersätzen von 14 Prozent bis 42 Prozent
- Proportionalzone 1 mit konstantem Grenzsteuersatz von 42 Prozent ab einem zu versteuernden Einkommen von 52.152,00 € (Grundtabelle) bzw. 104.304,00 € (Splittingtabelle)
- Proportionalzone 2 mit konstantem Grenzsteuersatz von 45 Prozent („Reichensteuer") ab einem zu versteuernden Einkommen von 250.041,00 € (Grundtabelle) bzw. 500.801,00 € (Splittingtabelle)

Bei Ehegatten, die zusammen zur Einkommensteuer veranlagt werden, kommt der Splittingtarif zur Anwendung. Nach diesem Tarif wird das zu versteuernde Einkommen beider Ehegatten zusammengerech-

net und dann hälftig geteilt. Sodann wird der Steuerbetrag ermittelt, der sich für die Hälfte des gemeinschaftlichen Einkommens ergibt. Dieser Steuerbetrag wird anschließend verdoppelt.
Ausnahmen vom Grund- und Splittingtarif gibt es für außerordentliche Einkünfte (§ 34 EStG), die nur mit einem ermäßigten Satz zu versteuern sind. Zu den außerordentlichen Einkünften gehören unter anderem Veräußerungsgewinne sowie Entschädigungen, die als Ersatz für entgangene oder entgehende Einnahmen gewährt worden sind.
Für Einkünfte aus Gewerbebetrieb besteht seit Anfang 2008 eine Steuerermäßigung in der Form, dass die Gewerbesteuer bei den damit belasteten Einkünften fiktiv angerechnet wird (§ 35 EStG). Die Anrechnung erfolgt in der Weise, dass der 3,8-fache Gewerbesteuermessbetrag, den das Finanzamt für den jeweiligen Erhebungszeitraum festsetzt, von der auf die gewerblichen Einkünfte entfallenden tariflichen Einkommensteuer abgezogen wird.
Einkünfte aus Kapitalvermögen unterliegen seit der Einführung der Abgeltungssteuer im Jahre 2009 einem Sondertarif in Höhe von 25 Prozent zzgl. Kirchensteuer (bei Zugehörigkeit) und Solidaritätszuschlag. Kapitalerträge, bei denen kein Steuerabzug durch deutsche Kreditinstitute erfolgt (wie z.B. ausländische Zinsen und Dividenden oder private Zinserträge), müssen im Rahmen der Einkommensteuerveranlagung benannt werden und werden dann neben der Veranlagung zu Normaltarif mit dem Sondertarif belegt. Eine Option zur Versteuerung zum Normaltarif ist möglich. Dies ist immer bei geringem Einkommen mit Normalsteuersätzen unter 25 Prozent sinnvoll.

Gewinnermittlung

Betriebsvermögensvergleich (Bilanzierung)

Die für die Besteuerung maßgebenden Einkünfte (= der Gewinn) werden bei buchführungspflichtigen Gewerbetreibenden und bei Land-/Forstwirten durch einen Betriebsvermögensvergleich ermittelt. Der Betriebsvermögensvergleich erfolgt in der Bilanz, in der das Betriebsvermögen am Schluss des Wirtschaftsjahres mit dem Betriebsvermögen am Schluss des vorangegangenen Wirtschaftsjahres – vermehrt um den Wert der Entnahmen und vermindert um den Wert der Einlagen – verglichen wird. Der Unterschiedsbetrag ist der zu ermittelnde Gewinn.

Einnahmenüberschussrechnung

Für die nicht buchführungspflichtigen Kleingewerbetreibenden und die Freiberufler besteht keine Bilanzierungspflicht. Sie können als Gewinn den Überschuss der Betriebseinnahmen über die Betriebsausgaben ansetzen.

Betriebseinnahmen und Betriebsausgaben

Betriebseinnahmen

Der Begriff der Betriebseinnahmen umfasst alle betrieblich veranlassten Wertzugänge zum Betriebsvermögen, die keine Einlagen sind. Zu beachten ist, dass die Einnahmen nicht unbedingt in Form von Geld erfolgen müssen. Sie können auch in Sachwerten bestehen (z.B. kostenlose Überlassung von Studioräumen gegen Arbeitsleistung).

Betriebsausgaben

Betriebsausgaben sind Aufwendungen, die durch den Betrieb veranlasst sind. Eine betriebliche Veranlassung liegt vor, wenn ein Zusammenhang der Ausgabe mit dem Betrieb objektiv besteht und die Aufwendungen subjektiv zur Förderung des Betriebs gemacht werden. Wie bei den Betriebseinnahmen können auch die Ausgaben in bar oder in Sachwerten geleistet werden. Seit 2008 gilt die Gewerbesteuer nicht mehr als Betriebsausgabe (§ 4 Abs. 5 Nr. 5 b EStG).

Nichtabzugsfähige Betriebsausgaben (§ 4 Abs. 5 EStG)

Auch wenn die objektive und subjektive betriebliche Veranlassung vorliegt, schließt das Gesetz bei bestimmten Aufwendungen einen Abzug als Betriebsausgabe aus. Dieser Ausschluss betrifft insbesondere folgende Aufwendungen:

- Geschenke an Geschäftsfreunde über 35,00 € (Nettobetrag)
- 30 Prozent der betrieblich veranlassten Bewirtungskosten
- Aufwendungen für Gästehäuser, Jagden, Segel- und Motorjachten und ähnliche Aufwendungen
- Mehraufwendungen für Verpflegungen über die zugelassenen Höchstgrenzen hinaus
- Fahrtkosten zwischen Wohnungs- und Arbeitsstätte, die bestimmte, in § 4 Abs. 5 Nr. 6 EStG definierte Grenzen übersteigen
- Aufwendungen für häusliche Arbeitszimmer, wenn die Voraussetzungen des § 4 Abs. 5 Nr. 6 b EStG nicht erfüllt werden
- Kosten der Lebensführung und unangemessene Aufwendungen
- Verwarnungsgelder, Geldbußen, Geldstrafen und Zinsen für hinterzogene Steuern
- Zinsen auf hinterzogene Steuern (§ 235 AO)

Abgrenzung der Betriebsausgaben von den Lebenshaltungskosten (§ 12 EStG)

Lebenshaltungskosten sind grundsätzlich vom Abzug ausgeschlossen. Soweit eine einwandfreie Trennung zwischen Betriebsausgaben und Lebenshaltungskosten nicht eindeutig oder im Schätzungswege vorgenommen werden kann, werden sie der privaten Sphäre zugeordnet und sind damit nichtabzugsfähig. Zu den Lebenshaltungskosten gehören alle für den Haushalt des Steuerpflichtigen und für den Unterhalt seiner Familienangehörigen aufgewendeten Beträge, auch die Aufwendungen für die Lebensführung, die die wirtschaftliche oder gesellschaftliche Stellung des Steuerpflichtigen mit sich bringt, selbst wenn sie zur Förderung seines Berufs oder seiner Tätigkeit erfolgen.

Reisekosten als Betriebsausgaben

Für den Abzug von Reisekosten als Betriebsausgaben ist maßgebend, ob die Aufwendungen objektiv durch die besonderen betrieblichen Gegebenheiten veranlasst sind und die Befriedigung privater Interessen (z.B. Erholung, Bildung, Erweiterung des allgemeinen Gesichtskreises) nach dem Anlass der Reise, dem vorgesehenen Programm und der tatsächlichen Durchführung nahezu ausgeschlossen ist.

Durchlaufende Posten

Aufwendungen, die nicht für das eigene Unternehmen, sondern im Namen und für Rechnung Dritter getätigt werden, sind keine Betriebsausgaben, sondern vorgelegte Auslagen. Diese Aufwendungen dürfen nicht als Betriebsausgaben abgesetzt werden. Sie sind als durchlaufende Gelder zu verbuchen.

Sonderausgaben, Kinderbetreuungskosten und außergewöhnliche Belastungen

Sonderausgaben

Sonderausgaben sind Kosten der Lebensführung, die aber kraft ausdrücklicher gesetzlicher Bestimmungen (§§ 10 ff. EStG) vom Gesamtbetrag der Einkünfte abzuziehen sind und sich daher steuerlich auswirken sollen. Hierzu gehören insbesondere:

Beschränkt abziehbare Sonderausgaben / Regelung ab 2005

Durch das ab 2005 geltende Alterseinkünftegesetz werden nur noch folgende Vorsorgeaufwendungen zum (beschränkten) Sonderausgabenabzug zugelassen:

- Beiträge zu den gesetzlichen Rentenversicherungen
- Beiträge zu den landwirtschaftlichen Alterskassen
- Beiträge zu den berufsständischen Versorgungseinrichtungen
- Beiträge zu kapitalgedeckten Altersvorsorgeprodukten, die die Zahlung einer Leibrente

ab dem 60. Lebensjahr vorsehen und nicht übertragbar oder kapitalisierbar sind

Durch eine langjährige Übergangsregelung („Günstigerprüfung bis 2019") wird sichergestellt, dass eventuell höhere beschränkt abziehbare Sonderausgaben nach bisherigem Recht im für den Steuerpflichtigen günstigeren Fall weiterhin zum Ansatz kommen.

Beschränkt abziehbare Sonderausgaben / weiter geltende Altregelung (Günstigerprüfung)

Nach dem bis Ende 2005 geltenden Recht waren folgende Vorsorgeaufwendungen bis zu einem bestimmten Höchstbetrag als Sonderausgaben abziehbar:

- Beiträge zu Kranken-, Pflege-, Unfall- und Haftpflichtversicherungen, zu den gesetzlichen Rentenversicherungen und an die Bundesagentur für Arbeit
- Beiträge zu bestimmten Versicherungen auf den Erlebens- oder Todesfall (Lebensversicherungen, Kapitalversicherungen, Rentenversicherungen, Pflegeversicherungen)

Für die Jahre 2005 bis 2019 prüft das Finanzamt von Amts wegen im Rahmen der Einkommensteuerveranlagung, ob für den Steuerpflichtigen die neue, ab 2005 geltende Regelung oder die alte Regelung des Jahres 2004 günstiger ist. Dabei wird die Summe der neuen Höchstbeträge für Altersvorsorgeaufwendungen und andere Vorsorgeaufwendungen mit dem Vorsorgehöchstbetrag des Jahres 2004 verglichen. Berücksichtigt wird der für den Steuerpflichtigen günstigere Betrag.
Ab 2010 ist die volle Anrechnung von (Basis-)Beiträgen zur Kranken- und Pflegeversicherung gewährleistet. Der Abzug darüber hinaus gehender Vorsorgebeiträge bleibt aber weiter eingeschränkt.

Unbeschränkt abziehbare Sonderausgaben

Andere Sonderausgaben, die keine Vorsorgeleistungen darstellen, können in der Regel unbeschränkt abgezogen werden. In Einzelfällen gelten allerdings auch für diese Sonderausgaben betragsmäßige Obergrenzen. Zu den prinzipiell unbeschränkt abziehbaren Sonderausgaben gehören unter anderem:

- Unterhaltsleistungen an den geschiedenen oder getrennt lebenden unbeschränkt einkommensteuerpflichtigen Ehegatten bis zu 13.805,00 € im Jahr, soweit dieser sich verpflichtet, die Unterhaltsleistungen seinerseits als sonstige Einkünfte zu versteuern (Realsplitting)
- auf besonderen Verpflichtungsgründen beruhende Renten und dauernde Lasten, die nicht mit Einkünften in wirtschaftlichem Zusammenhang stehen, die bei der Veranlagung außer Betracht bleiben
- die im Veranlagungsraum tatsächlich gezahlte Kirchensteuer (abzüglich erhaltener Erstattungen)
- Aufwendungen des Steuerpflichtigen für seine Berufsausbildung oder Weiterbildung in einem nicht ausgeübten Beruf bis zu 4.000,00 € im Jahr
- 30 Prozent des Schulgeldes bis zu 5.000,00 € für bestimmte Ersatz- oder Ergänzungsschulen ohne Betreuungs- und Verpflegungskosten

Kinderbetreuungskosten

Kinderbetreuungskosten können in Höhe von zwei Dritteln der Aufwendungen, höchstens jedoch 4.000,00 € pro Kind, für Kinder bis zum vollendeten vierzehnten Lebensjahr wahlweise als Betriebsausgaben, Werbungskosten oder Sonderausgaben bei jedem Elternteil angesetzt werden (§ 9 c EStG).

Außergewöhnliche Belastungen

Außergewöhnliche Belastungen sind dem Grunde nach Aufwendungen, die weder Betriebsausgaben noch Werbungskosten darstellen und somit dem Bereich der nicht abziehbaren Lebenshaltungskosten zuzuordnen wären, wenn hier nicht durch §§ 33 ff. EStG eine ausdrückliche gesetzliche Ausnahme geschaffen worden wäre. Man kann die außergewöhnlichen Belastungen in drei große Gruppen einteilen:

- außergewöhnliche Belastungen allgemeiner Art (§ 33 EStG)
- außergewöhnliche Belastungen in besonderen Fällen (§ 33 a EStG)
- Pauschbeträge für Behinderte, Hinterbliebene und Pflegepersonen (§ 33 b EStG)

Praktisch bedeutsam sind vor allem die „außergewöhnlichen Belastungen allgemeiner Art" und die „außergewöhnlichen Belastungen in besonderen Fällen":

Außergewöhnliche Belastungen allgemeiner Art

Erwachsen dem Steuerpflichtigen zwangsläufig größere Aufwendungen als der überwiegenden Mehrheit der Steuerpflichtigen gleicher Einkommensverhältnisse, gleicher Vermögensverhältnisse und gleichen Familienstandes, so wird auf Antrag die Einkommensteuer dadurch ermäßigt, dass der Teil der Aufwendungen, der die dem Steuerpflichtigen zumutbare Belastung übersteigt, vom Gesamtbetrag der Einkünfte abgezogen wird. Die zumutbare Belastung beträgt zwischen ein Prozent und sieben Prozent des Gesamtbetrages der Einkünfte und richtet sich nach der Höhe der Einkünfte und des Familienstandes bzw. der Anzahl der Kinder. Typische Beispiele für außergewöhnliche Belastungen allgemeiner Art sind:

- Arzt-, Zahnarzt-, Krankheitskosten
- Beerdigungskosten für nahe Verwandte (soweit nicht durch den Nachlass oder Versicherungsleistungen gedeckt)
- Ehescheidungskosten

Außergewöhnliche Belastungen in besonderen Fällen

In folgenden Fällen sind Aufwendungen unter bestimmten Voraussetzungen und in begrenztem Umfang als außergewöhnliche Belastungen zu berücksichtigen:

- Aufwendungen für den Unterhalt und eine etwaige Berufsausbildung von Personen, für die weder der Steuerpflichtige noch eine andere Person Anspruch auf einen Kinderfreibetrag hat
- Aufwendungen des Steuerpflichtigen für die Berufsausbildung eines Kindes, für das er einen Kinderfreibetrag erhält (Ausbildungsfreibetrag)
- Aufwendungen für Beschäftigung einer Hilfe im Haushalt aufgrund Alters oder Behinderung
- Aufwendungen für Heimunterbringung und dauernde Pflege des Steuerpflichtigen oder seines Ehegatten

Gewerbesteuer

Selbständige Fotografen unterliegen der Gewerbesteuer nur dann, wenn sie einen Gewerbebetrieb unterhalten. Wer dagegen als Fotograf einen freien Beruf ausübt (also einen der Katalogberufe des § 18 Abs. 1 Nr. 1 EStG, einen ähnlichen Beruf oder eine künstlerische Tätigkeit), hat mit der Gewerbesteuer in der Regel nichts zu tun. Dennoch sollten auch die freiberuflichen Fotografen die Grundzüge des Gewerbesteuerrechts kennen, damit sie sich für den Fall, dass das Finanzamt ihre Tätigkeit fälschlicherweise dem Gewerbe zuordnet, gegen eine Heranziehung zur Gewerbesteuer besser wehren können.

Gewerbesteuer als Gemeindesteuer

Die Gewerbesteuer wird als Gemeindesteuer erhoben. Das bedeutet, dass das Steueraufkommen unmittelbar der Gemeinde zufließt, in deren Bezirk das Gewerbe ausgeübt wird. Die Gemeinde legt auch den Hebesatz fest und bestimmt damit die Höhe der Gewerbesteuerbelastung. Außerdem wird der Gewerbesteuerbescheid von der Gemeinde erlassen. Das Finanzamt ist nur für den Gewerbesteuermessbescheid zuständig (anders z.B. in Berlin, Hamburg und Bremen, wo das gesamte Besteuerungsverfahren in der Hand der Finanzämter liegt).

Gewerbebetrieb als Gegenstand der Besteuerung

Begriff des Gewerbebetriebs

Der Gewerbesteuer unterliegen nur Gewerbebetriebe. Zu den Gewerbebetrieben gehören:

- die allein arbeitenden Selbständigen, die weder Land-/Forstwirtschaft betreiben noch einen freien Beruf ausüben und somit gewerblich tätig sind
- die Personengesellschaften, die Handelsgeschäfte betreiben (OHG, KG)
- die Gesellschaften bürgerlichen Rechts (BGB-Gesellschaften), soweit sie nicht ausschließlich freiberufliche Zwecke verfolgen
- die Kapitalgesellschaften (z.B. AG, GmbH, KG a.A.)

Dagegen gehören Arbeitsgemeinschaften, deren alleiniger Zweck sich auf die Erfüllung eines einzigen Werkvertrages beschränkt, in der Regel nicht zu den Gewerbebetrieben.

Konsequenzen für selbständige Fotografen

Schließen sich mehrere Fotografen zu einer Kapitalgesellschaft (z.B. GmbH) zusammen, gilt die Tätigkeit der Gesellschaft stets und in vollem Umfang als Gewerbebetrieb. Unerheblich bleibt, ob die Gesellschaft oder einer ihrer Gesellschafter künstlerische Leistungen erbringt.

Schließen sich mehrere Fotografen zu einer BGB-Gesellschaft zusammen, um ihren Beruf gemeinsam auszuüben, sind sie steuerrechtlich „Mitunternehmer". Sofern alle beteiligten Mitunternehmer in der Gesellschaft freiberuflich (künstlerisch) mitarbeiten und dabei leitend und eigenverantwortlich tätig sind,

ändert sich am Charakter der Einkünfte aus freiberuflicher Tätigkeit nichts. Die Gewinne der Gesellschaft unterliegen also nicht der Gewerbesteuer.
Die Beteiligung berufsfremder Personen an einer BGB-Gesellschaft hat dagegen in der Regel zur Folge, dass der von der Gesellschaft erzielte Gewinn insgesamt den Einkünften aus Gewerbebetrieb zugeordnet wird. Das betrifft vor allem die Fälle, in denen der berufsfremde Mitgesellschafter nicht freiberuflich, sondern gewerblich tätig ist. Aber auch wenn alle Gesellschafter einen freien Beruf ausüben, die einzelnen Tätigkeiten jedoch inhaltlich völlig fremd nebeneinander stehen, handelt es sich steuerrechtlich um eine gewerbliche Mitunternehmerschaft.

Bemessungsgrundlage der Gewerbesteuer

Bemessungsgrundlage für die Gewerbesteuer ist der Gewerbeertrag. Unter Gewerbeertrag versteht man den nach den Vorschriften des Einkommensteuergesetzes zu ermittelnden Gewinn aus dem Gewerbebetrieb, erhöht um die Hinzurechnungen, die in § 8 GewStG im einzelnen aufgeführt sind, und vermindert um die in § 9 GewStG aufgelisteten Kürzungen.
Der so ermittelte Gewerbeertrag wird auf volle 100,00 € nach unten abgerundet und bei natürlichen Personen sowie bei Personengesellschaften außerdem um einen Freibetrag in Höhe von 24.500,00 € gekürzt. Der Katalog der Hinzurechnungen ist ab 2008 deutlich erweitert worden und umfasst jetzt auch Miet- und Pachtzinsen für bewegliche und unbewegliche Wirtschaftsgüter sowie Leasingraten. Abgemildert wird dies bei kleineren Gewerbebetrieben durch einen Hinzurechnungsfreibetrag von 100.000 € pro Jahr. Auf den nach Abzug des Freibetrages verbleibenden Gewerbeertrag ist eine Steuermesszahl anzuwenden. Sie beträgt generell 3,5 Prozent.
Aus der Anwendung der Steuermesszahl auf den Gewerbeertrag ergibt sich der Steuermessbetrag, der durch den Gewerbesteuermessbescheid festgesetzt wird.

Anwendung des Hebesatzes

Auf den Gewerbesteuermessbetrag wendet die Gemeinde den Hebesatz an. Der Hebesatz ist eine durch Beschluss des Gemeinderates festgesetzte Prozentzahl, die je nach dem Steuerbedarf der Gemeinde unterschiedlich hoch ausfällt (zwischen 80 Prozent und 500 Prozent).
Aus der Anwendung des Hebesatzes auf den vom Finanzamt festgestellten Gewerbesteuermessbetrag ergibt sich die zu zahlende Gewerbesteuer. Die Festsetzung der Gewerbesteuer erfolgt durch den Gewerbesteuerbescheid, den die Gemeinde (in einigen Bundesländern auch das Finanzamt) erlässt.

Gewerbesteueranrechnung bei der Einkommensteuer

Die zu Beginn des Jahres 2008 in Kraft getretene Unternehmenssteuerreform sieht für die Einkünfte aus Gewerbebetrieb eine Anrechnung der Gewerbesteuer auf die Einkommensteuer vor. Die Anrechnung erfolgt in der Weise, dass der 3,8-fache Gewerbesteuermessbetrag, den das Finanzamt für den jeweiligen Erhebungszeitraum festsetzt, von der anteilig auf die gewerblichen Einkünfte entfallenden tariflichen Einkommensteuer abgezogen wird (§ 35 EStG). Durch diesen Abzug sollen gewerbliche Unternehmen von der Gewerbesteuer entlastet werden. Wegen der Pauschalierung der Gewerbesteuer auf das 3,8-Fache des zugrunde zu liegenden Messbetrages kommt es allerdings nur dann zu einer vollständigen Gewerbesteuerentlastung, wenn der kommunale Hebesatz bei etwa 380 Prozent liegt. Bei einem höheren Hebesatz wird keine vollständige Entlastung von der Gewerbesteuer erreicht. Bei einem niedrigeren Hebesatz wird die Anrechnung auf die Höhe der tatsächlich zu zahlenden Gewerbesteuer beschränkt.

Umsatzsteuer (Mehrwertsteuer)

Grundlagen

Umsatzsteuer als Mehrwertsteuer

Die Umsatzsteuer ist in allen Mitgliedstaaten der Europäischen Union eine Allphasen-Umsatzsteuer mit Vorsteuerabzug, die in verkürzter Form meist als „Mehrwertsteuer" bezeichnet wird. Jeder Umsatz eines Unternehmers im Inland wird der Umsatzsteuer unterworfen, also nicht nur die Leistung an den Endverbraucher, sondern auch die Leistung an andere Unternehmer (daher Allphasen-Umsatzsteuer). Bemessungsgrundlage für die Steuer ist zwar prinzipiell das Gesamtentgelt, das ein Unternehmer seinen Abnehmern in Rechnung stellt. Dennoch wird im Ergebnis nur der von dem jeweiligen Unternehmer erarbeitete Mehrwert steuerlich belastet, weil die nach dem Gesamtentgelt bemessene Steuerschuld im Wege des Vorsteuerabzugs um die Umsatzsteuer gekürzt wird, die der Unternehmer zuvor an seine Lieferanten gezahlt hat (daher „Umsatzsteuer mit Vorsteuerabzug" oder auch „Mehrwertsteuer").

Steuerbare Umsätze

Der Umsatzsteuer unterliegen die Lieferungen und sonstigen Leistungen, die ein Unternehmer im Inland im Rahmen seines Unternehmens gegen Entgelt ausführt. Der Umsatzsteuer unterliegt außerdem die Einfuhr von Gegenständen aus einem Drittland in das deutsche Zollgebiet (Einfuhrumsatzsteuer) sowie der innergemeinschaftliche Erwerb im Inland gegen Entgelt.

Unentgeltliche Lieferungen und Leistungen

Lieferungen und Leistungen sind nur dann umsatzsteuerpflichtig, wenn sie gegen Entgelt ausgeführt werden. Das Entgelt muss nicht unbedingt eine Geldleistung sein, sondern kann auch in einer anderen Gegenleistung bestehen.
Wird eine Leistung ohne Entgelt, das heißt ohne Gegenleistung erbracht, unterliegt sie nicht der Umsatzsteuer. Steuerfrei sind deshalb u.a. Schadensersatzleistungen, denn die Ersatzleistung stellt keinen Gegenwert für eine Leistung des Geschädigten dar.
In bestimmten Fällen sieht das Gesetz vor, dass unentgeltliche Leistungen den Lieferungen gegen Entgelt gleichgestellt werden (§ 3 Abs. 1 a UStG).

Grundlage für die Bemessung der Umsatzsteuer

Bei Lieferungen und sonstigen Leistungen wird die Umsatzsteuer nach dem Entgelt bemessen. Entgelt ist alles, was der Leistungsempfänger aufwendet, um die Leistung zu erhalten, jedoch abzüglich der Umsatzsteuer. Die Beträge, die der Unternehmer im Namen und für Rechnung eines anderen vereinnahmt und verausgabt (durchlaufende Posten), gehören nicht zum Entgelt.
Die Umsatzsteuer ist grundsätzlich nach dem vereinbarten Entgelt zu berechnen (Soll-Versteuerung). Wird das vereinbarte Entgelt später nicht oder nur teilweise gezahlt, muss gegenüber dem Finanzamt eine Korrektur erfolgen.
Bestimmte Unternehmer können beantragen, dass nicht das vereinbarte Entgelt, sondern das vereinnahmte Entgelt der Besteuerung zugrunde gelegt wird (Ist-Versteuerung). Antragsberechtigt ist jeder Freiberufler, also beispielsweise ein künstlerisch arbeitender Fotograf. Aber auch andere Unternehmer, deren Jahresumsatz bis zu 500.000,00 € (nach dem 31.12.2011: 250.000,00 €) beträgt, können die Ist-Versteuerung beantragen.

Steuersätze

Regelsteuersatz

Der Regelsteuersatz bei der Umsatzsteuer beträgt derzeit 19 Prozent. Er gilt für alle Umsätze mit Ausnahme derjenigen Umsätze, für die das Gesetz ausdrücklich eine Steuerermäßigung vorsieht.

Ermäßigter Steuersatz

Der ermäßigte Steuersatz liegt zur Zeit bei 7 Prozent. Das Gesetz (§ 12 Abs. 2 UStG) enthält dazu einen Katalog von zehn Tatbeständen, bei denen die Umsatzsteuer auf die Hälfte des Regelsteuersatzes herabgesetzt ist (dazu auch Seite 278 ff.).

Vorsteuerabzug

Durch die Anwendung des Steuersatzes auf die Bemessungsgrundlage ergibt sich die Steuerschuld. In der Regel ist allerdings die zu entrichtende Umsatzsteuer geringer als die Steuerschuld, weil der Unternehmer die an andere Unternehmer zu zahlende Umsatzsteuer für Lieferungen oder sonstige Leistungen, die für sein Unternehmen ausgeführt worden sind, als Vorsteuer abziehen kann. Voraussetzung für den Vorsteuerabzug ist immer eine ordnungsgemäße Rechnung, deren Merkmale in § 14 Abs. 4 des UStG detailliert aufgeführt sind (dazu das Rechnungsbeispiel auf Seite 134). Bei Rechnungen, die auf elektronischem Weg übermittelt werden, muss die Echtheit der Herkunft und die Unversehrtheit des Inhalts gewährleistet sein, was gemäß § 14 Abs. 3 UStG in der Regel eine qualifizierte elektronische Signatur erfordert (dazu auch Seite 36).

Besteuerungsverfahren

Die Umsatzsteuer ist zwar eine Jahresteuer, doch hat der Unternehmer auf die jährliche Steuer Vorauszahlungen zu leisten und Voranmeldungen abzugeben. Diese Voranmeldungen sind per elektronischer Datenübertragung an die Finanzverwaltung zu übermitteln. Sollte die eigene Finanzbuchführungssoftware diesen Weg nicht unterstützen, kann eine kostenlose Software von folgender Webseite heruntergeladen werden:

- www.elster.de

Neu gegründete Unternehmen müssen die Voranmeldungen in den ersten beiden Jahren monatlich abgeben und auch monatliche Vorauszahlungen leisten. Später kann je nach Umsatzsteueraufkommen auch ein vierteljährlicher Turnus in Frage kommen.

Am Ende eines Kalenderjahres hat der Unternehmer für das abgelaufene Jahr eine Steuererklärung (Steueranmeldung) nach amtlich vorgeschriebenem Vordruck abzugeben. Auch in dieser Erklärung hat er die Umsatzsteuerschuld und die davon abzuziehende Vorsteuer selbst zu berechnen. Der Differenzbetrag ergibt die an das Finanzamt zu entrichtende Steuer. Übersteigt der Vorsteuerabzug die Steuerschuld, so hat das Finanzamt die Differenz zu vergüten.

Jeder Unternehmer ist verpflichtet, zur Feststellung der Umsatzsteuer und der Grundlagen ihrer Berechnung Aufzeichnungen zu machen. Aus den Aufzeichnungen muss zu ersehen sein, welche Entgelte für die vom Unternehmer ausgeführten Lieferungen und sonstigen Leistungen vereinbart bzw. vereinnahmt wurden und wie sich die Entgelte auf die steuerpflichtigen Umsätze, getrennt nach Steuersätzen, verteilen.

Besteuerung der Kleinunternehmer

Für Kleinunternehmer gilt eine Sonderregelung. Sie brauchen keine Umsatzsteuer zu entrichten. Ihnen steht allerdings auch kein Vorsteuerabzug zu. Außerdem sind sie nicht zum gesonderten Umsatzsteuerausweis in ihren Rechnungen berechtigt.

Ein Unternehmer gehört zu den Kleinunternehmern, wenn sein Gesamtumsatz im vorangegangenen Kalenderjahr 17.750,00 € nicht überstiegen hat und im laufenden Kalenderjahr 50.000,00 € voraussichtlich nicht übersteigen wird. Um die Sonderregelung für Kleinunternehmer in Anspruch nehmen zu können, bedarf es eines besonderen Antrags.

Voraussetzungen des § 12 Abs. 2 Nr. 7 UStG

Der Mehrwertsteuer-Regelsatz beträgt derzeit 19 Prozent (Stand: Januar 2010). Dieser Steuersatz gilt für alle Umsätze mit Ausnahme derjenigen Umsätze, für die das Gesetz ausdrücklich eine Steuerermäßigung vorsieht. Für die Urheber ergibt sich aus § 12 Abs. 2 Nr. 7 c UStG die Möglichkeit einer Steuerermäßigung auf 7 Prozent.

Dem ermäßigten Steuersatz gemäß § 12 Abs. 2 Nr. 7 c UStG unterliegen die Umsätze aus der Einräumung, Übertragung und Wahrnehmung von Rechten, die sich aus dem Urheberrechtsgesetz ergeben. Fotografen, die ihre Umsätze durch die Übertragung urheberrechtlicher Nutzungsrechte erzielen, brauchen deshalb nur 7 Prozent Mehrwertsteuer zu zahlen. Das Mehrwertsteuerprivileg kann allerdings nur dann in Anspruch genommen werden, wenn im konkreten Einzelfall folgende Voraussetzungen erfüllt sind:

Urheberrechtlich geschützte Leistung

Die Leistung, mit der ein Umsatz erzielt wird, muss urheberrechtlich geschützt sein. Da zu den urheberrechtlich geschützten Werken des Urheberrechts nicht nur die künstlerischen Fotos (Lichtbildbildwerke), sondern generell auch die einfache Lichtbilder gehören, wird bei Fotografen in der Regel anerkannt, dass sie ihre Umsätze mit urheberrechtlich geschützten Leistungen erzielen.

Übertragung der urheberrechtlichen Nutzungsrechte als Hauptleistung

Die Übertragung der urheberrechtlichen Nutzungsrechte an den von dem Fotografen aufgenommenen Bildern muss den wirtschaftlichen Gehalt des Geschäfts ausmachen und die eigentliche Hauptleistung des Fotografen darstellen.

Jede Verwertung von Fotografien setzt zwingend den Erwerb der Nutzungsrechte voraus. Dem Auftraggeber eines Fotografen geht es deshalb in erster Linie darum, die urheberrechtlichen Nutzungsrechte zu erwerben. Die Übergabe der Dias, Fotoabzüge oder Bilddaten hat demgegenüber nur die Bedeutung einer unselbständigen Nebenleistung, die der eigentlichen Hauptleistung – der Übertragung der Nutzungsrechte – nachgeordnet ist. Die Umsätze, die ein Fotograf mit seinen Bildern erzielt, unterliegen daher im Regelfall dem ermäßigten Steuersatz.

Wenn ausnahmsweise nur Probefotos angefertigt und keine Nutzungsrechte übertragen werden, fehlt die für eine Anwendung des Mehrwertsteuerprivilegs erforderliche Hauptleistung. Es ist dann der volle Steuersatz (19 Prozent) anzuwenden.

Haupt- und Nebenleistungen

Kommt es zu einer Nutzungsrechtsübertragung, erfasst der dann anzuwendende ermäßigte Steuersatz auch die Zusatzleistungen, sofern es sich im Verhältnis zur Nutzungsrechtsübertragung (Hauptleistung) um unselbständige Nebenleistungen handelt. Das ist der Fall, wenn sie mit der Hauptleistung in einem engen Zusammenhang stehen und diese überhaupt erst ermöglichen, abrunden oder ergänzen (wie z.B. Bereitstellung von Fotomaterial, Anfertigung der notwendigen Abzüge). Erbringt dagegen ein Fotograf bei der Abwicklung eines Auftrages selbständige Zusatzleistungen, die mit der Nutzungsrechtsübertragung in keinem engen oder notwendigen Zusammenhang stehen, so ist das Entgelt für diese Zusatzleistungen mit dem Regelsatz von derzeit 19 Prozent zu versteuern. Bei der Gesamtabrechnung kann also unter Umständen ein Splitting der Steuersätze notwendig sein:

- 7 Prozent Mehrwertsteuer für die Übertragung der urheberrechtlichen Nutzungsrechte und die damit in engem Zusammenhang stehenden unselbständigen Nebenleistungen und
- 19 Prozent Mehrwertsteuer für die selbständigen Zusatzleistungen, die mit der Nutzungsrechtsübertragung in keinem engen oder notwendigen Zusammenhang stehen.

Ein solches Splitting, das einzelne Finanzämter ausdrücklich als korrektes Verfahren bei der Abrechnung der Leistungen eines Fotografen bestätigt haben, wird allerdings von anderen Finanzämtern unter Hinweis auf den im Umsatzsteuerrecht geltenden Grundsatz der Einheitlichkeit der Leistung abgelehnt. Diese Finanzämter stehen auf dem Standpunkt, dass für sämtliche Leistungen, die ein Fotograf im Zusammenhang mit der Abwicklung eines Auftrags erbringt, nur ein einheitlicher Steuersatz gelten kann. Wenn man dem folgt, dann sind die Leistungen eines Fotografen wie folgt zu versteuern:

- entweder komplett mit 7 Prozent, falls die Hauptleistung in der Übertragung der urheberrechtlichen Nutzungsrechte an den Fotos besteht,
- oder komplett mit 19 Prozent, falls eine andere Leistung die eigentliche Hauptleistung darstellt.

Bislang ist nicht eindeutig geklärt, ob ein Splitting des Mehrwertsteuersatzes bei der Abrechnung eines Auftrags zulässig und welcher der dazu vertretenen Rechtsauffassungen zu folgen ist. Zudem betrachten manche Finanzämter vor allem in den Fällen, in denen die von den Fotografen abgerechneten Nebenkosten eines Auftrags höher sind als das eigentliche Fotohonorar, nicht die Übertragung der Nutzungsrechte, sondern die Anfertigung der Fotos als die eigentliche Hauptleistung. Deshalb führt die Mehrwertsteuerberechnung der Fotografen in der Praxis immer wieder zu Problemen.
Um mögliche Auseinandersetzungen mit den Finanzbehören zu vermeiden, empfehlen manche Berater, in Zweifelsfällen vorsichtshalber mit dem vollen Mehrwertsteuersatz (19 Prozent) abzurechnen. Mit dem vollen Steuersatz ist man aber nicht immer auf der sicheren Seite, denn nach der BFH-Rechtsprechung darf nur der Mehrwertsteuerbetrag als Vorsteuer abgezogen werden, der nach dem Gesetz tatsächlich geschuldet ist. Wenn daher ein Fotograf für seine Leistungen einfach 19 Prozent Mehrwertsteuer berechnet, um spätere Nachforderungen des Finanzamtes zu vermeiden, kann es durchaus passieren, dass

das Finanzamt unter Hinweis auf § 12 Abs. 2 Nr. 7 c UStG den Standpunkt vertritt, es seien tatsächlich nur 7 Prozent Mehrwertsteuer geschuldet. Der Kunde des Fotografen wird in diesem Fall nur 7 Prozent Mehrwertsteuer als Vorsteuer absetzen können, während der Fotograf die in seiner Rechnung ausgewiesenen 19 Prozent Mehrwertsteuer vollständig an das Finanzamt abführen muss. Das führt zwangsläufig zu Konflikten, da der Kunde nicht bereit sein wird, die Belastung mit der nicht absetzbaren Mehrwertsteuerdifferenz von 12 Prozent zu übernehmen.

Den Fotografen scheint damit nur die Wahl zwischen zwei Übeln zu bleiben. Entweder rechnen sie ihre Leistung vollständig oder (nach dem oben beschriebenen Splitting-Verfahren) teilweise mit 7 Prozent Mehrwertsteuer ab und riskieren, dass das Finanzamt später die Mehrwertsteuerdifferenz von ihnen nachfordert, weil es eine einheitliche Versteuerung mit 19 Prozent für richtig hält. Oder aber sie berechnen gleich 19 Prozent Mehrwertsteuer und setzen ihre Kunden damit dem Risiko aus, dass diese von den gezahlten 19 Prozent nur 7 Prozent als Vorsteuer absetzen können, weil das Finanzamt meint, die Leistung des Fotografen hätte einheitlich oder zumindest teilweise mit 7 Prozent versteuert werden müssen. Weder das eine noch das andere Risiko lässt sich mit Sicherheit ausschließen. Deshalb können Fotografen bei der Wahl des Mehrwertsteuersatzes letztlich nur danach entscheiden, welches Risiko im konkreten Fall geringer und in Bezug auf die möglichen Folgen weniger belastend ist.

Künstlersozialabgabe

Künstlersozialabgabe – Was ist das eigentlich?

Mit der Künstlersozialversicherung werden die selbständigen Künstler und Publizisten in das gesetzliche Sozialversicherungssystem einbezogen. Das Künstlersozialversicherungsgesetz (KSVG) sieht für diese Berufsgruppen eine Pflichtmitgliedschaft in der gesetzlichen Renten-, Kranken- und Pflegeversicherung vor. Ähnlich wie die Arbeitnehmer tragen die versicherten Künstler und Publizisten nur die Hälfte der Versicherungsbeiträge. Die andere Beitragshälfte wird aus einem Bundeszuschuss in Höhe von 20 % des jährlichen Ausgabenvolumens sowie aus der Künstlersozialabgabe finanziert. Die Künstlersozialabgabe wird bei den Unternehmen erhoben, die künstlerische oder publizistische Leistungen in Anspruch nehmen. Bemessungsgrundlage der Künstlersozialabgabe sind die an selbständige Künstler oder Publizisten gezahlten Entgelte. Für die Erhebung der Abgabe ist die Künstlersozialkasse (KSK) in Wilhelmshaven zuständig.

Wer ist abgabepflichtig?

Zur Zahlung der Künstlersozialabgabe sind Unternehmer verpflichtet, die im Geltungsbereich des Künstlersozialversicherungsgesetzes tätig sind und bei denen einer der Tatbestände des § 24 KSVG erfüllt ist.

Unternehmer

Zu den abgabepflichtigen Unternehmern gehören alle natürlichen und juristischen Personen, die nachhaltig und nicht nur gelegentlich eine der in § 24 KSVG aufgeführten Tätigkeit ausüben. Erfasst werden damit sämtliche Unternehmensformen, also nicht nur Kapitalgesellschaften (AG, GmbH) und Personenhandelsgesellschaften (OHG, KG), sondern auch Gesellschaften bürgerlichen Rechts (BGB-Gesellschaften), Partnerschaftsgesellschaften, Vereine und sonstige Wirtschaftsgebilde (z.B. Arbeitsgemeinschaften). Von der Abgabepflicht verschont bleiben lediglich Unternehmer, die nur gelegentlich Aufträge an selbständige Künstler oder Publizisten erteilen oder die ihre Tätigkeit von vornherein nur kurzfristig oder nur einmalig und ohne Wiederholungsabsicht ausüben.
Unerheblich ist, ob der abgabepflichtige Unternehmer seinerseits eine künstlerische oder publizistische Tätigkeit ausübt und Versicherungsbeiträge an die KSK zahlt. Wer als Künstler oder Publizist bei der KSK versichert ist, kann daher trotzdem zur Zahlung der Künstlersozialabgabe verpflichtet sein, sofern er – wie beispielsweise ein Fotograf, der eine Visagistin oder Stylistin zu einem Shooting hinzuzieht – Aufträge an andere Künstler oder Publizisten erteilt und diese Fremdleistungen bezahlt.

Geltungsbereich

Die Künstlersozialabgabe wird nur bei Unternehmern erhoben, die ihren Sitz in der Bundesrepublik Deutschland haben oder dort ihre Tätigkeit ausüben. Nicht unter die Abgabepflicht fallen dagegen Unternehmer, die im Ausland sitzen und im Inland weder eine Tätigkeit ausüben noch eine Niederlassung oder eine ständige Vertretung haben. Der Gesetzgeber trägt damit der Tatsache Rechnung, dass eine Heranziehung ausländischer Unternehmer zur Künstlersozialabgabe praktisch nicht zu realisieren wäre.
Ein inländischer Sitz oder Tätigkeitsbereich ist nur bei dem Unternehmer erforderlich, der die künstlerischen oder publizistischen Leistungen verwertet. Bei dem selbständigen Künstler oder Publizisten, um dessen Leistungen es geht, spielt dagegen der Wohnsitz oder der Tätigkeitsbereich keine Rolle. Findet also beispielsweise eine Fotoproduktion in Südafrika statt und wird dafür ein ausländischer Fotograf engagiert, ist für das an den ausländischen Fotografen gezahlte Entgelt trotzdem die Künstlersozialabgabe zu zahlen, falls der Auftraggeber seinen Sitz in Deutschland hat. Die Abgabepflicht entfällt nur dann, wenn auch der Auftraggeber im Ausland sitzt und nur dort tätig ist. Wird also der ausländische Fotograf – um bei dem Beispiel zu bleiben – für das in Südafrika stattfindende Shooting von einer südafrikanischen Produktionsfirma und nicht von einem in Deutschland ansässigen Unternehmen beauftragt, bleibt das Fotohonorar abgabenfrei.

Tatbestände des § 24 KSVG

Eine Künstlersozialabgabepflicht besteht nur, wenn einer der folgenden Tatbestände erfüllt ist:

Katalogtätigkeit (§ 24 Abs. 1 Satz 1 KSVG)

§ 24 Abs. 1 Satz 1 KSVG listet eine Reihe von Unternehmen auf, die erfahrungsgemäß und typischerweise künstlerische oder publizistische Leistungen verwerten. So gehören z.B. Verlage und Presseagenturen, Fernsehsender, Galerien und Kunsthändler sowie Werbe- und PR-Agenturen allein aufgrund der Art ihrer Tätigkeit zu den Unternehmen, für die generell eine Künstlersozialabgabepflicht besteht.
Da jede Tätigkeit im Bereich der Werbung und Öffentlichkeitsarbeit für Dritte gemäß § 24 Abs. 1 Satz 1 Nr. 7 KSVG ausreicht, um die Künstlersozialabgabepflicht zu begründen, sind auch diejenigen Unternehmer abgabepflichtig, die zwar nicht unmittelbar Werbung betreiben, aber jedenfalls an der Vorbereitung fremder Werbemaßnahmen mitwirken. Deshalb gehören auch Fotografen zu den abgabepflichtigen Unternehmern, wenn sie Werbefotos produzieren und im Rahmen dieser Tätigkeit nicht nur gelegentlich Aufträge an andere selbständige Künstler (z.B. Visagisten, Stylisten) erteilen.

Werbung oder Öffentlichkeitsarbeit für das eigene Unternehmen (§ 24 Abs. 1 Satz 2 KSVG)

Nach § 24 Abs. 1 Satz 2 KSVG sind auch diejenigen Unternehmer zur Künstlersozialabgabe verpflichtet, die Werbung und Öffentlichkeitsarbeit für ihr eigenes Unternehmen betreiben und dabei nicht nur gelegentlich Aufträge an selbständige Künstler oder Publizisten erteilen. Während also die Tätigkeit der Werbe- und PR-Agenturen über § 24 Abs. 1 Satz 1 Nr. 7 KSVG („Werbung und Öffentlichkeitsarbeit für Dritte") erfasst wird, geht es bei § 24 Abs. 1 Satz 2 KSVG um die Erfassung von Unternehmern, die ihre Werbung und Öffentlichkeitsarbeit nicht in eine Agentur auslagern, sondern selbst in die Hand nehmen und beispielsweise durch die eigene Werbeabteilung erledigen lassen. Wenn es dabei mit einer gewissen Regelmäßigkeit, also nicht nur gelegentlich, zu einer Beauftragung selbständiger Künstler (z.B. Grafikdesigner, Fotografen) oder Publizisten (z.B. Texter) kommt, entsteht für das Unternehmen eine Künstlersozialabgabepflicht.

Generalklausel (§ 24 Abs. 2 KSVG)

Auch wenn weder eine der in § 24 Abs. 1 Satz 1 KSVG aufgeführten Katalogtätigkeiten ausgeübt noch Werbung oder Öffentlichkeitsarbeit für das eigene Unternehmen betrieben wird, ist ein Unternehmer abgabepflichtig, sofern er nicht nur gelegentlich Aufträge an selbständige Künstler oder Publizisten erteilt und deren Leistungen für seine Zwecke nutzt, um im Zusammenhang mit dieser Nutzung Einnahmen zu erzielen (§ 24 Abs. 2 KSVG). Es handelt sich dabei um eine Generalklausel, die auch solche Unternehmer der Abgabepflicht unterwirft, die dem Unternehmenszweck nach zwar nicht zu den typischen Verwertern von Kunst oder Publizistik gehören, aber dennoch ständig künstlerische oder publizistische Leistungen zur Erzielung von Einnahmen nutzen. In der Gesetzesbegründung werden dazu beispielhaft Unternehmen genannt, die Produkte oder Verpackungen künstlerisch gestalten lassen. Dementsprechend gehört ein Hersteller von Tür- und Fenstergriffen, der selbständige Designern mit der Gestaltung seiner Produkte beauftragt, zu den abgabepflichtigen Unternehmern.

Zweistufiges Abgabeverfahren

Die Erhebung der Künstlersozialabgabe erfolgt zweistufig. In der ersten Stufe wird zunächst nur geprüft, ob bei einem Unternehmer einer der drei Tatbestände des § 24 KSVG erfüllt ist. Ergibt die Prüfung, dass grundsätzlich eine Verpflichtung zur Entrichtung der Künstlersozialabgabe besteht, ergeht ein Erfassungsbescheid, in dem die Abgabepflicht förmlich festgestellt wird. Gegen diesen Bescheid kann der betroffene Unternehmer Widerspruch einlegen, falls er der Auffassung ist, dass die Voraussetzungen des § 24 KSVG in seinem Fall nicht erfüllt sind.

Nach der förmlichen Feststellung der Abgabepflicht wird in der zweiten Stufe geklärt, ob und in welchem Umfang die Künstlersozialabgabe in einem bestimmten Zeitraum angefallen ist. Eine Abgabeschuld entsteht immer dann, wenn in dem überprüften Zeitraum künstlerische oder publizistische Leistungen in Anspruch genommen und dafür Zahlungen erbracht werden. In diesem Fall ergeht ein Zahlungsbescheid, in dem die Künstlersozialabgabe, die auf die gezahlten Entgelte entfällt, festgesetzt wird. Auch gegen den Abgabebescheid kann der Unternehmer Widerspruch einlegen, sofern er mit der Abgabenfestsetzung nicht einverstanden ist.

Falls die grundsätzliche Verpflichtung zur Entrichtung der Künstlersozialabgabe rechtskräftig festgestellt ist, muss der abgabepflichtige Unternehmer die Entgelte, die er an selbständige Künstler oder Publizisten zahlt, jedes Jahr bei der KSK melden. Wenn es in einem Jahr einmal keine Entgeltzahlungen gegeben hat, ist eine „Nullmeldung" zu erstatten. Es entfällt dann zwar nicht die prinzipielle Abgabepflicht, doch entsteht für das betreffende Jahr keine Abgabenschuld.

Für wen ist die Abgabe zu leisten?

Abgabepflichtig sind Entgelte, die an selbständige Künstler oder Publizisten gezahlt werden. Dabei spielt es keine Rolle, ob es sich um inländische oder ausländische Künstler oder Publizisten handelt und ob die Entgeltempfänger ihrerseits bei der KSK versichert sind.

Künstler und Publizisten

Welche Personen zu den Künstlern und Publizisten gehören, ist im Gesetz nicht klar definiert. Dort heißt es lediglich, dass als Künstler gilt, „wer Musik, darstellende oder bildende Kunst schafft ausübt oder lehrt" (§ 2 Satz 1 KSVG). Zu den Publizisten zählen nach der gesetzlichen Definition die Schriftsteller, Journalisten und diejenigen, die in anderer Weise publizistisch tätig sind oder Publizistik lehren (§ 2 Satz 2 KSVG). In der Praxis sind diese Begriffsbestimmungen wenig hilfreich, so dass vielfach Unsicherheit darüber besteht, ob jemand als Künstler oder Publizist einzustufen ist. Inzwischen gibt es allerdings eine Reihe von Gerichtsentscheidungen und verschiedene Äußerungen der KSK zum künstlersozialversicherungsrechtlichen Status einzelner Berufsgruppen, mit denen Fotografen häufiger zu tun haben.

Frei mitarbeitende Werbefotografen

Werbefotografen werden von der KSK bisher ohne Rücksicht auf die künstlerische Qualität ihrer Arbeiten als Künstler eingestuft. Das Bundessozialgericht (BSG) hat diese Einstufung mehrfach bestätigt. Folgt man dieser Rechtsauffassung, dann müssen beispielsweise Fotografen oder Fotoproduktionsgesellschaften, die (andere) freie Fotografen mit der Anfertigung von Werbeaufnahmen beauftragen, für die an diese Mitarbeiter gezahlten Honorare selbst dann eine Künstlersozialabgabe zahlen, wenn es sich bei den Aufnahmen um einfache Packshots ohne jeden künstlerischen Wert handelt.
Die von der KSK praktizierte und vom BSG befürwortete pauschale Einstufung der Werbefotografen als Künstler steht in einem klaren Widerspruch zu der Verfahrensweise bei anderen Berufen, die sowohl künstlerisch als auch handwerklich ausgeübt werden können. Bei den anderen Berufen im Grenzbereich zwischen Kunst und Handwerk geht das BSG davon aus, dass die Zuordnung zu dem einen oder anderen Bereich davon abhängt, in welchem Umfeld die jeweiligen Leistungen erbracht werden. Wer sich im herkömmlichen Berufsfeld eines Handwerks bewegt, wird als Handwerker eingestuft, auch wenn sei-

ne Leistungen einen eigenschöpferischen Charakter aufweisen. Als Künstler wird dagegen anerkannt, wer das typische handwerkliche Berufsfeld verlässt, sich mit seinen Produkten in ein künstlerisches Umfeld begibt und in den einschlägigen Kunstkreisen als Künstler anerkannt ist. Weshalb das alles bei den Werbefotografen nicht gelten und die Werbefotografie generell als Kunst einzustufen sein soll, auch wenn der Fotograf rein handwerklich arbeitet, ist nicht so recht nachvollziehbar.

Das Sozialgericht Reutlingen hat den Widerspruch in der BSG-Rechtsprechung klar erkannt und der pauschalen Zuordnung der Werbefotografie zur Kunst in einem Grundsatzurteil vom 19. März 2009 (Az. S 14 R 2922/08) eine Absage erteilt. Seiner Meinung nach ist bei Werbefotografen ebenso wie bei anderen Berufen, die an der Nahtstelle zwischen Kunst und Handwerk ausgeübt werden, in jedem Einzelfall eine Überprüfung der Künstlereigenschaft erforderlich. Zu prüfen ist, ob der Fotograf, für den die Künstlersozialabgabe gezahlt werden soll, in den einschlägigen Fachkreisen als Künstler anerkannt ist. Von einer solchen Anerkennung ist nach der Entscheidung des Sozialgerichts Reutlingen nur dann auszugehen, wenn der betreffende Fotograf mit seinen Arbeiten an Kunstausstellungen teilnimmt, Mitglied in Künstlervereinen ist, in Künstlerlexika erwähnt wird, für sein Werk bereits künstlerische Auszeichnungen erhalten hat oder andere Indizien vorliegen, die darauf schließen lassen, dass man ihn in Fachkreisen als Künstler betrachtet. Fehlen solche Indizien, ist eine künstlerische Tätigkeit auszuschließen mit der Folge, dass für die Entgeltzahlungen an den Werbefotografen auch keine Künstlersozialabgabe zu entrichten ist.

Ob sich das Sozialgericht Reutlingen mit dieser Rechtsauffassung und mit seiner Kritik an der bisherigen Rechtsprechung durchsetzen wird, ist derzeit (Stand: Mai 2010) noch unklar. Sollte das BSG die Reutlinger Entscheidung bestätigen, werden Werbeagenturen, Fotoproduktionsgesellschaften und andere Unternehmen, die freie Werbefotografen beschäftigen, nur noch dann eine Künstlersozialabgabe zu zahlen haben, wenn es sich bei den freien Mitarbeitern um echte „Fotokünstler" handelt, die in den einschlägigen Kunstkreisen auch als solche anerkannt sind.

Die nachfolgenden Erläuterungen gehen von der Situation aus, wie sie nach der (zur Zeit noch) herrschenden Rechtsauffassung besteht. Es wird also unterstellt, dass für Entgelte, die an selbständige Werbefotografen gezahlt werden, eine Künstlersozialabgabepflicht besteht.

Fotoassistenten

Für Fotoassistenten besteht keine Abgabepflicht, sofern sie tatsächlich nur als Assistenten eingesetzt werden. Das gilt auch dann, wenn der Assistent bei der KSK als Versicherter erfasst ist. Eine Künstlersozialabgabepflicht kommt bei Fotoassistenten allenfalls dann in Frage, wenn sie selbständig arbeiten und eigene schöpferische Leistungen erbringen, was aber wegen der bei der Fotoassistenz üblichen Weisungsgebundenheit in der Regel auszuschließen ist. Maßgebend ist für die KSK der Rechnungstext, aus dem sich klar ergeben sollte, dass es sich bei dem gezahlten Honorar um ein Entgelt für Assistententätigkeit handelt.

Visagisten, Stylisten

Das BSG hat am 12. Mai 2005 entschieden, dass Visagisten als Künstler einzustufen sind (Az. B 3 KR 39/04 R). Dem Urteil lässt sich entnehmen, dass das auch für alle anderen „Kreativen" gilt, die zum Team eines Werbefotografen gehören und durch ihre Arbeit zum Gelingen des Shootings beitragen. Die KSK geht auf Grund dieser Entscheidung davon aus, dass außer den Visagisten auch die Stylisten zu den Künstlern gehören und die Honorare, die an selbständige Visagisten und Stylisten gezahlt werden, demzufolge der Künstlersozialabgabe unterliegen. Dasselbe dürfte für die Food-Stylisten gelten.

Stylisten sind häufig auch für die Requisitenbeschaffung zuständig. Die Leihgebühren und Kosten, die für die Requisitenbeschaffung anfallen, unterliegen normalerweise nicht der Abgabepflicht. Wenn allerdings einem Stylisten ein einheitlicher Auftrag erteilt wird, der sowohl das Styling als auch die Requisitenbeschaffung umfasst, dann betrachtet die KSK das dafür gezahlte Entgelt insgesamt als abgabepflichtig. Die Belastung der Requisitenbeschaffung mit der Künstlersozialabgabe lässt sich somit nur vermeiden, wenn die Aufträge für Requisitenbeschaffung und Styling jeweils gesondert erteilt und abgerechnet werden. Es ist dringend zu empfehlen, die gesonderte Auftragserteilung schriftlich zu dokumentieren, damit es bei einer späteren Betriebsprüfung keine Nachweisprobleme gibt.

Fotomodelle

Bei Fotomodellen geht die KSK in Abstimmung mit der Deutschen Rentenversicherung (DRV) davon aus, dass sie nur dann als Künstler einzustufen sind, wenn sie aktiv an der Bildgestaltung mitwirken und maßgeblichen Einfluss auf die Fotos nehmen. Zu eine solchen Einflussnahme dürfte es allerdings nur in seltenen Ausnahmefällen kommen. Deshalb gehen die KSK und die DRV bei Fotomodellen im Grundsatz davon aus, dass sie nicht zu den Künstlern gehören. Folglich unterliegen die Modellhonorare in der Regel auch nicht der Künstlersozialabgabe.

Setbauer, Dummybauer

Ein selbständiger Setbauer, der nach den Anweisungen des Fotografen einzelne Objekte anfertigt, über deren gestalterische Einbeziehung in das Bild allein der Fotograf entscheidet, wird nicht als Künstler eingestuft. Gestaltet der Setbauer dagegen einen Raum, den der Fotograf ablichtet, handelt es sich nach Auffassung der KSK um eine künstlerische Leistung. Die Honorarzahlung für die Raumgestaltung ist daher abgabepflichtig.

Den Dummybauer, dem bei der Gestaltung eines Dummys ein gewisser Spielraum zur Verfügung steht und dessen Leistung mit der eines Stylisten vergleichbar ist, betrachtet die KSK als Künstler. Die Zahlungen an einen selbständigen Dummybauer unterliegen deshalb in der Regel der Künstlersozialabgabepflicht.

Locationscout

Der Locationscout gehört zwar zum Team des Fotografen, erbringt aber nach einer Entscheidung des Landessozialgerichts Berlin-Brandenburg vom 21. Februar 2007 (Az. L 9 KR 132/04) keine künstlerischen Leistungen. Deshalb sind die an ihn gezahlten Honorare auch nicht abgabepflichtig.

Bildbearbeiter Den selbständigen digitalen Bildbearbeiter stuft die KSK als Künstler ein. Das Argument, dass ein Bildbearbeiter nach den Weisungen des Fotografen arbeitet und somit keine eigenständigen Gestaltungen vornimmt, will die KSK nicht gelten lassen, weil ihrer Meinung nach bei der digitalen Bildbearbeitung stets das Mindestmaß an Gestaltungsmöglichkeiten besteht, das für den Künstlerstatus notwendig ist. Ein Entscheidung des BSG gibt es dazu noch nicht, so dass die endgültige Klärung der Frage, ob selbständige Bildbearbeiter eine künstlerische Tätigkeit ausüben, noch aussteht.

Rechtsform

Als Künstler oder Publizisten kommen normalerweise nur natürliche Personen in Frage. Deshalb unterliegen Zahlungen an eine juristische Personen (AG, GmbH) selbst dann, wenn damit künstlerische oder publizistische Leistungen abgegolten werden, grundsätzlich nicht Künstlersozialabgabe.
Dagegen besteht eine Künstlersozialgabepflicht für Entgelte, die eine Personengesellschaft für künstlerische oder publizistische Arbeiten erhält. Denn nach Auffassung des Bundessozialgerichts kann es keine Rolle spielen, ob Künstler oder Publizisten ihre Leistungen als Einzelperson oder in der Rechtsform einer Gesellschaft bürgerlichen Rechts (GbR, BGB-Gesellschaft) erbringen. Abgabenrechtlich sind daher die an eine BGB-Gesellschaft gezahlten Entgelte für künstlerische oder publizistische Leistungen genauso zu behandeln wie die Entgeltzahlungen an einzelne Künstler oder Publizisten. Dasselbe gilt für die Zahlungen an eine offene Handelgesellschaft (OHG) oder an eine Kommanditgesellschaft (KG), weil es sich auch bei diesen Handelgesellschaften ebenso wie bei der BGB-Gesellschaft um Personengesellschaften handelt. Zwar gibt es bei der OHG und der KG eine gewisse Annäherung an die juristische Person. Das ändert aber nichts an der Tatsache, dass die Gesellschaften sehr stark durch die persönliche Verantwortung ihrer Gesellschafter geprägt sind und deshalb in Bezug auf die Künstlersozialabgabe genauso behandelt werden müssen wie die BGB-Gesellschaft.
Ein Sonderfall ist die GmbH & Co. KG, die zwar formal eine Personengesellschaft, faktisch aber eine Kapitalgesellschaft ist, weil die persönlich haftende Gesellschafterin als GmbH nur beschränkt haftet. Wegen dieser Besonderheit geht die KSK davon aus, dass die Entgeltzahlungen an eine GmbH & Co. KG auch dann, wenn die Entgelte für künstlerische oder publizistische Leistungen gezahlt werden, nicht der Künstlersozialabgabepflicht unterliegen.
Wird eine Einzelperson mit einer künstlerischen oder publizistischen Leistung beauftragt, muss diese Person die Leistung nicht unbedingt eigenhändig erbringen. Abgabepflichtig ist das gezahlte Entgelt auch dann, wenn die Arbeit von einem Mitarbeiter ausgeführt wird, sofern die beauftragte Person daran als Leiter des Unternehmens verantwortlich mitwirkt. Entscheidend ist dabei, dass derjenige, an den das Entgelt gezahlt wird, jederzeit steuernd und korrigierend auf die Ausführung der künstlerischen oder publizistischen Leistungen Einfluss nehmen kann.

Geltungsbereich

Die weit verbreitete Annahme, die Künstlersozialabgabe brauche nur für versicherungspflichtige Künstler und Publizisten gezahlt zu werden, ist falsch. Tatsächlich besteht die Abgabepflicht auch bei Honorarzahlungen an selbständige Künstler und Publizisten, die nicht Mitglied der KSK sind. Das ist so im Gesetz (§ 25 Abs. 1 Satz 1 KSVG) klar geregelt.
Auch die weitere Annahme, dass die Abgabepflicht nur für Zahlungen an Künstler und Publizisten besteht, die ihren Wohnsitz in Deutschland haben oder dort arbeiten, ist ein Irrtum. Selbst dann, wenn die an einer Fotoproduktion beteiligten Künstler (z.B. Visagisten, Stylisten) im Ausland wohnen, unterliegen die Entgeltzahlungen an diese Personen der Künstlersozialabgabe, sofern nur der Abgabeschuldner, also der Auftraggeber der Künstler, seinen Sitz oder Wohnsitz im Geltungsbereich des Künstlersozialversicherungsgesetzes hat. Die Einbeziehung der ausländischen Künstler hat einen durchaus einleuchtenden Grund: Wären solche Zahlungen abgabefrei, käme es sehr schnell zu einer Wettbewerbsverzerrung, weil dann eher ausländische Künstler engagiert und die inländischen Künstler benachteiligt würden. Deshalb hat der Europäische Gerichtshof in einem Urteil vom 8. März 2001 (Rs. C-68/99) klargestellt, dass die von der KSK praktizierte grenzüberschreitende Erhebung der Künstlersozialabgabe rechtens ist.

Was ist abgabepflichtig?

Bemessungsgrundlage der Künstlersozialabgabe sind die Entgelte für künstlerische oder publizistische Werke und Leistungen (§ 25 Abs. 1 Satz 1 KSVG).

Entgelte

Entgelt ist alles, was der Abgabepflichtige aufwendet, um das Werk oder die Leistung zu erhalten oder zu nutzen, abzüglich der in der Rechnung oder Gutschrift gesondert ausgewiesenen Umsatzsteuer (§ 25 Abs. 2 Satz 1 KSVG). Maßgebend ist danach der Gesamtumsatz, den die Rechnung des Künstlers bzw. die Gutschrift des Verwerters ausweist. Abgabepflichtig sind also nicht nur die Honorare, die für die eigentliche künstlerische oder publizistische Leistung bezahlt werden, sondern auch die in der Rechnung oder Gutschrift ausgewiesenen Nebenkosten und Auslagen. Enthält beispielsweise die Rechnung einer Stylistin außer dem Tageshonorar für das Shooting auch die Kosten für Requisiten, dann sind diese Kosten bei der Bemessung der Künstlersozialabgabe als Entgelt zu berücksichtigen.
Nicht zum Entgelt gehören dagegen Beträge, die bei dem Abgabepflichtigen lediglich als durchlaufende Posten im steuerrechtlichen Sinne verbucht werden und die er im Namen und für Rechnung eines Dritten verauslagt. Allerdings bleiben solche Ausgaben nur dann als „durchlaufende Posten" abgabefrei,

wenn der Abgabepflichtige offen als Vertreter auftritt und die Verträge mit den Künstlern und Publizisten im Namen desjenigen abschließt, an den die Ausgaben weiterbelastet werden sollen. So muss z.B. ein Fotograf, der eine Visagistin engagieren und deren Kosten als durchlaufenden Posten bei sich verbuchen will, bei der Auftragserteilung an die Visagistin deutlich machen, dass er den Auftrag im Namen seines Kunden erteilt. Werden die insoweit zu beachtenden steuerrechtlichen Formalien nicht eingehalten, ist das an die Visagistin gezahlte Honorar allenfalls wirtschaftlich ein durchlaufender Posten, so dass die Honorarzahlung bei dem Fotografen als abgabepflichtiges Entgelt erfasst wird.

Beträge, mit denen Schadensersatz- oder Vertragsstrafeansprüche abgegolten werden, sind nicht abgabepflichtig, weil es sich dabei nicht um Entgelte für künstlerische oder publizistische Leistungen handelt. Dasselbe gilt für Ausfallhonorare, die ein Künstler oder Publizist beispielsweise bei einer Auftragsstornierung gemäß § 649 BGB erhält, wenn dieser Zahlung keine entsprechende Leistung gegenübersteht.

Ausdrücklich von der Künstlersozialabgabepflicht ausgenommen sind auch Beträge, die für urheberrechtliche Nutzungsrechte, sonstige Rechte des Urhebers oder Leistungsschutzrechte an Verwertungsgesellschaften gezahlt werden (§ 25 Abs. 2 Satz 2 Nr. 1 KSVG). Hat also z.B. ein Fotograf bei der VG Bild-Kunst die Lizenz erworben, das Werk eines von der Verwertungsgesellschaft vertretenen bildenden Künstlers abzulichten, sind die dafür anfallenden Lizenzkosten aus dem abgabepflichtigen Entgelt herauszurechnen.

Die üblichen Aufwendungen für die Bewirtung des selbständigen Künstlers oder Publizisten sowie die Aufwendungen für nachgewiesene Reisekosten gehören nach der Künstlersozialversicherungs-Entgeltverordnung ebenfalls nicht zum abgabepflichtigen Entgelt, wobei allerdings die Reisekosten nur bis zu den jeweiligen steuerlichen Höchstgrenzen abgabefrei bleiben. Außerdem werden auch nur die Reisekosten ausgeklammert, die dem Künstler oder Publizisten selbst entstehen, so dass Reisekostenerstattungen für Mitarbeiter und andere Beteiligte stets in vollem Umfang abgabepflichtig sind.

Nicht zur Bemessungsgrundlage der Künstlersozialabgabe gehört schließlich die Umsatzsteuer, die in der Rechnung oder Gutschrift gesondert ausgewiesen ist oder die der Abgabepflichtige (z.B. bei ausländischen Künstlern) selbst berechnen und für den Künstler abführen muss.

Kommission, Vertretung und Vermittlung

Kommissionsgeschäfte

Bei Kommissionsgeschäften unterliegt die Zahlung, die dem Künstler oder Publizisten aus der Veräußerung seines Werkes für seine eigene Leistung zusteht, der Künstlersozialabgabe (§ 25 Abs. 3 Satz 1 KSVG). Werden also beispielsweise Kunstfotografien von einer Galerie oder einem Kunsthändler im eigenen Namen und für Rechnung des Fotografen verkauft, dann hat der Kommissionär (Galerist, Kunsthändler) auf den Verkaufserlös, den er nach Abzug seiner Provision an den Fotografen abführt, eine Künstlersozialabgabe zu zahlen.

Vertretungsgeschäfte

Auch dann, wenn ein Galerist oder Kunsthändler nicht als Kommissionär auftritt und den Kaufvertrag über eine Kunstfotografie nicht im eigenen Namen, sondern im Namen des Fotografen als dessen Vertreter oder im Namen des Käufers abschließt, ist für den an den Fotografen weitergeleiteten Kauferlös die darauf entfallende Künstlersozialabgabe zu entrichten (§ 25 Abs. 3 Satz 2 Nr. 1 KSVG). Gehört allerdings der Käufer in diesem Fall selbst zu den abgabepflichtigen Unternehmern, dann hat er und nicht der zwischengeschaltete Galerist oder Kunsthändler die Künstlersozialabgabe an die KSK abzuführen.

Die Vertreterregelung (§ 25 Abs. 3 Satz 2 Nr. 1 KSVG) ist auch dann anzuwenden, wenn ein Fotograf die für eine Fotoproduktion benötigten künstlerischen Mitarbeiter (z.B. Visagisten, Stylisten) im Namen und für Rechnung des Kunden engagiert, der die Produktion in Auftrag gegeben hat. Gehört der Kunde nicht zum Kreis der abgabepflichtigen Unternehmer, weil er im Ausland sitzt oder keinen der Tatbestände des § 24 KSVG erfüllt, dann ist die Abgabe, die auf die Entgeltzahlungen an die künstlerischen Mitarbeiter entfällt, von dem Fotografen zu leisten, obwohl er selbst nicht der Auftraggeber ist.

Vermittlungsgeschäfte

Die Künstlersozialabgabe kann schließlich dann anfallen, wenn jemand zwar nicht als Vertreter der einen oder anderen Partei auftritt, aber als Vermittler tätig wird. Denn das Gesetz (§ 25 Abs. 3 Satz 2 Nr. 2 KSVG) verpflichtet auch denjenigen zur Zahlung der Abgabe, der einen Künstler oder Publizisten an einen Dritten vermittelt und dabei Leistungen erbringt, die über den bloßen Gelegenheitsnachweis hinausgehen. Der Abgabepflicht entgeht der Vermittler in einem solchen Fall nur, wenn der Dritte selbst abgabepflichtig ist. So muss z.B. eine deutsche Produktionsfirma für die Fotografen, die sie einem ausländischen (und somit nicht abgabepflichtigen) Kunden vermittelt, die auf die Fotohonorare entfallende Künstlersozialabgabe abführen, obwohl sie selbst die Leistungen der von ihr vermittelten Fotografen nicht verwertet. Die Produktionsfirma wird sich der Zahlung der Abgabe auch nicht mit dem Argument entziehen können, dass ihre Leistung über einen Gelegenheitsnachweis nicht hinausgeht, da sie in der Regel mit der gesamten Planung und organisatorischen Abwicklung der Produktion beauftragt ist und sich ihre Tätigkeit somit nicht darauf beschränken wird, lediglich die für die Produktion benötigten Künstler zu vermitteln.

Die gesetzliche Regelung, die den Vermittler zur Zahlung der Künstlersozialabgabe verpflichtet, führt insbesondere dann zu kaum noch nachvollziehbaren Ergebnissen, wenn alle Beteiligten außer dem Vermittler im Ausland sitzen und sowohl die Produktion als auch die Verwertung der künstlerischen oder publizistischen Leistungen ausschließlich im Ausland stattfinden. Dazu ein Beispiel: Eine in Deutschland ansässige Produktionsfirma organisiert für einen amerikanischen Kunden eine Fotoproduktion, die in Frankreich durchgeführt wird. Sie vermittelt zu diesem Zweck Vertragsabschlüsse mit einem spanischen Fotografen und einer französischen Visagistin. Auch wenn später die Ergebnisse der Fotoproduktion ausschließlich in den USA verwertet werden, muss die deutsche Produktionsfirma für die Entgelte, die an die von ihr vermittelten Künstler gezahlt werden, eine Künstlersozialabgabe entrichten. Ihrem amerikanischen Kunden wird die Produktionsfirma weder vermitteln können, weshalb die Abgabe anfällt, noch wird sie die Möglichkeit haben, diese Kosten an den Kunden weiterzubelasten. Die Künstlersozialabgabe erweist sich damit zumindest in den Fällen, in denen sie die reine Vermittlungsleistung belastet, für deutsche Unternehmen als ein erheblicher Wettbewerbsnachteil. Mit dem EU-Recht dürfte das kaum zu vereinbaren sein.

Wie hoch ist die Künstlersozialabgabe?

Die Künstlersozialabgabe wird so ermittelt, dass die KSK auf die von dem Abgabepflichtigen gemeldeten oder von ihr geschätzten Entgelte den jeweils aktuellen Abgabesatz anwendet. Der Abgabesatz wird jedes Jahr durch eine Rechtsverordnung neu festgesetzt. Er liegt derzeit (Stand: 2010) bei 3,8 Prozent. Wenn daher beispielsweise ein abgabepflichtiges Unternehmen im Jahr 2010 insgesamt 30.000,00 € für künstlerische und publizistische Leistungen gezahlt hat, fällt dafür eine Künstlersozialabgabe in Höhe von 1.140,00 € an.

Wie und von wem wird die Abgabepflicht festgestellt?

Grundsätzlich müssen sich die Abgabepflichtigen selbst bei der KSK melden und dort spätestens bis zum 31. März eines jeden Jahres angeben, welche Entgelte sie im Vorjahr an selbständige Künstler und Publizisten gezahlt haben. Wer sich nicht freiwillig meldet, muss damit rechnen, dass er durch die Prüfdienste der KSK oder der Deutschen Rentenversicherung (DRV) erfasst wird.

Prüfdienst der Deutschen Rentenversicherung

Ursprünglich war ausschließlich die KSK für die Überwachung der rechtzeitigen und vollständigen Entrichtung der Künstlersozialabgabe zuständig. Da diese Überwachung allerdings unzureichend war und der KSK eine vollständige Erfassung der Abgabepflichtigen nicht gelungen ist, wurde die Prüfung der Unternehmen, die künstlerische oder publizistische Leistungen verwerten, vor einigen Jahren auf die DRV übertragen. Der Prüfdienst der DRV verfügt über ca. 3.600 Mitarbeiter, die in einem vierjährigen Turnus bei allen Arbeitgebern prüfen, ob sie ihren sozialversicherungsrechtlichen Pflichten ordnungsgemäß nachkommen. Jetzt klären die DRV-Prüfer zusätzlich, ob die Arbeitgeber zu den künstlersozialabgabepflichtigen Unternehmern gehören, ob sie die Abgabe zahlen und ob die Zahlung auch in der richtigen Höhe erfolgt.

Prüfdienst der Künstlersozialkasse

Der Prüfdienst der KSK bleibt weiterhin für die Unternehmer zuständig, die keine Arbeitnehmer beschäftigen und deshalb auch nicht zur Zahlung von Arbeitgeberbeiträgen zur Sozialversicherung verpflichtet sind. Ein allein arbeitender Fotograf muss also nicht damit rechnen, dass ihm die DRV einen Prüfer ins Haus schickt. Es kann ihm allerdings durchaus passieren, dass sich die KSK bei ihm meldet, um seine Künstlersozialabgabepflicht zu überprüfen.

Was kann passieren, wenn man sich als Abgabepflichtiger nicht freiwillig meldet?

Wer sich trotz bestehender Künstlersozialabgabepflicht nicht freiwillig bei der KSK meldet, muss mit einigen unangenehmen Folgen rechnen.

Geldbußen

Unterbleibt die Meldung der abgabepflichtigen Entgelte vorsätzlich oder fahrlässig oder werden über die an selbständige Künstler oder Publizisten gezahlten Entgelte keine Aufzeichnungen angefertigt, begeht der Abgabepflichtige eine Ordnungswidrigkeit, die mit einer Geldbuße bis zu 25.000,00 € bei einer unterbliebenen Meldung und bis zu 50.000,00 € bei Nichterfüllung der Aufzeichnungspflichten geahndet werden kann.

Nacherhebung der Abgabe

Wird festgestellt, dass für die Vergangenheit keine Abgabe geleistet wurde, obwohl der Unternehmer dazu verpflichtet war, kann die Künstlersozialabgabe rückwirkend erhoben werden. Der Abgabeanspruch der KSK verjährt erst vier Jahre nach Ablauf des Kalenderjahres, in dem er fällig geworden ist (§ 31 KSVG i.V.m. § 25 Abs. 1 Satz 1 SGB IV). Bei vorsätzlich vorenthaltenen Abgaben verlängert sich diese Frist auf dreißig Jahre (§ 31 KSVG i.V.m. § 25 Abs. 1 Satz 2 SGB IV). Das bedeutet, dass bei einer Feststellung der Künstlersozialabgabepflicht im Jahre 2010 in jedem Fall eine rückwirkende Erhebung der Abgabe für den Zeitraum 2005 bis 2009 möglich ist, da die Abgabe für 2005 erst im Jahre 2006 fällig geworden ist und die vierjährige Verjährungsfrist für das Jahr 2005 daher erst am 31.12.2010 abläuft.

Säumniszuschläge

Die KSK kann die Abgabe nicht nur rückwirkend einfordern, sondern auch Säumniszuschläge erheben. Der Säumniszuschlag beträgt für jeden angefangenen Monat 1 Prozent des rückständigen, auf 50,00 € nach unten abgerundeten Betrages, was einem Zinssatz von 12 Prozent pro Jahr entspricht.

Wie lässt sich die Künstlersozialabgabe vermeiden oder reduzieren?

Viele Fotografen stehen vor dem Problem, dass sie einerseits zur Zahlung der Künstlersozialabgabe verpflichtet sind, andererseits aber die Abgabe nicht an ihre Kunden weiterbelasten können, weil die Kunden eine solche Kostenerhöhung nicht akzeptieren. Damit stellt sich die Frage, welche legalen Möglichkeiten es gibt, die Künstlersozialabgabe zu vermeiden oder zu reduzieren.

Auftragserteilung im Namen und für Rechung der Kunden

Die Künstlersozialabgabe ist von demjenigen zu zahlen, der den selbständigen Künstler oder Publizisten beauftragt. Wenn daher ein Fotograf nicht selbst die Aufträge an Visagisten, Stylisten oder andere künstlerische Mitarbeiter erteilt, braucht er auch keine Abgabe zu leisten. Allerdings wird das Problem damit lediglich verlagert, denn in diesem Fall muss der Kunde die mitwirkenden Künstler selbst beauftragen, so dass er als Auftraggeber auch die Abgabe zu entrichten hat.

Trotzdem kann es für den Kunden von Vorteil sein, wenn er selbst die Aufträge erteilt, weil dadurch zumindest eine doppelte Belastung mit der Abgabe vermieden wird. Zu einer solchen Doppelbelastung kommt es, falls die Auftragserteilung über den Fotografen erfolgt, weil dann zunächst der Fotograf für die Entgelte, die er an die beauftragten Künstler zahlt, eine Abgabe zu entrichten hat und diese Abgabe dann ein zweites Mal fällig wird, wenn die Entgelte anschließend mit der Abrechnung des Fotografen an den Kunden weiterbelastet werden und der Kunde für den Gesamtbetrag, den ihm der Fotograf in Rechnung stellt, seinerseits eine Abgabe leisten muss. Bei einer direkten Beauftragung der mitwirkenden Künstler durch den Kunden bleiben dagegen die Fremdkosten aus der Rechnung des Fotografen ausgeklammert, so dass die an die Künstler gezahlten Entgelte auch nur einmal der Abgabe unterworfen werden.

Falls der Kunde wegen dieses Vorteils akzeptiert, dass die Verträge mit den zu einem Shooting hinzugezogenen Künstler direkt mit ihm abgeschlossen werden, muss er nicht unbedingt selbst aktiv werden. Es genügt, wenn er den Fotografen bevollmächtigt, die entsprechenden Aufträge in seinem Namen und für seine Rechnung zu erteilen. Wenn dann der Fotograf anschließend gegenüber den Visagisten, Stylisten etc. offen als Vertreter des Kunden auftritt und unmissverständlich erklärt, dass die Auftragserteilung

im Namen des Kunden erfolgt und die Rechnung direkt auf den Kunden auszustellen ist, fällt die Künstlersozialabgabe nur bei dem Kunden an.
Allerdings lässt sich die Abgabepflicht des Fotografen auch bei einer Auftragserteilung im Namen des Kunden nicht vermeiden, wenn der Kunde seinerseits nicht abgabepflichtig ist, weil er z.B. im Ausland sitzt. Denn § 25 Abs. 3 Satz 2 Nr. 1 KSVG sieht ausdrücklich vor, dass die Abgabe in den Fällen, in denen der Auftraggeber für die KSK nicht greifbar ist, von demjenigen gezahlt werden muss, der im Namen des Auftraggebers tätig wird. Diese Rechtsfolge lässt sich auch nicht dadurch vermeiden, dass die Auftragserteilung direkt durch den im Ausland ansässigen Kunden erfolgt und der Fotograf sich darauf beschränkt, die für das Shooting benötigten Künstler an den Kunden zu vermitteln, denn auch für den Vermittler entsteht in solchen Fällen eine Abgabepflicht (§ 25 Abs. 3 Satz 2 Nr. 2 KSVG).

Klare Formulierung der Rechnungstexte

In manchen Fällen lässt sich eine Heranziehung zur Künstlersozialabgabe dadurch vermeiden, dass der Fotograf für eine klare Formulierung der Rechnungen sorgt, die von den an einer Fotoproduktion beteiligten freien Mitarbeitern ausgestellt werden.
So sollte bei der Hinzuziehung von Fotoassistenten aus den Rechnungen stets klar ersichtlich sein, dass es nicht um (künstlerische) Fotoarbeiten, sondern ausschließlich um Assistenztätigkeiten geht. Der Rechnungstext sollte also beispielsweise lauten: „Honorar für Fotoassistenz".
Bei selbständigen Bildbearbeitern geht die KSK normalerweise davon aus, dass sie künstlerische Leistungen erbringen. Wenn jedoch in der Rechnung klar und deutlich zum Ausdruck kommt, dass der Bildbearbeiter keine eigenen Gestaltungsmöglichkeiten hatte und an die Vorgaben des Fotografen gebunden war, wird sich die KSK eventuell davon überzeugen lassen, dass das Entgelt für die Bildbearbeitung nicht abgabepflichtig ist. Die Formulierung des Rechnungstextes könnte in diesen Fällen etwa so lauten: „Digitale Fotoretusche nach genauen Vorgaben des Auftraggebers".
Bei der Beauftragung von Stylisten ist darauf zu achten, dass die Requisitenbeschaffung von dem eigentlichen Styling getrennt und über beide Leistungen jeweils gesonderte Aufträge erteilt werden. Wenn dann der Stylist über das Styling und die Requisiten getrennte Rechnungen erstellt, unterliegt nur die Zahlung für das Styling der Künstlersozialabgabe.

Aufteilung von Rechnungen?

Nach einer weit verbreiteten Meinung lässt sich die Künstlersozialabgabe dadurch reduzieren, dass beispielsweise bei einer Fotoproduktion das Honorar des Fotografen getrennt von den anderen Kosten abgerechnet wird. Bei der KSK wird dann nur das Fotohonorar als abgabepflichtiges Entgelt gemeldet, obwohl die weiteren Produktionskosten ein Teil des Entgelts sind, das der Kunde des Fotografen für den

Erhalt der fotografischen (künstlerischen) Arbeiten aufwenden musste. Eine solche formale Trennung des Fotohonorars von den weiteren Produktionskosten dürfte zumindest dann, wenn es um dieselbe Fotoproduktion geht und ein einheitlicher Auftrag zugrunde liegt, auf eine unzulässige Täuschung der KSK hinauslaufen. Wenn die Prüfer der KSK oder der DRV diese Täuschung bei einer Betriebsprüfung bemerken, werden sie die getrennten Rechnungen wieder zusammenführen und für die nicht gemeldeten Zahlungen die darauf entfallende Abgabe nachfordern.

Auftragserteilung über ein ausländisches Unternehmen?

Die Künstlersozialabgabe lässt sich auch nicht dadurch umgehen, dass die Leistung eines deutschen Künstlers oder Publizisten über ein ausländisches Unternehmen bestellt und von dort an den in Deutschland ansässigen Verwerter weitergegeben wird. Für solche Umgehungsgeschäften sieht § 25 Abs. 4 KSVG vor, dass der deutsche Endabnehmer eine Abgabe zu leisten hat, die nach dem von dem ausländischen Unternehmen gezahlten Entgelt bemessen wird.

Gründung einer GmbH?

Manche Fotografen werden von ihren Kunden dazu gedrängt, eine GmbH zu gründen und sämtliche Leistungen über die GmbH abzurechnen. Für die Kunden hat diese Lösung den Vorteil, dass sie für die Entgelte, die sie an die GmbH zahlen, keine Künstlersozialabgabe entrichten müssen. Falls die Kunden allerdings glauben, dass sie damit Geld einsparen, so irren sie. Denn die Künstlersozialabgabe fällt in diesem Fall zwar nicht bei ihnen, wohl aber bei der GmbH an. Die GmbH wird diese Kosten aber bei einer vernünftigen kaufmännischen Kalkulation über ihre Preise an die Kunden weitergeben müssen.
Abgesehen davon, dass die GmbH-Gründung für die Kunden keinen wirklichen Spareffekt hat, kann sie für die Fotografen mit erheblichen Nachteilen verbunden sein. So fallen bereits bei der Gründung der Gesellschaft einige Kosten an. Später kommen dann noch die Kosten für die gesonderte Buchführung und Steuerberatung der GmbH hinzu. Außerdem sind die steuerlichen Nachteile zu bedenken, insbesondere die Tatsache, dass die GmbH ein Gewerbebetrieb ist, für den Gewerbesteuer anfällt. Arbeitet der Fotograf außerdem – wie es regelmäßig der Fall sein wird – für die GmbH als Geschäftsführer, muss er damit rechnen, dass die kompletten Geschäftsführerbezüge künstlersozialabgabepflichtig werden.
Letztlich werden die Nachteile einer solchen Konstruktion für die Fotografen vielfach größer sein als die Vorteile, die sie sich von der Erfüllung des Kundenwunsches erhoffen.

Kann man die zu zahlende Abgabe an Dritte weiterbelasten?

Ein abgabepflichtiger Unternehmer kann die Künstlersozialabgabe, die er an die KSK zu entrichten hat, grundsätzlich an Dritte weiterbelasten. Unzulässig ist allerdings eine Weiterbelastung an den Künstler oder Publizisten, für dessen Leistung die Abgabe zu zahlen ist.

Keine Weiterbelastung an Künstler und Publizisten

Vereinbarungen, die zum Nachteil eines Künstlers oder Publizisten von den Vorschriften des KSVG abweichen, sind nichtig (§ 36a Satz 2 KSVG i.V.m. § 32 SGB I). Deshalb ist es nicht möglich, die von einem Verwerter zu zahlende Künstlersozialabgabe von dem Entgelt abzuziehen, das ein Künstler oder Publizist für seine Leistungen beanspruchen kann. Eine Vereinbarung, die dem Verwerter einen solchen Abzug gestattet, würde der Zielsetzung des Künstlersozialversicherungsgesetzes widersprechen und wäre deshalb von vornherein unwirksam.

Weiterbelastung in der Verwerterkette

Die Weiterbelastung der Künstlersozialabgabe in der Verwerterkette ist dagegen zulässig. Ein Fotograf kann daher die Abgabe, die er beispielsweise für Visagisten, Stylisten oder Bildbearbeiter aufzuwenden hat, bei der Abrechnung seiner Leistungen an seinen Kunden weitergeben. Die Weiterbelastung kann entweder offen oder in der Form erfolgen, dass der Fotograf die Kostenpositionen, die mit der Abgabe belastet sind (z.B. das Visagistenhonorar), entsprechend anhebt. Allerdings muss der Kunde die auf die Fremdleistungen entfallenden Abgaben nur dann erstatten, wenn sie bereits im Kostenvoranschlag angekündigt oder berücksichtigt werden.

In der Regel empfiehlt es sich nicht, die Künstlersozialabgabe bereits im Kostenvoranschlag mit einem festen Betrag anzusetzen. Da sich die Abgabesätze mit jedem Jahreswechsel ändern und außerdem nicht auszuschließen ist, dass das BSG weiteren Berufsgruppen den Künstlerstatus zuerkennt, muss ein Fotograf stets damit rechnen, dass die Künstlersozialabgabe bei der späteren Abrechnung der Fotoproduktion den ursprünglich veranschlagten Betrag übersteigt. Deshalb sollte man die Künstlersozialabgabe bei der Kostenkalkulation ebenso wie die Mehrwertsteuer nicht konkret berechnen, sondern lediglich ankündigen, dass zu dem im Kostenvoranschlag ausgewiesenen Netto-Endbetrag außer der Mehrwertsteuer auch noch die Künstlersozialabgabe „in der jeweiligen gesetzlichen Höhe" hinzukommt.

Weitere Fragen zur Künstlersozialabgabe

Ist das Gehalt eines GmbH-Geschäftsführers abgabepflichtig?

Wenn ein GmbH-Geschäftsführer zugleich Gesellschafter ist und entweder über mindestens 50 Prozent des Stammkapitals oder aber in der Gesellschafterversammlung über eine Sperrminorität verfügt, gilt er als Selbständiger. Wenn seine Tätigkeit für die Gesellschaft dann außerdem noch überwiegend (also zu mehr als 50 Prozent) künstlerisch geprägt ist, unterliegen sämtliche Geschäftsführerbezüge der Künstlersozialabgabepflicht.

Bei der Prüfung der Frage, ob bei der Geschäftsführertätigkeit der künstlerische Anteil überwiegt, geht die KSK davon aus, dass auch vorbereitende Arbeiten sowie Nebentätigkeiten, die mit der künstlerischen Tätigkeit in einem direkten Zusammenhang stehen (z.B. Akquisition, Finanzplanung), dem künstlerischen Anteil zuzurechnen sind. Dadurch kann es insbesondere dann, wenn der GmbH-Geschäftsführer zugleich als Fotograf für das Unternehmen arbeitet, sehr schnell zu einem Überwiegen des künstlerischen Anteils gegenüber den rein administrativen Tätigkeiten kommen. Das wiederum hat zur Folge, dass die GmbH für das komplette Geschäftsführergehalt und die Tantiemen, die der GmbH-Geschäftsführer zusätzlich erhält, die Künstlersozialabgabe zu entrichten hat.

Darf die KSK die Künstlersozialabgabe für dieselbe Leistung zweimal erheben?

Ein Fotograf, der die Visagisten, Stylisten und andere künstlerische Mitarbeiter selbst beauftragt, muss für die Entgelte, die er an diese Mitarbeiter zahlt, die Künstlersozialabgabe entrichten. Werden die Entgelte anschließend mit der Abrechnung des Fotografen an den Kunden weiterbelastet, hat der Kunde seinerseits für den Gesamtbetrag, den ihm der Fotograf in Rechnung stellt, die Abgabe zu leisten. Die Zahlungen an die künstlerischen Mitarbeiter des Fotografen werden also zweimal mit der Künstlersozialabgabe belastet: zunächst beim Fotografen, der die Mitarbeiter bezahlt, und dann nochmals bei den Kunden, die den Fotografen bezahlen.

Die KSK vertritt die Auffassung, dass eine solche Doppelerhebung der Abgabe rechtmäßig ist. Sie verweist dazu auf eine Entscheidung des Landessozialgerichts Baden-Württemberg vom 13. Dezember 1996 (Az. L 4 Kr 2274/94). In dieser Entscheidung heißt es, dass die doppelte Belastung einer künstlerischen Leistung mit der Künstlersozialabgabe rechtmäßig sei, da die Abgabe in den Fällen, in denen die eine Leistung (z.B. die Leistung des Stylisten) in einer anderen Leistung (z.B. der Leistung des Fotografen) aufgehe und Bestandteil dieser anderen Leistung werde, letztlich unterschiedliche künstlerische Leistungen erfasse. Als weiteres Argument für die Doppelerhebung wird in dem Urteil angeführt, dass (so wörtlich) „eine Berücksichtigung bereits der Abgabepflicht unterworfener Leistungsteile ... unverhältnismäßig aufwändig und schwierig wäre". Mit anderen Worten: Weil es eventuell nicht ganz einfach ist, die in den Rechnungen der Fotografen enthaltenen künstlerischen Entgelte, für die bereits eine Abgabe entrichtet wurde, von den anderen Kostenpositionen sauber zu trennen, soll es gerechtfertigt sein, diese Entgelte bei den Kunden der Fotografen nochmals mit der Künstlersozialabgabe zu belegen.

Besteht gegenüber den Kunden eine Aufklärungspflicht?

Ein Fotograf ist nicht verpflichtet, seine Kunden darüber aufzuklären, dass sie für die von ihm abgerechneten Honorare und Kosten eine Künstlersozialabgabe zu zahlen haben. Ein Verwerter sollte selbst darüber Bescheid wissen, dass es die Künstlersozialversicherung gibt, und er muss in eigener Verantwortung prüfen, ob und in welchem Umfang er zur Zahlung von Künstlersozialabgaben verpflichtet ist. Wer über die Abgabepflicht nicht informiert ist, kann sich direkt bei der KSK erkundigen. Die KSK ist verpflichtet, die Versicherten und Abgabepflichtigen zu beraten. Alle wichtigen Informationen und Merkblätter sind auch von der Website abrufbar:

- www.kuenstlersozialkasse.de

Buchführung

Begriff und Zweck der Buchführung

Die Buchführung (Finanzbuchhaltung, Geschäftsbuchhaltung) ist ein Rechenwerk, das die Aufgabe hat, für einen bestimmten Zeitabschnitt den Stand und die Veränderung des Anlage- und Umlaufvermögens sowie des Eigen- und Fremdkapitals fortlaufend und systematisch aufzuzeichnen. Daher müssen aus der Buchführung alle wirtschaftlich und rechtlich relevanten Vorgänge, die das betriebliche Vermögen und Kapital betreffen, ersichtlich sein.
Zu buchen sind insbesondere alle Geschäftsvorfälle, die den wirtschaftlichen Verkehr mit der Außenwelt (Geschäftsverbindungen) betreffen. Die Buchführung muss bei bilanzierungspflichtigen Unternehmern gewährleisten, dass am Ende des Geschäftsjahres die Aufstellung einer Bilanz und einer Gewinn- und Verlustrechnung möglich wird.

Umfang der Buchführungs- und Aufzeichnungspflichten

Anforderungen an die Buchführung

Zur Erfüllung der Buchführungspflichten, die aufgrund handelsrechtlicher und steuerrechtlicher Vorschriften bestehen, muss die Buchführung folgende Mindesterfordernisse erfüllen:

- zeitnahe und geordnete Erfassung sämtlicher Geschäftsvorfälle in einem oder mehreren Grundbüchern
- Führung eines Geschäftsfreundebuchs (Kunden, Lieferanten)
- jährliche Abschlüsse mit Bestandsaufnahmen

An die Bücher und Aufzeichnungen sind allgemein folgende Anforderungen zu stellen:

- Die Eintragungen müssen vollständig, richtig, zeitgerecht und geordnet vorgenommen werden.
- Es muss jederzeit möglich sein, den Soll- und Ist-Bestand einer Geschäftskasse zu vergleichen.
- Die Buchführung muss so beschaffen sein, dass ein sachverständiger Dritter (z.B. Wirtschaftsprüfer, Steuerberater, Betriebsprüfer) in angemessener Zeit einen Überblick über die Vermögens- und Ertragslage und die Geschäftsvorfälle des Unternehmens gewinnen kann.
- Entstehung und Verlauf von Geschäftsvorfällen müssen sich verfolgen lassen.

Steuerliche Aufzeichnungspflichten

Neben der allgemeinen Buchführungspflicht gibt es spezielle steuerliche Aufzeichnungspflichten, die vom gewerblichen Unternehmer fordern, den Wareneingang aufzuzeichnen (§ 143 Abs. 1 AO), oder von den Handelsbetrieben, den Warenausgang aufzuzeichnen (§ 144 Abs. 1 AO). Auch aus anderen Steuergesetzen (z.B. Umsatzsteuergesetz) ergeben sich bestimmte Aufzeichnungspflichten. Zu den steuerlichen Aufzeichnungspflichten gehört insbesondere:

- die Pflicht, Entgelte als Bemessungsgrundlage für bestimmte Leistungen oder den Eigenverbrauch aufzuzeichnen
- die Pflicht, Verzeichnisse für geringwertige Wirtschaftsgüter (= Anlagegüter bis 150,00 € netto Anschaffungskosten) zu führen
- die Pflicht, auch Wirtschaftsgüter mit Anschaffungskosten ab 150,00 € bis 1.000,00 € netto gesondert aufzuzeichen und für diese Wirtschaftsgüter einen Sammelposten zu bilden, der einheitlich in fünf Jahren abgeschrieben wird
- die Pflicht, besondere Aufzeichnungen über nichtabzugsfähige Betriebsausgaben im Sinne des § 4 Abs. 5 EStG zu fertigen
- die Pflicht, Privatentnahmen und -einlagen aufzuzeichnen (§ 4 Abs. 4 a EStG)
- die Pflicht des Arbeitgebers, am Ort seiner Betriebsstätte für jeden Arbeitnehmer ein Lohnkonto zu führen

Aufzeichnungspflichten für Überschussrechner

Personen, die nicht zur Buchführung verpflichtet sind (Kleingewerbetreibende und Freiberufler) und lediglich eine Einnahmenüberschussrechnung erstellen, müssen mindestens ihre Betriebseinnahmen und -ausgaben aufzeichnen. Darüber hinaus besteht auch eine Verpflichtung zur Aufzeichnung der für die Umsatzsteuer relevanten Daten (§ 22 UStG).
Aus Gesetz und Rechtsprechung ergibt sich auch die Notwendigkeit der Erfassung von privaten Entnahmen und Einlagen, sowohl für Bar- als auch für Sachentnahmen und -einlagen. Weiterhin kann es erforderlich sein, dass ein Anlageverzeichnis und zusätzliche Aufzeichnungen für besondere Betriebsausgaben (§ 4 Abs. 5 EStG) sowie weitere spezielle Aufzeichnungen geführt werden.
Angesichts der scheinbaren Vorteile der reduzierten Aufzeichnungspflichten bei Überschussrechnern sei darauf hingewiesen, dass die vereinfachte Form der Aufzeichnungen im Gegensatz zur Buchführung auch problematisch sein kann, weil sie nie den Nachweis von Vollständigkeit zu erbringen vermag. Daher lassen sich Zweifel an dem Ergebnis der Aufzeichnungen auch nicht positiv entkräften.

Inventur und Inventar

Grundlegende Voraussetzung einer ordnungsgemäßen Buchführung ist eine Bestandsaufnahme über das Betriebsvermögen (Inventur). Die Inventur muss mindestens einmal jährlich zum Abschlussstichtag erfolgen. Ein längerer Zeitraum als ein Jahr ist nicht zulässig.
Bestandsaufnahmen sind allerdings nur erforderlich, wenn Buchführungspflicht besteht oder freiwillig Bücher geführt werden. Wird der Gewinn durch eine Einnahmenüberschussrechnung ermittelt, kann eine Inventur entfallen.
Das Ergebnis der Inventur wird durch das sogenannte Inventar aufgezeichnet. Dies ist das Verzeichnis über alle Wirtschaftsgüter des Anlage- und Vorratsvermögens sowie die Schulden und das Eigenkapital.

Aufbewahrungspflichten

Alle Bücher, Aufzeichnungen und sonstigen Unterlagen (Rechnungen, Belege, Lieferscheine, etc.) unterliegen einer Aufbewahrungspflicht, die sowohl im Handelsgesetzbuch (§ 257 HGB) als auch in der Abgabenordnung (§ 147 Abs. 1 AO) geregelt ist. Letztere ist umfassend und betrifft neben den Kaufleuten alle buchführungs- und aufzeichnungspflichtigen Personen.
Die Aufbewahrungspflicht beträgt für die im Gesetz ausdrücklich aufgeführten Unterlagen grundsätzlich zehn Jahre. Für sonstige Unterlagen gilt eine sechsjährige Aufbewahrungsfrist, soweit sie für die Besteuerung von Bedeutung sind (§ 147 Abs. 1 Nr. 5 AO). Unter die Aufbewahrungspflicht fallen auch die Buchhaltungsdaten der betrieblichen EDV.
Die Aufbewahrungsfrist beginnt mit dem Abschluss des Kalenderjahres, in dem die letzte Eintragung in das Buch gemacht, das Inventar und die Bilanz aufgestellt wurden, der Geschäftsbrief empfangen oder abgesandt wurde oder der Buchungsbeleg bzw. die sonstigen Unterlagen entstanden sind. Es ist zu beachten, dass die Aufbewahrungsfristen nicht ablaufen, soweit und solange die aufzubewahrenden Unterlagen für Steuern von Bedeutung sind, für welche die Festsetzungsfrist noch nicht abgelaufen ist.

Buchführungsmängel und Verletzung von Buchführungsvorschriften

Eine ordnungsgemäße Buchführung ermöglicht in erster Linie die Erfüllung der verschiedenen gesetzlichen Verpflichtungen und hat Beweiskraft als Bemessungsgrundlage für steuerliche Auswertungen. Bei Buchführungsmängeln sind zwar grundsätzlich keine Steuervergünstigungen in Gefahr, doch können die Mängel dem Gewicht nach so groß sein, dass die Beweiskraft der Buchführung nicht mehr gewährleistet ist, das Ergebnis deshalb nicht mehr der Besteuerung zugrunde gelegt wird und an ihre Stelle eine Schätzung tritt (§ 162 AO).
Die Erfüllung von Buchführungs- und Aufzeichnungspflichten kann durch Festsetzung eines Zwangsgeldes erzwungen werden. In Fällen von leichtfertiger oder vorsätzlich unrichtiger Aufzeichnung von Geschäftsvorfällen und damit verbundener Verkürzung von Steuereinnahmen kann eine Geldbuße verhängt werden oder gar eine Bestrafung wegen Steuerhinterziehung oder Insolvenzvergehens erfolgen.

Buchführungssysteme

Man unterscheidet grundsätzlich zwei kaufmännische Buchführungssysteme, nämlich die einfache und die doppelte Buchführung.

Einfache Buchführung

In der einfachen Buchführung wird normalerweise nur ein Grundbuch geführt, in dem in zeitlicher Reihenfolge sämtliche Geschäftsvorfälle erfasst werden, unabhängig davon, ob sie bar oder unbar erfolgen. Der Gewinn kann dabei nur in einfacher Weise (durch Betriebsvermögensvergleich) ermittelt, das Betriebsvermögen nur durch Inventur festgestellt werden. Eine Kontrolle ist nicht möglich, da es keine entgegengesetzten Doppelbuchungen gibt. In der kaufmännischen Praxis hat diese Art der Buchführung keinerlei Bedeutung mehr.

Doppelte Buchführung

Bei der doppelten Buchführung werden die Geschäftsvorfälle nicht nur in zeitlicher, sondern auch in sachlicher Ordnung festgehalten. Es werden für alle Bilanzposten (Vermögens- und Schuldposten) und alle Erfolgsquellen (Aufwendungen und Erträge) sogenannte Sachkonten eingerichtet, die sämtliche Veränderungen aufnehmen. Alle Buchungen werden jeweils auf zwei Konten dargestellt, einmal im Soll und einmal im Haben.

Die Vorteile der doppelten Buchführung liegen darin begründet, dass größere Kontrollmöglichkeiten bestehen, zum einen weil die Bestände auf den Konten jederzeit ausgewiesen werden und damit eine sachliche Kontrolle möglich ist. Darüber hinaus wird der Gewinn nicht nur durch Betriebsvermögensvergleich ermittelt, sondern gleichzeitig auch in Verbindung mit einer Gewinn- und Verlustrechnung. Beide Rechnungen müssen zum gleichen Ergebnis führen.

Der Wert der doppelten Buchführung liegt also insbesondere darin begründet, dass durch die beiden verschiedenen Arten der Gewinnermittlung, nämlich Betriebsvermögensvergleich und Vergleich von Erträgen und Aufwendungen, auch das Zustandekommen des Gewinns ersichtlich ist und nicht nur dessen Bestand dokumentiert wird.

Das System der doppelten Buchführung kann auf vielfältige Art umgesetzt werden (z.B. Amerikanisches Journal, Durchschreibebuchführung). Eine dem heutigen Stand der Technik angemessene Form ist die Buchführung mit Hilfe der EDV. Hierfür gibt es eine Vielzahl von Buchführungsprogrammen, die den individuellen betrieblichen Erfordernissen angepasst werden können. Solche Programme gewährleisten in der Regel jederzeit einen Einblick in die Vermögens- und Ertragslage.

Die Ordnungsmäßigkeit einer EDV-Buchführung unterliegt grundsätzlich den gleichen Vorschriften und Grundsätzen, die auch für alle anderen Buchführungsformen gelten. Bei der Auswahl eines Buchführungsprogramms sollte man sich vom Hersteller garantieren lassen, dass die vom Bundesfinanzminister aufgestellten „Grundsätze ordnungsmäßiger Speicherbuchführung" erfüllt sind. Nur so kann man sicher sein, dass die EDV-Buchführung den strengen handels- und steuerrechtlichen Vorschriften genügt.

Einen anerkannten Standard der EDV-Buchführung gewährleistet das sogenannte DATEV-System, das von den Angehörigen der steuerberatenden Berufe eingesetzt wird. Die von der DATEV entwickelten Kontenpläne gelten heute als die Standardkontenpläne und sind für die verschiedensten Branchen einsetzbar.

Datenzugriff

Die Finanzverwaltung hat im Rahmen der Betriebsprüfung Zugriff auf die im betrieblichen EDV-System gespeicherten Daten. Der Zugriff erstreckt sich nicht nur auf die Daten des laufenden Jahres, sondern auch auf Daten früherer Jahre, sofern diese auf dem EDV-System gespeichert sind. Der Prüfer hat drei Möglichkeiten des Datenzugriffs, die er auch kumulativ wählen kann:

- Der Prüfer hat das Recht, unmittelbar Einsicht in die gespeicherten Daten zunehmen und dafür das Datenverarbeitungssystem des Steuerpflichtigen zu nutzen (unmittelbarer Datenzugriff).
- Der Prüfer kann verlangen, dass die Daten nach seinen Vorgaben maschinell ausgewertet werden, damit er sie prüfen kann (mittelbarer Datenzugriff). Dazu ist ihm geeignetes EDV-Personal zur Verfügung zu stellen.
- Der Prüfer kann verlangen, dass ihm die Daten auf einem maschinell verwertbaren Datenträger zur Auswertung überlassen werden (Datenübertragung). Die Bereitstellung der Daten muss in einem standardisierten Format (GDPdU) erfolgen, das auf dem PC des Prüfers mit der Prüfungssoftware IDEA lesbar ist.

Fotografen als Arbeitgeber

Einführung

Ein Großteil der freiberuflich tätigen Fotografen wird ausschließlich alleine arbeiten und ohne die Mithilfe von fremden Personen auskommen. Manchmal werden jedoch vielleicht Familienangehörige bei der beruflichen Tätigkeit mithelfen oder auch fremde Dritte beschäftigt sein, sei es bei der Erledigung von Sekretariatsarbeiten, als Putzhilfe in den Studioräumen oder als angestellte Fachkraft (z.B. Assistent). In all den Fällen, in denen ein Entgelt gezahlt wird, hat dies sofort sozialversicherungsrechtliche und lohnsteuerliche Konsequenzen. Der Fotograf wird zum Arbeitgeber mit entsprechenden Verpflichtungen.

Sozialversicherungsrechtliche Verpflichtungen

Regelfall

Alle nichtselbständigen Beschäftigungen, die gegen Entgelt ausgeübt werden, sind in der Regel sozialversicherungspflichtig. Eine Versicherungspflicht besteht in folgenden Sparten: Krankenversicherung, Pflegeversicherung, Rentenversicherung, Arbeitslosenversicherung, Umlagelohnfortzahlung zum Mutterschutz und Umlage zur Krankheitslohnfortzahlung (bei einer gewerblichen Beschäftigung).
Der Arbeitgeber (Fotograf) hat seine Arbeitnehmer bei dem zuständigen Träger der Sozialversicherung (in der Regel die Allgemeine Ortskrankenkasse) bei Beginn der Beschäftigung an- und am Ende der Beschäftigung abzumelden. Dazwischen erfolgt zum Jahresende die Abgabe eines Versicherungsnachweises. Der Arbeitgeber hat außerdem die Sozialversicherungsbeiträge auf einem Vordruck, getrennt nach Beitragsgruppen, zu berechnen und abzuführen. Das gilt für alle Sparten der Sozialversicherung, in denen für den betreffenden Arbeitnehmer eine Versicherungspflicht besteht.

Geringfügige Beschäftigungen (geringfügige Minijobs)

Für geringfügige Beschäftigungen gibt es besondere Regelungen, die allerdings nicht für Auszubildende und Praktikanten in einem vorgeschriebenen Praktikum gelten. Es sind zwei Kategorien von geringfügigen Beschäftigungen zu unterscheiden:

Kurzfristige Beschäftigungen

Für Arbeitnehmer, die längstens zwei Monate oder 50 Arbeitstage pro Jahr beschäftigt werden, braucht der Arbeitgeber keine Sozialversicherungsbeiträge abzuführen, wenn folgende Voraussetzungen erfüllt sind:

- Die Beschäftigung wird nicht berufsmäßig ausgeübt oder es wird bei berufsmäßiger Ausübung kein Arbeitsentgelt von mehr als 400,00 € pro Monat erzielt,
- die zeitliche Beschränkung der Beschäftigung wird auf zwei Monate oder 50 Arbeitstage pro Jahr vertraglich im Voraus festgelegt oder sie ergibt sich aus der Art des Beschäftigungsverhältnisses und
- es liegt keine regelmäßig (jährliche) Wiederholung innerhalb eines Rahmenvertrages vor.

Die kurzfristigen Beschäftigungen sind sowohl für den Arbeitnehmer als auch für den Arbeitgeber sozialversicherungsfrei.

Geringfügig entlohnte Beschäftigungen

Bei den geringfügig entlohnten Beschäftigungen sind drei Fallgruppen zu unterscheiden:

- geringfügig entlohnte Beschäftigung ohne gleichzeitige Hauptbeschäftigung
- geringfügig entlohnte Beschäftigung neben einer Hauptbeschäftigung
- geringfügig entlohnte Beschäftigung im Privathaushalt

Arbeitnehmer, deren Arbeitsentgelt regelmäßig die Geringfügigkeitsgrenze von 400,00 € pro Monat nicht übersteigt und die keine Hauptbeschäftigung haben, sind in der Sozialversicherung versicherungsfrei. Die wöchentliche Arbeitszeit spielt dabei keine Rolle. Wird die Beschäftigung während eines laufenden Monats aufgenommen, ist die Entgeltgrenze anteilig zu berechnen (Formel: 400,00 € x Kalendertage ./. 30). Mehrere geringfügige Beschäftigungen, die nebeneinander ausgeübt werden, sind zusammenzurechnen. Sofern die Zusammenrechnung ergibt, dass das Arbeitsentgelt aus allen diesen Beschäftigungen 400,00 € übersteigt, sind sämtliche Beschäftigungsverhältnisse sozialversicherungspflichtig. Treffen geringfügig entlohnte Beschäftigungen und kurzfristige Beschäftigungen zusammen, erfolgt keine Zusammenrechnung.

Wird eine geringfügig entlohnte Beschäftigung neben einer Hauptbeschäftigung ausgeübt, ist die geringfügige Beschäftigung für den Arbeitnehmer sozialversicherungsfrei. Werden allerdings neben einer Hauptbeschäftigung mehrere geringfügig entlohnte Beschäftigungen ausgeübt, ist nur das erste (älteste) Beschäftigungsverhältnis versicherungsfrei. Die weiteren Beschäftigungen werden mit der Hauptbeschäftigung zusammengerechnet; sie sind – außer in der Arbeitslosenversicherung – in allen übrigen Sparten der Sozialversicherung versicherungspflichtig.

Liegt eine begünstigte geringfügig entlohnte Beschäftigung vor, zahlt der Arbeitgeber in der Regel Pauschalabgaben in Höhe von 30 Prozent, die sich wie folgt aufgliedern:

- 13 Prozent pauschale Krankenversicherung (wenn der Arbeitnehmer Mitglied einer gesetzlichen Krankenversicherung oder dort familienversichert ist)
- 15 Prozent pauschale Rentenversicherung mit Aufstockungsoption für Arbeitnehmer
- 2 Prozent Pauschalsteuer mit Abgeltungswirkung einschließlich Kirchensteuer und Solidaritätszuschlag

Eine Ausnahme gilt bei der Krankenversicherung für geringfügig entlohnte Beschäftigte, die (z.B. als Beamte oder privat krankenversicherte Selbständige) nicht Mitglied einer gesetzlichen Krankenversicherung und auch nicht als Familienmitglied in einer Krankenkasse mitversichert sind. Für diese Personen ist kein Krankenversicherungsbeitrag, sondern nur der pauschale Rentenversicherungsbeitrag von 15 Prozent zu bezahlen.
Alle in der Rentenversicherung versicherungsfreien geringfügig entlohnten Beschäftigten haben die Möglichkeit, durch freiwillige Aufstockung der Arbeitnehmerbeträge um 7,5 Prozent den Pflichtversichertenstatus in der Rentenversicherung zu erlangen.
Alle vorgenannten Pauschalbeiträge, also auch die Pauschalsteuer, werden zur Vermeidung von Bürokratie an eine gemeinsame Einzugstelle bei der Bundesknappschaft gezahlt.
Die Regeln für geringfügige Beschäftigungen gelten auch für Beschäftigungen im Privathaushalt. Der Unterschied besteht darin, dass der Arbeitgeber hier Pauschalbeiträge in Höhe von insgesamt 14,27 Prozent (5 Prozent Krankenversicherung, 5 Prozent Rentenversicherung, 2 Prozent Pauschalsteuer, weitere 2,27 für Umlagekassen und Unfallversicherung) zu zahlen hat. Weitere Informationen sind unter folgender Internetadresse zu finden:

- www.bundesknappschaft.de

Für Beschäftigte im privaten Haushalt gilt ein vereinfachtes Meldeverfahren, das sogenannte Haushaltsscheckverfahren. Auch hier ist die Bundesknappschaft zuständig. Nähere Auskünfte und Formulare können dort oder auch im Internet abgerufen werden:

- www.haushaltsscheck.de

Minijobs: Gleitzone

Bei den Minijobs wird durch eine Gleitzone verhindert, dass die Sozialversicherungsbeiträge bei einem Überschreiten der sogenannten Niedriglohnschwelle abrupt von ca. 21 Prozent auf über 42 Prozent ansteigen. Die Gleitzone gewährleistet im Einkommensbereich von 400,01 € bis 800,00 € einen proportionalen Anstieg des Arbeitnehmerbeitrags zur Sozialversicherung von ca. 4 Prozent bei 400,01 € auf den vollen Arbeitnehmerbeitrag von ca. 21 Prozent bei 800,00 €. Die Regelungen für die Gleitzone gelten nicht für Auszubildende und Praktikanten im vorgeschriebenen Praktikum und für Studenten.

Melde- und Aufklärungspflichten

Alle geringfügigen Beschäftigungen, auch die geringfügigen Alleinbeschäftigungen mit einem monatlichen Verdienst bis zu 400,00 €, sind der Sozialversicherung zu melden. Der Arbeitgeber muss nicht nur die An- und Abmeldungen, sondern auch alle anderen Meldungen an die zuständige Krankenkasse oder Bundesknappschaft erstatten. Für kurzfristige Beschäftigungen von längstens zwei Monaten oder höchstens 50 Arbeitstagen im Jahr brauchen jedoch keine Unterbrechungsmeldungen und auch keine Jahresmeldungen abgegeben zu werden.

Der Arbeitgeber ist nicht nur zur Erstattung von Meldungen, sondern auch zu einer Aufklärung des geringfügig beschäftigten Arbeitnehmers verpflichtet. Er muss den Arbeitnehmer darüber informieren, dass geringfügig entlohnte Beschäftigte die Möglichkeit haben, die pauschalen Arbeitgeberbeiträge zur Rentenversicherung in Höhe von 15 Prozent durch eigene freiwillige Zahlungen zu vollwertigen Pflichtbeiträgen aufzustocken und so Ansprüche auf das volle Leistungsspektrum der Rentenversicherung zu erwerben. Wenn der Arbeitnehmer von dieser Aufstockungsmöglichkeit Gebrauch macht, muss der Arbeitgeber seinen Beitrag gemeinsam mit dem Arbeitnehmeranteil an die Bundesknappschaft überweisen, die den Rentenversicherungsbeitrag an den zuständigen Versicherungsträger weiterleitet. Den Arbeitnehmeranteil behält der Arbeitgeber vom Bruttolohn des Beschäftigten ein.

Beschäftigung von Studenten

Studenten werden entweder als geringfügig Beschäftigte behandelt oder sie sind – falls sie mehr als 400,00 € regelmäßig verdienen und nicht berufsmäßig (Faustregel: unter 20 Stunden wöchentlich) arbeiten – bis zum Alter von 27 Jahren weder kranken- noch arbeitslosenversicherungspflichtig, unterliegen in diesem Fall aber dem vollen Beitrag in der Rentenversicherung. Bis zur Vollendung des 25. Lebensjahres können sie in der Krankenversicherung familienversichert sein. Danach kommt bis zum 27. Lebensjahr eine eigene freiwillige Versicherung in der gesetzlichen Krankenversicherung in Betracht. Die Regelungen für die Minijobs in der Gleitzone finden keine Anwendung.

Lohnsteuerliche Pflichten

Lohnkonto

Der Arbeitgeber hat für jeden Beschäftigten, also auch für geringfügig oder kurzfristig beschäftigte Arbeitnehmer, ein Lohnkonto zu führen. Auf dem Lohnkonto müssen die persönlichen Daten (Name, Geburtsdatum, Anschrift, Steuerklasse, auf der Lohnsteuerkarte enthaltene Freibeträge sowie – für die Sozialversicherung – Versicherungsnummer, Zugehörigkeit zur Krankenkasse etc.) vermerkt sein.
Es sind die Lohnzahlungszeiträume (längstens ein Monat) und der abgerechnete Lohn mit den entsprechenden Abzügen und Bezügen sowie den Auszahlungsbeträgen zu vermerken. Bei Beendigung der Beschäftigung oder am Ende eines Kalenderjahres werden die Gesamtbeträge vom Lohnkonto per Datenträgeraustausch elektronisch an die Finanzverwaltung übertragen. Der Arbeitnehmer erhält zum Nachweis ein Datenübertragungsprotokoll in Form einer Lohnsteuerbescheinigung.

Einbehaltung und Abführung der Lohnsteuer

Die Lohnsteuer ist gemäß der vom Arbeitnehmer vorgelegten Lohnsteuerkarte vom Arbeitslohn einzubehalten, beim Finanzamt mit einer Lohnsteueranmeldung anzumelden und in der Regel monatlich bis zum Zehnten des nächsten Monats abzuführen. Diese Steueranmeldungen sind per elektronischer Datenübertragung an die Finanzverwaltung zu übermitteln. Sollte die eigene Lohnbuchhaltungssoftware diesen Weg nicht unterstützen, kann eine kostenlose Software von folgender Webseite heruntergeladen werden:

- www.elster.de

Legt der Arbeitnehmer keine Lohnsteuerkarte vor, dann ist Lohnsteuer nach der Lohnsteuerklasse VI einzubehalten und abzuführen.

Besteuerung der geringfügig Beschäftigten

In den Fällen, in denen Arbeitnehmer nur kurzfristig oder in geringem Umfang und gegen geringen Arbeitslohn beschäftigt werden, gelten für die Besteuerung bzw. Nichtbesteuerung der Einkünfte folgende Regeln:

Besteuerung nach Lohnsteuerkarte

Das Arbeitsentgelt aus einer geringfügigen oder kurzfristigen Beschäftigung kann nach Maßgabe einer vorgelegten Lohnsteuerkarte versteuert werden. Die Höhe des Steuerabzugs hängt dann von der Lohnsteuerklasse ab.
Arbeitnehmer, die mehrere geringfügige Beschäftigungen ausüben oder neben einer Hauptbeschäftigung auch einer geringfügigen Beschäftigung nachgehen, erhalten bei ihrer Gemeinde- oder Stadtverwaltung eine oder mehrere Lohnsteuerkarte(n) mit der Lohnsteuerklasse VI.

Pauschalbesteuerung

Der Arbeitgeber kann unter Verzicht auf die Vorlage einer Lohnsteuerkarte bei Arbeitnehmern, die nur kurzfristig oder in geringem Umfang und gegen geringen Arbeitslohn beschäftigt werden, die Lohnsteuer pauschalieren. Die Pauschalierung der Lohnsteuer kommt vor allem bei solchen Arbeitnehmern in Betracht, die keine Lohnsteuerkarte vorlegen (wollen). Steuerschuldner der pauschalen Lohnsteuer ist der Arbeitgeber. Bei der Pauschalbesteuerung sind folgende Fälle zu unterscheiden:

- Für geringfügig entlohnte Beschäftigungen, für die Pauschal- oder Aufstockungsbeiträge zur Rentenversicherung gezahlt werden, kann der Arbeitgeber eine Pauschalsteuer in Höhe von 2 Prozent (inkl. Solidaritätszuschlag und Kirchensteuer) als Abgeltungssteuer zahlen. Der Arbeitslohn wird dann nicht in die persönliche Einkommensteuerveranlagung einbezogen. Diese Pauschalversteuerung gilt nicht für kurzfristig Beschäftigte.

• Bei einer geringfügig entlohnten Beschäftigung, die in der Rentenversicherung nicht pauschaliert wird (z.B. bei mehreren geringfügig entlohnten Arbeitsverhältnissen neben einer Hauptbeschäftigung), beträgt der pauschale Lohnsteuersatz 20 Prozent des Arbeitslohns.
• Bei kurzfristigen Beschäftigungen beträgt der pauschale Lohnsteuersatz 25 Prozent vom Arbeitslohn. Eine kurzfristige Beschäftigung (im steuerrechtlichen Sinne!) liegt vor, wenn der Arbeitnehmer bei dem Arbeitgeber gelegentlich, nicht regelmäßig wiederkehrend beschäftigt wird, die Dauer der Beschäftigung 18 zusammenhängende Arbeitstage nicht übersteigt und der Arbeitslohn während der Beschäftigungsdauer durchschnittlich 62,00 € je Arbeitstag nicht übersteigt oder die Beschäftigung zu einem unvorhersehbaren Zeitpunkt sofort erforderlich wird. Die steuerrechtliche Definition unterscheidet sich damit deutlich von der Definition der „kurzfristigen Beschäftigung" im Bereich der Sozialversicherung.
Sowohl bei der kurzfristigen Beschäftigung als auch bei der Beschäftigung gegen geringen Arbeitslohn kommen zu der Lohnsteuerpauschale von 25 Prozent bzw. 20 Prozent noch die pauschalierte Kirchensteuer (in der Regel 7 Prozent der Lohnsteuer) und der Solidaritätszuschlag (5,5 Prozent der Lohnsteuer) hinzu. Nicht zulässig ist in beiden Fällen die Lohnsteuerpauschalierung, wenn der Arbeitslohn während der Beschäftigungsdauer durchschnittlich 12,00 € je Arbeitsstunde übersteigt.

Vertragliche Vereinbarungen

Schriftlicher Arbeitsvertrag

Es empfiehlt sich in jedem Fall, mit den Arbeitnehmern vertragliche Vereinbarungen schriftlich festzuhalten. Das gilt auch und gerade für Aushilfsbeschäftigungen. Die schriftliche Fixierung der getroffenen Vereinbarungen ist notwendig, um sich arbeitsrechtlich abzusichern und um den Nachweis erbringen zu können, dass insbesondere bei Sozialversicherungsfreiheit oder bei steuerlichen Vergünstigungen (z.B. Pauschalierung von Lohnsteuern) die entsprechenden Grenzen und Voraussetzungen eingehalten bzw. erfüllt werden.
Empfehlenswert ist in diesem Zusammenhang die Verwendung von Personalstammblättern, die der Arbeitgeber von dem Aushilfsbeschäftigten ausfüllen lässt und die alle wesentlichen Daten enthalten. Wichtig sind auch – gerade bei Aushilfsbeschäftigten – Lohnquittungen, aus denen die Lohnzahlungszeiträume, der Auszahlungszeitpunkt, der gezahlte Stundenlohn, die abgerechneten Stunden etc. hervorgehen.

Ehegatten-Arbeitsverhältnisse

Grundsätzlich ist es möglich, auch mit dem Ehegatten ein Arbeitsverhältnis zu vereinbaren. Steuerlich (und auch sozialversicherungsrechtlich) wird eine solche Vereinbarung allerdings nur dann anerkannt, wenn sie schriftlich erfolgt sowie ernsthaft gewollt und durchgeführt wird. Die arbeitsvertraglichen Regelungen müssen denen entsprechen, die auch mit fremden Dritten vereinbart worden wären. Der Vertrag sollte deshalb mindestens folgende Punkte regeln:

- Beginn und Art der Beschäftigung
- Arbeitszeit und Arbeitsvergütung
- Lohn-/Gehaltsfortzahlung im Krankheitsfall
- Nebenleistungen (z.B. zusätzliche soziale Leistungen, Weihnachtsgratifikation)
- Urlaub
- Kündigung

Auf jeden Fall ist sicherzustellen, dass der Lohn oder das Gehalt (regelmäßig!) auf ein eigenes Konto des Ehegatten überwiesen wird, auf das der Arbeitgeber-Ehegatte keinen Zugriff hat. Der Arbeitslohn kann natürlich auch in bar gegen Quittung ausgezahlt werden.

Auch bei Beschäftigung anderer naher Angehöriger (z.B. Kinder, Eltern) ist es immer ratsam, die Voraussetzungen wie beim Ehegatten-Arbeitsverhältnis zu erfüllen.

Versicherungen 15

Künstlersozialversicherung

Soziale Absicherung für selbständige Künstler und Publizisten

Mit der Künstlersozialversicherung werden selbständige Künstler und Publizisten in das gesetzliche Sozialversicherungssystem einbezogen. Sie sind pflichtversichert in der gesetzlichen Renten-, Kranken- und Pflegeversicherung.
Das Besondere: Die selbständigen Künstler und Publizisten brauchen nur die Hälfte ihrer Beiträge zu tragen und sind damit ähnlich günstig gestellt wie Arbeitnehmer. Die andere Beitragshälfte wird durch eine Abgabe der Kunst- und Publizistikverwerter (z. B. Verlage, Konzertdirektionen, Rundfunk, Fernsehen, Galerien, Werbeagenturen, Kunst- und Musikschulen) und durch einen Bundeszuschuss finanziert.
Das Künstlersozialversicherungsgesetz (KSVG) wird bundesweit durch die Künstlersozialkasse in Wilhelmshaven (KSK) durchgeführt.

Voraussetzungen für die Versicherung nach dem KSVG

Damit die Versicherungspflicht nach dem KSVG zustande kommt, müssen einige gesetzliche Voraussetzungen erfüllt sein:

Selbständige Erwerbstätigkeit als Künstler oder Publizist

Künstler ist nach dem Wortlaut des KSVG, wer Musik, darstellende oder bildende Kunst schafft, ausübt oder lehrt. Publizist ist, wer als Schriftsteller, Journalist oder in anderer Weise publizistisch tätig ist oder Publizistik lehrt.
Die künstlerische oder publizistische Tätigkeit muss selbständig, erwerbsmäßig und nicht nur vorübergehend ausgeübt werden. Selbständig ist jede Berufstätigkeit, die nicht im Rahmen eines abhängigen Beschäftigungsverhältnisses bzw. Arbeitsverhältnisses ausgeübt wird. Von Erwerbsmäßigkeit spricht man dann, wenn die Tätigkeit nicht nur hobbymäßig bzw. aus Liebhaberei ausgeübt wird, sondern auf eine ernsthafte Beteiligung am Wirtschaftsleben und auf die Erzielung von Arbeitseinkommen ausgerichtet ist. Die Tätigkeit muss von vornherein auf Dauer angelegt sein. Nur vorübergehend wäre beispielsweise eine Urlaubsvertretung für einen Monat, hierbei würde keine Versicherungspflicht nach dem KSVG zustande kommen.
Selbständige Künstler oder Publizisten, die eine starke Arbeitgeberstellung inne haben, werden vom Gesetzgeber nicht für schutzbedürftig gehalten: Wer im Zusammenhang mit der künstlerischen/publizisti-

schen Tätigkeit mehr als einen Arbeitnehmer beschäftigt, ist nicht nach dem KSVG versichert. Lehrlinge oder „geringfügig Beschäftigte" können allerdings für einen Künstler oder Publizisten tätig werden, ohne dass dies nachteilige Auswirkungen auf seinen eigenen Versicherungsschutz nach dem KSVG hat. Eine Beschäftigung ist geringfügig, wenn das monatliche Bruttoentgelt 400,00 € nicht übersteigt. Eine nichtkünstlerische/nichtpublizistische selbständige Tätigkeit ist geringfügig, wenn der Jahresgewinn 4.800,00 € nicht übersteigt.

Überschreiten der Geringfügigkeitsgrenze

Weitere Voraussetzung für die Versicherungspflicht nach dem KSVG: Das voraussichtliche Arbeitseinkommen aus der selbständigen künstlerischen oder publizistischen Tätigkeit muss die in der Künstlersozialversicherung geltende Geringfügigkeitsgrenze überschreiten. Diese Grenze liegt derzeit bei einem Jahresarbeitseinkommen von 3.900,00 €. Der Begriff des voraussichtlichen Jahresarbeitseinkommens wird auf Seite 315 ff. näher erklärt.

Für Berufsanfänger, die sich ihre wirtschaftliche Existenz erst noch erschließen müssen, sieht das Gesetz einen besonderen Schutz vor. Berufsanfänger werden auch dann nach dem KSVG versichert, wenn sie mit ihrem Arbeitseinkommen die Geringfügigkeitsgrenze voraussichtlich nicht überschreiten werden. Als Berufsanfängerzeit gelten die ersten drei Jahre seit erstmaliger Aufnahme der selbständigen künstlerischen oder publizistischen Tätigkeit. Kommt es während dieser Drei-Jahres-Frist etwa durch Kindererziehung, Wehrdienst oder ein zwischenzeitliches Beschäftigungsverhältnis zu einer Unterbrechung der selbständigen künstlerischen/publizistischen Tätigkeit, verlängert sich die Berufsanfängerzeit entsprechend.

Für Antragsteller, die ihre Tätigkeit vor dem 1. Juli 2001 aufgenommen haben, gilt eine Berufsanfängerzeit von fünf Jahren, die nicht durch Unterbrechungszeiten verlängert werden kann.

Ausnahmen von der Versicherungspflicht nach dem KSVG

Das Gesetz enthält eine Reihe von Ausnahmeregelungen. Auch wenn die in dem vorhergehenden Abschnitt dargestellten Versicherungsvoraussetzungen erfüllt sind, kommt in diesen Fällen keine Versicherungspflicht nach dem KSVG zustande. Die Künstlersozialversicherung soll nur denjenigen Personen sozialen Schutz bieten, die nicht bereits aus anderen Gründen ausreichend abgesichert sind oder nach ihrer persönlichen Situation abgesichert sein können.

Ausnahmen von der Rentenversicherungspflicht

In der Rentenversicherung werden selbständige Künstler/Publizisten, die ein zusätzliches Einkommen aus abhängiger Beschäftigung oder aus einer anderen selbständigen Tätigkeit haben, nicht versicherungspflichtig,

- wenn sie aufgrund dieser Beschäftigung oder Tätigkeit versicherungsfrei sind (z. B. Beamte) oder
- wenn ihr Einkommen als Arbeitnehmer oder aus einer anderen selbständigen Tätigkeit die halbe Beitragsbemessungsgrenze in der Rentenversicherung erreicht bzw. überschreitet; die halbe Beitragsbemessungsgrenze liegt im Jahr 2010 bei 33.000,00 € pro Jahr (West) bzw. 27.900,00 € (Ost), entsprechend 2.750,00 € monatlich (West) bzw. 2.325,00 € (Ost).

Darüber hinaus ist nicht nach dem KSVG rentenversicherungspflichtig, wer

- als Handwerker rentenversichert ist;
- Landwirt im Sinne des § 1 des Gesetzes über die Alterssicherung der Landwirte ist bzw. eine Alters- oder Landabgaberente bezieht;
- eine Vollrente wegen Alters aus der gesetzlichen Rentenversicherung erhält;
- als Wehr- oder Zivildienstleistender rentenversichert ist;
- die Regelaltersgrenze hat und bisher nicht rentenversichert war;
- einen Existenzgründungszuschuss von der Agentur für Arbeit erhält (gilt nicht für Bezieher eines Gründungszuschusses).

Ausnahmen von der Kranken- und Pflegeversicherungspflicht

Auch für den Bereich der Krankenversicherung gibt es Ausnahmen von der Versicherungspflicht nach dem KSVG. Die wichtigsten Ausnahmetatbestände sind Beschäftigungen oder selbständige Tätigkeiten, die neben der künstlerischen Tätigkeit ausgeübt werden.

Wird neben der selbständigen künstlerischen Tätigkeit eine sozialversicherungspflichtige abhängige Beschäftigung ausgeübt, muss die zuständige Krankenkasse anhand der wirtschaftlichen Bedeutung entscheiden, welche der beiden Berufstätigkeiten als hauptberuflich anzusehen ist. Kommt die Kranken kasse zu dem Ergebnis, dass das Beschäftigungsverhältnis den Hauptberuf darstellt, besteht Krankenversicherungspflicht allein aufgrund dieser abhängigen Beschäftigung; für eine zusätzliche Krankenversicherung nach dem KSVG besteht keine Notwendigkeit. Umgekehrt besteht ausschließlich Krankenversicherungspflicht nach dem KSVG, wenn die selbständige künstlerische oder publizistische Tätigkeit wirtschaftlich überwiegt, also hauptberuflich ausgeübt wird.

Wer neben der selbständigen künstlerischen/publizistischen Tätigkeit eine nichtkünstlerische bzw. nichtpublizistische Tätigkeit erwerbsmäßig ausübt, kann nicht nach dem KSVG krankenversichert werden. Für den Ausschluss aus der Krankenversicherung nach dem KSVG genügt bereits das Überschreiten der

Geringfügigkeitsgrenze mit der anderen selbständigen Tätigkeit (was einen Jahresgewinn aus der nichtkünstlerischen/nichtpublizistischen Tätigkeit von mehr als 4.800,00 € voraussetzt). Diese Rechtslage gilt selbst dann, wenn die selbständige künstlerische/publizistische Berufstätigkeit wirtschaftlich überwiegt.

Darüber hinaus ist nicht nach dem KSVG krankenversichert, wer

- das 55. Lebensjahr vollendet hat und in den letzten fünf Jahren zu keiner Zeit gesetzlich krankenversichert gewesen ist (es besteht allerdings die Möglichkeit, einen Zuschuss zu einer privaten Kranken-/Pflegeversicherung zu beantragen, dazu Seite 322);
- bereits nach anderen gesetzlichen Bestimmungen krankenversicherungspflichtig ist (z. B. aufgrund eines Leistungsbezugs von der Agentur für Arbeit, nach dem Gesetz über die Krankenversicherung der Landwirte);
- nach den allgemeinen Vorschriften über die Krankenversicherung versicherungsfrei ist (z. B. wegen Überschreitung der Jahresarbeitsentgeltgrenze als Arbeitnehmer oder wegen einer Berufstätigkeit als Beamter oder Soldat) oder bereits durch Bescheid einer gesetzlichen Krankenkasse von der gesetzlichen Krankenversicherungspflicht befreit worden ist;
- Wehr- oder Zivildienstleistender ist;
- die selbständige künstlerische/publizistische Tätigkeit erst nach Vollendung des 65. Lebensjahres aufgenommen hat;
- ordentlicher Studierender ist und die selbständige Tätigkeit nur als Nebentätigkeit ausübt.

Alle Ausnahmetatbestände zur Krankenversicherung gelten für die soziale Pflegeversicherung entsprechend.

Versicherungsbeiträge

Versicherungspflicht bedeutet auch Beitragspflicht. Selbständige Künstler und Publizisten, die nach dem KSVG versichert sind, müssen monatlich Beitragszahlungen an die KSK leisten. Berechnungsfaktoren sind die voraussichtlichen Einkünfte aus der selbständigen künstlerischen/publizistischen Tätigkeit und die halben Beitragssätze zu den einzelnen Versicherungszweigen.

Voraussichtliches Jahresarbeitseinkommen

Wegen der schwankenden Einkommensverhältnisse bei einer selbständigen Tätigkeit kommt es für die Ermittlung der monatlichen Versicherungsbeiträge nicht auf ein Monatseinkommen an, sondern auf das voraussichtliche Jahresarbeitseinkommen aus selbständiger künstlerischer/publizistischer Tätigkeit.

Das Arbeitseinkommen entspricht der Differenz aus Betriebseinnahmen und Betriebsausgaben. Es ist das Ergebnis einer nach den allgemeinen Gewinnermittlungsvorschriften des Einkommensteuerrechts aufgestellten Gewinn- und Verlustrechnung.

Betriebseinnahmen sind

- alle Einnahmen in Geld- und Geldeswert, die unmittelbar aus der selbständigen künstlerischen/publizistischen Tätigkeit resultieren (z. B. Entgelte, Gagen, Honorare, Verkaufserlöse, Tantiemen und Lizenzen, Ausfallhonorare und Sachleistungen), nicht jedoch von der Agentur für Arbeit gewährte Leistungen wie Überbrückungsgeld oder der Gründungszuschuss, Arbeitslosengeld I oder Arbeitslosengeld II;
- urheberrechtliche Vergütungen (z. B. über Verwertungsgesellschaften wie die GEMA oder VG-Wort);
- Stipendien, soweit sie einkommensteuerpflichtig sind.

Betriebsausgaben sind alle Ausgaben (auch Kosten), die mit der selbständigen künstlerischen oder publizistischen Tätigkeit zusammenhängen, z. B.

- Aufwendungen für Betriebsmittel (z. B. Musikinstrumente, Büroausstattung, Computer, soweit steuerlich anerkannt);
- Aufwendungen für Betriebsräume (Miete, Heizung, Reinigung);
- Fahrtkosten, Kosten für berufliche Fortbildung, Material-, Porto-, Telefonkosten und ähnliche „Werbungskosten";
- Betriebliche Versicherungen (Betriebshaftpflicht-, Rechtschutz-, Sachversicherungen);
- Beiträge zu Berufsverbänden;
- Aufwendungen für Hilfskräfte (Lohn, Arbeitgeberanteile der Sozialversicherungsbeiträge);
- Abschreibungen für Abnutzung und Substanzverringerung.

Nicht abzugsfähig sind Sonderausgaben nach dem Einkommensteuergesetz (wie z. B. Beiträge zur Künstlersozialversicherung oder Prämien zur privaten Kranken- oder Lebensversicherung). Das für die Beitragsberechnung nach dem KSVG maßgebende Arbeitseinkommen aus künstlerischer oder publizistischer Tätigkeit wird in den meisten Fällen den „Einkünften aus selbständiger Arbeit" im Einkommensteuerbescheid entsprechen (also nicht dem „zu versteuernden Einkommen").

Der selbständige Künstler/Publizist muss gegenüber der KSK eine Einschätzung über sein voraussichtliches Arbeitseinkommen abgeben. Dabei empfiehlt es sich, den im letzten Einkommensteuerbescheid ausgewiesenen Gewinn als Anhaltspunkt für das voraussichtliche Arbeitseinkommen heranzuziehen. Aktuelle Entwicklungen (z. B. Verbesserung oder Verschlechterung der Geschäftslage) sollten bei der Ermittlung des voraussichtlichen Arbeitseinkommens berücksichtigt werden. Falls noch kein Einkommensteuerbescheid vorliegt, kann auch auf die letzte Einkommensteuererklärung oder auf den letzten Jahresabschluss (Bilanz, Einnahme-Überschussrechnung, Gewinn- und Verlustrechnung) zurückgegriffen werden. Steht der Künstler/Publizist noch ganz am Anfang seiner selbständigen Berufstätigkeit, muss er über sein voraussichtliches Arbeitseinkommen eine freie Schätzung abgeben.

Erweist sich das einmal geschätzte Jahresarbeitseinkommen als zu hoch oder zu niedrig, besteht die Möglichkeit, der KSK ein geändertes voraussichtliches Arbeitseinkommen mitzuteilen. Die Beitragshöhe ändert sich dann ab dem Folgemonat nach Eingang der Änderungsmeldung bei der KSK. Eine Beitragskorrektur für vergangene Monate findet nicht statt.

Beitragssätze zur Renten-, Kranken- und Pflegeversicherung

Die gesetzlichen Beitragssätze werden durch die Bundesregierung per Verordnung festgesetzt. Dies geschieht im Regelfall in jährlichen Abständen. Darüber hinaus ist von dem Versicherten ein gesetzlicher Zusatzbeitrag zur Krankenversicherung zu entrichten (allgemeiner Beitragssatz : 2 + 0,45 Prozent). Der zusätzliche Beitrag ist ein Solidarbeitrag der Mitglieder, die sich nach dem Willen des Gesetzgebers verstärkt an den gestiegenen Leistungsausgaben in der gesetzlichen Krankenversicherung beteiligen sollen.
Zur sozialen Pflegeversicherung besteht ein bundeseinheitlicher gesetzlicher Beitragssatz. Mitglieder ohne Kinder zahlen einen um 0,25 Prozent erhöhten Beitrag.
Zur Zeit (Stand: Januar 2010) beträgt der Beitragssatz zur gesetzlichen Rentenversicherung 19,9 Prozent (Anteil des Versicherten: 9,95 Prozent). Der Beitragssatz zur gesetzlichen Krankenversicherung liegt bei 14,9 Prozent (Anteil des Versicherten: 7,45 Prozent). Der vom Versicherten allein zu tragende Zusatzbeitrag zur Krankenversicherung beträgt 0,45 Prozent. Der Beitragssatz zur Pflegeversicherung beträgt 1,95 Prozent (Anteil des Versicherten: 0,975 Prozent) bzw. 2,2 Prozent für Mitglieder ohne Kinder (Anteil des Versicherten: 1,225 Prozent).

Beispiel: *Beispiel für die monatliche Beitragsberechnung bei einem voraussichtlichen Jahresarbeitseinkommen von 10.000,00 € und bei Annahme eines Beitragssatzes zur Krankenversicherung von 15,0 Prozent:*

Monatsbeitrag zur Rentenversicherung:	
9,95 Prozent von 10.000,00 €	*995,00 € : 12 = 82,92 €*
Monatsbeitrag zur Krankenversicherung:	
7,45 Prozent (allg. Beitragssatz) + 0,45 Prozent (Zusatzbeitrag)	
= 7,90 Prozent von 10.000,00 €	*790,00 € : 12 = 65,83 €*
Monatsbeitrag zur Pflegeversicherung:	
für Mitglieder mit Kindern	
0,975 Prozent von 10.000 €	*97,50 € : 12 = 8,12 €*
für Mitglieder ohne Kinder	
1,225 Prozent von 10.000 €	*122,50 € : 12 = 10,21 €*
monatlicher Gesamtbeitrag des Versicherten:	*mit Kinder 156,87 €*
	ohne Kinder 158,96 €

Versicherungen 15

Mindest- und Höchstbeiträge

Der Grundsatz, dass die Beiträge nach dem Arbeitseinkommen ermittelt werden, gilt zwar für den weitaus größten Teil der nach dem KSVG versicherten Künstler und Publizisten. Er gilt jedoch nicht uneingeschränkt. So ist es beispielsweise bei Berufsanfängern möglich, dass Versicherungspflicht besteht, obwohl das Arbeitseinkommen die Geringfügigkeitsgrenze unterschreitet. In diesen Fällen, wenn z. B. ein nur geringfügiger Gewinn oder gar ein Verlust aus der selbständigen Tätigkeit erwartet wird, werden Mindestbeiträge berechnet, die sich an der Geringfügigkeitsgrenze orientieren.
Bei sogenannten Höherverdienenden gelten in der Sozialversicherung Beitragsbemessungsgrenzen, die in den verschiedenen Versicherungszweigen unterschiedlich hoch sind. Überschreitet das voraussichtliche Arbeitseinkommen diese Grenzen, werden Höchstbeiträge festgesetzt.
Welche Mindest- und Höchstbeiträge ab 2010 gelten und welche Berechnungsgrundlagen maßgebend sind, zeigt die folgende Übersicht:

32,34 €	Mindestbeitrag zur Rentenversicherung:
547,25 €	Höchstbeitrag zur Rentenversicherung (West)
462,68 €	Höchstbeitrag zur Rentenversicherung (Ost)
33,64 €	Mindestbeitrag zur Krankenversicherung (Beitragssatz 14,9 Prozent : 2 = 7,45 Prozent + 0,45 Prozent)
296,25 €	Höchstbeitrag zur Krankenversicherung (Beitragssatz 14,9 Prozent : 2 = 7,45 Prozent + 0,45 Prozent)
4,15 €	Mindestbeitrag zur Pflegeversicherung (mit Kind)
5,22 €	Mindestbeitrag zur Pflegeversicherung (ohne Kind)
36,56 €	Höchstbeitrag zur Pflegeversicherung (mit Kind)
45,94 €	Höchstbeitrag zur Pflegeversicherung (ohne Kind)

Die Zahlenangaben in Euro beziehen sich auf den vom Versicherten zu tragenden monatlichen Beitragsanteil. Beiträge zur Kranken- und Pflegeversicherung werden mindestens nach einem Einkommen von 5.110,00 € pro Jahr, entsprechend 425,83 € monatlich, und höchstens nach einem Einkommen von 45.000,00 €, entsprechend 3.750,00 € monatlich, berechnet. Beiträge zur Rentenversicherung werden mindestens nach einem Einkommen von 3.900,00 € pro Jahr, entsprechend 325,00 € monatlich, berechnet.
Berechnungsgrundlage für die Höchstbeiträge zur Rentenversicherung ist die Beitragsbemessungsgrenze, die im Jahr 2010 bei 66.000,00 € pro Jahr (West) bzw. 55.800,00 € (Ost), entsprechend 5.500,00 € monatlich (West) bzw. 4.650,00 € (Ost), liegt.

Fälligkeit der Beiträge, Rechtsfolgen bei Zahlungsverzug

Die Beiträge zur Renten-, Kranken- und Pflegeversicherung sind am Fünften des Folgemonats fällig. Beispiel: Beiträge für den Monat Januar sind bis zum 5. Februar zu zahlen.
Kommt der Versicherte seinen Zahlungsverpflichtungen nur zum Teil nach, werden die Zahlungen vorrangig zur Begleichung der Beitragsrückstände in der Kranken- und Pflegeversicherung verwandt. Rentenanwartschaften können nur insoweit begründet werden, als der Versicherte seine Beitragsanteile an die KSK entrichtet hat. Eine Verletzung von Zahlungsverpflichtungen wird somit negative Auswirkungen auf künftige Leistungsansprüche aus der Rentenversicherung haben. Besondere Auswirkungen zieht ein Zahlungsverzug für den Bereich der Kranken- und Pflegeversicherung nach sich: Wächst der Zahlungsrückstand auf die Summe von zwei Monatsbeiträgen zur Kranken- und Pflegeversicherung an, droht das Ruhen aller Krankenversicherungsleistungen (z. B. Arzneimittel, ärztliche Behandlung, Krankengeld).
Säumige Beitragszahlung kann somit in relativ kurzer Zeit zum Verlust des Versicherungsschutzes führen. Zur Vermeidung derartiger Nachteile empfiehlt es sich, am Beitragseinzugsverfahren teilzunehmen oder einen Dauerauftrag einzurichten.

Vorgezogenes Krankengeld – eine Gestaltungsmöglichkeit in der gesetzlichen Krankenversicherung

Zu den Leistungen aus der gesetzlichen Krankenversicherung gehört u.a. der Anspruch auf Krankengeld. Hiermit wird der durch eine längerfristige Arbeitsunfähigkeit entstehende Einkommensausfall abgesichert. Die Höhe des Krankengeldes beträgt 70 Prozent desjenigen Arbeitseinkommens, welches der Beitragsbemessung der letzten zwölf Kalendermonate vor Beginn der Arbeitsunfähigkeit zugrunde gelegen hat. Der Krankengeldanspruch beginnt mit der siebten Woche der Arbeitsunfähigkeit. Es gilt also dieselbe Regelung wie für Arbeitnehmer, die in den ersten sechs Wochen der Arbeitsunfähigkeit einen Lohnfortzahlungsanspruch gegenüber ihrem Arbeitgeber haben.
Selbständige Künstler und Publizisten haben keinen Arbeitgeber und somit auch keinen Lohnfortzahlungsanspruch in den ersten sechs Wochen der Arbeitunfähigkeit. Für sie besteht die Möglichkeit, im Rahmen von Wahltarifen, die von den gesetzlichen Krankenkassen angeboten werden, bei Zahlung von zusätzlichen Prämien den Leistungsanspruch auszugestalten. Diese zusätzlichen Beträge sind jedoch direkt an die Krankenkasse und nicht an die Künstlersozialkasse zu zahlen.
Entsprechende Informationen sowohl zur Beitragshöhe als auch zum Beginn des vorgezogenen Krankengeldes sollten direkt bei der Krankenkasse eingeholt werden.

Verfahren bei der KSK

Im Verhältnis zu den selbständigen Künstlern und Publizisten nimmt die KSK im Wesentlichen zwei Hauptaufgaben wahr: Zum einen die Feststellung der Versicherungspflicht nach dem KSVG und zum anderen die Berechnung, Einziehung und Abführung der Versicherungsbeiträge.

Feststellung der Versicherungspflicht nach dem KSVG

Die KSK prüft anhand eines ausführlichen Fragebogens, ob die gesetzlichen Voraussetzungen für die Versicherungspflicht nach dem KSVG vorliegen und ob gegebenenfalls Ausnahmetatbestände zu beachten sind. Elementarer Bestandteil dieser Prüfung ist die Auswertung von Tätigkeitsnachweisen, mit denen ein selbständiger Künstler bzw. Publizist seine Zugehörigkeit zu dem versicherungspflichtigen Personenkreis glaubhaft machen muss.

Sind alle Versicherungsvoraussetzungen erfüllt, erteilt die KSK einen Feststellungsbescheid. Sie nimmt gegenüber derjenigen gesetzlichen Kranken- bzw. Pflegekasse, die der Versicherte gewählt hat, und gegenüber der Datenstelle des Rentenversicherungsträgers die Anmeldung vor.

Die Versicherungspflicht nach dem KSVG beginnt grundsätzlich mit dem Tage, an dem der Versicherte sich bei der KSK oder bei einem anderen Sozialversicherungsträger gemeldet hat. Besteht zum Zeitpunkt der Meldung bei der KSK Arbeitsunfähigkeit, beginnt die Versicherungspflicht erst mit Wiedereintritt der Arbeitsfähigkeit.

Für die Leistungen aus dem Versicherungsverhältnis nach dem KSVG sind ausschließlich die Leistungsträger, d.h. die gesetzliche Kranken- und Pflegekasse sowie die Deutsche Rentenversicherung zuständig. Über die richtigen Ansprechpartner in Leistungsfragen informiert die KSK in ihrem Feststellungsbescheid.

Beendet der Versicherte seine selbständige künstlerische/publizistische Tätigkeit, endet auch seine Versicherungspflicht nach dem KSVG. Der Versicherte ist verpflichtet, eine Änderung in seinen Tätigkeiten der KSK unverzüglich mitzuteilen. Entsprechendes gilt auch, wenn einer der oben Seite 313 ff. aufgeführten Sachverhalte eintritt.

Einziehung und Abführung der Versicherungsbeiträge

Die KSK fungiert als „Einzugsstelle" für die Beitragsanteile der Versicherten. Sie errechnet die Höhe der Beitragsforderung, erteilt dem Versicherten hierüber eine spezifizierte Aufstellung und überwacht die Einhaltung der Zahlungsverpflichtungen durch den Versicherten. Sobald der Versicherte seinen Beitragsanteil gezahlt hat, fügt die KSK den „zweiten Beitragsanteil" hinzu und führt die Gesamtsozialversicherungsbeiträge an die gesetzliche Kranken-, Pflege- und Rentenversicherung ab.

Für eventuelle Fragen zur Beitragshöhe, zu Zahlungsmodalitäten oder zum Stand des Beitragskontos steht die KSK als alleiniger Ansprechpartner zur Verfügung.
Gegen Ende eines Kalenderjahres werden alle nach dem KSVG versicherten Künstler und Publizisten nach ihrem voraussichtlichen Arbeitseinkommen für das nachfolgende Kalenderjahr gefragt. Nach dem KSVG ist eine entsprechende Meldung bis zum 1. Dezember eines Jahres abzugeben. Die KSK benötigt die Angaben zum voraussichtlichen Arbeitseinkommen zur Berechnung der monatlichen Versicherungsbeiträge. Zum voraussichtlichen Arbeitseinkommen siehe oben Seite 315 ff.

Befreiung von der Krankenversicherungspflicht

Berufsanfänger und Höherverdienende können zugunsten einer privaten Kranken- und Pflegeversicherung einen Antrag auf Befreiung von der gesetzlichen Kranken-/Pflegeversicherungspflicht stellen. Eine Befreiungsmöglichkeit von der Rentenversicherungspflicht existiert nicht. Dies gilt auch dann, wenn eine anderweitige Absicherung z. B. durch einen Lebensversicherungsvertrag bereits besteht.

Befreiung von der Krankenversicherungspflicht als Berufsanfänger

Berufsanfänger können sich von der gesetzlichen Krankenversicherungspflicht befreien lassen. Voraussetzung ist der Nachweis einer privaten Krankenversicherung. Üblicherweise wird der Befreiungsantrag im Rahmen des Feststellungsverfahrens zur grundsätzlichen Versicherungspflicht gestellt. Spätestens ist er drei Monate nach Erteilung eines Feststellungsbescheides über die Versicherungspflicht nach dem KSVG zu stellen. Richtiger Adressat für einen Befreiungsantrag ist die KSK.
Wer als Berufsanfänger von der Krankenversicherungspflicht befreit worden ist, bleibt mindestens für den Zeitraum seiner Berufsanfängerzeit an diese Befreiung gebunden. Eine Rückkehr in die gesetzliche Krankenversicherung ist nach Ablauf der Drei- bzw. Fünf-Jahres-Frist möglich, wenn der Versicherte dies wünscht und rechtzeitig vor Ablauf der Berufsanfängerzeit gegenüber der KSK ausdrücklich erklärt.
Nach Ablauf der Drei- bzw. Fünf-Jahres-Frist wird die Befreiung unwiderruflich. Eine Mitgliedschaft in der gesetzlichen Krankenversicherung ist für den Rest der beruflichen Laufbahn als selbständiger Künstler/ Publizist ausgeschlossen.

Befreiung als Höherverdienender

Wenn das Arbeitseinkommen aus selbständiger künstlerischer oder publizistischer Tätigkeit für einen Zeitraum von drei Kalenderjahren eine bestimmte Grenze überschritten hat, besteht auch für Personen, die nicht mehr Berufsanfänger sind, die Möglichkeit der Befreiung von der Krankenversicherungspflicht.

Zur Höhe der Einkommensgrenze: Wer im Jahre 2010 einen Befreiungsantrag stellen möchte, muss in dem Zeitraum 2007 bis 2009 ein Einkommen von mehr als 144.450,00 € erzielt haben. Antragsfrist: 31. März 2010.
Der Befreiungsantrag kann anlässlich des Feststellungsverfahrens über die grundsätzliche Versicherungspflicht nach dem KSVG gestellt werden. Er kann aber auch dann gestellt werden, wenn die Versicherungspflicht nach dem KSVG bereits durchgeführt wird. Im letzteren Fall muss der Antrag bis zum 31. März des auf den Drei-Jahres-Zeitraum folgenden Kalenderjahres gestellt werden.
Eine einmal ausgesprochene Befreiung von der Versicherungspflicht als Höherverdienender kann nicht widerrufen werden. Ein Wiedereintritt in die gesetzliche Krankenversicherung aufgrund einer Tätigkeit als selbständiger Künstler oder Publizist ist generell ausgeschlossen.

Auswirkung einer Befreiung von der Krankenversicherungspflicht auf die Pflegeversicherung

Es gilt der Grundsatz: Die Pflegeversicherung folgt der Krankenversicherung. Wer sich also zugunsten einer privaten Krankenversicherung von der gesetzlichen Krankenversicherungspflicht nach dem KSVG befreien lässt, muss auch das Risiko der Pflegebedürftigkeit privat absichern.

Anspruch auf Beitragszuschüsse

Die KSK gewährt selbständigen Künstlern und Publizisten, die von der Krankenversicherungspflicht befreit worden sind, auf Antrag einen Zuschuss zu ihren Aufwendungen zur privaten Kranken- und Pflegeversicherung. Die Höhe des Zuschusses richtet sich nach dem Arbeitseinkommen und nach den Aufwendungen für die private Kranken- und Pflegeversicherung. Die Zuschussberechnung folgt grundsätzlich den Prinzipien der Berechnung der gesetzlichen Krankenversicherungsbeiträge, wobei die Zuschusshöhe nach oben durch die Hälfte der Prämienaufwendungen für die private Versicherung begrenzt ist.
Selbständige Künstler und Publizisten, die erwägen, einen Befreiungsantrag zu stellen, sollten unbedingt beachten, dass bei einem vergleichsweise geringen Arbeitseinkommen auch nur ein vergleichsweise geringer Zuschuss gewährt werden kann.
Wer als Berufsanfänger befreit ist, erhält Zuschüsse nur zu einer privaten Kranken- und Pflegeversicherung. Wer als Höherverdienender befreit ist, kann auch Zuschüsse zu einer freiwilligen gesetzlichen Kranken- und Pflegeversicherung beantragen.

Künstlersozialabgabe

Zur Finanzierung der Künstlersozialversicherung wird von allen Unternehmern, die regelmäßig künstlerische oder publizistische Werke oder Leistungen Dritter verwerten, die Künstlersozialabgabe erhoben. Es ist möglich, dass einem selbständigen Künstler/Publizisten einerseits die Vergünstigungen des KSVG zustehen und dass er andererseits auch zur Künstlersozialabgabe herangezogen wird. Dies ist dann der Fall, wenn er neben seiner eigenen künstlerischen/publizistischen Erwerbstätigkeit beispielsweise einen Verlag, eine Werbeagentur, ein Theater, ein Orchester, einen Chor oder einen Kunsthandel betreibt, Ausstellungen oder andere Veranstaltungen organisiert, bespielte Bild- und Tonträger herstellt oder eine Aus- und Fortbildungseinrichtung für künstlerische oder publizistische Tätigkeiten betreibt.
Ausführliche Informationen zur Künstlersozialabgabe sind auf Seite 281 ff. nachzulesen.

Kein „Konkurrenznachteil"

Abgabepflichtige Unternehmen müssen die Künstlersozialabgabe unabhängig davon zahlen, ob der einzelne Künstler oder Publizist versichert ist. Niemand braucht deshalb zu befürchten, durch die Versicherungspflicht bei den abgabepflichtigen Auftraggebern einen Nachteil zu haben.

Sozialversicherung der Scheinselbständigen und arbeitnehmerähnlichen Selbständigen

Fotografen, die abhängige und fremdbestimmte Arbeit leisten, sind Arbeitnehmer. Für sie besteht eine Versicherungspflicht in der gesetzlichen Sozialversicherung. Selbständige Fotografen arbeiten dagegen frei und unabhängig von fremden Weisungen. Sie sind zwar in der Regel künstlersozialversicherungspflichtig, doch besteht für sie keine Pflichtmitgliedschaft in der gesetzlichen Sozialversicherung.
Zwischen dem abhängigen Beschäftigungsverhältnis und der selbständigen Berufsausübung gibt es eine Grauzone, in der oft nur schwer zu entscheiden ist, zu welchem dieser beiden Bereiche die jeweils ausgeübte Tätigkeit gehört. Das Gesetz unterscheidet hier zwischen den scheinselbständigen Arbeitnehmern und den arbeitnehmerähnlichen Selbständigen. Für diese Gruppen gelten unterschiedliche Regeln.

Scheinselbständige Arbeitnehmer

Die verschärfte Situation auf dem Arbeitsmarkt hat zu einem Anstieg der Scheinselbständigkeit geführt. Immer häufiger wird eine Tätigkeit als selbständige Berufsausübung oder freie Mitarbeit deklariert, obwohl tatsächlich ein abhängiges Beschäftigungsverhältnis wie bei einem Arbeitnehmer vorliegt. Zweifellos besteht für solche scheinselbständigen Arbeitnehmer eine Versicherungspflicht in allen Zweigen der Sozialversicherung. Der Nachweis einer abhängigen Beschäftigung ist für die Sozialversicherungsträger in solchen Fällen oft nur schwer zu führen, doch liegt die Beweislast für die Scheinselbständigkeit bei ihnen und nicht bei demjenigen, bei dem die selbständige Berufsausübung zweifelhaft ist.

Merkmale der Scheinselbständigkeit

Folgende Merkmale können ein abhängiges Beschäftigungsverhältnis und damit die Scheinselbständigkeit eines „freien Mitarbeiters" indizieren:

- Die Person, deren Status zu beurteilen ist, beschäftigt im Zusammenhang mit ihrer Tätigkeit regelmäßig keinen versicherungspflichtigen Arbeitnehmer, dessen Arbeitsentgelt aus diesem Beschäftigungsverhältnis die Geringfügigkeitsgrenze von regelmäßig 400,00 € im Monat übersteigt.
- Die betreffende Person ist auf Dauer und im Wesentlichen nur für einen Auftraggeber tätig.
- Ihr Auftraggeber oder ein vergleichbarer Auftraggeber lässt entsprechende Tätigkeiten regelmäßig durch von ihm beschäftigte Arbeitnehmer verrichten.
- Ihre Tätigkeit lässt typische Merkmale unternehmerischen Handelns nicht erkennen.
- Ihre Tätigkeit entspricht dem äußeren Erscheinungsbild nach der Tätigkeit, die sie für denselben Auftraggeber zuvor aufgrund eines Beschäftigungsverhältnisses ausgeübt hatte.

Generell spricht eine Tätigkeit nach Weisungen und eine Eingliederung in die Arbeitsorganisation des Auftraggebers für eine abhängige Beschäftigung. Aber auch wenn keine Weisungsgebundenheit besteht und keine Eingliederung in einen fremden Betrieb feststellbar ist, kann die für einen Arbeitnehmer typische Abhängigkeit gegeben sein, sofern die oben aufgeführten Merkmale erfüllt sind.

Nichtbeschäftigung von Arbeitnehmern

Die Beschäftigung von Arbeitnehmern ist ein typisches Kennzeichen der selbständigen Berufsausübung, denn ein abhängig Beschäftigter hat nicht die Möglichkeit, die von ihm zu erbringende Arbeitsleistung auf andere Personen zu übertragen. Umgekehrt ist die Nichtbeschäftigung von Arbeitnehmern als Indiz dafür zu werten, dass ein abhängiges Beschäftigungsverhältnis (Scheinselbständigkeit) besteht.

Bindung an einen Auftraggeber

Wer nicht nur vorübergehend, sondern auf Dauer und im Wesentlichen nur für einen Auftraggeber arbeitet, kann durch diese Bindung an einen einzigen Kunden in das für einen Arbeitnehmer typische Abhängigkeitsverhältnis geraten. Die Sozialversicherungsträger gehen davon aus, dass jemand im Wesentlichen nur für einen Auftraggeber tätig ist, wenn er innerhalb eines Kalenderjahres mindestens fünf Sechstel seiner gesamten beruflichen Einkünfte aus der Tätigkeit für einen Auftraggeber erzielt.
Eine Tätigkeit für mehrere Auftraggeber liegt auch dann vor, wenn jemand nacheinander für verschiedene Kunden arbeitet. Wer dagegen zeitlich begrenzte Auftragsverhältnisse mit demselben Auftraggeber regelmäßig wiederholt, ist letztlich nur für einen Auftraggeber tätig. In Zweifelsfällen wird es darauf ankommen, ob die Person, deren Status zu beurteilen ist, nach ihrem Unternehmenskonzept die Zusammenarbeit mit mehreren Auftraggebern anstrebt und ob dieses Konzept nach den tatsächlichen und rechtlichen Gegebenheiten auch realisierbar ist.

Verrichtung entsprechender Tätigkeiten durch Arbeitnehmer

Wenn der Auftraggeber die Tätigkeiten, die der freie Mitarbeiter ausführen soll, in seinem Betrieb üblicherweise von Arbeitnehmern verrichten lässt, so ist das ein Indiz für die Scheinselbständigkeit des beauftragten Unternehmers. Dasselbe gilt für den Fall, dass zwar nicht der konkrete Kunde, wohl aber vergleichbare Auftraggeber solche Tätigkeiten regelmäßig von Arbeitnehmern und nicht von freien Mitarbeitern ausführen lassen. Bei der Überprüfung dieses Kriteriums kommt es entscheidend darauf an, ob die Tätigkeit des freien Mitarbeiters und die Tätigkeiten, die der Auftraggeber oder ein vergleichbarer Auftraggeber regelmäßig durch von ihm beschäftige Arbeitnehmer verrichten lassen, einander entsprechen. Ist bei einem Vergleich dieser Tätigkeiten kein wesentlicher Unterschied festzustellen, spricht das für ein abhängiges Beschäftigungsverhältnis des „freien" Mitarbeiters.

Fehlen der typischen Merkmale unternehmerischen Handelns

Ein weiteres Kennzeichen der Scheinselbständigkeit ist das Fehlen der unternehmerischen Entscheidungsfreiheit. Wer über Einkaufs- und Verkaufspreise, den Warenbezug, die Einstellung von Personal oder den Einsatz von Maschinen und Kapital nicht eigenständig entscheiden kann, gehört nicht zum Kreis der Personen, die selbständig tätig sind.

Übereinstimmung der Tätigkeit mit zuvor ausgeübter abhängiger Beschäftigung

Wenn eine Tätigkeit, die jemand als freier Mitarbeiter erbringt, nach ihrem äußeren Erscheinungsbild der Tätigkeit entspricht, die er zuvor für denselben Auftraggeber als abhängig beschäftigter Arbeitnehmer verrichtet hat, so spricht das für einen Fortbestand der abhängigen Beschäftigung unter dem Deckmantel der (scheinbaren) Selbständigkeit.

Statusfeststellungsverfahren

Für die Beteiligten ist es oft sehr schwierig festzustellen, ob ihre Vertragsbeziehung als abhängiges Beschäftigungsverhältnis einzustufen ist oder ob eine selbständige Tätigkeit vorliegt. In solchen Fällen besteht die Möglichkeit, den sozialversicherungsrechtlichen Status verbindlich feststellen zu lassen und so die notwendige Rechtssicherheit herzustellen. In den Fällen, in denen ein Arbeitgeber (z.B. ein selbständiger Fotograf) seinen Ehegatten, seinen Lebenspartner oder seine Kinder als „freie Mitarbeiter" beschäftigt oder ein solches Beschäftigungsverhältnis zwischen einer GmbH und den nahen Angehörigen des geschäftsführenden Gesellschafters besteht, sind die Einzugsstellen für die Sozialversicherungsbeiträge sogar verpflichtet, eine solche Statusfeststellung zu beantragen (§ 7 a Abs. 1 Satz 2 SGB IV).
Für die Durchführung des Verfahrens zur Statusfeststellung ist die Deutsche Rentenversicherung Bund (DRV) zuständig. Die Statusentscheidungen der DRV sind für die anderen Sozialversicherungsträger verbindlich.
Außer von den Einzugsstellen und den anderen Versicherungsträgern kann der Antrag auf Statusfeststellung von jedem gestellt werden, dessen Vertragsbeziehung klärungsbedürftig ist. Antragsberechtigt sind also der Auftraggeber/Arbeitgeber und der Auftragnehmer/Arbeitnehmer. Es genügt, wenn einer der Beteiligten Zweifel hat und deshalb die Statusentscheidung beantragt.
Das Statusfeststellungsverfahren ist nur für die Fälle vorgesehen, in denen objektive Zweifel an dem sozialversicherungsrechtlichen Status bestehen. Deshalb bedarf es keiner Entscheidung durch die DRV, wenn zwischen den Beteiligten Einvernehmen darüber besteht, dass beispielsweise ein abhängiges Beschäftigungsverhältnis vorliegt. Das Anfrageverfahren ist außerdem dann nicht durchzuführen, wenn eine Einzugsstelle oder ein anderer Versicherungsträger bereits ein Verwaltungsverfahren eingeleitet hat, in dem auch über das Bestehen einer versicherungspflichtigen Beschäftigung entschieden werden kann (z.B. durch Ankündigung einer Betriebsprüfung).
Der Antrag auf Statusfeststellung ist schriftlich bei der DRV zu stellen. Das kann formlos oder mit dem dafür vorgesehenen Formular geschehen. Das Formular kann bei der DRV in Berlin angefordert und auch direkt von der DRV-Webseite heruntergeladen werden:

- http://www.deutsche-rentenversicherung.de > Formulare und Publikationen > Formulare > Versicherung > Statusfeststellung > Antrag auf Feststellung des sozialversicherungsrechtlichen Status (Formular V027)

Der Antrag, dem die von den Beteiligten getroffenen schriftlichen Vereinbarungen beizufügen sind, ist an folgende Anschrift zu schicken:

- Deutsche Rentenversicherung, Ruhrstraße 2, 10709 Berlin

Wenn nur einer der Beteiligten (z.B. Auftragnehmer) die Statusfeststellung beantragt, informiert die DRV den anderen Beteiligten (z.B. Auftraggeber) und zieht ihn zu dem Verfahren hinzu. Beide Parteien werden aufgefordert, innerhalb einer angemessenen Frist die für die Statusentscheidung benötigten weiteren Angaben zu machen und alle erforderlichen Unterlagen vorzulegen. Ist der Sachverhalt geklärt, teilt die DRV den Beteiligten mit, welche Entscheidung sie zu treffen beabsichtigt und auf welche Tatsachen sie ihre Entscheidung stützen will. Beide Parteien erhalten Gelegenheit, sich zu der beabsichtigten Entscheidung zu äußern.
Nach Abschluss des Anhörungsverfahrens ergeht an beide Parteien ein Bescheid, in dem der Status der Person, deren Erwerbstätigkeit zu beurteilen ist, sowie das Bestehen oder Nichtbestehen der Sozialversicherungspflicht verbindlich festgestellt wird. Gegen den Bescheid ist Widerspruch möglich, sofern der beantragte Status nicht zuerkannt wird oder die Entscheidung aus einem anderen Grund für einen der Beteiligten nachteilig ist. Widerspruch und Klage gegen den Statusbescheid haben aufschiebende Wirkung.

Beginn der Sozialversicherungspflicht bei Feststellung eines abhängigen Beschäftigungsverhältnisses

Grundsätzlich beginnt die Sozialversicherungspflicht bei abhängig Beschäftigten mit Aufnahme der Beschäftigung. Wer daher einen Mitarbeiter des Fotostudios als selbständigen Fotografen behandelt, obwohl der Mitarbeiter tatsächlich den Status eines Arbeitnehmers hat, muss unter Umständen damit rechnen, dass er rückwirkend ab dem Beginn der „freien Mitarbeit" zur Nachzahlung von Sozialversicherungsbeiträgen herangezogen wird.
Abweichend von dieser Regel verschiebt sich der Beginn der Versicherungspflicht, wenn innerhalb eines Monats nach Aufnahme einer Erwerbstätigkeit eine Statusfeststellung beantragt und in dem anschließenden Verfahren von der DRV ein abhängiges Beschäftigungsverhältnis festgestellt wird. In diesem Fall tritt die Sozialversicherungspflicht erst mit der Bekanntgabe der Statusentscheidung ein, sofern der Beschäftigte zustimmt und er für den Zeitraum zwischen Aufnahme der Beschäftigung und der Entscheidung eine Absicherung gegen das finanzielle Risiko von Krankheit und zur Altersvorsorge vorgenommen hat, die der Art nach den Leistungen der gesetzlichen Krankenversicherung und der gesetzlichen Rentenversicherung entspricht.

Arbeitnehmerähnliche Selbständige

Für arbeitnehmerähnliche Selbständige besteht eine Versicherungspflicht in der gesetzlichen Rentenversicherung. Arbeitnehmerähnliche Selbständige sind Personen, die im Zusammenhang mit ihrer selbständigen Tätigkeit regelmäßig keinen versicherungspflichtigen Arbeitnehmer beschäftigen und auf Dauer und im Wesentlichen nur für einen Auftraggeber tätig sind (§ 2 Satz 1 Nr. 9 SGB VI).

Im Unterschied zu den scheinselbständigen Arbeitnehmern müssen die arbeitnehmerähnlichen Selbständigen die Beiträge zur gesetzlichen Rentenversicherung in voller Höhe selbst aufbringen. Sie haben also nicht nur den Arbeitnehmeranteil, sondern auch den Arbeitgeberanteil zu zahlen und an die DRV abzuführen. Allerdings können sie für die ersten drei Jahren ihrer arbeitnehmerähnlichen Selbständigkeit eine Befreiung von der Versicherungspflicht beantragen. Ein solcher Befreiungsantrag ist außerdem möglich, wenn jemand nach Vollendung des 58. Lebensjahres und nach einer zuvor ausgeübten selbständigen Tätigkeit erstmals als arbeitnehmerähnlicher Selbständiger versicherungspflichtig wird (§ 6 Abs.1 a SGB VI).

Wer als selbständiger Künstler oder Publizist Mitglied der Künstlersozialkasse wird, bleibt dort versichert, auch wenn sich sein Status später ändert und er ein arbeitnehmerähnlicher Selbständiger im Sinne des § 2 Satz 1 Nr. 9 SGB VI wird. Da die KSK-Mitgliedschaft für Selbständige sehr günstig ist, weil sie die Beiträge zur Rentenversicherung nicht in voller Höhe, sondern nur zur Hälfte selbst bezahlen müssen, hat diese vorteilhafte Regelung nach dem in der Sozialversicherung geltenden Günstigkeitsprinzip bei arbeitnehmerähnlichen Künstlern und Publizisten den Vorrang vor den Bestimmungen, die das Gesetz für arbeitnehmerähnliche Selbständige vorsieht.

Gesetzliche Unfallversicherung

Entstehung und Entwicklung der gesetzlichen Unfallversicherung

Die gesetzliche Unfallversicherung wurde vor über 100 Jahren als ein wichtiger Teil der Sozialversicherung geschaffen. Die Arbeitnehmer erhielten bei Arbeitsunfällen einen Anspruch gegen eine Institution, die neu geschaffen wurde: die Berufsgenossenschaft. Mitglieder der Berufsgenossenschaften sind die Unternehmer, die auch die Ausgaben finanzieren müssen. Verunglückte Arbeiter mussten jetzt nicht mehr gegen ihren Arbeitgeber klagen, um eine Entschädigung zu erhalten. Aber auch für die Arbeitgeber brachte das neue Gesetz Vorteile: Für sie wäre es – z.B. bei Massenunfällen – gar nicht möglich gewesen, aus eigener Kraft alle Schadensersatzansprüche zu befriedigen.

Die Berufsgenossenschaften sind nach Berufsgruppen eingeteilt, weil jeder Gewerbezweig seine eigenen Gefahren und Lasten selber tragen soll. Die Buchdrucker-Berufsgenossenschaft gründete sich als erste gewerbliche Berufsgenossenschaft am 7. Januar 1885 in Leipzig. Heute gibt es zwölf gewerbliche und neun landwirtschaftliche Berufsgenossenschaften. Für die Fotografen und Fotodesigner ist die Berufsgenossenschaft Energie Textil Elektro Medienerzeugnisse (ETEM) der zuständige Unfallversicherungsträger. Die BG ETEM ist zum 1. Januar 2010 aus dem Zusammenschluss der BG Druck und Papierverarbeitung mit der BG Energie Textil Elektro entstanden. Innerhalb der neuen BG ETEM wird die Unfallversicherung der Fotografen und Fotodesigner organisatorisch von der Branchenverwaltung Druck und Papierverarbeitung mit Sitz in Wiesbaden betreut.

Die Aufgaben der Berufsgenossenschaften wurden im Laufe der Jahre erheblich erweitert. So wurde bereits kurze Zeit nach der Gründung auch die Aufgabe, sich um die Sicherheit der Mitarbeiter zu kümmern, in die Hände der Berufsgenossenschaften gelegt, denn man erkannte sehr bald: Unfälle verhüten ist besser als Unfälle entschädigen.

Organisation der gesetzlichen Unfallversicherung der Bundesrepublik

Die Berufsgenossenschaft ist eine Körperschaft des öffentlichen Rechts, d.h. Entscheidungen werden im Rahmen der Gesetze des öffentlichen Rechts getroffen. Sie wird von ihren Mitgliedern und Versicherten, für die sie da ist, selbst verwaltet. Diese Form der Verwaltung nennt man Selbstverwaltung. Wahlen für die Organe der Selbstverwaltung (Sozialwahlen) finden alle sechs Jahre statt. Wahlberechtigt sind bei der Berufsgenossenschaft ETEM die Arbeitnehmer und Unternehmer aus den Bereichen Energie, Textil, Elektro und Medienerzeugnisse. Arbeitgeber und Arbeitnehmer wählen jeweils eigene Vertreter (üblicherweise in Form von Listenwahlen) in die Vertreterversammlung. Diese wählt den Vorstand.

Versicherte Personen

Arbeitnehmer, Auszubildende, vorübergehend Beschäftigte, Heimarbeiter

Arbeitnehmer, vorübergehend Beschäftigte, Heimarbeiter und Auszubildende sind kraft Gesetzes versichert, ohne dass es dazu einer besonderen Erklärung oder einer Anmeldung bedarf. Entsprechendes gilt für den Ehegatten des Unternehmers im Rahmen eines Arbeitsverhältnisses.

Unternehmer

Jeder Unternehmer aus dem Zuständigkeitsbereich der BG ETEM (z.B. ein selbständiger Fotograf) ist nach der Satzung gegen die Folgen von Arbeitsunfällen und Berufskrankheiten pflichtversichert. Eine Besonderheit gilt allerdings bei Unternehmern, die keine Mitarbeiter beschäftigen. Für sie beginnt die Versicherung erst mit ihrer Meldung bei der Berufsgenossenschaft (§ 46 Abs. 1 Satz 2 der Satzung). Meldet sich ein solcher Unternehmer verspätet an, werden für zurückliegende Jahre keine Beiträge erhoben. Allerdings werden dann auch rückwirkend keine Arbeitsunfälle oder Berufskrankheiten entschädigt.
Keine Pflichtversicherung besteht für unternehmerähnlich tätige Gesellschafter oder Geschäftsführer einer GmbH. Sie können aber der Unfallversicherung freiwillig beitreten. Die Versicherung wird einen Tag nach Eingang des Antrags bei der Berufsgenossenschaft wirksam.

Meldepflicht bei Unternehmensgründung

Jede Unternehmensgründung muss der zuständigen Berufsgenossenschaft angezeigt werden. Die Anzeigepflicht besteht auch dann, wenn bereits bei der Gemeindebehörde ein Gewerbe angemeldet ist. Die Mitgliedschaft in der Berufsgenossenschaft beginnt mit der Eröffnung des Unternehmens oder der Aufnahme der vorbereitenden Arbeiten für das Unternehmen.

Versicherungsfälle

Arbeitsunfälle

Alle Arbeitsunfälle sind versichert. Ein Arbeitsunfall liegt vor, wenn

- die Tätigkeit, bei der der Unfall passiert ist, zu den versicherten Tätigkeiten gehört (nicht versichert sind unter anderem Mittagessen in der Kantine oder private Arbeiten, z.B. im Anschluss an die berufliche Tätigkeit);
- der Unfall mit der versicherten Tätigkeit zusammenhängt (dies ist z.B. nicht der Fall, wenn der Unfall auf Trunkenheit zurückzuführen ist);
- der Körperschaden mit dem Unfall zusammenhängt (dies ist nicht der Fall, wenn der Körperschaden zwar durch den Unfall erkennbar, offenkundig aber durch eine ganz andere Krankheit verursacht wird).

Die genaue Abgrenzung zwischen Arbeitsunfall und dem Unfall, der zum Privatbereich zählt, kann im Einzelfall schwierig sein. Dazu gibt es eine jahrzehntelange Rechtsprechung.

Wegeunfälle

Auch Wegeunfälle sind versichert. Als „Wegeunfälle" werden alle Unfälle bezeichnet, die sich auf dem direkten Weg von und zur Arbeitsstätte ereignen. Es muss also folgender Zusammenhang erfüllt sein:

- Der Unfall muss auf dem versicherten Weg passiert sein.
- Der Unfall muss mit diesem Weg zusammenhängen.
- Der Körperschaden muss – wie beim Arbeitsunfall – auf dem Unfall beruhen.

Der weitaus überwiegende Anteil der Unfälle auf dem Weg zur Arbeit ist hinsichtlich der Frage des Versicherungsschutzes völlig klar, da er auf dem üblichen, jeden Morgen und jeden Abend gegangenen bzw. gefahrenen Arbeitsweg geschieht. Aber es gibt auch Grenzfälle:

- Der versicherte Weg beginnt und endet an der Außentür des Hauses.
- Nur der unmittelbare Weg von und zu der Arbeits- oder Ausbildungsstätte ist versichert.
- Umwege sind – sofern sie nicht unbedeutend sind – nicht versichert.

Ausnahmen: Ein Umweg ist dann versichert, wenn ihn der Versicherte einschlägt, um schneller und sicherer zum Ziel zu gelangen (z.B. Umgehungsstraße), oder wenn er notwendig wird (z.B. Umleitung).

- Abwege – Wege, die vom unmittelbaren Weg abweichen und in eine andere Richtung als den Zielort (Wohnung oder Betrieb) führen – sind nicht versichert. Sie unterbrechen den versicherten Weg. Betritt ein Versicherter ein an dem unmittelbaren Weg liegendes Geschäft aus persönlichen Gründen, wird der Versicherungsschutz ebenfalls unterbrochen.
- Der Versicherungsschutz lebt nach einer kurzen Unterbrechung wieder auf, wenn der Versicherte sich wieder auf seinem üblichen Weg befindet.
- Der Versicherungsschutz ist endgültig erloschen, wenn der Heimweg aus eigenwirtschaftlichen Gründen mehr als zwei Stunden verspätet angetreten oder unterbrochen wird (z.B. Gasthausaufenthalt).

Berufskrankheiten

Erkrankungen sind einem Arbeitsunfall gleichgestellt, wenn sie durch den Beruf verursacht wurden. Als berufsbedingt anerkannt werden jedoch nur ganz bestimmte festgelegte Erkrankungen, wenn die Personengruppen durch die Arbeit den schädigenden Einwirkungen in erheblich höherem Grad als die überwiegende Bevölkerung ausgesetzt sind. Sie sind in einer Liste, der „Berufskrankheiten-Liste", zusammengestellt. Diese Liste wird von einem Expertengremium der Bundesregierung festgelegt. Eine weitere Bedingung für die Anerkennung einer Berufskrankheit ist auch wieder der enge Zusammenhang zwischen der Tätigkeit und der Erkrankung.

Die häufigsten Anzeigen auf Verdacht einer Berufskrankheit im Bereich der ETEM-Branchenverwaltung Druck und Papierverarbeitung: Hauterkrankungen, Wirbelsäulenerkrankungen, Lärmschwerhörigkeit, Atemwegserkrankungen und Erkrankungen durch Lösungsmittel.

Leistungen an Verletzte und Erkrankte

Verletztengeld Für die Dauer der Arbeitsunfähigkeit wird Verletztengeld gezahlt. Seine Höhe entspricht meist dem zuvor verdienten Nettoeinkommen. Das Verletztengeld wird bis zum Wiedereintritt der Arbeitsfähigkeit bzw. bis zum Beginn der Verletztenrente geleistet.

Übergangsgeld Während einer Maßnahme der beruflichen Rehabilitation wird Übergangsgeld gewährt. Es beträgt 68 Prozent bzw. 75 Prozent des Verletztengeldes, je nach den Familienverhältnissen.

Verletztenrente Bleibt durch einen Unfall ein dauernder Schaden zurück, wird Verletztenrente gezahlt. Gradmesser für den zurückgebliebenen Körperschaden ist die „Minderung der Erwerbsfähigkeit" (MdE). Hierunter versteht man, in welchem Umfang die Arbeitsmöglichkeiten auf dem gesamten Gebiet des Erwerbslebens durch den Unfall verschlossen bleiben. In der Praxis haben sich Erfahrungswerte herausgebildet, die Auskunft über die Höhe der MdE bei bestimmten Verletzungen geben. Bei einer geringfügigen MdE wird noch keine Rente gezahlt. Im Gesetz ist festgelegt dass die Erwerbsfähigkeit um mindestens 20 Prozent eingeschränkt sein muss. Die Vollrente (d.h. MdE 100 Prozent) beträgt Zweidrittel des Jahresarbeitsverdienstes.

Hinterbliebenenleistungen Stirbt der Verletzte an den Folgen des Arbeitsunfalls, werden Hinterbliebenenleistungen gezahlt. Witwen-/Witwerrente wird für 24 Monate gezahlt. Waisen erhalten eine Rente bis zur Vollendung des 18. Lebensjahres bzw., wenn sie weiter in Ausbildung sind, bis zum 27. Lebensjahr. Dabei wird das eigene Einkommen der Hinterbliebenen unter Berücksichtigung eines Freibetrages angerechnet.
Die Witwen-/Witwerrente und die Waisenrente wird um 40 Prozent des Betrages gekürzt, um den das eigene Einkommen des Hinterbliebenen monatlich einen Freibetrag übersteigt. Der Freibetrag erhöht sich für jedes waisenrentenberechtigte Kind. Die Freibeträge werden jährlich angepasst.

Weitere Leistungen Als weitere Leistungen gewährt die Berufsgenossenschaft unter den im Gesetz genannten Voraussetzungen: Hilfsmittel, Pflegegeld, Übergangsleistungen bei Berufskrankheiten, Leistungen zur Teilhabe am Arbeitsleben und zum Leben in der Gemeinschaft (z.B. Wohnungshilfe, Kraftfahrzeughilfe), Witwen-/Witwer- und Waisenbeihilfe, Sterbegeld, Rentenabfindung.

Heilbehandlung Das Gesetz fordert von den Berufsgenossenschaften, die Heilbehandlung mit allen geeigneten Mitteln zu gewährleisten. Das Recht auf Heilbehandlung ist zeitlich unbegrenzt.
Ein gezielt durchgeführtes Heilverfahren mit einem optimalen Heilergebnis ist die Voraussetzung für die Rehabilitation eines Verletzten. Deshalb muss jeder Versicherte, der durch einen Arbeitsunfall arbeitsun-

fähig wird, zunächst den Durchgangsarzt aufsuchen. Bei leichteren Verletzungen überweist der Durchgangsarzt den Patienten an einen Arzt seiner Wahl. Auch in diesen Fällen trägt die Berufsgenossenschaft die Kosten.
Stationäre Heilverfahren werden für Rechnung der Berufsgenossenschaft nur in besonderen, von der Berufsgenossenschaften ausgewählten Krankenhäusern oder in berufsgenossenschaftlichen Kliniken und Beratungsstellen (Unfallkliniken, Sonderstationen) durchgeführt. Diese Krankenhäuser sind hinsichtlich der Ausstattung und fachlichen Qualifikation der Ärzte besonders geeignet.

Berufliche Rehabilitation

Rehabilitation geht vor Rente. Durch die berufliche Rehabilitation soll der Verletzte entsprechend seiner Leistungsfähigkeit möglichst auf Dauer beruflich wieder eingegliedert werden. Ist ein Einsatz am alten Arbeitsplatz nicht möglich, arbeitet die Berufsgenossenschaft mit dem Verletzten und dem Betrieb zusammen an einer Umsetzung im Betrieb, die von der Berufsgenossenschaft finanziell gefördert wird. Ist eine Umsetzung nicht möglich, kann eine Umschulung in Frage kommen.

Berechnungsbeispiele zur Beitragshöhe

Die folgenden Berechnungsbeispiele verdeutlichen, welche Beiträge selbständige Fotografen und Fotodesigner für ihre eigene gesetzliche Unfallversicherung und für die Unfallversicherung ihrer angestellten Mitarbeiter an die BG ETEM zu zahlen haben (Stand: Beitragsjahr 2009):

Regelbeitrag

Die Höhe des Beitrags ist abhängig von der gewählten Versicherungssumme. Die Versicherungssumme kann frei zwischen der Mindestversicherungssumme (in Westdeutschland 18.900,00 €, in Ostdeutschland 16.200,00 €) und der Höchstversicherungssumme (63.000,00 €) gewählt werden. Die Versicherungssumme ist unabhängig vom tatsächlichen Einkommen. Für einen ausschließlich als Fotograf bzw. Fotodesigner tätigen Selbständigen beträgt der Beitrag bei

Versicherungssumme	Beitrag
16.200,00 €	209,30 €
18.900,00 €	244,19 €
30.000,00 €	387,60 €
63.000,00 €	813,96 €

Beitragsnachlass

Nach zwei Jahren Mitgliedschaft nehmen Unternehmer am Nachlass/Zuschlagverfahren teil. Wer weniger Unfälle als der Durchschnitt seines Gewerbezweiges oder keine Unfälle hat, erhält bis zu zehn Prozent Nachlass auf den Beitrag.

Geldleistungen

Von der Höhe der Versicherungssumme hängt die Höhe der Geldleistungen im Falle eines Arbeitsunfalls ab. So beträgt zum Beispiel das tägliche Verletztengeld bei

Versicherungssumme	tägliches Verletztengeld
16.200,00 €	36,00 €
18.900,00 €	42,00 €
30.000,00 €	66,67 €
63.000,00 €	140,00 €

Die medizinische Versorgung und die Rehabilitation sind dagegen unabhängig von der Höhe der Versicherungssumme. Sie richten sich ausschließlich nach den medizinischen Erfordernissen.

Spezialversicherungen für Fotografen

Übersicht

Zu der Frage, welche Versicherungen ein selbständiger Fotograf für sich und sein Unternehmen abschließen sollte, kann es keine allgemeinen Empfehlungen geben. Der Versicherungsbedarf und der Nutzen einzelner Versicherungen hängt von der jeweiligen beruflichen und wirtschaftlichen Situation ab. Die folgende Übersicht muss sich deshalb darauf beschränken, die wichtigsten Spezialversicherungen für Fotografen kurz vorzustellen.

Berufshaftpflichtversicherung

Die Berufshaftpflichtversicherung gewährt Versicherungsschutz für Personen- und Sachschäden, die einem Dritten schuldhaft zugefügt werden und für die der Versicherungsnehmer aufgrund gesetzlicher Haftpflichtbestimmungen verantwortlich gemacht werden kann. In der Berufshaftpflichtversicherung ist meist auch die private Haftpflichtversicherung für den Versicherungsnehmer enthalten.
Fotografen haben die Möglichkeit, den Versicherungsschutz auszuweiten und durch eine Zusatzversicherung auch Schadenfälle und Schäden abzudecken, die speziell in ihrem Bereich auftreten können:

Zusatzdeckung für Bildjournalisten

Diese Zusatzversicherung deckt (bis zu der vereinbarten Höchstgrenze) Vermögensschäden aus der Verletzung von Persönlichkeitsrechten. Mitversichert sind also Haftpflichtansprüche, die daraus resultieren, dass der Bildjournalist beim Fotografieren ungewollt und nicht vorhersehbar die Persönlichkeitsrechte eines Menschen verletzt. Gedeckt sind außerdem Haftpflichtansprüche, die durch eine missbräuchliche Veröffentlichung von Fotos entstehen, sofern der Bildjournalist dafür in Anspruch genommen werden kann.
Nicht unter den Versicherungsschutz fallen Haftpflichtansprüche, bei denen der Bildjournalist die Verletzung von Persönlichkeitsrechten vorsätzlich herbeigeführt und/oder billigend in Kauf genommen hat. Ausgeschlossen sind außerdem gegenseitige Ansprüche zwischen dem Bildjournalisten und der Agentur, dem Verlag, der Zeitschrift etc., die die Fotos des Bildjournalisten vermarktet/veröffentlicht, sofern die Parteien wirtschaftlich miteinander verbunden sind.

Zusatzdeckung für Werbefotografen

Diese Zusatzversicherung deckt Schäden an fotografierten bzw. zu fotografierenden Sachen, die der Versicherungsnehmer gemietet, gepachtet oder geliehen hat oder die Gegenstand eines besonderen Verwahrvertrages sind. Gedeckt sind außerdem Schäden, die an fremden Sachen durch eine berufliche Tätigkeit des Versicherungsnehmers an oder mit diesen Sachen entstehen. Solche „Requisitenschäden",

für die im Rahmen der normalen Berufshaftpflichtversicherung kein Versicherungsschutz besteht, können über die Zusatzversicherung mitversichert werden.
Versicherungsschutz besteht allerdings nur bis zu einem bestimmten Höchstbetrag und in der Regel auch nur mit einer Selbstbeteiligung von 20 Prozent. Die Gesamtleistung des Versicherers für alle Schadensereignisse eines Versicherungsjahres bleibt auf das Doppelte des vereinbarten Höchstbetrages begrenzt. Außerdem ist die technische Ausrüstung (z.B. Kamera, Blitzgeräte) vom Versicherungsschutz ausgeschlossen.

Geschäftsversicherung für Fotostudios

Die Geschäftsversicherung bündelt verschiedene Einzelversicherungen. Sie umfasst in der Regel die Feuer-, Einbruch-, Diebstahl- und Raub-, Leitungswasser- und Sturmversicherung, durch die Schäden am Geschäftsinventar (Kamera, Blitzanlage, Mobiliar etc.) bis zur Höhe der Versicherungssumme abgedeckt werden. Wird auch die Betriebsunterbrechung versichert, so werden im Schadenfall zusätzlich die Kosten für ein Mietstudio, Rent-Geräte, Honorarausfall etc. bis zur Höhe der Versicherungssumme ersetzt.

Fotoapparate-Versicherung

Über eine Fotoapparateversicherung kann das gesamte fotografische Gerät von Berufsfotografen auf Neuwertbasis versichert werden. Der Einschluss von geliehenem Gerät ist tageweise möglich.
Versicherungsschutz besteht gegen das Abhandenkommen, die Zerstörung und die Beschädigung der versicherten Geräte. Der Versicherer trägt alle Gefahren, denen die versicherten Sachen während der Dauer der Versicherung ausgesetzt sind. Dazu gehören insbesondere folgende Gefahrensituationen:

- Transportmittelunfall
- Höhere Gewalt
- Brand, Blitzschlag, Explosion
- Leitungswasser
- Diebstahl und Einbruchdiebstahl
- Beraubung und räuberische Erpressung
- Bruch und Beschädigung

Vom Versicherungsschutz ausgenommen sind jedoch u.a. Witterungseinflüsse, Verschleiß, Verschmutzung, Verkratzen sowie Verlieren, Liegen-, Stehen- und Hängenlassen. Weitere Versicherungsausschlüsse ergeben sich aus den Versicherungsbedingungen.
Die Versicherung gilt weltweit während der Ruhe- und Gebrauchszeiten im Studio, in der Wohnung und auf Reisen. Werden die versicherten Sachen aus einem unbeaufsichtigt abgestellten Kraftfahrzeug gestohlen, besteht Versicherungsschutz nur unter den besonderen Voraussetzungen, die in den Versicherungsbedingungen genannt werden.

Der Versicherer ersetzt im Schadensfall nicht nur den Neuwert, sondern übernimmt außerdem die Kosten eines Leihgerätes bis zu 3 Prozent der Versicherungssumme für eine Dauer bis zu zehn Tagen. Versichert werden nur Geräte, für die eine Anschaffungsrechnung und eine Bestätigung des Steuerberaters vorliegt, aus der sich ergibt, dass die Geräte zum Betriebsvermögen gehören.
Die Prämiensätze für eine Fotoapparateversicherung liegen bei 2,9 Prozent (ohne Selbstbeteiligung im Schadenfall) bzw. 2,3 Prozent (bei einer Selbstbeteiligung von 250,00 €/Schaden) von der Gesamtversicherungssumme. Zu den Prämien kommt noch die gesetzliche Versicherungssteuer hinzu.

Foto-Negativ/Dia-Positiv-Versicherung

Diese Versicherung ersetzt die Produktionskosten (Honorare, Reisekosten, Nebenkosten etc.) für den Fall, dass an dem Fotomaterial durch eine versicherte Gefahr Schaden entstanden ist. Zu den versicherten Gefahren gehören insbesondere: Verlust oder Beschädigung, Feuer, Leitungswasser, Diebstahl, mut- und böswillige Handlungen Dritter. Außerdem sind versichert:

- Schäden durch mechanische Fehler oder Störungen in der Kamera
- Verblitzungsschäden
- Fehlerhafte Bearbeitung in fremden Labors

Für den Versicherungsnehmer besteht eine Selbstbeteiligung von 10 Prozent, mindestens aber 250,00 € und maximal 2.500,00 €.
Die Prämiensätze für eine Fotoproduktion, die bis zu vier Wochen dauert, liegen zwischen 0,7 Prozent und 1,1 Prozent der Versicherungssumme. Bei einer Produktionsdauer von mehr als vier Wochen wird ein Zuschlag erhoben, der jeweils individuell ermittelt wird. Zu den Prämiensätzen kommt noch eine Ausfertigungsgebühr sowie die gesetzliche Versicherungssteuer hinzu.

Rechtsschutzversicherung für Berufsfotografen

In der normalen Rechtsschutzversicherung besteht kein Versicherungsschutz für Rechtsstreitigkeiten aus schuldrechtlichen Verträgen, die mit der beruflichen Tätigkeit des Fotografen im Zusammenhang stehen. Auch die Geltendmachung oder die Abwehr von Schadensersatzansprüchen, die mit den Urheberrechten des Fotografen im Zusammenhang stehen, fällt normalerweise nicht unter den Versicherungsschutz der Rechtsschutzversicherung. Für Berufsfotografen besteht aber die Möglichkeit, den üblichen Versicherungsschutz zu erweitern und auch urheberrechtliche sowie vertragsrechtliche Streitigkeiten, die mit der beruflichen Tätigkeit des Fotografen im Zusammenhang stehen, gegen Zahlung einer entsprechend erhöhten Versicherungsprämie in die Rechtsschutzversicherung einzubeziehen.
Vor Abschluss eines solchen erweiterten Versicherungsvertrages sollte ein Fotograf allerdings prüfen, ob nicht bereits eine ausreichende Sicherung gegen die speziellen rechtlichen Risiken seines Berufes

besteht. Wer beispielsweise Mitglied des Bundes Freischaffender Foto-Designer (BFF) ist, kann die Rechtsberatung dieses Berufsverbandes in Anspruch nehmen, ohne dafür zusätzlich Kosten aufwenden zu müssen. Eine Rechtsschutzversicherung müsste also nur noch die verbleibenden Risiken (z.B. gerichtliche Durchsetzung von Honoraransprüchen aus Verträgen) abdecken. Ob es sich allerdings lohnt, dafür die vergleichsweise hohen Versicherungsprämien zu zahlen, sollte jeder Fotograf vor Abschluss einer Rechtsschutzversicherung genau prüfen.

Weitere Spezialversicherungen

Außer den bereits genannten Versicherungen werden einige weitere Spezialversicherungen für Fotografen angeboten:

Elektronikversicherung Mit dieser Versicherung kann sich ein Fotograf gegen nachteilige Veränderungen oder den Verlust von Daten, Datenträgern und Programmen absichern. Voraussetzung für den Versicherungsschutz ist eine gleichzeitige Hardware-Versicherung und eine mindestens einmal wöchentlich durchgeführte Datensicherung.

Technikversicherung Diese Versicherung überschneidet sich teilweise mit der oben bereits erwähnten Fotoapparateversicherung. Die Technikversicherung versichert die gesamte Technik im stationären und mobilen Einsatz, also nicht nur Fotokameras nebst Zubehör, sondern auch Netzwerkanlagen, Laptops, Auto-/Mobiltelefone und die sonstige Technik, die ein Fotograf für seine Arbeit benötigt. Werden für einzelne Produktionen weitere Geräte angemietet, besteht die Möglichkeit, den Versicherungsvertrag kurzfristig auf diese Geräte auszuweiten.

Ausfallversicherung Die Ausfallversicherung ersetzt die Mehrkosten und Schäden, die durch den dauernden oder zeitweiligen Ausfall von Darstellern (z.B. Fotomodellen) oder sonstigen versicherten Personen entstehen. Versichert werden Personen, deren Ausfall durch Krankheit, Unfall oder Tod eine Fotoproduktion stören, unterbrechen oder sogar vollständig unmöglich machen kann.

Anhang

Wichtige Adressen

Berufsverbände der freien Fotografen

BFF Bund Freischaffender Foto-Designer e.V.
Tuttlinger Straße 95
70619 Stuttgart
Telefon: 0711-473422
Telefax: 0711-475280
info@bff.de
www.bff.de

FreeLens Verband der Fotojournalistinnen
und Fotojournalisten e.V.
Steinhöft 5
20459 Hamburg
Telefon: 040-3006640
Telefax: 040-30066420
post@freelens.com
www.freelens.com

Sonstige Fotoverbände

BVPA Bundesverband der Pressebild-Agenturen
und Bildarchive e.V.
Sächsische Straße 63
10707 Berlin
Telefon: 030-3249917
Telefax: 030-3247001
info@bvpa.org
www.bvpa.org

DFA Deutsche Fotografische Akademie e.V.
Schloßstraße 39
75245 Neulingen
Telefon: 07237-9408
Telefax: 07237-5478
schmal@fh-pforzheim.de
www.deutsche-fotografische-akademie.com

DGPh Deutsche Gesellschaft für Photographie e.V.
Rheingasse 8-12
50676 Köln
Telefon: 0221-9232069
Telefax: 0221-9232070
dgph@dgph.de
www.dgph.de

GDT Gesellschaft Deutscher Tierfotografen e.V.
Körnerstraße 4
24103 Kiel
Telefon: 0431-9066364
Telefax: 0431-9066319
gdt.gs@gdtfoto.de
www.gdtfoto.de

PIC Professional Imagers Club e.V.
c/o Manfred Dilling
Birkenstraße 15
86495 Eurasburg
vorstand@pic-verband.de
www.pic-verband.de

Sozialversicherungsträger

Berufsgenossenschaft ETEM
Energie Textil Elektro Medienerzeugnisse
Branchenverwaltung Druck und Papierverarbeitung
Rheinstraße 6-8
65185 Wiesbaden
Telefon: 0611-1310
Telefax: 0611-131100
Info.dp@bgetem.de
www.bgetem.de

Künstlersozialkasse
Gökerstraße 14
26384 Wilhelmshaven
Servicetelefon: 0180-5752255
Telefax: 04421-7543586 (Versicherte)
Telefax: 04421-7543711 (Verwerter)
auskunft@kuenstlersozialkasse.de
www.kuenstlersozialkasse.de

Deutsche Rentenversicherung Bund
Ruhrstraße 2
10709 Berlin
Telefon: 0800-10004800
www.deutsche-rentenversicherung.de

Verwertungsgesellschaft

Verwertungsgesellschaft Bild-Kunst
Weberstraße 61
53113 Bonn
Telefon: 0228-915340
Telefax: 0228-9153439
info@bildkunst.de
www.bildkunst.de

Repräsentantenliste

Die nachfolgende Liste enthält die Namen und Anschriften von Repräsentanten, die Fotografen vertreten. Die Liste erhebt keinen Anspruch auf Vollständigkeit. Eine Aussage über die fachliche Qualität der einzelnen Agenturen ist mit der Aufnahme in die Liste nicht verbunden.

Berlin

Anette Blase
Agentur für Fotografen
Mommsenstraße 64
10629 Berlin
Telefon: 030-88717889
Telefax: 030-88718469
info@blase.com
www.blase.com

circle photographers
a division of blossom management GmbH
Greifswalder Straße 36/37
10119 Berlin
Telefon: 030-61694950
Telefax: 030-616949596
berlin@circlephotographers.com
www.circlephotographers.com

F1 Representation GmbH
Husemannstraße 9
10435 Berlin
Telefon: 030-43735694
Telefax: 030-22488378
info@f1-representation.de
www.f1-representation.de

Christa Klubert GmbH
Anklamer Straße 1 A
10115 Berlin
Telefon: 030-44315666
Telefax: 030-44315654
mail@christaklubert.com
www.christaklubert.com

Shotview Photographers Management GmbH
Kollwitzer Straße 38
10405 Berlin
Telefon: 030-48495890
Telefax: 030-484958915
info@shotview.com
www.shotview.com

Düsseldorf/Köln

Banrap GmbH
Kartäusergasse 36
50678 Köln
Telefon: 0221-9327729
hello@banrap.com
www.banrap.com

Christine Defrance
represents photographers
Venloer Straße 4
40477 Düsseldorf
Telefon: 0211-8767890
Telefax: 0211-87678920
defrance@defrance.de
www.defrance.de

Christa Klubert GmbH
Fürstenwall 228
40215 Düsseldorf
Telefon: 0211-5570606
Telefax: 0211-554008
mail@christaklubert.com
www.christaklubert.com

EXPOSE Photographers Conny Oelker
Schumannstraße 32
40237 Düsseldorf
Telefon: 0211-6396091
Telefax: 0211-6396329
conny@expose-photo.de
www.expose-photo.de

Rockenfeller & Göbels
Heinrich-Heine-Allee 38
40213 Düsseldorf
Telefon: 0211-325175
Telefax: 0211-325822
goebels@fotografenagentur.de
www.fotografenagentur.de

Tschangizian Photographers
Rethelstraße 47
40237 Düsseldorf
Telefon: 0211-24867580
info@tschangizian.de
www.tschangizian.de

Frankfurt/Offenbach

Irene Bischoff
Bismarckstraße 173
63067 Offenbach
Telefon: 069-7891477
Telefax: 069-7891477
mail@irenebischoff.de
www.irenebischoff.de

Cornelia Bopp Art Production
Bernardstraße 51
63067 Offenbach
Telefon: 069-280297
Telefax: 069-284871
ask.office@boppart.de
www.boppart.de

Andrea Heberger GmbH
Creative Pool & Coordination
Rudolf-Diesel-Straße 10
61267 Neu-Anspach
Telefon: 06081-961060
Telefax: 06081-961061
info@andreaheberger.de
www.andreaheberger.de

Kombinatrotweiss
Pfoser Jakel Christoph GbR
Kaiserstraße 69
60329 Frankfurt am Main
Telefon: 069-269168280
Telefax: 069-269168289
info@kombinatrotweiss.com
www.kombinatrotweiss.com

Gunda Patzke Photographers
Savignystraße 25
60325 Frankfurt am Main
Telefon: 069-726797
Telefax: 069-97203902
office@gundapatzke.com
www.gundapatzke.com

Schierke Photographers
Bornheimer Landstraße 52-54
60316 Frankfurt am Main
Telefon: 069-1700200
Telefax: 069-17002020
frankfurt@schierke.com
www.schierke.com

Hamburg

Karina Bednorz Fotografen
Große Bleichen 21
20354 Hamburg
Telefon: 040-37502150
karina@karinabednorz.de
www.karinabednorz.de

Claudia Bitzer Fotografenrepräsentanz
Achtern Styg 7
22549 Hamburg
Telefon: 040-84059684
Telefax: 040-84059686
cb@claudiabitzer.de
www.claudiabitzer.de

BRANSCH GmbH
Mühlenkamp 31
22303 Hamburg
Telefon: 040-2781890
Telefax: 040-27818910
support@bransch.net
www.bransch.net

Marion Eckhardt Agentur für Photographen
Falkenried 54
20251 Hamburg
Telefon: 040-4224011
Telefax: 040-4224029
info@marioneckhardt.com
www.marioneckhardt.com

Marion Enste-Jaspers
Servicepool für Creative Organisation
Herbert-Weichmann-Strasse 17
22085 Hamburg
Telefon: 040-222226
Telefax: 040-221062
servicepool@enste-jaspers.de
www.enste-jaspers.de

Hille Photographers
Hille Vossschulte
Erdmannstraße 10
22765 Hamburg
Telefon: 040-39909414
Telefax: 040-39909415
hille@hille-photographers.de
www.hille-photographers.de

Klein Photographen
Planckstraße 17
22765 Hamburg
Telefon: 040-41449840
Telefax: 040-414498420
info@kleinphotographen.com
www.kleinphotographen.com

NERGER M & O
Claudia Nerger
Tarpenbekstraße 129
20251 Hamburg
Telefon: 040-4500812
Telefax: 040-46093939
mail@nergermao.com
www.nergermao.com

officethirtysix
Photographers Management
Danziger Straße 36
20099 Hamburg
Telefon: 040-36006630
Telefax: 040-360066399
info@office36.com
www.office36.com

Marlene Ohlsson Photographers
Sierichstraße 20
22301 Hamburg
Telefon: 040-4014050
Telefax: 040-4905442
m@ohlsson.de
www.ohlsson.de

Birgit Stöver
Löwenstraße 21
20251 Hamburg
Telefon: 040-65062230
Telefax: 040-65062239
birgit@birgit-stoever.de
www.birgit-stoever.de

Kai Tietz Agentur der Photographen
Gellertstraße 2
22301 Hamburg
Telefon: 040-38038130
info@kaitietz.de
www.kaitietz.de

Traska Photographers
Silvia Trzaska
Arndtstraße 6
22085 Hamburg
Telefon: 040-46777301
Telefax: 040-46777303
mail@traska-photographers.de
www.traska-photographers.de

upfront photo-representation
Frank Kueppers
Katharinenstraße 30
20457 Hamburg
Telefon: 040-38615830
kueppers@upfront.de
www.upfront.de

Waldmann Solar GbR
Julia Waldmann & Stephanie Solar
Rosenhofstraße 26
20357 Hamburg
Telefon: 040-43190525
mail@waldmannsolar.de
www.waldmannsolar.de

München

Mary Bin
Rheinstraße 29
80803 München
Telefon: 089-35004840
Telefax: 089-35004841
office@marybin.de
www.marybin.de

represented by
Elke Froschauer
Diefenbachstraße 35
81479 München
Telefon: 089-74689814
Telefax: 089-74689815
mail@elke-froschauer.de
www.represented-by.de

Kathrin Hohberg GmbH & Co. KG
Agent für Photographen
Türkenstraße 9
80333 München
Telefon: 089-5441730
Telefax: 089-54417320
post@kathrin-hohberg.de
www.kathrin-hohberg.de

Kristina Korb
Photography
Film & Production
Georgenstraße 123
80797 München
Telefon: 0172-9155069
office@kristinakorb.com
www.kristinakorb.com

Agentur Mariane Linke
Innere Wiener Straße 9 a
81667 München
Telefon: 089-41917770
Telefax: 089-41917777
linke.photographers@real-net.de
www.agentur-linke.de

Photographenrepräsentanz
Lisa von Löwenstern
Niederthann 23
85301 Schweitenkirchen
Telefon: 08444-9177801
info@vonloewenstern.net
www.vonloewenstern.net

Agentur Neubauer
Neubauer & Springer GbR
Linprunstraße 38
80335 München
Telefon: 089-27294060
Telefax: 089-27294066
info@agenturneubauer.com
www.agenturneubauer.com

OBJECTIV PHOTOGRAPHEN
Kujawski & Stromeyer GbR
St. Anna Platz 1 a
80538 München
Telefon: 089-4107370
Telefax: 089-41073710
info@objectivphotographen.com
www.objectivphotographen.com

Schierke Photographers
Elisabethstraße 30
80798 München
Telefon: 089-74118862
muenchen@schierke.com
www.schierke.com

VS Verwilghen Spaeth
Repräsentanz für Fotografen
Mauerkircherstraße 12
81679 München
Telefon: 089-983395
Telefax: 089-9810299
info@verwilghen.com
www.verwilghen.com

Ausland

Art Department
48 Greene Street, 4th Floor
USA – New York
NY 10013
Telefon: 001-212-9254222
Telefax: 001-212-9254422
info@art-dept.com
www.art-dept.com

BRANSCH INC
131 Varick Street # 1006
USA – New York
NY 10013
Telefon: 001-212-4141622
Telefax: 001-212-4141399
newyork@bransch.net
www.bransch.net

Defrance Paris
79 bd Richard Lenoir
F – 75011 Paris
Telefon: 0033-1-79926303
paris@defrance.de
www.defrance.de

Ellison/Lee
18 E Preseverance works
38 Kingsland Road
GB – London E2 8DD
Telefon: 0044-20-77294599
Telefax: 0044-20-77290499
info@ellisonlee.com
www.ellisonlee.com

Fotografagentur LundLund
S:T Paulsgatan 1
S – 11846 Stockholm
Telefon: 0046-8-6405430
Telefax: 0046-8-6405431
karin@lundlund.com
www.lundlund.com

Schierke Photographers Paris SARL
90 rue des Archives
F – 75003 Paris
Telefon: 0033-1-44670670
Telefax: 0033-1-44670671
paris@schierke.com
www.schierke.com

Shotview Photographers Management GmbH
Kirchengasse 32/19
A – 1070 Wien
Telefon: 0043-1-220443
Telefax: 0043-1-5220657
k.rigaud@shotview.com
www.shotview.com

Literaturauswahl

Bundesverband der Pressebild-Agenturen und Bildarchive
Der Bildermarkt – Handbuch der Bildagenturen
Ausgabe 2010 (wird jährlich aktualisiert)
Bezug über www.bvpa.org > Publikationen

Mittelstandsgemeinschaft Foto-Marketing
Bildhonorare – Übersicht der marktüblichen Vergütungen für Bildnutzungsrechte
Ausgabe 2010 (wird jährlich aktualisiert)
Bezug über www.bvpa.org > Publikationen

Andri Jürgensen
Ratgeber Künstlersozialversicherung
Vorteile, Voraussetzungen, Verfahren
2. Auflage 2008
ISBN 978-3423056830

Daniel Kötz / Jens Brüggemann
Fotografie und Recht
Die wichtigsten Rechtsfälle für die Fotopraxis
1. Auflage 2009
ISBN 978-3826659447

Wolfgang Maaßen
Fotorecht
In: Artur-Axel Wandtke (Hrsg.), Medienrecht – Praxishandbuch
1. Auflage 2008
ISBN 978-3899494228

Wolfgang Maaßen
BFF Handbuch Verträge
Vertragsmuster, Formulare und Musterbriefe
2. Auflage 2006
ISBN 978-3933989321

Wolfgang Maaßen
Designers' Calculator
Kalkulationshilfen zur Berechnung von Designhonoraren
2. Auflage 2006
ISBN 978-3934482081 (Handbuch),
ISBN 978-3934482104 (Handbuch + CD)

Wolfgang Maaßen
Kunst oder Gewerbe?
Die Abgrenzung der künstlerischen von der gewerblichen Tätigkeit im
Steuerrecht, Handwerksrecht, Künstlersozialversicherungsrecht
und in anderen Rechtsbereichen
3. Auflage 2001
Bezug über www.pyramideverlag.de

Gernot Schulze
Meine Rechte als Urheber
Urheber- und Verlagsrechte schützen und durchsetzen
6. Auflage 2009
ISBN 978-3423052917

Endress Wanckel
Foto- und Bildrecht
3. Auflage 2009
ISBN 978-340658102

Nancy E. Wolff
The professional photographer's legal handbook
1. Auflage 2007
ISBN 978-1581154771

Fachzeitschriften

digit! – Das Profi-Magazin für digitale Bilder
Klie Verlagsgesellschaft mbH, Sichelnsteiner Weg 2, 34346 Hann. Münden
www.photopresse.de

EIKON – Internationale Zeitschrift für Photographie und Medienkunst
Österreichisches Institut für Photographie und Medienkunst, Museumsplatz 1 / e – 1.6, A – 1070 Wien
www.eikon.at

FreeLens Magazin – Fotojournalismus in der Medienwelt
FREELENS Media GmbH, Steinhöft 5, 20459 Hamburg
www.freelens.com

PHOTONEWS – Zeitung für Fotografie
Photonews Verlag Denis Brudna, Chemnitzstraße 67, 22767 Hamburg
www.photonews.de

PHOTO PRESSE
Klie Verlagsgesellschaft mbH, Sichelnsteiner Weg 2, 34346 Hann. Münden
www.photopresse.de

Photo Technik International
Verlag Photo Technik International GmbH, Rupert-Mayer Strasse 45, 81379 München

PICTORIAL – Art Buyer's Digest
GFW PhotoPublishing GmbH, Holzstraße 2/ Media Tower, 40221 Düsseldorf
www.pictorial-online.com

ProfiFoto – Magazin für professionelle Fotografie
GFW PhotoPublishing GmbH, Holzstraße 2/ Media Tower, 40221 Düsseldorf
www.profifoto.de

visuell – Magazin der Bildbranche
Presse Informations AG, Lothar-von-Kübel-Straße 18, 76547 Sinzheim
www.piag.de

Abkürzungen

A

Abs.	Absatz
AD	Art Direktor
AG	Aktiengesellschaft
AGB	Allgemeine Geschäftsbedingungen
AGD	Allianz deutscher Designer
AIG	Auslandinvestment-Gesetz
AO	Abgabenordnung
AOP	The Association of Photographers
ArbGG	Arbeitsgerichtsgesetz
Art.	Artikel
AStG	Außensteuergesetz

B

B2B	Business to Business
B2C	Business to Consumer
BAFA	Bundesamt für Wirtschaft und Ausfuhrkontrolle
BDSG	Bundesdatenschutzgesetz
BDZV	Bundesverband Deutscher Zeitschriftenverleger
BFF	Bund Freischaffender Foto-Designer
BFH	Bundesfinanzhof
BG	Berufsgenossenschaft
BGB	Bürgerliches Gesetzbuch
BGH	Bundesgerichtshof
BITKOM	Bundesverband Informationswirtschaft, Telekommunikation und neue Medien
BLZ	Bankleitzahl
BMW	Bayerische Motoren Werke
BMWi	Bundesministerium für Wirtschaft und Technologie
BSG	Bundessozialgericht
BT-Drucksache	Bundestags-Drucksache
BUrlG	Bundesurlaubsgesetz
BVPA	Bundesverband der Pressebild-Agenturen und Bildarchive
BWA	Betriebswirtschaftliche Auswertung
bzw.	beziehungsweise

C

CA	Copyright Act
ca.	circa
CD	Compact Disk
CD-ROM	Compact Disk – Read Only Memory
CGI	Computer Generated Imaging
CMYK	Substraktives Farbmodell aus Cyan, Magenta, Gelb und Schwarz

D

2D	zweidimensional
3D	dreidimensional
DENIC	Deutsches Network Information Center
DFA	Deutsche Fotografische Akademie
DGPh	Deutsche Gesellschaft für Photographie
d.h.	das heißt
DJV	Deutscher Journalistenverband
dpi	dots per inch
DPMA	Deutsches Patent- und Markenamt
DRV	Deutsche Rentenversicherung
DV	Datenverarbeitung
DVD	Digital Versatile Disc (ursprünglich: Digital Video Disc)

E

EBV	Elektronische Bildbearbeitung
EDV	Elektronische Datenverarbeitung
EGBGB	Einführungsgesetz zum Bürgerlichen Gesetzbuch
EGMR	Europäischer Gerichtshof für Menschenrechte
ERP	European Recovery Program (Europäisches Wiederaufbauprogramm)
EStDV	Einkommensteuer-Durchführungsverordnung
EStG	Einkommensteuergesetz
etc.	et cetera (und so weiter)
ETEM	Berufsgenossenschaft Energie Textil Elektro Medienerzeugnisse
EU	Europäische Union
evtl.	eventuell

F

f.	folgend
ff.	fortfolgend
FördG	Fördergebietsgesetz

G

GDT	Gesellschaft Deutscher Tierfotografen
GEMA	Gesellschaft für musikalische Aufführungs- und mechanische Vervielfältigungsrechte
GewStG	Gewerbesteuergesetz
GF	Geschäftsführer
GG	Grundgesetz
GmbH	Gesellschaft mit beschränkter Haftung
GRUR	Gewerblicher Rechtsschutz und Urheberrecht (Fachzeitschrift)
GWA	Gesamtverband Kommunikationsagenturen

H

HGB	Handelsgesetzbuch
HTML	Hypertext Markup Language
http	Hyper Text Transfer Protocol

I

ICE	Intercity-Express
IHK	Industrie- und Handelkammer
inkl.	inklusive
IP	Internetprotokoll
IPCT	International Press Telecommunications Council
ISBN	Internationale Standard-Buch-Nummer
ISO	International Standards Organisation (Internationale Normen-Organisation)

K

KB	Kilobyte
KfW	Kreditanstalt für Wiederaufbau
Kfz	Kraftfahrzeug
KG	Kommanditgesellschaft
KG a.A.	Kommanditgesellschaft auf Aktien
km	Kilometer

k.o.	knock-out
KSK	Künstlersozialkasse
KSVG	Gesetz über die Sozialversicherung der selbständigen Künstler und Publizisten (Künstlersozialversicherungsgesetz)
KUG	Gesetz betreffend das Urheberrecht an Werken der bildenden Künste und der Photographie (Kunsturhebergesetz)
KVA	Kostenvoranschlag

L

LAN	Local Area Network

M

MarkenG	Gesetz über den Schutz von Marken und sonstigen Kennzeichen (Markengesetz)
MdE	Minderung der Erwerbsfähigkeit
MFM	Mittelstandsgemeinschaft Foto-Marketing
Mio.	Millionen
MwSt.	Mehrwertsteuer

N

Nr.	Nummer

O

o.a.	oben angeführt/e/r
OHG	Offene Handelsgesellschaft
OLG	Oberlandesgericht

P

P.O.S.	Point of Sale
PDF	Portable Document Format
PIC	Professional Imagers Club
PPM	Pre-Production Meeting

R

RAW	Rohdatenformat
RDG	Rechtsdienstleistungsgesetz
RF	Royalty Free

RFH	Reichsfinanzhof
RFI	Interessenverband der Repräsentanten für Fotografen und Illustratoren
RGB	Additiver Farbensatz auf Grundlage der Lichtprimärfarben Rot, Grün und Blau
RM	Rights Managed

S

SAB	Schweizerische Arbeitsgemeinschaft der Bildagenturen und Bildarchive
SBf	Schweizer Berufsfotografen
SDSt	Verband der Selbständigen Design-Studios
SGB	Sozialgesetzbuch
SMRP	Stockfoto Micropayment Royalty Free Portal
Std.	Stunde
StGB	Strafgesetzbuch
sw	schwarz-weiß

T

tiff	Tagged Image File Format
TMG	Telemediengesetz
TV	Television
TVG	Tarifvertragsgesetz

U

u.a.	unter anderem
UrhG	Gesetz über Urheberrecht und verwandte Schutzrechte (Urheberrechtsgesetz)
URL	Uniform Ressource Locator
UStG	Umsatzsteuergesetz
USt-ID	Umsatzsteuer-Identifikationsnummer
UWG	Gesetz gegen den unlauteren Wettbewerb

V

ver.di	Vereinigte Dienstleistungsgewerkschaft
VG	Verwertungsgesellschaft

W

WIPO	World Intellectual Property Organisation
WLAN	Wireless Local Area Network
www	World Wide Web

Z

z.B.	zum Beispiel
zzgl.	zuzüglich

Stichwortverzeichnis

C

D

Anhang

Anhang

Autoren

Prof. Lars Bauernschmitt — Professor für Fotografie an der Fachhochschule Hannover, Fakultät III – Medien, Information und Design, EXPO-Plaza 2, 30539 Hannover

Tanja Braune — Head of Art Buying bei der Werbeagentur Springer & Jacoby, Gerhofstraße 1–3, 20354 Hamburg

Wolfgang Emmerling — Steuerberater, Erftstraße 7, 41564 Kaarst

Anna Gripp — Redaktionsmitglied der Zeitschrift PHOTONEWS, Chemnitzstraße 67, 22767 Hamburg

Dr. Stefan Hartmann — Chefredakteur PICTORIAL – Art Buyer's Digest, Im Abtsgründel 5, 76744 Wörth/Rhein

Mark Hassenpflug — Geschäftsführer der alphadog GmbH, Weidenallee 10 b, 20357 Hamburg

Thomas Kettner — Fotograf, Rotenbergstraße 39, 70190 Stuttgart

Christa Klubert — Repräsentantin für Fotografen, Fürstenwall 228, 40215 Düsseldorf

Dr. Wolfgang Maaßen — Rechtsanwalt und Fachanwalt für Urheber- und Medienrecht, Kreuzbergstraße 1, 40489 Düsseldorf

Margarete May — Rechtsanwältin, Schwanthaler Straße 51, 60596 Frankfurt am Main

Susanne Nagel — Head of Art Buying bei der Werbeagentur Jung von Matt, Glashüttenstraße 38, 20357 Hamburg

Simon Puschmann — Fotograf, Roepraredder 34, 21031 Hamburg

Christian Schmidt — Fotograf, Silberburgstraße 119 a, 70176 Stuttgart

Rüdiger Schrader — Leiter der Bildredaktion des Magazins FOCUS, Arabellastraße 21, 81925 München

David Seiler — Rechtsanwalt und Fotograf, Damaschkeanger 186, 60488 Frankfurt am Main

Christian Sprotte — Leiter der Stabsstelle Öffentlichkeitsarbeit bei der Branchenverwaltung Druck und Papierverarbeitung der BG ETEM, Rheinstraße 6–8, 65185 Wiesbaden